KB252821

한승헌 변호사
변론사건실록
4

이 도서의 국립중앙도서관 출판시 도서목록(CIP)은
e-CIP홈페이지(http://www.nl.go.kr/cip.php)에서 이용하실 수 있습니다.
(CIP제어번호 : CIP2006002414)

5·3인천대규모시위 현장. 탁지일 전도사는 이 시위를 주도한 혐의로 구속되어 실형선고를 받았다.

서울 명동성당에서 열린 '고문·성고문·용공조작 폭로대회' 참가자들이 경찰에 연행되고 있다. (1988. 7. 19.)

5·3 인천사태와 서울대집회 사건에 연루되어 옥고를 치르고 석방된 장영달 민통련국장 ▷계훈제, 장영달, 문익환
(1987. 7.)

반독재민주화를 외치는 가두시위의 선두에서 재야 지도급 인사들과 함께 행진하는 오대영 씨

檢察 "「性的모욕」 없었다" 발표

富川署사건 수사 "暴言·暴行사실만 인정"

文경장 파면·起訴유예방침

富川署長등 3명 직위해제

"T셔츠입은 가슴부위 쥐어박아"

"운동권, 公權力무력화 의도"

문제의 조사실

"眞相 밝히기위해 裁定신청 하겠다"

"文경장起訴유예 납득못해"

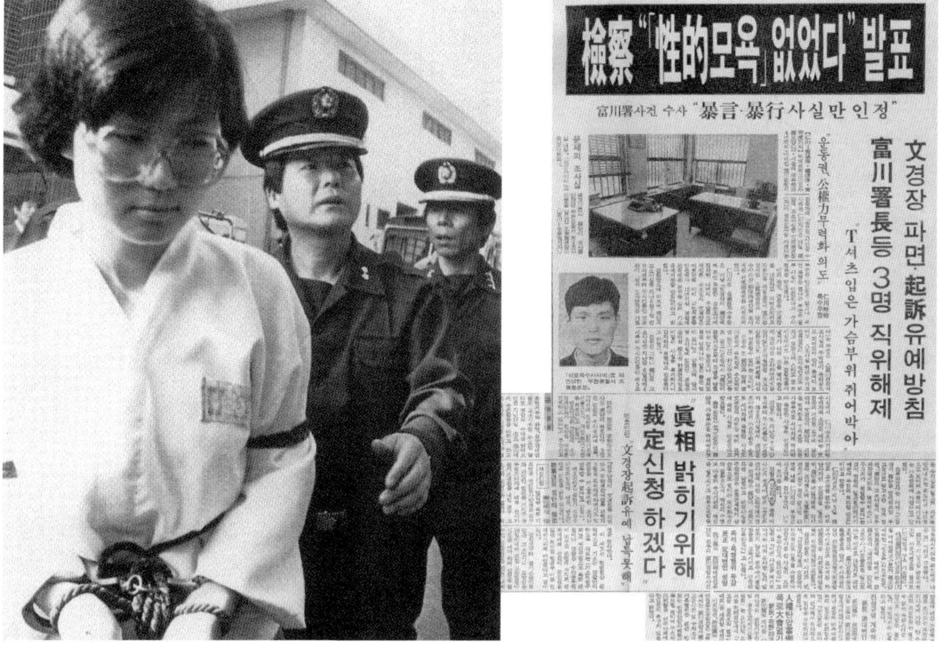

부천서 성고문 사건의 피해자 권인숙 양이 위장취업으로 구속되어 법정에 나오고 있다.

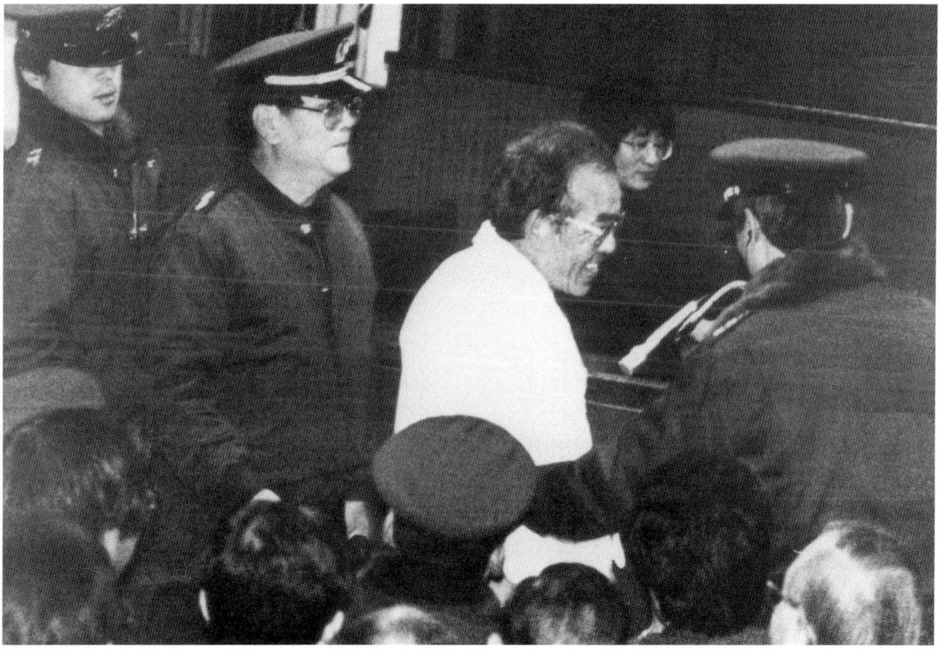

범인은닉 사건으로 구속된 이돈명 변호사가 법정에 들어서고 있다. (1986. 12.)

전두환 정권의 4·13조치에 반대하는 '나라를 위한 기도회'에서 강연을 하고 있는 고영근 목사 (1987. 6. 22.)

보도지침 폭로 사건으로 구속되어 재판을 받은 세 언론인이 국회 5공청문회에 나와서 증언하고 있다. 오른쪽으로부터 김주언, 신홍범, 김태홍 (1992)

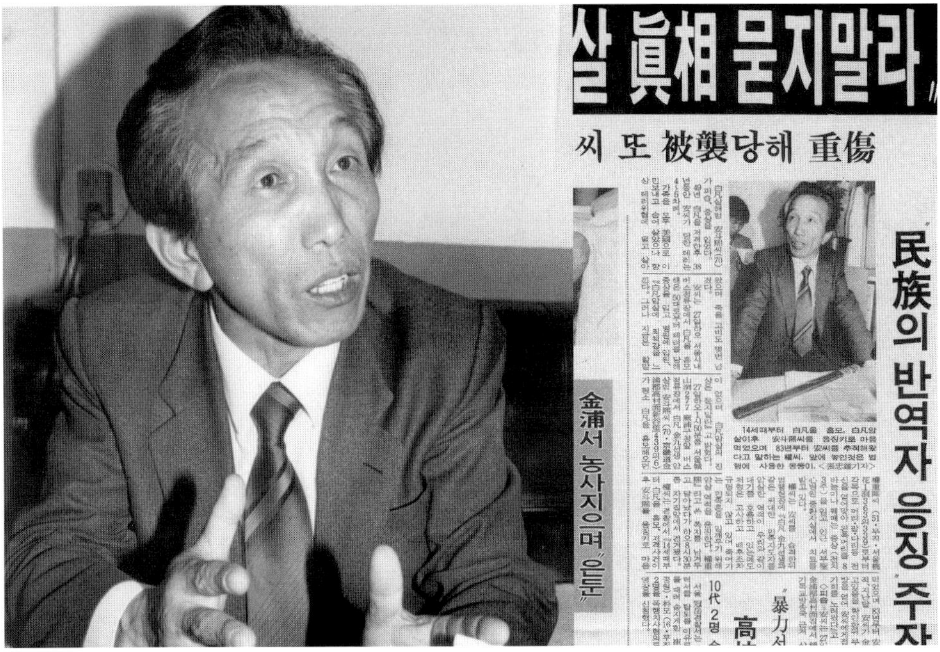

백범 시해범 안두희가 끝내 범행 배후관계를 함구하자 격분끝에 폭력으로 응징하고 구속된 권중희 씨 (1992. 9.)

6월항쟁을 점화시킨 민주헌법쟁취국민운
동본부 간부들이 서울 성공회 본당 안에서
마무리 회의를 하고 있다. (1987. 6.)

6월민주항쟁 때 서울시청 앞 광장을 가득 메운 시민들 (1987. 6.)

6월민주항쟁 선포식에서 민주헌법쟁취국민운동본부 지도부가 만세를 부르고 있다 (1987. 6.)

6·10민주평화대행진(6월민주항쟁)을 주도한 민주헌법쟁취국민운동본부의 간부급인사들이 경찰의 조사를 받은 후 서울
구치소로 실려가고 있다. ▷앞자리에 지선 스님, 진관 스님, 뒷자리에 김병오, 양순직 전의원 (1986. 6. 11.)

한승헌변호사 변론사건실록

한승헌변호사변론사건실록간행위원회

4

범우사

▦ 일러두기

1. 이 〈…실록〉에는 한승헌 변호사가 지난 1965년 이후 변호한 시국사건 또는 정치적 사건 중 67건을 골라서 그에 관한 문헌 자료가 실려 있다. (한 변호사의 변호사 자격 박탈 기간(1976~1983)과 감사원장 재임기간(1988~1989)에는 변론한 사건이 물론 없다.)

2. 사건 당사자와의 연락이나 자료 수집이 여의치 않아 이번에 수록치 못한 사건에 대해서는 앞으로 사정이 풀리는 대로 추가해서 실록을 발간할 계획이다.

3. 사건의 배열 순서는 사건의 발생(입건, 기소 포함)이나 수사 재판의 시기의 선후를 기준삼아 정하였다.

4. 사건별 중간 표지에 피고인 또는 사건 당사자 전원의 이름을 싣고, 그중 한 변호사가 수임 변호한 당사자 이름에는 밑줄을 그어 식별이 되도록 하였다.

5. 외래어나 외국어의 발음 표기는 일반적 기준에 맞게 손질을 하였으나, 판결문 등 공문서의 경우는 그대로 두었다.

6. 간행물의 이름이나 글의 제목, 대화, 인용 등의 경우에는 일반적으로 쓰여지고 있는 기호나 표시를 따랐다.

7. 공소장, 판결문 등 문서에 나와 있는 사건 당사자의 본적이나 주민등록번호는 개인 정보를 보호하는 뜻에서 △△△△△△ 등으로 덮어서 처리하였다.

8. 사진 화보에는 수록 사건이나 재판에 직접 관련 있는 사진을 싣되, 수록 사건 외에 그 당사자의 활동과 연관 있는 사진도 실었다.

9. 글이나 기사의 필자의 직업(직분)은 집필 또는 공표 당시의 표시에 따랐다.

세월은 가도 역사는 남는다

−한승헌 변호사 변론사건 실록 출간에 즈음하여

박원순 (변호사, 희망제작소 상임이사)

세월은 가고 사람도 갔다. 질풍노도의 한국 현대사 속에서 수많은 사건이 있었고 그속에 풍운의 주인공들도 있었다. 그 사건들 중에는 재판을 받고 그 주인공들이 교도소로 간 사람들도 적지 않다. 그중에는 사형에 처해진 사람도 있고 나중에 대통령이 된 사람도 있다. 그 이후의 어떤 사회적 역할을 했든 이제 많은 세월과 함께 모두가 역사의 저편으로 사라지고 있다.

그러나 아무리 세월이 흐르고 사람이 사라져도 역사는 남는다. 그들의 활동과 발언과 행적은 역사 속에 생생히 남는다. 후세의 사람들은 그것을 통하여 배우고 따른다. 그러므로 기록을 통해 남은 역사는 엄중하고도 소중하다.

한국의 지난 현대사는 독재와 권위주의, 분단과 전쟁, 외세와 투쟁, 이념의 갈등과 대립, 빈곤과 소외로 점철되어 있다. 양심과 정의가 실종되기 일쑤였고 정치적 반대자와 소수자들이 정권에 의해 철저히 억압, 보복당했다. 그 결과는 흔히 사법적 절차와 과정을 통해 정당화되었다. 반공의 이데올로기가 지배하던 시대에 수많은 지식인들이 빨갱이라는 너울을 뒤집어쓰거나 반국가사범이라는 낙인이 찍혀 법정에 서야 했다.

그러므로 법정은 이 모든 현대사의 분류가 모이는 곳이었다. 단순히 사람과 사람, 사익과 사익의 충돌이 벌어지는 곳이 아니었다. 오히려 그 시대의 핵심적 모순과 그에 대한 저항이 불꽃을 튀기며 충돌하는 곳이었다. 그러나 대체로 의로운 저항자들의 패배로 귀결되는 것이 보통이었다. 적어도 법정에서 정의를 찾기는 어려웠다.

그러나 이 의로운 사람들을 향해 기꺼이 그들의 뜻에 동조하고 그들의 분투를 지원하기 위해 나선 사람들이 있었다. 바로 '인권변호사'라는 사람들이 그들이었다. 이들은 단지 한 직업인으로서의 사명을 넘어서 동시대 지식인으로서의 양심에 기초하여 그 저항자들과 한 편이 되었던 것이다.

한승헌 변호사는 이러한 인권변호사의 선구자적 지위에 있는 분이다. 일제시대의 인권변호사들의 뜻을 이어받고, 인권변론의 비조라고 일컬어지는 이병린 변호사의 뒤를 이어, 1960년대 이후 그는 수많은 문인들의 필화사건과 억울하게 법정에 선 정치인들, 예술인들, 평화통일 운동가, 기타 지식인들의 변론을 맡은 단골 변호사였다. 이른바 시국사건이라는 이름의 재판에서 자신이 피고인으로 서는 바람에 변호사 자격을 박탈당한 70년대 말의 몇 년을 제외하고는 그의 이름이 변호인으로 올라 있지 않은 사건은 찾아보기 어려울 것이다. 한때 반공법 위반으로 구속되고 처벌되는 등 한 변호사 자신도 큰 희생을 치르기도 하였다.

이제 그 엄혹하던 시대는 갔다. 아직 인권의 문제가 완전히 사라졌다고 보기는 어려워도 과거와 같은 무지막지한 고문과 처형의 시대는 갔다. 산타나라고 하는 미국의 철학자는 "역사를 잊으면 같은 잘못을 되풀이한다"고 갈파한 적이 있다. 과거의 역사와 기록을 소홀히 하는 민족은 또 그 착오를 반복할 수밖에 없다. 오늘 우리 시대의 인권의 과제 중의 하나는 바로 과거의 기록을 정확히 기록하고 그 교훈을 후세에 남겨주는 것이다.

그러나 과거의 그 처절한 시절에는 기록을 제대로 남기기도 어려웠다. 당사자 본인들은 말할 것도 없고 변호인들마저 그 기록을 보존하기 어려웠다. 그러나 한승헌 변호사는 스스로 역사학자처럼 자신이 변론했던 기록을 보존하고 사건의 당사자들에게 당시상황을 회고하게 하는 등 역사를 복원하고 정리하고 기록하려는 노력을 다해왔다. 이 실록은 바로 그 노력의 한 매듭에 다름 아니다.

이책에 나오는 사건은 가능한 한 당시의 상황을 복원하기 위해 공소사실, 판결문, 변론요지서와 같은 공식문건뿐만 아니라 피고인 본인의 회고, 전문가들의 평가와 의견 등을 함께 싣고 있다. 언제나 그렇듯이 검찰이나 법원의 공식문건만으로는 당시의 상황을 제대로 설명하기 어렵다. 관계된 여러 당사자들의 각기 다른 입장과 해명을 들음으로써 비로소 진실과 성격의 온전한 복원이 가능해진다. 이책은 바로 이러한 다각적인 접근을 함으로써 현대사 속에 매몰되어 있는 사건의 실체를 하나하나씩 풀어가고 있다는 점에 그 특색이 있다.

사실 본인을 포함해서 간행위원들이 한 일은 많지 않다. 오히려 대부분이 모든 사건을 꼼꼼히 챙기고, 기록을 뒤적이고, 당사자들에게 글을 채근하는 것을 한승헌 변호사 본인이 했다. 그런 점에서 부끄럽기 짝이 없다.

한변호사님은 자주 이런 말을 하곤 해 좌중을 웃기곤 했다. "내가 맡은 사건에서 무죄가 난 경우는 거의 없다. 그럼에도 사건이 끝나고 모두들 나에게 고맙다고들 했다." 언제나 유죄가 나고 엄혹한 형이 선고되어도 한변호사는 인기있는 시국사건의 단골 변호사였다. 그것은 바로 유무죄의 문제라기보다는 피고인의 뜻을 가장 잘 이해하고 그 사건을 가장 잘 설명할 수 있었기 때문이다. 어차피 당시 인권변호사들의 변론은 법정과 재판부 판사들에게 향해 있었다기보다는 다음의 시대와 국민대중에게 향해 있었던 것이다. 이제 후세를 향해 외쳤던 한변호사의 변론이 다시 우리와 다음의 세대를 향해, 이 실록을 통하여 더욱 가슴에 남고 그 시대의 정의를 세우는 데 큰 역할을 하리라는 점에서 큰 의미를 찾는다. 한변호사 – 그는 당시의 법정에서는 연전연패했지만 역사의 법정에서는 승리자로 남을 것이다.

변호사의 또 다른 책무로서

[1]

이 《…실록》은 지난 40년 동안 내가 변호했던 시국사건 또는 정치적 사건의 수사·재판 문서와 관련 자료를 집대성한 문헌집이다. 당초 추려낸 약 1백 건의 사건 중에서 67건을 여기에 수록했다. 세월이 흐르는 동안 기록이 없어지기도 하고 자료수집이 어려워졌는가 하면, 사건 당사자 본인의 글(체험기)을 얻지 못했거나 아예 연락조차 안되는 경우가 있었기 때문이다. 하지만 나머지 사건에 대해서도 계속 노력을 해서 이 《…실록》의 증보판으로 추가해서 간행하고자 한다.

[2]

나는 이 실록물을 통하여, 이 나라의 험난했던 역사 속에서, 특히 분단과 독재의 칼바람 속에서 권력의 핍박을 받고 감방에 갇히거나 심지어는 형장의 이슬로 사라진 사람들의 고난을 사건기록을 중심으로 역사에 입력해두고자 했다. 뿐만 아니라 이 실록이 지난 한 시대의 아픔과 권력의 무도함 그리고 그런 불행으로부터 주권자와 민주주의를 지켜주었어야 할 사법부의 실체를 구체적으로 점검해보는 임상臨床보고서가 되었으면 한다.

다시 말해서 분단상황과 독재치하에서 일어난 온갖 정치적 또는 시국적인 사건을 정확하게 이해하고, 연구하고, 거기에서 얻어진 깨달음을 통해서 역사의 상처를 치유함은 물론 세상을 바로잡기 위해서 헌신한 분들의 발자취를 널리 알릴 수 있게 되기를 바란다. 또한 기구한 한국 현대사의 연구에도 값지게 쓰일 수 있는 사료집 내지 문헌집이 되었으면 한다.

[3]

수록사건을 죄명별로 보면, 정치적 사건 또는 시국사건의 속성상 국가보안법 위반, 반공법 위반, 간첩, 대통령긴급조치 위반, 집회시위에관한법률 위반 등이 주류를 이루고 있다. 그밖에 내란예비음모, 폭력행위등처벌에관한법률 위반, 업무방해 등이 끼어 있는가 하면, 심지어 저작권법 위반이나 장식방해죄葬式妨害罪까지 등장하여 실로 다채롭고 기발하다.

나는 사건과 재판에 대한 이해를 돕기 위해서 각 사건의 첫머리에 '사건개요'라는 해설을 실었고, 다음에 피고인(또는 사건 당사자)의 사건 체험기를 앉혔다. 그리고 공소장, 조사보고서, 구속영장, 모두진술, 변론서, 최후진술, 판결문 또는 항소 (또는 상고)이유서 등을 수록하였다. 사건의 내용과 성격 등에 대한 이해를 돕기 위해서 사건과 관련된 논문, 기사, 대담, 수기, 방청기 등 참고자료도 실었다.

[4]

이 《…실록》을 준비하면서 법정과 구치소(또는 교도소)에서 서로 뜻을 같이했던 많은 분들의 삶을 다시 생각하게 되었다. 변호인의 쓸모는 과연 무엇인가라는 자문自問도 잊지 않았다. 많은 시국사범들이 무죄임을 확신하면서 동시에 유죄판결이 나오리라는 점도 확신해야 했던 지난날의 기막힌 사법현실 속에서 나의 변호는 어떤 의미가 있었을까? 나의 변호는 그들에게 무슨 효용이 얼마나 있었을까? 그들에게 얼마쯤의 위로와 격려라도 되었을까?

벌거벗은 권력의 독기와 맞서거나, 아니면 그앞에서 기죽기 쉬운 '피고인'들에게 힘을 실어주고, 격려를 보내고 그리고 법정 안팎의 진실을 목격

한 사람으로서 시간과 공간의 벽을 뛰어넘는 '진실의 전달자'가 되자고
나는 다짐했다. 이 실록의 간행은 내 그런 다짐의 작은 실천이라고 말할
수 있다.

[5]

나는 이 《…실록》이 범우사 창립 40주년 기념사업의 하나로 간행되는
것을 매우 기쁘게 생각한다. 지금까지 나는 범우사에서 여러 권의 책을 낸
바 있는데, 1975년 초에는 난데없는 필화사건으로 책의 판매가 금지되고
내가 구속되는 바람에 범우사에 적지 않은 손해를 끼친 적도 있다. 범우사
의 창업자인 윤형두 회장님은 지난 70년대 초입 이래 험난한 시대를 살아
오면서 나와는 형제와 같은 우정으로 얽혀서 지내온 사이이다.

생각건대 범우사 40년은 윤형과 나 사이의 우정의 연륜이기도 하다. 그
동안 내가 두 번의 옥고를 치르는 등 힘들었던 시기에 여러 모로 따뜻한
정을 베풀어준 윤회장님께 이 지면을 빌려 다시금 감사한 마음을 전하고
자 한다.

[6]

지난 1994년, 나의 회갑기념문집 《분단시대의 피고들》의 간행위원들이
전원 그대로 이 《…실록》의 간행위원이 되어주셔서 참으로 감사하다. 10
년이 넘는 세월이 흘렀지만 그분들과의 정으로 보아 간행위원도 그냥 그
대로가 좋겠다는 생각이 들었는데, 모두들 같은 생각으로 참여해주셔서
여간 고맙지가 않다. 특히 12년 전 그때의 간행위원장이었던 박원순 변호
사와 이 《…실록》의 성격상 새 위원으로 모신 백승헌 변호사께서 편집과
정에서 여러 모로 힘을 보태주셨다.

분에 넘치는 축하의 글을 써주신 강만길 교수님, 그리고 오래 전부터 나
에게 이런 실록의 필요성을 일깨워주면서 이번 상재上梓에 이르기까지 프
롬터 역할을 해주신 박원순 간행위원장님께 참으로 고맙다는 말씀을 드리
지 않을 수 없다.

　이 《…실록》의 간행이 범우사 창립 40주년을 기념하는 데 조그마한 의미라도 보탤 수 있다면 큰 기쁨이 되겠다. 방대한 이 《…실록》의 간행을 맡아주신 윤형두 형에게는 말할 것도 없고, 책이 나올 때까지 애써주신 범우사의 윤재민 사장, 윤성혜 실장, 교정·교열에 수고해주신 김정숙 교수 그리고 표지 디자인을 맡아주신 김장수 님께 두루 감사를 드린다.

2006년 11월 1일

《변론사건 실록》, 감사합니다

평생 역사학을 공부한 사람으로서, 특히 우리 근·현대사를 전공한 사람으로서 《한승헌 변호사 변론사건 실록》 발간을 축하하기에 앞서 깊은 감사의 말씀을 드리고 싶습니다. 그리고 《한승헌 변호사 변론사건 실록》이 반드시 출간되어야 함은 이 나라의 역사학도라면 누구나 바라는 일이요, 또 함께 감사해야 할 일이라 하지 않을 수 없습니다.

역사는 인류 이상의 현실화 과정이라 생각하지만, 그 현실화 과정에는 많은 우여곡절이 있게 마련임도 부인할 수 없습니다. 그럼에도 역사는 결국 그것이 가야 할 방향으로 가야 할 만큼 가고 만다는 생각을 가진 지도 오래되었습니다. 특히, 우리 근·현대사의 전개과정을 되돌아보면 그런 생각에 대한 확신도가 높아지기도 합니다.

우리 정도의 문화수준에 있는 민족사회가 20세기에 들어서서 남의 지배를 받게 된 일부터가 대단히 '억울한' 일이었지만, 어떻든 지금은 제2차세계대전 후 주권을 되찾은 민족사회 중에서는 정치·경제·사회·문화적인 면에서 일단 선두그룹에 들었다고 하겠습니다. 그 저력은 역시 역사시대 이래 축적된 우리의 문화적 역량 그것에 있으며, 그 역량은 역사가 한때나마 어두운 길에 들어섰을 때 더 선명히 드러나게 마련이었습니다.

지난 1960년대에서 80년대에 걸친 약 30년간의 군사독재 시대는 분명 역사적으로 어둡고 암울한 시대였지만, 그것을 기어이 극복할 수 있었다는 점에서 또한 자랑스러움이 깃든 시대이기도 했습니다. 그리고 이 어두운 시대를 밝은 시대로 바꾼 주역들은 시민과 노동자-농민들이었습니다.

프랑스혁명 때도 그랬지만, 그 시민 속에는 역사의식이 투철한 법조인-교수-교사-언론인-문인-의료인-학생 등이 들어 있었습니다. 이들 시민과 노동자, 농민들이 한 덩어리가 되어 역사를 기어이 바꾸고 마는 주역으로서의 민중이 된 것입니다. 우리 사회의 경우, 민주화가 이루어진 1990년대 이후에는 시민운동과 노농운동의 분화과정을 겪게 됩니다만.

특히 암울했던 1970년대와 80년대의 군사독재 아래에서는 교수와 교사들이 교단에서 쫓겨나고 언론인들의 붓이 꺾이면서 이른바 해직교수, 해직언론인이 양산되고 많은 학생들이 학원에서 쫓겨났습니다. 이 혹독한 시절에 반독재운동의 현장에 섰다가 구속된 노동자-농민-학생-지식인들을 변호하는 인권변호사가 탄생했고, 그들 자신이 권력의 횡포에 의해 변호사 자격을 빼앗기거나 구속되기도 했습니다. 어두웠던 시대를 헤쳐나간 자랑스러운 역사의 이면에는 그만큼 많은 희생이 따랐음을 잊을 수 없습니다.

1970년대, 80년대의 어두운 역사를 밝고 보람찬 역사로 바꾸어가는 과정에서 누구보다도 큰 역할을 한 법조인의 한 사람이 한승헌 변호사임은 아무도 부인하지 못할 것입니다. 가냘픈 그몸의 어디에 그런 정의감과 의지와 용기가 깃들었는지 그야말로 감탄하지 않을 수 없었습니다. 그 자신이 영어의 몸이 되면서까지 투쟁을 멈추지 않았음은 우리 모두가 잘 아는 사실입니다.

한승헌 변호사는 1965년에 작가 남정현 씨의 소설 '분지' 필화 사건의 변호를 맡은 때부터 시작하여 2003년 노무현 대통령의 탄핵 사건에 이르기까지 약 40년간에 걸쳐 무려 100여 건에 이르는 중요한 시국사건의 변호를 맡아 활약했습니다. 그야말로 격동하는 우리 현대사의 한복판에 우뚝 서 있는 역사의 산 증인이라 하지 않을 수 없습니다.

해방 후 우리 역사의 발전방향 자체도 그렇지만, 한승헌 변호사가 활약한 1960년대 이후 우리 역사의 바른 노정은 크게 보아 민주주의 발전과 평화통일의 진전이라고 하겠습니다. 이 시대를 산 지성인으로서 또 양심적 법조인으로서의 그의 활동도 크게 보아 이 두 가지 역사의 길을 누구보다도 충실히 걸어왔다고 할 수 있습니다. 그가 담당했던 시국사건을 분석해 보면 정확한 답이 나올 수 있습니다.

그분이 맡아서 활약한, 아니 투쟁한 사건들 중 자신이 직접 관여된 김대중 내란음모 사건, 야당대통령후보 선거법위반 사건, 긴급조치1호 민주인사구속 사건, 역시 긴급조치1호 성직자구속 사건, 민청학련 사건, 민주회복국민회의 대표위원 구속 사건, 반유신 야당의원 구속 사건, 광주희생자 추모식 사건, 부천서 성고문 규탄대회 사건, 6월민주항쟁 사건 등등은 군사독재정권 아래에서 감행된 민주화운동으로서 으레 그분의 변호를 기다리는 사건들이었습니다.

자신이 법조인인 동시에 뛰어난 논객이기도 한 한승헌 변호사는 모든 부문이 경직되었던 군사독재정권 아래에서 분출된 민주주의 운동의 일환으로서의 언론의 자유, 사상의 자유를 신장시키기 위해 각종 필화사건에도 적극적인 변호활동을 폈습니다.

소설 '분지' 필화 사건을 비롯해서 김지하 씨의 담시 '오적' 필화 사건, 월간 《다리》지 필화 사건, 동아방송 선거보도 사건, 김주언 씨 등의 보도지침폭로 사건, 리영희 교수의 〈한겨레신문〉 방북취재기획 사건, 마광수 교수의 《즐거운 사라》 필화 사건 그리고 자신이 직접 당한 '어떤 조사' 필화 사건 등 "필화사건 있는 곳에 한변호사 있다"고 해도 과언이 아닐 만큼 모든 희생을 감수하며 적극 나섰습니다.

군사독재정권 아래에서 특히 활동하기 어렵고, 따라서 변호하기도 어려운 문제가 남북문제, 즉 통일문제였습니다. 한승헌 변호사를 비롯한 몇 분의 역사의식과 사명감이 투철한 법조인이 없었다면 아마 많은 남북관계 통일관계 사건들의 진상이 밝혀지기 어려웠을 것입니다.

이른바 동백림거점 간첩단 사건, 문익환 목사 방북 사건, 임수경 학생 방북 사건, 통일혁명당 사건, 고은 시인 등의 남북작가회담 추진 사건, 작가 황석영 씨의 방북 사건, 박순경 교수의 '기독교와 민족통일' 강연 사건, 강희남 목사의 김일성 주석 조문기도 사건, 김낙준 씨 사건, 송두율 교수 사건 등등 남북문제 평화통일 문제를 진전시키기 위한 활동들의 재판에는 반드시 한변호사의 변호가 있게 마련이었습니다.

엄혹한 군사독재 정권 아래에서의 민주화운동과 평화통일 운동은 곧 이 시기 우리 역사의 핵심적 내용이었고, 후세의 역사서술을 위해 반드시 그 세세한 진상까지 밝혀져야 하고 또 기록되어야 함은 말할 나위가 없습니다. 군사독재 시기 우리 역사의 원동력이 바로 이 두 가지 운동에 있기 때문입니다.

이번에 출판되는 《한승헌 변호사 변론사건 실록》은 그가 변론을 맡았던 민주화운동과 평화통일 운동 등에 관한 67건의 재판에 대해, 변호인으로서의 사건내용 및 그 성격을 요약한 해설을 붙였고, 사건의 피고인과 원고와 피해자 등 당사자의 사건체험기가 실려 있으며, 각 사건의 공소장과 판결문 그리고 결정문 등이 기재되어 있습니다.

그리고 각 사건마다의 변론서와 최후진술서가 있고, 그밖에도 항소이유서 및 상고이유서 외에 관련문헌과 자료 그리고 사진까지 갖추어져 있는 '실록'이 무려 일곱 권이나 됩니다. 이 '실록'에 등재된 인물이 곧 우리 현대사 위의 주요인물이며 이 '실록'에 기재된 사건이야말로 우리 현대사의 중요한 사건들이라 하겠습니다. 따라서 이 '실록'은 바로 현대사의 중요한 사료 그것이 되는 것입니다.

우리나라에는 예부터 그때마다의 역사적 사실을 기록하는 사관이 있었습니다. 사실 자체를 기록하는 것이 주된 목적이지만, 사관의 의견이나 관점을 덧붙이기도 했고 그것이 후세인들에게 좋은 참고가 되기도 합니다. 한승헌 변호사가 간행하는 이 '실록' 역시 사실과 판결결과 외에 피고의 항소이유서와 변호인의 해설까지 곁들어진 제1급 사료요, 한변호사님 자신이 바로 사관이 된 경우라 하겠습니다.

아마 중앙정보부나 국가안전기획부의 자료가 보관되고 개방되지 않는 한 군사정권 30년간의 역사적 진실을 밝힐 수 있는 사료는 부실한 점이 많다고 하지 않을 수 없습니다. 그런데 이 '실록'에 실린 사건들은 대부분 당시의 '중정' 및 '안기부'가 다룬 사건들이 아닌가 합니다. 그렇다면 이 '실록'의 역사자료로서의 가치는 한층 더 높아지는 것이라 할 수 있습니다.

올바른 우리 현대사의 서술을 위해 귀중한 사료를 잘 간수했다가 세상에 내어놓는 한승헌 변호사의 꾸준한 노력과 높은 지성과 투철한 역사의식을 높이 사면서 다시 한번 감사해 마지 않습니다.

2006년 6월 15일

강 만 길 씀

제4권   차례

33

5 · 3 인천시위 사건

피고인 **탁지일**

각종 반독재 시위 주도한 거리의 신학생

한승헌 (변호사)

1986년 5월 13일치 한 일간지 사회면에는 '인천사태' 54명 추가수배라는 제목으로 다음과 같은 기사가 실려나왔다. '경찰과 검찰은 (1986년 5월) 12일 5·3인천사태와 관련, 대학생 44명 등 54명을 추가로 수배했다. ······ 추가로 수배된 사람은 서울대, 연세대, 성균관대, 인하대, 장신대생 등 대학생이 44명이고······' 그 추가 수배자 명단에 '탁지일(21, 장신대 3년 휴학)'이란 이름이 박혀 있었다.

같은 해 12월 1일치 또다른 일간신문에는 '서울대회 시위 27명 구속영장'이라는 제목 아래 '서울시경은 (12월) 1일, 신민당 서울대회와 관련, (11월) 29일 시위현장에서 연행한 2천2백55명 중 5·3인천사태 관련자 탁지일 군(21, 장신대 신학 3, 휴학) 등 27명의 구속영장을 신청하고······'라는 사회면 머리기사가 크게 눈에 띄었다. 탁씨는 5월 3일 인천사태 당시 민정당 지구당사에 방화하고 극렬시위를 주도한 혐의로 수배중이었던 것이다.

이렇게 해서 휴학생인 탁지일 군은 1986년 5·3인천사태에 참가하여 수배되었으나 잡히지 않고 도피중, 그 해 11월 29일 신민당 서울대회날의 시위와 관련하여 체포되었다.

그는 1987년 1월 16일 서울지검 함승희 검사에 의하여 구속기소되었는데, 죄명은 국가보안법위반 및 집회시위에관한법률위반. 나는 탁군의 아버지인 탁명환 목사의 의뢰에 따라 이 사건의 변호에 나섰다. 탁목사는 나의 대학동문이기도 한데, 신흥종교 내지 이단종교의 연구·고발운동에 열정을 기울여오는 가운데, 민형사간에 여러 번 피소被訴되기도 하였다. 그는 번번이 협박과 테러의 위험을 겪으면서도 진상규명의 싸움을 포기하지 않았다. 그러나 상대가 상대인만큼 변호사 구하기가 쉽지 않다며 힘들어하기에 내가 몇 건 맡아서 법정에 나갔다.

나는 아버지와 아들 2대에 걸친 부자父子 변호를 하면서 불의를 외면하지 못하는 탁군의 기질을 이해할 수 있었다.

그러나 탁군이 각종 시위를 주도하는 등 학생운동에 너무 열심히 나서자 부자간에 갈등도 없지 않았다. 여기서 탁군은 좀더 본격적으로 반독재 민주화운동에 참여하고자 집을 나와 학교 부근의 친구 자취방으로 거처를 옮겼다. 아버지는 아들의 '가출'을 제지하지는 않았으나, 나중에 편지를 통해서 약간의 섭섭함을 표시하면서도 아들에 대한 신뢰와 격려 그리고 당부를 잊지 않았다. '불의를 보고 항거하지 않는 아들은 내 아들이 아니다'라는 대목이 탁군의 마음을 한층 굳혀주었을 것이다.

인천 5·3사태는 1980년 5월의 광주 이후 가장 규모가 크고 격렬했던 반독재 집회시위였다. 전두환 정권은 1985년의 2·12 총선에서 야권인사의 정치활동 금지, 관권·금권 동원의 일방적 부정 등을 감행하고도 신민당에 제 1야당의 자리를 내주면서, 어용야당 민한당은 소멸했다. 그리고 대통령직선제 개헌문제가 현안으로 부각되어오다가 1년 후에는 신민당과 재야 정치인이 손잡은 민주화추진협의회(민추협)가 발족되면서 1천만 명 개헌서명운동에 들어갔다.

개헌추진위원회 결성대회가 전국 여기저기서 개최되었다. 부산을 필두로 광주, 대구, 대전, 청주에서 순차로 결성대회가 열릴 때마다 시민들이 운집하여 뜨거운 성원을 보냄으로써 집권측을 놀라움과 불안에 몰아넣었다.

5월 3일의 인천대회는 그 동안의 흐름에 비추어볼 때 반독재 개헌투쟁의 절정을 예고하는 고비였다. 민통련, 노동운동권, 학생단체 등 여러 민주세력이 인천 주안朱安 시민회관 앞 4거리에 문자 그대로 구름처럼 모여

들었다.

이날의 집회시위는 경찰의 최루탄 및 화염병 세례와 시민들의 투석 등으로 격렬한 '시가전'으로 화했고, 정부는 '좌경폭력세력의 난동'이라며, 어용언론을 통하여 비뚫어지게 활용하였다. 129명이 소요죄로 구속되었는가 하면, 수배자만도 60여 명에 달했다.

5·3사태에서 야권의 여러 세력은 단합된 모습을 보이지는 못하고 분파성을 숨기지 못했으나 '군부독재 타도'에는 공통된 목소리를 냈다.

그날 집회에 참가했던 탁군은 학생운동조직의 대학간 연락을 책임지고 있던 터여서, 전국에 지명수배되어 있었다. 용케 피신한 그는 한 후배의 도움으로 경기도 신갈에 방 하나를 구해서 숨어 살 수 있었다.

그해 11월 29일, 대통령직선제 개헌을 위한 신민당 서울시대회가 열린 날 탁군은 다시 거리로 나섰다. 그리고 예전처럼 시위를 주도하던 중 동대문운동장 근처에서 경찰에 붙들렸다. 그런 데도 그는 경찰에서 구둣발과 주먹의 세례를 받아서 온 몸이 상처투성이가 되었다. 그러나 그는 법정에서 의연하게 자기 소신을 밝힘으로써 하느님 신앙에 투철한 신학대학생의 참된 자세를 보여주었다. 그가 "하느님의 뜻을 거스르는 지배자는 반드시 거꾸러진다는 진리를 확신한다"고 말할 때는 법정 안은 모두 숙연했다.

나는 변론에서, 현실개조 의지를 이단시하거나 정치적 비판세력을 박해하는 잘못을 지적했다. 근본을 생각하지 않고 단층만 탓해서는 안되며, 학생들의 정의삼을 감옥행으로 막아보려는 오산을 버려야 한다고 역설했다. 신민당이라는 한 정당의 개헌운동본부 결성대회나 현판식에 왜 재야단체가 그처럼 대거 몰려갔으며, 왜 그런 구호가 나왔는가를 알아야 한다. 사태를 악화시킨 경찰의 책임, 자동차가 불타는 장면은 뉴스로 내보내면서도 시위군중에 대한 경찰의 무차별 폭력은 눈감는 편파성이 더 문제이다. 애투련愛鬪聯의 성격이나 선언문의 내용은 결코 용공이 아니며, 반외세 반독재는 북의 전략과 무관하다. 따라서 국가보안법 적용은 부당하다. 대충 이런 요지로 힘주어 말했다.

그는 1987년 4월 2일 징역 2년, 집행유예 3년의 선고를 받고 석방된 후,

연세대학교 대학원과 미국·캐나다에서의 10년간 유학생활을 통하여 신학과 한국교회사를 전공한 끝에 목사안수를 받고 지금은 대학에서 신학과의 교수로 있으면서 울산 외국인근로자들을 위한 영어목회도 맡고 있다. 몇 해 전 그의 아버지 탁명환 목사가 그의 이단규명활동에 불만을 품은 측의 테러로 목숨을 잃고 불귀不歸의 객客이 되어 많은 사람의 가슴을 아프게 했다.

삶의 극적인 반전, 나의 기독학생운동

탁지일 (목사)

가족

삶을 통해 배울 수 있는 가장 소중한 것들을 나는 가족으로부터 배웠다. 어머니(김춘심)로부터는 무조건적인 사랑을 배웠다. 어머니는 내가 수배당해 피해 다니는 동안 그리고 감옥에 갇혀 있는 동안, 세상 어떤 누구도 줄 수 없는 사랑을 보여주셨다. 선친(탁명환)으로부터는 헌신적인 삶에 대해 배웠다. 선친은 사이비이단 연구에 평생을 바치셨고, 1994년 2월에 사이비종교 광신도의 칼에 쓰러지셨다. 선친은 자신이 믿는 바를 실천으로 옮기는 용기를 가르쳐주셨다. 선친은 나에게 떳떳한 죽음이 무엇인지를 몸소 가르쳐주셨고, 우리 모두로 하여금 부활에 대한 소망을 갖도록 해주셨다.

기독교인들이었던 우리 가족에게 기독교신앙은 종교 이상의 것이었다. 그것은 곧 우리 가족의 삶이었고, 우리 가족의 문화였다. 무엇보다도 새문안교회에서의 신앙생활은 우리 가족 모두에게 중요한 변화를 주었다. 특히 많은 훌륭한 선생님들의 도움으로 새문안교회의 교회교육과정을 거치면서, 나는 사회문제에 눈을 뜨게 되었고, 세상에 대한 기독교인의 책임이 무엇인지 조금씩 하지만 확실하게 깨닫게 되었다.

1983년 장로회신학대학에 입학하면서 나는 본격적으로 학생운동에 참여하게 되었고, 각종 시위에 주도적으로 참여하게 되었다. 학년이 올라가면서 더욱 많은 책임을 맡게 되었고, 3학년을 마치고 휴학한 후, 더욱 적극적으로 참여하게 되었다.

학생운동에 점점 열심을 낼수록 선친과의 갈등도 많아져갔다. 초췌한 모습으로 집을 많이 비우던 나는, 1985년 여름, 이전에는 도무지 생각조차 하지 못했던 일을 실행에 옮겼다. 학생운동에 좀더 적극적으로 참여하기 위하여, 사랑하는 가족의 품을 떠나기로 결정했고, 학교 근처 친구의 자취방으로 거처를 옮겼다. 선친은 짐을 꾸려 나오는 나를 붙잡지 않으셨다. 다음날 남은 짐을 가지러 집에 들렀을 때, 나는 아버지의 편지를 어머니로부터 전해받았다. 편지봉투 안에는, 집 떠나는 아들과의 이별을 그린 리더스다이제스트 잡지의 찢겨진 한 부분과 함께, 선친이 지방에서 보내온 편지가 들어 있었다. '네가 집을 떠나겠다고 하던 날 밤은 사실 한잠도 못자고 생각에 생각을 거듭했단다…… 아무튼 그래도 아빠는 약간 섭섭할 뿐, 네 인생을 네가 개척해나간다는 데 실망을 느끼지 않는다…… 네 사회참여 문제도 아빠는 실상 걱정은 않는다. 불의를 보고 항거할 수 없는 아들은 내 아들이 아니다. 다만 사물을 보는 시각이 완수될 때까지는 지나친 맹종이나 맹신을 하지 말라는 것이다…… 너는 지혜롭게 판단하고 행동해야 한다. 어제 검찰청에 갔더니 공안담당 검사가 너를 알고 있더구나. 은근히 주의를 시키라는 식으로 말하기에 학생이 불의를 보고 침묵을 지킨다면 나라의 장래는 소망이 없다고 답변을 하면서도 지금의 상황은 지나친 것이라고 했단다…… 지일아! 머지 않아 너와 내가 만나서 정감 어린 부자간의 대화를 나눌 시간이 있을 것을 기대한다. 주님의 명하신 그길에서 좌로나 우로도 어긋나지 않는 사람이 되기를 기도한다. 1985년 9월 13일 대전에서 아빠가.'

선친이 원했던 '정감 어린 부자간의 대화'는 그뒤, 서울시경 공안분실과 서대문구치소 면회실에서 이루어졌다. 서대문구치소 유리창을 사이에 두고 선친을 만났을 때, 선친은 그 근처의 한 교회에 집회를 가시는 길이었다. 선친은 변함없는 밝은 얼굴로 나를 격려해주셨다. 아들을 바로 옆 감옥에 두고 집회를 인도하시던 선친의 마음을 생각하면, 세 아이의 아빠가 된 지금 가슴이 메어진다.

기다림

나의 피교육기간(1971~1992)은 모두 군사정권하에서 이루어졌다. 한국 사회에 대한 문제의식을 갖기 전, 유신과 교련은 자연스러운 학교생활의 일부였다. 하지만 새문안교회에서의 기독교운동과 장로회신학대학에서의 학생운동은 내 삶의 극적인 반전을 가져다주었는지도 모른다. 그뒤로 나의 삶은 기다림의 연속이었다. 민주적이고 자유로운 세상에 대한 기다림, 수배해제에 대한 기다림, 투옥 후 석방에 대한 기다림 그리고 가족에 대한 기다림의 연속이었다.

1986년 5월 3일 대통령직선제를 위한 신민당 개헌추진위원회 인천지부 결성식에 동료 선후배와 함께 적극적으로 참여하게 되었다. 대회를 원천 봉쇄한 군사정권과 이에 대항해서 집회를 열려던 참가자들의 충돌은 불가 피하였다. 시위는 인천 인근지역에서 밤 늦게까지 진행되었다. 그날 오후 우리 학교 참가자들의 상황을 파악하던 나는 대부분의 동료 선후배들이 현장에서 연행된 것을 알게 되었다. 그리고 며칠 후 경찰들이 당시 학생운 동조직의 대학간 연락을 책임지고 있었던 나를 잡으려고 한다는 사실을 알게 되었다.

경찰을 피해 도망다니던 중, 5월 10일 서울신문에 난 나에 대한 기사를 보며, 내가 새문안교회도 아니고 장로회신학대학도 아닌 아무런 보호막도 없는 한국사회 한 가운데 내던져진 것을 알 수 있었다. 경찰조사 결과를 보도한 이 신문에는, 5·3인천사태 배후에는 점조직이 있고, 제2의 인천 사태를 획책했으며, 현장에서 체포된 행동책(장로회신학대학 학생)들이 탁전 도사에게 그러한 지시를 받았다고 적혀 있었다. 체포된 학생들이 나에게 유인물 제작과 운반을 명령받았고, 매주 좌경의식화교육을 받았다고 주장 하였다. 나의 사랑하는 동료 선후배가 나의 점조직으로 묘사되어 있었다. 나는 그 신문에 인쇄된 활자 뒤에서 고문으로 고통당하며 매도당하는 동 료 선후배들의 모습을 볼 수 있었다.

5월 12일 나는 공식적으로 수배되었다. 6월 2일에는 소위 '국가전복 획책 용공좌익' 들인 5·3인천사태 참가자들에게 특별검거령이 내려졌다. 수배당해 피해 다니는 동안 한 후배의 도움으로 경기도 신갈에 작은 방을 하나 빌려 머무르게 되었다. 서울을 오가며 함께 피해 다니는 후배들을 만나며 사태의 추이를 살피는 한편, 교회와 사회에 우리의 진실을 알리기 위해 최선을 다했다. 체포되거나 수배된 학생들의 학부모들이 모임을 갖기 시작하였고, 조용한 성격의 어머니는 5·3인천사태 관련 수배자 혹은 배후조종자의 어머니 자격으로 학교, 교회, 관계기관에 석방과 수배해제를 탄원하는 여럼 모임을 참여하시게 되었다.

어머니는 8월 13일에는 동부경찰서의 간담회에 참석하셨는데, 경찰서장과 정보과장이 그날 '겁주고 타일렀다' 고 어머니의 메모장에 기록을 남기셨다. 우리 모든 가족(선친, 어머니, 동생들)은 이 사건으로 인해 우리의 의지와는 무관하게 한국 사회문제의 한복판에 서게 되었다. 얼마 뒤, 교회와 가족 그리고 장로회신학대학 교수님들의 진정에 힘입어, 그해 8월경, 고문으로 고통받고, 구속되었던 동료 선후배들이 하나 둘씩 석방되어 나왔다. 하지만 나에 대한 수배와 도피생활은 계속되었다.

겨울추위와 함께 수배생활이 8개월째로 접어들던 1986년 11월 29일 대통령직선제 개헌을 위한 신민당 서울대회가 열렸고, 수배 당시 서울 동부지역의 학생대표를 맡고 있던 나는 이 시위에 주도적으로 참여하게 되었다. 서울 동대문운동장 앞에서 시위를 주도하던 중 나는 경찰에게 체포되었다. 중부경찰서에서 나는 난생 처음으로 아주 오랫동안 구둣발과 주먹으로 구타를 당했다. 그리곤 온 몸과 얼굴이 상처투성이인 채 그리고 눈이 가리운 채, 서울시경 공안분실로 다시 끌려갔다. 조사관은 나를 데리고 온 경찰관을 나무라며, "어디서 이렇게 망가뜨려왔냐?"고 고함을 쳤다. 미리 '망가져온' 덕택에, 다행히 공안분실에서는 협박과 회유 그리고 밤샘조사를 제외하고는 어려움이 없었다. 과격하고 젊은 조사관과 나이 들고 자상한 조사관이 번갈아 나를 조사하였다. 그들은 내 앞에 동료 선후배의 5·3인천사태 관련조서를 던져놓고 그대로 자백하도록 요구하였다. 조사가 3

일째 진행되던 날, 나는 조사실에서 선친과 어머니를 만날 수 있었다. 만남의 장소가 공안분실이었고 화면으로 도청되고 있었지만, 오랜 수배생활 뒤의 부모님과의 첫 만남이라 기쁘고 행복했다. 두 분은 건강하라는 말씀을 애써 웃음지으며 말씀하셨다.

1986년 12월 4일 나는 국가보안법과 집회 및 시위에 관한 법률 위반혐의로 서대문구치소에 구속 수감되게 되었다. 시경공안분실에서의 불안감은, 서대문구치소의 한 평 남짓한 독방에 오니 말끔하게 사라졌다. 몸은 갇혔는데, 자유로웠다. 내가 있던 곳은 당시 서대문구치소 9사 아래층이었다. 일제때부터 있었던 낡은 건물이었다. 나는 탁지일이 아닌 196번으로 호칭되었다. 숙식과 대소변을 그 작은 방에서 모두 해결해야 했다. 하루는 독서와 식사 그리고 짧은 운동이 전부였다. 무엇보다 매일 면회 오시는 어머니에 대한 기다림이 가장 큰 기쁨이었다. 많은 책을 읽었고, 많은 것을 깊이 느꼈고, 이전에 배우지 못했던 많은 것을 이곳에서 배웠다. 내 나이 만 22살때였다. 내가 있던 건물이 현재 독립공원내에 유적으로 남아 그대로 보존되어 있어, 15년이 지난 2002년 다시 그곳을 찾았다. 그곳에서 나의 20대의 치열했던 삶의 한 현장이 이젠 역사가 되어 있는 것을 보았다.

서대문구치소 나의 작은 독방으로 들어오는 조각햇빛을 받고 행복해 하던 초겨울 어느날 나는 한승헌 변호사님을 만나게 된다. 그때까지, 변호사와의 만남이라는 것은 영화에서나 볼 수 있는 일로만 생각했다. 한변호사님은 선친과 전북대학교 동문이셨다. 이단 사이비종교를 연구하시던 선친은, 그 당시 군사정권에 기생하던 이들 이단 사이비 단체들에 의해 고소당해 정보부에서 고생하기도 하셨는데, 이때 한변호사님이 많은 도움을 주셨다. 한변호사님은 20대 초반의 어린 나를 진지하고 따뜻한 모습으로 대해주셨다. 한변호사님은 어떻게 재판을 진행할지에 대해, 확신에 찬 말씀으로, 아무것도 모르는 나에게 법률적인 도움을 주셨다. 다른 변호사 한 분이 변호를 자원해주셨는데, 바로 황산성 변호사님이다. 당시 새문안교회의 담임목사님이셨던 고 김동익 목사님의 사모님이셨던 황변호사님은 나의 삶에 있어서 잊을 수 없는 분들 중의 한 분이시다. 차가운 서울구치소 접견실에서 차가운 나의 손을 감싸시고 간절히 기도해주셨다. 아직도 그 따뜻한 기운을 느낄 수 있다.

그렇게 무악재의 찬 바람이 몰아치던 추운 겨울을 나는 현저동 서대문구치소에서 보내고 봄을 맞았다. 1987년 봄 1심재판을 받기 시작하였다. 재판이 진행되는 동안의 나의 가족과 동료 선후배들의 격려를 잊을 수 없다. 한승헌 변호사님의 확신에 차고 소신있는 변호와 황산성 변호사님의 진심 어린 사랑의 변호 덕택으로 나는 징역 2년 자격정지 2년 집행유예 3년을 선고받고 1987년 4월 2일 석방되었다. 그후, 1987년 7월 10일 사면복권되었다. 그리고 15년이 지난 뒤인 2002년 8월 민주화운동관련자 명예회복 및 보상심의위원회에 의해 민주화운동관련자로 인정받았다. 명예회복을 신청한 이유는, 나의 세 아이(진솔, 진서, 진주)가 이 다음에 성장한 뒤, 선친이 나와 나누고 싶었던 그 '정감 어린 대화'를 아이들과 나눌 때, 내가 격동의 한국현대사의 한 장을 어떻게 살아왔는지 그리고 얼마나 부끄럽지 않은 아빠인지를 말하고 싶어서였다. 지금 나는, 나의 선친이 그랬던 것처럼, 나의 세 아이들이 성장하여 정감 어린 대화를 나눌 수 있는 그날을 기다리고 있다.

감사한 마음으로

출감과 함께 나는 새로운 사회운동으로의 진로를 모색하던 중, 장로회신학대학에 복학하게 된다. 졸업 후 목회자가 되기로 결심한 후, 장로회신학대학 신학대학원에 진학하려고 했으나, 내가 사랑했던 새문안교회의 당회로부터 운동권이라는 이유로 추천을 받지 못하여 진학이 좌절되고, 나는 연세대학교 대학원에 입학하여 한국교회사를 전공하게 된다. 이곳에서의 신학수업을 통해 한국의 많은 신실한 신앙인들의 삶과 신앙에 대한 배움의 시간을 가졌고, 나는 나의 기독교신앙의 뿌리를 되돌아볼 수 있었다. 민경배 교수님은 이들 신앙인들을 가슴으로 만날 수 있도록 이끌어주셨다. 대학원을 졸업한 후, 다시 장로회신학대학 신학대학원을 진학하여 목회자가 되려던 나의 꿈은 또 다시 교회와 노회의 반대로 좌절되었고, 1992년 12월 나는 미국유학의 길을 떠나게 되었다.

결혼과 함께 떠난 10년 동안의 미국과 캐나다에서의 유학생활을 통해, 나는 소중한 것을 얻기도 하였고, 또한 잃기도 하였다. 세 아이를 얻었고 원하던 목사가 되었지만, 한편으로는 사랑하던 선친을 하나님 곁으로 떠나보낸 시간이었다. 아직도 김포공항에서 나를 힘있게 포옹해주시던 선친의 체취를 문득문득 느낀다. 언젠가는 하나님 곁에서 다시 만날 사랑하는 선친과의 재회를 기다리며, 어머니와 사랑하는 아내(이은하)와 세 아이와 함께 경상남도 김해에 살고 있다. 현재 부산장신대학교 신학과 교수로 재직하면서, 울산에서 외국인근로자들을 위한 영어목회를 하고 있다.

서 울 형 사 지 방 법 원

판 결

사 건   87고단 308

피 고 인   탁지일卓志─ 학생
1964. 12. 8.생 △△△△△△-△△△△△△△
주거   서울 동대문구 묵2동 233의 45 (1통 10반)
본적   △△△△△△

검 사   함승희
변 호 인   변호사 한승헌, 황산성

주 문   피고인을 징역 2년 및 자격정지 2년에 각 처한다.
이 판결 선고 전 구금일수 중 115일을 위 징역형에 산입한
다. 다만 이 판결확정일로부터 3년간 위 징역형의 집행을
유예한다.

이 유

범죄사실   피고인은 1983. 3.경 장로회 신학대학에 입학하여 3학년
을 수료하고 1986. 3. 경 휴학한 자인 바,

1. 1986. 5. 3. 14:00에 열릴 예정이던 신한민주당 개혁추진 인천 경기
지부 결성대회에 앞서 동일 12:00경 동대회장인 인천 남구 주안동 소재 인

천시민회관 앞 시가지에 서울대학교, 고려대학교, 연세대학교, 인하대학교 등의 대학생 및 '민주통일 민중운동 연합'(이하 민통련이라 한다)회원 등 2,000여 명이 집결하여 스크럼을 짜고 '속지 말자 신민당', '몰아내자 양키놈', '민중헌법 쟁취' 등의 플래카드를 앞세우고 "미·일 외세 물러가라" "민중정권 수립하자"는 등의 구호를 외치면서 행진하다가 군중이 4,000여 명으로 증가하자 '인천을 해방구로' '해방인천 만세' '천만 노동자 해방투쟁 승리만세', '철천지 원수 미제와 그 앞잡이 깡패적 반동정권의 심장부에 해방의 칼을 꽂자'는 등의 유인물을 다량 살포하면서 위 시민회관 부근 시가지를 완전 점거하여 교통을 마비시키고, 동일 13:00경 군중이 10,000여 명으로 늘어나자 민통련의 정책연구실장인 공소 외 장기표, '인천지역 사회운동연합' 의장인 공소 외 이호웅 등이 민통련 회원과 함께 소위 '민주화 촉진 시민대회'를 개최하고 '민중의 힘으로 군부독재를 타도하고 민중정권 수립하자'는 요지의 연설을 하며 시위를 선동하고, '전국 반제반파쇼 민족민주학생연맹' 회원 등을 중심으로 민민학련 중앙집회를 열고 "지금부터 우리의 적들에 대한 비타협적인 투쟁을 전개해나가자"고 선동하여 위 군중들 중 300여 명이 그 부근에서 경비중이던 경찰관 등에게 미리 준비하여 가지고 있던 화염병과 그 부근에 있던 돌을 투척한 데 이어, 동일 13:15경에는 위 시민회관에서 200미터 가량 떨어져 있는 민주정의당 인천 제1지구당사에 화염병과 돌을 던져 동 당사를 파괴, 방화하고, 동일 14:00경에는 이 시민회관 앞 노상에 세워져 있던 신한민주당원인 공소 외 김노진 소유의 레코드 승용차 1대에 불을 놓아 위 경찰관들을 향해 밀어붙이는 한편 2,000여 명의 군중이 위 시민회관에 입장하려는 신한민주당 총재인 공소 외 이민우, 동당 고문인 공소 외 김영삼 등에게 "신민당은 각성하라"는 구호를 외치면서 앞을 가로막아 입장을 저지하여 동당의 위 행사를 개최하지 못하도록 방해하고, 동일 14:30경 그 부근에 있는 주안국민학교 앞에서 200여 명의 군중이 그곳에 설치되어 있던 철제 대형 버스안내판 1개와 공중전화 박스 1개를 밀어 넘어뜨려 수명이 밀고 다니면서 경찰관의 접근을 막는 한편, 그시경 위 시민회관 앞 동쪽 차도에서

1,000여 명의 군중이 "미·일 외세 물러가라" 등 구호를 외치면서 성조기를 불태우고, 동일 15:45경 위의 시민회관 앞에서 2,000여 명의 군중이 그곳에 있던 경찰의 가스차량을 포위한 뒤 그중 수명이 위 차량에 탑승하였던 경기도 경찰국 소속 일경 서광석 등 경찰관 6명을 소지하고 있던 각목 등으로 구타하고, 동일 16:00경 주안역 앞에서 100여 명의 군중이 경기도 경찰국 소속 경찰 타이탄 트럭 1대를 탈취한 뒤 적재함에 불을 붙여 경찰관쪽을 향하여 밀어 붙이고, 계속하여 인천시 소재 주안역 및 제물포역 일원에서 화염병과 돌 등을 던지며 경찰과 대치하다가, 동일 20:20경 인천시 남구 도화동 소재 도화국민학교 앞에서 인천 동부경찰서 소속 형사기동대 봉고차량 1대에 화염병을 투척하여 전소시키는 등 약 8시간에 걸쳐 다중이 위 시민회관 일대를 점거하여 교통을 완전 두절시키고, 경기도청 소속 일경 서광석에게 요치 약 12주간의 제5요추 분리중상을 입히는 등 경찰관 등 191명에게 상해를 가하는 한편 민주정의당 인천 제1지구 당사와 경찰차량 3대, 신한민주당원 소유 승용차 1대 등을 파괴함으로써 그 일대의 평온을 해하는 시위에 이르렀는바,

피고인은 1986. 5. 1. 16:00경 서울 종로구 연건동 소재 기독학생회를 방문하여 성명불상자로부터 '5·3 인천 신한민주당 개헌추진 결성대회는 13:00경 주안역에서 학생시위를 개최하고 시민회관쪽으로 시가행진을 하다가 민정당사를 타격하고, 주안 4거리, 제물포쪽 4거리, 동인천쪽 4거리에서 각 대회와 화형식을 갖고 대중세력을 규합 형성하여 경기도경을 타격할 것이다'라는 구체적인 진행계획을 입수하고, 동월 2. 19:00경 한양대학교 정문 앞에서 공소 외 왕주현이 입수하여온 인천시가지 약도상에 구체적인 시위, 투쟁계획을 기재한 다음, 동일 20:00경 한양대학교 앞 '우리집' 주점에서 위 왕주현과 장로회신학대학생인 공소 외 정민영, 동 김현태, 동 김 사뮤엘, 동 김애경, 동 김신실, 동 강현만 등을 만나 위 구체적 시위투쟁 계획을 전파하면서 투쟁구호는 '미제축출', '파쇼타도', '신민당은 각성하라' 등이며, 각각 후배들을 1-5명씩 대동하여 5. 3. 13:00 주안역에 집결하도록 부연 지시하고, 동월 3. 13:00경 주안역에 도착하여 위

지시에 따라 모인 왕주현 등 20여 명과 대오를 갖추어 시민회관 부근까지 가두시위를 벌이면서 '미제축출', '파쇼타도' 등 구호와 '5월가', '농민가' 등을 제창하고, 진압경찰관들을 향하여 보도블럭을 던지고 각목을 휘둘러 폭행을 가하는 등 동일 16:30경까지 현저히 사회적 불안을 야기시킬 우려가 있는 시위에 그정을 알면서도 참가하고,

2. 북한 공산집단은 정부를 참칭하고, 국가를 변란할 목적으로 조직된 반국가단체로서, 마르크스 레닌주의와 그 전략전술에 입각한 대남적화통일을 기본목표로 삼고, 우리나라의 현실에 대하여 '한국사회는 미제국주의의 괴뢰인 군사파쇼 독재정권을 통한 신식민 통치상태에 있어 모든 인민이 수탈당하고 있다'고 모략하면서 '조국의 자주적 통일을 위하여는 남조선에서 노동자 계급을 중심으로 한 피지배계급이 주체가 되어 미제국주의를 축출하고 반동 파쇼정권을 폭력으로 타도하여 인민정권을 수립하는 것이 전제되어야 한다'고 선전선동하고 있다는 사실을 잘 알면서도,

전항의 시위에 가담하였다가 가담자 다수가 검거되어 투쟁이 어렵게 되자 스스로 장로회신학대학 '반제 민족자주화 반파쇼 민주화 투쟁위원회'를 결성하여 그 투쟁위원장에 취임하고, 1986. 10. 12. 20:00경 서울 영등포구 여의도동 소재 63빌딩 만남의 광장에서, 고려대학교 민민투위원장인 공소 외 김신, 한양대학교 민민투위원장인 공소 외 윤동주, 서울시립대학교 민민투위원장인 공소 외 김승배, 선국대학교 민민투위원장인 공소 외 정찬수, 경희대학교 민민투위원장인 공소 외 이형두 등을 만나 한반도 혁명의 성격을 민족해방 민중민주주의 혁명이라고 규정짓고 투쟁의 기조를 '미제의 축출' '친미 군사파쇼 타도' '민중주체의 자주독립국가 건설'로 설정하고, 이를 위하여 사상적 통일성을 갖고 선명한 이념성을 지닌 투쟁 결사체로서 '동부지구 반제 반파쇼 애국학생 투쟁 연합'(이하 동부지구 애투련이라 약칭한다)을 결성하되, 중앙위원장에 위 김신, 동부지구장에 피고인, 경제침략 저지투쟁 분과위원장에 위 윤동주, 직선제 쟁취투쟁 분과위원장에 위 김승배를 각 선임하고, 동월 13. 20:00경 연세대학교 독수리상 앞에

서 위 공소외인들을 다시 만나 결성식 집회는 '1986. 10. 15. 13:00 서울시립대학교 도서관 앞 광장에서' 개최하되 식순은 개회사, 묵념, 애국가, 의장단소개, 경과보고, 발족선언문 낭독, 투쟁선언문 낭독, 분과별 투쟁선언문 낭독의 순으로 진행하기로 하고, 투쟁선언문은 피고인이, 화염병 등 시위물량은 위 김승배가, 발족선언은 위 김신이 각 작성, 준비하기로 하는 등 상호 공모하고,

1986. 10. 13.경 연세대학교 앞 독수리다방에서 위 김신으로부터 수교한 '미 임프 통치 깨부수고 민족해방 만만세'라는 제목의 유인물과 민청련 발행 '민주화의 길'이라는 유인물을 참조하고 자신의 평소의식을 정리하여 '동부지구 반제 반파쇼 애국학생 투쟁연합 투쟁선언문'이라는 제목하에,

 - 순결의 땅 한반도, 민중의 굴종을 강요하는 미제국주의와 그 앞잡이 친미독재로부터 온 몸으로 항거해온 선연한 민족사의 피의 업적은 민중 승리의 찬란한 새 날을 약속하고 있다.

 - 민족해방과 민주를 염원하는 한반도 민중의 반파쇼 민주화의지는 현 정권의 퇴진을 확실하게 요구하고 있으며 민중의지로서의 절대적 단결은 친미 주구자들에게 한치의 빈 틈도 허용하지 않고 민족 민주 전선에서 반제 자주통일로 총매진하고 있다.

 - 반공이 무엇이란 말인가, 더러운 친미 주구 · 매국 역적들이 반민중적, 반민족적 작태를 합리화하기 위한 도구임을 피흘리는 한반도는 분명히 알고 있다.

 - 혁명운동의 찬연한 기치 아래 노동자, 농민, 도시빈민, 지식인 등의 총집결로 민중의 나라 민족통일의 그날을 준비하고 있음을 보고 있다.

 - 이에 지식이 아닌 민중적 삶의 방법으로서 다음을 강력히 제시한다.

첫째, 이땅을 제국주의의 대리통치의 파쇼적 억압으로 몰아넣는 군사파쇼 민주화 투쟁을 적극 전개해야 할 것이다.

둘째, 한반도 파쇼통치의 본질적 적인 미제의 야수적 본질을 폭로하고 이땅에서 축출할 수 있는 반미 자주화 투쟁을 두려움 없이 전개해야 할 것

이다.

셋째, 분단 조국의 허리를 이어 자주적으로 설 수 있는 조국통일, 민족 해방 투쟁에 총매진해야 할 것이다는 등,

북괴의 상투적인 선전 · 선동과 대남 적화통일을 위한 전략 · 전술에 부합하는 이른바 민족해방 민중민주혁명론에 따라 민중의 적인 미제국주의의 축출을 통한 민족통일 민중해방을 주장하는 내용의 유인물 초안을 작성, 동일 18:00경 연세대학교 청송대 앞에서 위 김승배에게 전해주면서 결성 집회시까지 유인물을 제작하여오도록 하고, 동월 15. 13:00경 서울시립대학교 도서관 앞에서 약 1,000여 명의 동부지역 소속 대학생들을 규합하여놓고 위 유인물 500여 매를 살포하며 식순에 따라 결성식 집회를 진행하면서 진압경찰관을 향하여 화염병을 투척하고, '농민가', '해방가' 등 선동가와 "독재지원 내정간섭 미국놈들 물러가라", "장기집권 획책하는 친미독재 타도하자"는 구호를 선창하는 등 현저히 사회적 불안을 야기시킬 우려가 있는 집회를 주관함과 아울러, 반국가단체를 이롭게 할 목적으로 표현물을 제작, 반포하고,

3. 1986. 11. 22. 15:00경 단국대학교 교정내 곰상 앞에서 위 김신과 접선하여 동인으로부터 신한민주당 주최 직선제 개헌추진 범국민대회(이하 신민당 서울집회라고 약칭한다)가 11. 29.로 확정되었으니 이를 계기로 '동부지구 애투련' 소속 각 투쟁위원은 각 내학별로 데모팀을 만들어 가두시위를 벌이라는 제안을 받아 이를 승락하고, 동월 24. 12:00경 남산 어린이회관 부근 분수대 앞에서 위 정찬수, 김승배, 윤농주, 이형두 등과 접선하여 위 신민당 집회시 가두시위를 벌일 데모팀 주도책을 각 대학별로 선정할 것을 지시하고, 동월 25. 16:00경 고려대학교 이공대학 도서관 식당에서 고려대, 한양대, 건국대, 시립대, 서강대, 연세대, 이화여대 등에서 데모팀 주도책으로 선정된 박경리 등 10여 명의 학생들과 만나 '신민당 서울집회는 2 · 12 총선과 5 · 3 인천항쟁 속에서 나타난 국민의 민주화 의지와 민주주의에 대한 열망의 분출구가 될 것이다. 군사파쇼 일당의 장기집권 음

모 분쇄를 위한 투쟁을 범국민적으로 조직화하는 데 선봉이 되어야 하고, 5·3사태에서 지적된 관념적이고 전략주의적 오류를 남기지 말고 대중 속에서 대중과 함께 공개적으로 투쟁하자'고 격려한 다음, 서강대 출신 박경리를 서부팀장, 고려대 출신 성명불상자를 동 신문조서 등본 중 판시사실에 부합하는 기재.

　1. 검사 작성의 피고인 및 박경리에 대한 각 피의자 신문조서(등본) 중 판시사실에 부합하는 각 진술 기재.

　1. 사법경찰리 작성의 강현만, 김사무엘에 대한 각 진술서 사본 중 판시사실에 부합하는 각 진술 기재.

　1. 피고인 및 강현만, 박경리 작성의 각 자술서 중 판시사실에 부합하는 각 진술 기재.

　1. 수사기록에 편철된 동부지구 반제 반파쇼 애국학생 투쟁문(수사기록 347정) 중 판시사실에 부합하는 기재.

　법령의 적용

　집회 및 시위에 관한 법률 제14조 제3항, 제3조 제1항 제4호, 제14조 제1항, 제3조 제1항 제4호, 제14조 제2항 제3조 제2항(각 징역형 선택), 국가보안법 제7조 제5항 제1항.

　형법 제37조 전단, 제38조 제1항 제2호, 제50조(형 및 법정이 중한 판시제2의 이적표현물 반포를 내용으로 한 국가보안법 위반죄에 정한 형에 경합범 가중), 국가보안법 제14조, 형법 제57조, 제62조 제1항(초범, 학생, 개전의 정 현저).부팀장으로 각 선출하여 현장에서 시위를 주도하게 하고, 동월 26. 13:00경 건국대학교 교정내 곰상 앞에서 위 김신과 접선하여 동인으로부터 86. 11. 29. 11:30 서울역에서 '장기집권 음모 분쇄'를 위한 집회를 하고, 경찰에 의해 제지받으면 12:00 남영동으로 옮겨 집회를 열고, 여의치 않으면 13:00 동대문운동장 앞에서 집회 후 가두시위를 한다. 집회시위의 순서는 애국가, 묵념, 선언문 낭독, 가두행진의 순으로 한다는 내용의 구체적인 투쟁계획을 지시받고, 동월 27. 18:00경 국민대학교 학생회관 식당에서,

위 박경리 등 동·서부 데모팀장을 만나 집회가 시작되면 대열을 갖추고 깃발을 준비하여 상징성을 살리며 애투련 중앙위장 김신의 신병을 보호할 사람을 선정하여 대방 전철역으로 보내라고 지시하면서 위 김신으로부터 지시받은 구체적 투쟁계획을 시달하는 등 현저히 사회적 불안을 야기할 우려가 있는 집회 및 시위를 음모한 것이다.

   증거의 요지
   1. 피고인의 법정에서의 판시사실에 일부 부합하는 진술.
   1. 서울형사지방법원 86고합 666호 소요 등 피고사건의 증인 김윤옥의 증인

1987. 4. 2.

판 사　유철균

34

부천서 성고문 규탄집회 사건

피고인 **오대영**

민통련의 성고문 규탄대회 주도

한승헌 (변호사)

1986년 5월 3일 신민당의 개헌 현판식을 계기로 여러 민주화운동 세력이 참여한 이른바 '인천사태'가 터졌고, 그 결과 많은 사람이 체포되거나 수배대상이 되었다.

그로부터 한 달 뒤인 6월에 터진 부천경찰서 문귀동文貴童 경장의 권아무개 양에 대한 성고문사건은 전두환 정권에 대한 국민의 분노를 가일층 고조시키기에 충분했다.

권양은 서울대학교 가정대학 의류학과 4학년(1985년 7월)때 제적당한 후 그 다음해 5월 부천시에 있는 (주)성심에 공원으로 위장취업했다. 그러나 8일 만에 지진퇴사를 한나. 위장취업이 탄로날까봐 걱정이 되어서였다. 그랬는 데도 그는 주민등록증을 변조하였다는 혐의로 부천경찰서에 연행되어 구속당한다.

권양은 공문서 변조 사실을 순순히 시인하였다. 그러자 경찰은 "5·3 인천사태로 수배된 자들의 행방을 대라"고 추궁하였다. "모른다"고 하자 담당형사인 문경장은 참으로 야만적인 일을 저질렀다.

피의사실을 자백했으니 고문을 할 필요가 없었고 밤늦게까지 조사할 필요도 더구나 없었다. 그런 데도 문경장은 새벽이나 심야에 다른 형사를 입회시키지도 않은 채 혼자서 권양을 조사했다.

　그러면서 "네 자궁에 봉을 집어넣어야만 불겠느냐"고 협박했다. 바지 단추와 지퍼를 강제로 풀어 밑으로 내리고 브래지어를 들추어 밀어올렸다. 그리고 "너 처녀냐, 자위행위 해본 적이 있느냐, 젖가슴을 보니 처녀같지 않다"라고 모욕을 주었다.

　그 다음날은 더욱 야수적으로 나왔다. 문경장은 권양의 국부를 손으로 만지며 팬티마저 벗기고는 젖가슴을 주물렀다. 제 몸을 권양의 몸에 대고 비벼대다가 권양의 입에 자기의 성기를 넣으려고 했다. 그러다가 이번에는 그녀의 등뒤에서 자신의 성기를 그녀의 국부에 대고 밀어댔다.

　위와 같은 천인공노할 범행은 천주교정의구현사제단의 용기있는 폭로와 권양 변호인단의 대담한 고발에 의하여 만천하에 알려졌다. 각계각층의 규탄과 처벌요구가 봇물처럼 터진 것은 너무도 당연했다.

　문경장은 처음엔 알리바이를 조작했다가 곧 탄로가 났다. 검찰은 문경장이 권양에게 성적 모욕행위를 한 것이 아니라 피해자의 가슴부위를 손으로 3~4회 쥐어박아 폭행을 하였다고 우겼다. 그러고는 문경장에게 "10년 이상 경찰에 성실히 봉직하였고 잘못을 깊이 반성하고 있으므로 기소유예 처분을 한다"고 발표했다.

　인천지검은 이러한 수사결과에 덧붙여 다음과 같은 자료(사건의 성격)까지 배포했다.

　'급진좌경 사상에 의한 노학연대 투쟁을 전개해왔던 권○○의 「성적 모욕」의 허위사실 주장은 운동권세력이 상습적으로 벌이고 있는 소위 의식화투쟁의 일환으로서….'

　뿐인가. 문경장은 권양을 오히려 명예훼손죄로 고소까지 했다.

　검찰이 문경장을 불기소(기소유예) 처분하자 권양과 고발인단(변호사 9명)은 즉시 서울고등법원에 재정신청을 냈다.

　그때 신청인들의 대리인으로 나선 변호사수는 1백65명에 이르렀다. 필자도 그중 한 명이었다.

　그런데 서울고법은 재정신청을 기각했다. 그 이유가 걸작이었다. 즉 "피의자는 이번 성추행사건으로 엄청난 사회적 비난을 받은 바 있어 이미 응징을 받았다 할 것이므로 구태여 다시 형벌까지 가할 필요는 없다”는 것이었다.

각지에서 규탄집회가 열렸다. 민주주의와 민족통일을 위한 국민연합(민통련)에서도 7월 19일 오후 서울 명동성당 구내에서 ‘고문·성고문·용공조작 범국민 규탄대회’를 열었는데 당시 인권위원장으로 그 집회를 주도했던 오대영 씨가 집회 및 시위에 관한 법률위반으로 수감되었다.

그 무렵엔 시국사건 피고인들의 재판거부 사태가 빈발했는데, 나는 오 씨에게 재판거부는 하지 말고 당당히 법정에 나가 할 말을 하라고 권했다. 재판심리도 그런 대로 순조로웠다.

문제는 검찰관의 구형이었다. 피고인에게 징역 4년을 구형한 것이다. 성고문 규탄집회도 소규모로 평온하게 끝났는데 이건 누가 봐도 심했다.

피고인의 최후진술 차례가 오자 오씨는 전대미문의 파격적인 발언을 했다.

“검사는 나에게 징역 4년을 구형했는데 아무래도 검사의 정신상태가 정상이 아닌 것같습니다. 따라서 본피고인은 검사에게 정신병원 4개월을 구형하는 바입니다.”

판결선고가 있던 날 아침 오씨는 법정 아닌 검사실에 먼저 불려갔다. 검사가 말했다.

“피고인이 검사에게 구형하는 재판이 어디 있습니까. 내 평생 잊지 못할 것입니다. 그 동안 고생 많이 하셨습니다. 커피나 한잔 드십시오.”

오씨는 그날 집행유예로 풀려나왔다.

한편 앞서의 성고문 사건은 그뒤 사태가 반전되었다. 서울고등법원의 재정신청기각 결정은 대법원에서 파기 환송되었고 이에 따라 서울고등법원은 문경장을 기소하라는 결정을 내렸나. 문경장은 독직 폭행 및 준강제추행죄로 징역 5년이 확정되어 감옥살이를 했다. 권양은 그뒤 90년 1월 국가를 상대로 한 위자료청구소송에서 4천만 원의 배상금지급 판결을 받았으며 문씨는 국가로부터 2천5백만 원을 구상求償하라는 소송을 당하고 패소하였으며 그 강제집행을 면하기 위해 아파트의 명의를 자기 처형 앞으로 이전해놓았다가 강제집행면탈 혐의로 고발당하기도 했다.

그런 대로 선과 악이 제 길을 찾아나선 드라마였다.

검사에게 정신감호치료 '구형'한 피고인

오대영 (전 민통련 인권위원장)

민통련에 들어온 '성고문' 제보

"본피고인은 검사에게 정신감호치료 4개월의 형을 구형합니다. 재판장 께서는 사리를 분명히 따져서 이 재판을 올바르게 집행해주시기를 바랍니 다."

피고가 검사에게 구형을 한, 도저히 있을 수도, 또 있어서도 안되는 상 황이 법정에서 벌어졌다. 이 재판은 5공정권의 모순된 시대상황을 상징적 으로 보여준 재판이었다. 전두환 정권 당시 이 역사 속에 영원히 기억될 부천서 성고문사건을 규탄하다가 구속된 내가 받은 재판내용과 재판정의 모습이다.

먼저 재판이 있기까지의 과정을 살펴보자.

사건은 1986년 6월 초부터 시작된다.

1986년 6월 부천경찰서에서, 공장에 취업하기 위해 공문서(주민등록증)를 위조했을 뿐 아니라 부당노동행위를 했다는 혐의로 권인숙 양을 조사하는 과정에서 추악한 성고문을 했다는 사실이, 권양이 인천소년교도소에 수감 된 후 면회를 다녀온 구속자 가족들에 의해 민주통일민중운동연합(민통련) 에 알려졌다. 민통련에서는 7월 3일 '변태적 성고문을 강력히 규탄한다' 는 성명을 발표하여 이 사건을 여론화시켰다. 교도소에 수감중인 권인숙

양 자신도 조사를 담당했던 문귀동 형사를 강간혐의로 인천지검에 고소했다. 이같은 사실을 알게 된 민변 소속 변호사들은 권양을 면회한 후 7월 5일 옥봉환 부천경찰서장과 문귀동 등 6명의 경찰관을 검찰에 고발함으로써 사건의 진상을 만천하에 폭로했다.

고영구·김상철·박원순·이돈명·이상수·조영래·조준희·홍성우·황인철 등 9명의 변호사는 자신들의 이름으로 부천경찰서 수사과 형사 문귀동, 부천경찰서장 옥봉환 등 6명을 고발한 것이다. 고발장의 내용은 다음과 같았다.

'우리는 공문서 위조 피의사건으로 인천소년교도소에 수감중인 권양의 변호인들로서, 권양을 접견한 후 풍문으로 전해들은 성고문 행위가 사실이라는 것을 확인하고, 놀라움과 분노를 금할 길이 없었다. 저 나치즘하에서나 있었음직한 비인간적인 만행이 이땅에서도 버젓이 자행되고 있다는 사실을 알게 되었을 때, 경악과 공분을 느낌과 아울러 인간에 대한 믿음마저 앗아가는 듯한 암담한 좌절감을 느끼게 되었다. 단순히 충동적인 음욕 때문에 일어난 것이 아니라 성이 고문의 도구로 악용되어 계획적으로 자행되었다는 점에서 이 사건은 우리에게 더 큰 충격을 불러일으켰다. 이제 우리는 사건의 실상을 확인하고서도 계속 침묵을 지킨다는 것은 변호인으로서의 최소한의 의무마저 포기하는 것이라도 결론짓고 이 사건 관련자를 고발하여 처벌을 요구하기에 이르렀다.'

여기서 성고문의 실상이 얼마나 심각했으며 추악한 짓을 했기에 변호인단이 구성되고 고발하기에 이르렀는가, 그 처절했던 현장을 권양이 직접 기록한 저서 《하나의 벽을 넘어서》와 변호인단에 밝힌 권양의 진술을 토대로 살펴보자.

부천서에서 일어난 경찰의 만행

1986년 6월 4일 밤 9시경 부천서로 연행된 권인숙 양에게 조사관들은 양승조 씨 등 5·3 인천사태 수배자들 가운데 지면관계가 있는지 또는 소재를 아는지 파악하려고 집요하게 캐물었다. 6월 5일 오전 9시경에는 정오도 경사에게 공문서(주민등록증) 위조혐의와 수배자에 관한 조사를 받았다.

6월 6일 새벽 4시쯤 상황실로 끌려갔다. 서장이 권양을 보고 "권양이 수사에 너무 협조를 안하는군" 하고 화를 내며 나갔다. 서장이 나간 후 상황실장이 "권양이 너무 말을 안하는데 아무래도 지금까지 조사과정에서 거론된 나쁜 사람들과 한 팀이 아니냐"면서 문귀동 형사에게 수사를 지시했다. 이때부터 이른바 성고문 행위는 시작되었다.

문귀동은 권양을 1층 수사계 수사실로 데리고 가서 새벽 4시 30분경부터 6시 30분경까지 1차 성고문이라고 부르는 추잡한 행위를 자행했다.

문귀동은 권양에게 "네 죄는 정책변화로 풀려날 죄도 아니고 하니 수배자 중에서 아는 사람을 불어라, 불기만 하면 훈방하겠다"고 강요하였다. 권양이 끝내 모른다고 하자 문귀동은 "이년, 안되겠군"하면서 "나는 5 · 3 인천사태때 여자만 다뤘다. 그때 들어온 년들도 모두 아랫도리를 발가벗겨서 책상에 올려놓으니까 다 불더라. 네 몸에 봉이 들어가면 안 불겠느냐"고 협박하였다.

겁에 질려서 떨고 있는 권양에게 문귀동은 옷을 벗으라고 강요하였다. 권양이 겉옷과 남방만을 벗고 티셔츠와 속옷, 바지는 그대로 입은 채로 있자 문귀동은 다른 형사 1명을 불러들여 옆에 서 있게 하였다. 그리고는 권양의 바지단추와 지퍼를 풀어 밑으로 내리면서 "너 처녀냐? 자위행위 해본 적 있느냐?"면서 브래지어를 들추어 밀어올리면서 "젖가슴 생김으로보니 처녀가슴 같지가 않다"는 등 더러운 수작을 하였다.

제발 살려달라는 권양의 애원을 뿌리치고 문귀동은 권양의 바지를 벗겨내렸다. 이에 권양이 극도의 굴욕감과 수치심과 공포를 이기지 못하여 엉겁결에 한 친구의 이름을 대자 문귀동은 그 친구의 인적사항을 자세히 적으라고 요구하였다. 권양은 노동현장 취업과정에서 알게 된 사람으로, 인적사항에 대해서는 전혀 아는 바가 없어 자세히 모른다고 했다. 문귀동은 옆에 서 있던 형사에게 고춧가루 물을 가져오라고 지시한 뒤 권양에게 책상 위로 올라가라고 하면서 "기어이 자궁에 봉을 집어넣어야 말하겠느냐"고 협박하였다. 겁에 질린 권양이 노동현장에서 알게 된 이아무개 양이 자취하던 집의 위치를 적어주자 그제서야 문귀동은 조사를 중단하고 바지지 퍼를 올리게 하면서 다시 "진짜 처녀냐"고 물었다.

다음날 아침부터 밤 11시경까지는 2차 성고문이 시작되었다. 이것은 한 어린 여학생이 처녀의 몸으로 당해야 했던 온갖 굴욕감과 여성으로서의 수치심, 인간으로서의 절망감 등 모든 극단적인 모습을 우리에게 보여준다.

6월 7일 아침 9시경 누군가가 권양을 데리러 왔다. 1층 수사과로 가보니 상황실에 상황실장, 정오도 경사, 문귀동 등 10여 명의 형사들이 모여 있었다. 그들은 권양이 일러준 대로 이아무개 양이 자취하던 집을 방문해 보니 그런 사람이 자취한 적이 없다고 하면서 집주인 여자를 권양과 대질시켰다. 권양의 말이 모두 거짓이라고 판단, 정오도 경사가 권양을 한 대 후려쳤고 상황실장은 권양에게 "앞으로는 이제까지 대우한 것과는 달라질 테니 오늘 저녁에 두고 보라"고 협박하면서 문귀동에게 "저녁때 그런 방법으로 조사해"라고 지시했다. 여기서 '그런 방법'이란 성고문을 일컫는 말로서, 이미 부천서내에서는 공공연한 수사방법이라는 것을 스스로가 인정하고 있는 말이나 다름없었다. 문귀동은 권양을 다시 보호실로 데려가면서 "네가 이제까지 한 말은 전부 거짓말이니 그냥 두지 않겠다"고 협박하였다.

그날 낮 내내 권양은 보호실에 대기하면서 불안과 초조에 떨며 한시바삐 검찰청으로 송치되기만을 기다렸다. 그러나 다른 수감자들에게 물어보니 여기서 열흘쯤은 더 있어야 검찰칭으로 넘어간다는 절망적인 대답뿐이었다.

이윽고 밤 9시경 문귀동이 다시 권양을 1층 수사과 조사실로 불러냈다. 그때는 이미 수사과 직원들이 모두 퇴근하여 청내는 모두 불이 꺼진 상태였으며 조사실 역시 불이 꺼져 있었다. 다만 건물 바깥의 외등에서 흘러들어오는 불빛에 의해 방안의 물체를 어렴풋이 식별할 수 있을 정도였다.

문귀동은 토요일 밤에 퇴근도 못하고 '일'을 해야 하는 것이 불만인 듯 권양에게 '독한 년'이라고 하면서 "남들은 다 퇴근했는데 네년 때문에 한밤중에 또 조사를 해야 된다, 위에서 그년 되게 악질이니 족치라고 했다"

고 겁을 주었다. 다른 남자형사 2명을 불러들인 문귀동은 권양의 양팔을 등뒤로 돌려놓은 상태에서 두 손목에 수갑을 채우게 하고, 그 자세로 무릎을 꿇려 앉힌 후 안쪽 다리 사이에 각목을 끼워넣고 넓적다리와 허리부위 등을 계속 짓밟고 때리게 하면서 권양에게 이아무개 양의 본명과 출신학교, 사는 집 등을 불라고 강요했다. 이로 인해 권양의 넓적다리가 시퍼렇게 멍들고 퉁퉁 부었다. 권양이 고통과 공포를 참지 못하여 비명을 지르자 문귀동은 "이년이 어디서 소리를 꽥꽥 지르느냐, 소리지르면 죽여버리겠다. 너같은 년 하나 죽이는 건 아무 것도 아니다"라고 윽박질렀다.

뒤이어 문귀동은 권양에게 수배자 가운데 아는 사람을 대라고 추궁하다가 계속 모른다고 하자 옆에 있던 형사에게 고문기구를 가져오라고 소리쳤다. 그 형사가 검은색 가방을 가져오자 불을 켜더니 인천지역노동자연맹 소속 수배자 20여 명의 인적사항과 사진 등이 붙어 있는 서류철을 꺼내어 한 장씩 넘기면서 아는 사람을 대라고 다그쳤다. 권양이 모른다고 하자 문귀동은 "이년 안되겠다"면서 형사들을 내보내고 권양을 조사실 옆에 있는 자기 방으로 데리고 갔다.

이때가 밤 9시 30분쯤으로, 이때부터 밤 11시경까지 약 1시간 30여 분 동안 문귀동은 인면수심의 실로 천인공노할 야만적 추행을 저지르면서 권양을 조사했다. (고문내용 중 너무나 추잡한 부분은 일부 제외했다.) 온갖 추악한 짓을 저지른 문귀동은 권양에게 호언하기를 "네가 당한 일을 검사 앞에 나가서 얘기해봤자 아무 소용 없다, 검사나 우리나 다 한통속이다"라고 했다. 이말은 그후 검찰이 발표한 내용에서 그대로 사실로 나타났다.

밤 11시가 지나 문귀동은 기진맥진해 있는 권양을 보호실로 데리고 가서 권양의 소지품을 챙기더니 유치장으로 끌고 갔다. 일반적으로 유치장에 처음 입감될 때는 몸수색을 위하여 속옷을 벗게 하는 것이 상례인데, 문귀동은 여자교관을 불러 "내가 다 봤으니 몸검사는 필요없다. 독방을 줘라" 하고 지시한 뒤 돌아갔다.

권양은 그후 검찰에 송치되기까지 한동안 아무것도 먹지 못하였고, 먹어도 계속 체했으며 밤에는 악몽에 시달리느라 잠을 제대로 이루지 못했다. 몇 차례나 자살을 하고 싶은 충동이 일었으나, 점차로 자신의 여성으로서의 앞날을 희생해서라도 이와 같은 끔찍한 일이 다시는 일어나지 않게 하기 위하여 끝까지 싸우겠다는 결의로 겨우 자살충동을 이겨냈다.

검찰의 '사실무근' 발표에 분노한 국민들

6월 16일 교도소로 송치된 후에도 계속 악몽에 시달렸으나 재소자들과 함께 문귀동의 구속 등을 요구하면서 무기한 단식투쟁을 했다. 이에 당시 재야의 원로 지도자였던 함석헌 선생과 지학순 주교, 이돈명 변호사 등이 단식을 중지하고 투쟁해줄 것을 당부하는 성명서까지 발표하기에 이르렀다.

이상이 국가권력의 집행자인 경찰에 의하여 저질러진 전대미문의 추악한 성폭행 고문에 관해 피해 당사자인 권인숙 양이 변호인들 앞에서 밝힌 내용의 개요이다.

변호인단은 권양의 진술태도나 기타 모든 정황으로 보아 위 내용이 진실인 것으로 확신한다면서 검찰에게 이 사건을 최단시일내에 철저히 수사하여 그 진상을 백일하에 밝혀줄 것을 요구했다.

이처럼 사건이 점차 확대되자 당황한 검찰은 뒤늦게 수사에 나섰다. 그리고 온 국민의 관심 속에 7월 17일 수사결과를 발표했다. 검찰이 발표한 내용은 변호인단이 우려했던 대로 사건을 은폐 · 축소하기에 급급해 하는 것이었다. 국민은 분노했다. 이에 변호인단은 18일 기자회견을 갖고 "사건의 진상을 누구보다도 잘 알고 있는 검찰이 국민을 기만하고 있다"고 반박하면서 재수사를 촉구했다. 변호인단은 검찰의 발표문에 대하여 조목조목 내용을 적시하면서 반박문을 발표했다.

그러나 일말의 도덕성도 없는 정부당국은 이른바 '공안당국'이라는, 책임자도 없는 급조된 정체불명의 기관을 내세워 변호인단의 발표를 "사실무근"이라고 부인하였다. 나아가 "이번 사건은 용공 · 좌경 · 급진 학생운동세력이 성을 혁명의 도구화한 조작된 사실"이라고 몰아붙이면서, "권양은 급진 좌경노선을 신봉하는 행동대원이다" "권양의 성모욕 주장은 사실이 아니며 현정권을 붕괴시키고 사회를 혼란에 빠뜨리려 획책하는 조작된 것이다"라고 발표했다. 공안당국의 명의로 정부당국에서 발표한 내용은 근거도 없는 허위사실로 일관하고 있으며, 인간의 도덕성이라고는 눈 씻고 찾아볼래야 찾을 수 없는 인면수심 바로 그 자체였다.

당시 정치권에서는 이런 사건이 일어나도 거론조차 못했다. 국민들은 공안당국이 어디서 무엇을 하는 기관인지, 발표내용은 무엇을 근거로 누가 작성했으며 책임자는 누구인지 의문투성이였다. 그렇다고 언론에서 그것을 제대로 추적 보도하는가 하면 그것도 아니어서 정부의 발표만 크게 보도했다. 그러나 변호인단이 발표한 내용이 워낙 객관적인 정황을 보여주고 있었기 때문에 검찰이나 공안당국이라는 유령기관이 발표한 내용을 누구 하나 믿지 않았다.

검찰의 이같은 태도에 대해 피해 당사자인 권양은 이렇게 말했다.

"지금 나는 쓸쓸하고 착잡한 심정을 금할 수가 없습니다. 단식 열흘째 쓰린 배를 움켜쥐고 어지러운 머리 흔들면서 누워 있는 교도소 동지들의 목숨을 건 외침을 들을 수 있는지, 이땅 어디에도 들을 수 없는 건지 답답하기만 합니다.

처녀의 몸으로 강제로 성적 추행을 당하고 그 통분한 현실 앞에 기어코 진실을 밝혀내고자 최후의 생존권마저 포기한 지 이미 열흘이 지났습니다. 저 추악하고도 가증스러운 문귀동과 부천서는 온갖 허위증거를 들이대며 오히려 저를 무고죄로 고소하였습니다. 검찰에서는 수사를 시작했다는 명목으로 지칠 대로 지친 저에게 아침부터 밤 11시까지 끌려다닐 것을 강요하고 증거법만을 강조하면서 문귀동을 구속시키기 어렵다는 발악을 하고 있습니다. 저들의 간악한 흉계에 새로운 분노가 치솟아오릅니다.

파쇼정권의 살인적 고문에 수없이 유린당하고 짓밟히면서 심지어 목숨마저 빼앗긴 수많은 민주영령들을 저들은 증거 불충분이라는 명목으로 한낱 거짓말이라고 몰아붙이고 있는 것이 아니고 무엇입니까. 저와 저의 교도소 동지들은 민주영령들의 신음소리가 들리는 듯하여 이 분노를 그대로 삭힐 수가 없습니다. 차가운 교도소 마룻장을 베고 숨이 끊어지는 그 순간까지 나는 진실을 밝혀내고야 말 것입니다."

이 사건이 세상에 알려지고 당국이 이 사건을 처리하는 과정에서 5공정권의 도덕적 수준과 그들이 권력을 유지하기 위하여 발악했던 그 처참한 모습을 볼 수 있다. 그후 5공정권의 권력기반은 서서히 무너지기 시작했으며, 이어 발생한 박종철 군 고문치사사건과 맞물리면서 6·10국민대항쟁 앞에서 무릎을 꿇고 말았다.

성고문 폭로대회와 나의 체포

사건이 이쯤 확대되고 국민의 분노가 일어나자 민통련에서는 7월 19일 오후 2시 명동성당 앞 광장에서 대대적인 '고문 성고문 용공조작 범국민 폭로대회'를 갖기로 했다. 그 책임은 인권위원장인 내가 맡아 집행했다. 장소 사용문제는 성당측의 양해를 얻어 성당 앞 광장을 쓰기로 했다. 실질적인 준비는 명동청년회 소속회원들이 담당했다. 민통련 간부들은 문익환 의장을 비롯하여 대부분이 구속되거나 연금, 수배중이어서 실질적으로 움직일 수가 없었다. 나 또한 수배중이었다.

전날은 흥사단 숙직실에서 자고 새벽 4시쯤 빠져나와 택시를 잡아타고 기자촌에 계시는 백기완 선생댁으로 갔다. 가랑비가 내렸다. 새벽 4시 30분경 백기완 선생을 태우고 명동성당으로 잠입했다. 기관원의 미행을 당하지는 않았다. 새벽부터 명동성당 회원들이 부지런히 움직이고 있었다. 준비는 성당측의 배려로 순조롭게 진행되었다.

날이 밝자 다행히 비는 그쳤다. 아침 8시쯤부터 전경들이 명동 일대를 게딱지처럼 겹겹이 둘러싸고 시민의 접근을 막았다. 그런 데도 성당 앞에는 수백 명의 시민이 모여들어 전경과 심한 몸싸움을 벌이고 있었다. 우리들은 청년회원들과 신부·수녀님들의 도움으로 오후 2시 정각에 대회를 시작했다. 성당 입구 수위실 안에 마이크를 달고 확성기를 통하여 성고문의 진상을 낱낱이 폭로하면서 5공정권의 부도덕성을 질타했다. 대회는 전경의 저지로 가두시위까지는 못했어도 성공적으로 끝났다. 대회를 마친 후 밤늦게 수녀들의 도움으로 백선생과 함께 비밀통로를 통하여 성당을 빠져나왔다.

이 대회 이후, 나는 대회를 주도했다는 혐의로 또다시 전국에 수배되었지만, 나는 대도시를 중심으로 폭로대회를 계속 갖기로 했다. 대전에서 두 번째 집회를 갖기로 하고 집회장소로 들어가다가 불심검문에 걸려 다시 구속되었다.

내가 구속되자 한승헌 변호사님이 변론을 맡아 수고하셨다. 재판은 다른 사건에 비하여 의외로 빨리 진행되었다. 1심 재판이 열렸다. 그런데 담당검사는 뜻밖에도 징역 4년이라는 중형을 구형했다. 2년이나 3년을 생각하고, 집행유예로 석방될 것을 기대했던 나로서는 너무나 뜻밖이었다. 그 무렵 그 흔하던 보안법에 저촉되지도 않았고, 더욱이 전경 수백 명이 집회장소를 에워싸서 시위를 하지도 못했는데 4년이나 구형했던 것이다. 성고문 사실은 변호인단에 의하여 이미 세상에 알려졌고 발표된 자료에 근거하여 세상에 폭로했을 뿐인데 4년이라는 형을 구형한 것은 도저히 이해가 되지 않았다.

이 사실이 허위였다면 권양의 변호인단을 무고나 명예훼손 혐의로 구속하던가, 사실이라면 담당 경찰관이나 국가가 책임져야 할 일이지 나를 구속한 것 자체는 두말할 필요도 없이 잘못된 것이었다. 물론 5공 군사정권에 정면도전하면서 정권의 가장 아픈 상처를 파헤치고 폭로한 민통련의 행사를 눈엣가시처럼 생각하고 있던 당국에서 곱게 넘어가지만은 않았겠지만, 법적으로는 행사 자체에 큰 문제가 없었던 것이다.

나는 최후진술에서 이상과 같이 사건의 정황을 설명한 후 재판의 부당성을 밝히고 이어서 재판장에게 다음과 같이 요구했다.

"검사는 본인에 대해 4년의 형을 요구했습니다. 그러나 이 사건의 성격과 내용으로 보아 4년의 형을 구형한 것은 검사의 정신이 건전한 상태에서 정상적으로 구형한 것이라고는 도저히 생각할 수 없습니다. 우선 이 재판에 앞서서 검사의 정신감정이 선행되어야 할 것같습니다. 부당한 공권력에 의해 침해당한 어린 여학생의 인권을 지켜주려는 노력을 포상은 못할망정 붙들어 구속시키고, 재판을 한답시고 4년이라는 엄청난 형을 구형한 검사의 정신상태가 과연 정상인지 심히 의문스럽고 걱정됩니다.

이 재판이 정상적으로 진행되려면 저를 구속하여 이 자리에서 구차하게 재판한다고 시간을 낭비할 것이 아니라 용감한 시민으로 선정, 포상을 해야 마땅할 것입니다. 이 사건을 맡은 ○○검사에 대하여 더욱 염려되는 것은 ○○검사가 다른 사건을 맡아 이와 같이 부당한 구형을 할 때 그 폐해는 개인은 물론 검찰과 국가의 권위가 손상되고, 검찰 스스로가 사회질서를 파괴하는 엄청난 결과를 가져올 것이라는 점 때문입니다.

그러므로 재판장님께 강력히 요구합니다.

본인은 저에게 4년을 구형한 검사에게 4년간 정신감호 치료를 요구하고 싶지만 너무 가혹한 듯하니 정신요양원에서 치료할 수 있는 최소한의 기간인 4개월의 감호치료를 요구합니다. 끝으로 판사님께서는 사건내용을 올바로 파악하셔서서 공정한 판결이 있기를 바랍니다.”

피고인이 검사에게 ‘정신병원 4개월’ 구형

재판정 안은 환호와 박수소리로 가득 찼다. 재판이 끝나고 대기실에 있는데 한변호사님이 염려되시는지 찾아오셨다.

“시원하게 잘했는데, 너무 강하게 이야기해서…… 이 사람아, 피고가 검사에게 구형하는 재판이 어디 있어. 난 이런 재판은 처음이네” 하시며 웃으셨다. 변호인으로서 직책상 염려가 되시는 모양이었다. 변호사님께는 좀 미안한 생각이 들었지만 네 번째 감방생활을 하면서 온갖 경험을 다한 나로서는 내가 한 일을 다했다는 생각에 마음이 홀가분했다.

결심재판이 있기 전날, 변호사님은 바쁘신 중에도 또 면회를 오셔서 석방문제에 관한 약간 희망적인 말씀과 바깥소식을 전해주시고 가셨다. 그러나 표정도 밝지 않고 평소 잘 하시던 농담도 없었다. 검사를 공박한 나의 최후진술이 계속 마음에 걸리시는 모양이었다. ‘잘되겠지’ 혼잣말처럼 하시며 나가셨지만 뒷모습이 몹시도 무거워 보였다. 이런 시대가 빨리 끝나야 할 텐데 하면서 내 방으로 돌아왔다.

그날은 밤 늦게까지 양심수들과 교도소내의 생활개선 투쟁을 하면서 보냈다.

다음날 아침식사를 하고 출정자 명단을 부르기도 전에 교도관이 먼저 데리러 왔다. 검사가 부른다는 것이다. 영문을 몰라 하자는 대로 검사실로 끌려갔다. ○○검사가 대기하고 있다가 나를 맞는다.

"커피나 한잔 대접하려고 이렇게 일찍 나오시라고 했습니다. 그날 구형 재판이 있던 날 되게 얻어맞았습니다. 피의자가 검사에게 구형하는 재판이 어디 있습니까. 더구나 정신병자 취급을 하다니……. 이번 재판은 내 평생 잊지 못할 겁니다. 어젯밤에는 밤늦도록 떠들어 소내가 온통 시끄러웠다더군요, 교도소에서 보고서가 왔습니다. 그 동안 고생하셨습니다. 이 방에 계시다가 재판정으로 가시지요."

이렇게 말하며 여직원을 시켜 커피를 끓여왔다. 그 커피맛이 참 좋았다. 몇 년 전 유신반대운동으로 서빙고에 끌려가 잔인한 고문을 받던 중 공포와 추위 속에서 얻어먹은 뜨거운 라면맛이 생각났다.

그후 재판을 받고 공민권 제한과 함께 집행유예 4년을 선고받고 석방되었다. 물론 석방된 후에도 민통련 활동은 계속하였다.

서 울 형 사 지 방 법 원

판 결

사 건　　86고단 6441　집회및시위에관한법률위반

피 고 인　　오대영吳大泳 민통련인권위원장
　　　　　　1941. 2. 22.생
　　　　　　주거 및 본적　△△△△△△

검 사　　곽영철

변 호 인　　변호사 한승헌

주 문　　피고인을 징역 1년 6월에 처한다.
　　　　　이 판결선고 전 구금일수 중 80일을 위 형에 산입한다.
　　　　　다만, 이 판결확정일로부터 2년간 위 형의 집행을 유예한다.

이 유

범죄사실　　피고인은 1984. 3.경 민주통일민중운동연합(약칭 '민통련')
발기인으로 참여하여 그 중앙위원으로 피선된 후 1986. 7.부터는 민통련
인권위원장으로 활동해오던 자인바, 1986. 7. 10. 14:00경 서울 종로구 종
로5가 소재 기독교회관 901호실에서 신민당 국회의원인 공소 외 박찬종,
민주화추진협의회(약칭 '민추협') 해외협력국장인 공소 외 윤응순, 한국교
회사회선교협의회(약칭 '교사협') 총무인 공소 외 이길재, 신민당 인권국장
인 공소 외 한영애, 민주화실천가족운동협의회(약칭 '민가협')회원인 공소

외 유시춘 등과 만나 같은 달 19. 14:00 명동성당에서 소위 부천경찰서 성고문시비를 이슈로 한 규탄대회를 갖기로 합의하고, 같은 달 11. 11:00경 위 기독교회관 901호실에서 위 5명 등과 만나 동 규탄대회 개최를 위한 역할분담을 토의하여, 신민당측에서는 행사개최에 소요되는 모든 경비를 부담하고 민추협측에서는 인원동원을 책임지고 교사협측에서는 행사진행을 맡고, 민통련측에서는 성명서를 준비하기로 결정하고, 같은 달 14. 14:00경 위 기독교회관 901호실에서 위 한영애, 윤응순, 유시춘 및 민주헌정연구회(약칭 '민헌연') 인권위원장인 공소 외 이협, 명동성당청년연합회(약칭 '명청연') 회장인 공소 외 기춘 등과 만나 규탄대회 명칭을 '고문, 성고문, 용공조작 범국민폭로대회'로 결정하고, 개회선언, 경과보고, 선언문, 성명서 낭독 등의 대회식순을 정한 다음 같은 달 19. 06:00경 경찰의 차단조치에 대비, 명동성당에 미리 잠입하여 대기하다가 같은 날 13:00경 명동성당 문화관에서 위 한영애, 윤응순, 이길제, 기춘 및 신민당 총무국장인 공소 외 노경구, 민통련 부의장인 공소 외 백기완 등과 같이 비상대책회의를 갖고 경찰의 제지로 동원인원이 성당 안에 모두 들어오지 못하고 있으나 예정대로 규탄대회를 강행하자고 결정하여, 명동성당 부근 중앙극장 앞 로얄호텔 부근 등지에 시위군중 1,000여 명이 집결하여 경찰과 대치하고 있는 가운데 같은 날 14:15경 명동성당 본관 앞 광장에서 학생, 시민 등 40여명 참석하에 '살인, 성고문 자행하는 친미독재 타도하자'는 플래카드를 게시하고 위 노경구의 사회로 소위 '고문, 성고문, 용공조작 폭로대회'를 개최하여 위 백기완은 대회사에서 '현정권은 폭력과 고문행위를 자행하고 있다. 폭력정권, 군사독재정권은 타도해야 한다'라고 선동하고, 위 한영애는 '부천 경찰서 성고문 사건에 대한 검찰측 발표는 허위이다' 등 내용의 민통련 성명서를 낭독하고, 명청연회원인 성명불상 여학생은 '고문, 성고문, 폭력, 용공조작은 군사독재통치의 본질이다' 제하의 유인물과 '권모양(서울대 4년 제적, 노동자)에 대한 부천경찰서 형사 문귀동의 성고문을 고발한다' 제하의 유인물을 낭독하고 이후 같은 날 15:50경까지 참석자들이 '성고문 진상 밝히라' '군부독재 물러가라' 등의 구호를 제창하는 등 현저히 사회적 불안을 야기시킬 우려가 있는 집회를 개최한 것이다.

증거의 요지
1. 피고인의 법정에서의 판시사실에 부합하는 진술
1. 검사 및 사법경찰관 사무취급 작성의 피고인에 대한 각 피의자 신문조사 중 판시사실에 부합하는 각 진술 기재
1. 수사기록에 편철된 사진의 현존과 그 영상.

법령의 적용
집회및시위에관한법률제14조 제1항 제3조 제1항 제4호, 형법 제30조(징역형선택), 형법제57조, 제62조 제1항(형법제62조 제1항 단서에 해당하는 사유가 없고 이건 범행에 가공한 정도가 경미한 점 등 참작).

1986. 11. 6.

판 사   유철균

35

광주희생자 추모, 대구·인천시위 사건

피고인 **장영달**

재야 반독재 투쟁, 7년 넘은 옥살이

한승헌 (변호사)

지난날 군사독재하에서 민주화투쟁을 하다가 감옥살이한 사람은 많다. 사형, 무기징역, 15년 징역을 선고받은 사람도 적지 않다.

그러나 그렇게 선고되고 확정된 형을 다 산 사람은 드물다. 형집행정지이니 가석방이니 사면이니 해서 도중에 풀어주곤 했던 것이다. 정치적 사건이란 흔히 그렇게 결말이 나게 마련이었다.

그런데 여기 세 번에 걸친 징역살이에 형기 합산 8년을 거의 다 채우고서야 석방된 '불운한 사나이'가 있다. 일찍이 기독학생운동과 재야반독재운동에 나섰던 장영달 씨(현 국회의원)가 바로 그 주인공이다.

사실 나는 그가 겪은 재판사건을 이 연재의 어디쯤에 순서를 잡아야 할지 망설였다. 여러 건의 '범행'이 시기적으로 서로 멀리 떨어져 있기 때문이다.

그는 ① 1974년 봄에 대통령 긴급조치 1호, 4호 위반사건으로 ② 1983년에는 집회시위에 관한 법률(집시법)위반으로 ③ 1986년에는 국가보안법 위반 및 집시법 위반으로 재판을 받았다. 뿐더러 세 번째 구속사건이란 것도 그 공소사실이 1983년부터 1986년까지의 일이어서 결국 12년의 시간 폭을 두고 '사건'이 연속된 것이었다.

장영달은 대학시절부터 기독학생운동에 참여하여 1973년 12월에는 한

국기독학생총연맹(KSCF) 간부로 있으면서 '각 대학 기독학생회 대표들의 폭력데모 거사를 위한 정보교환과 조직강화 제의에 동조함으로써 대한민국 헌법에 반대하고 내란을 음모하였다'는 이유로 KSCF의 다른 간부들과 함께 긴급조치 제1호 및 제4호 위반으로 구속되었다(1974년 봄).

그는 전국민주청년학생총연맹(민청학련)의 활동에 동조하였다는 이유까지 얹히어 1심에서 징역 10년, 2심에서 징역 7년을 선고받았다.

그러나 복역 열 달 만인 1975년 2월에 형집행정지로 석방되었다. 풀려난 후에도 각지로 시국강연을 다니고 인혁당사건 조작설을 신문에 기고하는 등 반유신투쟁을 계속했다. 그러자 정부당국은 그가 대학생 시위를 배후조종했다는 이유로 그해 11월 다시 그를 구속하여 징역 1년형을 과했다.

그런데 1년 형기를 다 채우고도 그는 석방되지 않았다. 당시 중앙정보부가 거듭 요구한 각서 및 반성문 작성을 거부했기 때문에 민청학련사건의 형집행정지 처분이 취소되어 그 잔형殘刑을 집행당하게 되었기 때문이다.

그로서는 중정 간부들이 서울구치소까지 연달아 찾아와서 요구한 각서를 도저히 써줄 수가 없었다. 그들의 요구는 "출소 이후 인혁당 문제에 대해 함구할 것. 시국관계 기자회견이나 강연을 하지 말 것. 일체의 사회활동을 하지 말 것" 등이었다. 유학, 취업 또는 해외여행이란 '당근'도 끼여 나왔다.

장영달은 각서거부가 곧 6년이란 잔형의 집행을 자초한다는 것을 뻔히 알면서도 저들의 요구에 끝내 굴하지 않았다. 결국 그는 각서 한 장 때문에 6년의 세월을 더 감방에 갇혀 살아야 했다.

10·26사태 뒤 웬만하면 모두 풀려나올 때에도 그는 석방자 명단에 빠져 있다가 1년 후인 1981년 8월에야 뒤늦게 자유의 몸이 됐다. 그러고 나서도 그의 민주화투쟁은 멈출 줄 몰랐다. 또한 그에 상응한 박해의 그림자가 그를 뒤따르고 있었다.

그는 민주통일민중운동연합(민통련)의 총무국장으로 있으면서 재야의 반독재투쟁의 일선에서 힘든 일을 맡고 나섰다. 1986년 여러 재야운동단체가 인천에서 함께 벌인 개헌투쟁, 즉 이른바 5·3인천사태로 그는 지명수배를 당하고 피신하는 몸이 됐다. 현상금 5백만 원이 걸린 '도망자'였다. 그러나 4개월 만에 검거된 그는 남영동의 보안사 대공분실에서 실컷 고문을 당하고 세 번째로 서울구치소에 수감되었다.

나는 부지런히 구치소와 법정을 드나들었는데 나중에 알고 보니 그는 나의 고등학교 후배이기도 했다.

나는 그를 위한 변론에서 이렇게 말했다.

"권력자는 강권행사를 많이 한다고 강해지는 것이 아니다. 일찍이 중국의 순자荀子는 '아랫사람이 윗사람을 두려워하면 윗사람이 위태로워진다(下畏上則上危)'고 경고하였다. 그러므로 두려움이 지배에 공헌하는 사회는 집권자를 위해서나 국가를 위해서나 매우 불행해질 수밖에 없다." 이 사건으로 그는 징역 1년 6월을 살았다.

필자는 그가 때늦은 결혼을 할 때 초청인이 되었고 14대 국회의원이 된 후로는 그의 후원회장이 되어 오늘에 이르고 있다. 추모행사를 범죄라고 기소하는 권력, 각서 한 장 거부했다고 몇 해씩 징역을 살리는 권력—장영달은 그 희생자이면서 궁극적인 승리자였던 것이다.

민권, 사랑, 민주, 통일을 향한 고행

장영달 (국회의원)

1970년, 그 형장의 기억들

70년대는 우리 현대사에 어둠의 시대로 기록될 것이다. 유신헌법을 선포하여 박정희 정권을 비판하는 모든 언동과 행위는 앞뒤 가릴 것 없이 5년 이상 사형까지의 처벌을 받던 때이다. 대통령긴급조치에 의해 서울시 용산구에 자리잡은 육군본부와 군사법정은 1974년 여름 내내 사형, 무기, 20년, 15년 등 민주인사들을 묶어 세우고 재단하기에 바빴다. 이른바 민청학련 사건과 인혁당 관계자들에 대한 재판이었다.

찜통더위에 재판정에서 내려지는 판결은 어디서 누가 적어보내는지 법률도 모르는 '별' 붙인 장군들에 의해서 많은 학생들·지식인들의 머리 위에 가차없이 쏟아부어졌다. 가족면회도 없고 가진 돈도 없이 오로지 같이 고생하는 친구들과의 마음과 마음의 위로만으로 버텨내던 때였다. 이런 때 비록 갇힌 몸은 아니었으나 민주주의와 시대적 진실을 증거하고자 몸부림치던 선배님들이 계셨다. 300명이 넘는 피고인들을 몇 개의 무더기로 나누어 변론을 담당했던 변호사님들이 그들로, 바로 이돈명·한승헌·황인철·홍성우 선생 같은 분들이다.

하기는 기본적인 인륜은 그만두고라도 상식이 이미 실종되었던 당시에는 군인들 앞에 세워진 피고인들에게 변호인의 변론이라는 게 아무런 힘을 발휘하지 못했다. 그럼에도 불구하고 피고인 접견까지 계속적으로 막기는 어려웠는지, 아무도 만날 수 없던 때의 변호인 접견은 암울한 시대의 반딧불처럼 반가운 합법적 공간의 유일한 동지였다. 아마 당시의 민권변호사들의 활동의지는 우리보다도 더 뜨거운 열정으로 반反유신투쟁을 전개한 몸짓이었음이 틀림없다.

왜놈들이 식민지 개척을 위해 건축했던 서대문형무소의 74년은 반독재 민주투사들을 집단수용한 현장이 되었다. 태양볕도 따갑던 8월 어느 여름날. 큰 키, 작달막한 키에 야무진 몸매의 사형수 김지하·이철·유인태·나병식 등의 동지들이 수갑을 찬 채 보안과 뒷문을 통과해 감방으로 향하던 모습을 물끄러미 바라보았던 9사 상 1방 생활시절이 절절한 추억으로 기억난다. 일정때 건축된 건물이라는 빨간 벽돌 감방 9사동은 창틀 너머 저만큼에 사형장 입구가 보이는 곳이다.

1974년 5월 15일이던가! 그날은 부슬부슬 가랑비가 내렸다. 왠지 운동시간도 중단되고 모든 구속피의자들은 조용히 감방에 앉아 쥐죽은 듯 지내라는 교도관들의 엄명이다. 1.7평짜리 마루감방에 14~15명이 콩나물시루처럼 끼여 살던 때이다. 누군가의 입에서 "오늘은 사형집행이 있다더라"는 말이 나왔다. 아닌 게 아니라 교도관들 눈을 피해가며 높은 창틀을 넘어 바라보니 하얀 장갑 낀 교도관들이 사형장을 들락거리며 분주한 모습이다.

한참이나 시간이 흘렀다. 오전 10시나 되었을까, 1관구 쪽에서 깨끗한 한복차림의 점잖아 보이는 남자분이 양 팔을 교도관에 붙잡힌 채 유유히 걸어나오는 모습이 보였다. 참으로 형언하기 어려운 현장이었다. 잡범은 아니라는 것이 금방 뇌리에 사무치며 분단의 이데올로기 대립이 저러한 모습으로 얼마나 많은 사람들을 사형장으로 몰아갔을까를 생각하니 소름이 끼쳤다.

나는 손을 들어 보였다. 그는 사형장으로 굽은 길목에 들기 직전 사방을 한번 둘러보았다. 나의 모습이 멀리서나마 눈에 띄었던가 보다. 수갑 찬 두 손을 조용히 머리 위로 올려 두어 번 흔들어 보였다. 그러고는 아무 저항 없이 형장 문턱을 넘어 들어갔다. 조금 뒤에 시퍼런 죄수복 차림의 사형수 하나가 역시 1관구 쪽에서 끌려오고 있었다. 그는 사형장으로 굽은 길목, 빗물이 조금 고여 있던 지점에서 처절한 몸짓으로 버티며 몸부림을 쳤다. 잠깐 멈추었던 건장한 교도관들의 끌어당김에 이기지 못해 사형장 문턱을 넘어야 했던 그의 모습은 지금도 내 마음을 스산하게 할 때가 한두 번이 아니다.

또 한 사람 잊을 수 없는 기억이 있다.

오후 5시경, 찌푸린 날씨는 아침부터 여전하였다. 1관구란 서대문형무소 복판을 중심으로 하여 시내쪽 방향으로 난 감방사동 여섯 채를 말한다. 그리고 주로 왜정때 지어져서 화장실도 없이 플라스틱 새우젓통에 용변을 처리해야 하는 불편에다, 대변을 볼라치면 건빵포장지를 출렁출렁 하는 소변 위에 깔아야 엉덩이에 튀어오르는 것을 방지할 수 있는 건물들 방향을 2관구라 하였다.

머리채를 가히 엉덩이 훨씬 아래까지 깨끗하게 빗어 내렸고, 하얀 동정 대신 까만 한복으로 마지막 수복을 차려입은 젊은 미녀 사형수가 2관구 뒤에서 나타나 하얀 가운의 여의사를 뒤로 하고 걷고 있었다. 생과 사가 맞물려 돌아가는 현장의 모습에서 나는 어쩌면 세상의 많은 욕심을 버렸는지 모른다. 나중에 들은 바에 따르면, 그렇게 쓸쓸히 마지막을 걸어간 여인도 사상범이었다고 한다. 조국의 분단, 민족의 분열, 그날 죽어간 수명의 사형수들은 서러운 땅에 태어나 그렇게 죽어갔다. 그리고 민청학련사건에서도 새로이 사형을 선고받고 있었다. 또한 허망한 결과에 절망을 씹어가며 변론으로 발버둥치던 변호인들.

두 번째 구속, 1년 만의 변호사 접견

나는 민청학련사건으로 구속되어 1심에서 10년, 항소심 군사재판에서 7년을 선고받고 안양·마산교도소까지 끌려갔다가 중간에 형집행정지로 풀려났다. 시인 김지하, 친구 이철 등과 함께 구속 10개월 만에 석방을 맞은 것이다. 곧 죽일 듯 서슬이 퍼렇던 박정권도 마구잡이 탄압에 저항하고

일어난 청년 · 학생 · 종교인 · 언론인 등을 선두로 한 필사적인 싸움에 일
단 부분적으로 항복한 결과였다.

나는 석방되자 마자 여러 곳에서 강연하였다. 그리고 1975년 3월 3일자
〈동아일보〉에 투고도 하였다. '인혁당이 무언지 나도 모르오' 라는 제하의,
인혁당사건은 조작일 가능성이 농후하므로 민간법원에서 다시 재판해야
한다는 내용이었다. 이 기사는 시내판에만 보도되고 배달판에는 삭제되었
으며 편집담당 기자 몇 사람이 곤욕을 치렀다는 소식도 들었다. 이 투고기
사 때문에 나는 수배당했다. 언급이 금기시되었던 인혁당문제를 조작이라
고 주장했기 때문이다. 이것은 이미 김지하 시인이 석방되자 마자 재구속
당한 '이유' 이기도 하였다.

나는 1975년 11월, 출소한 지 9개월 만에 다시 투옥되었다. 1년 동안 가
족이나 친지 할 것 없이 일체의 면회를 차단당했고 성경책 외에는 서적차
입도 원만치가 못했다. 참으로 혹독한 고문의 시대였다. 나는 1년간 아무
도 만나지 못하던 이때 처음으로 한승헌 변호사님을 서대문구치소 변호사
접견실에서 만났다. 이름도 별로 알려지지 않은 무명청년이던 때이다. 구
속자가족협의회에서 주선하여 담당하게 되셨던 것같다. 오랜 시간을 면담
하지는 못했다. 다른 피의자들을 여럿 만나야 하셨기 때문이다. 지금 기억
으로는 이렇게 만났던 한선배님과의 첫 해후가 무척 반가웠고, 표현하기
어려울 만큼의 위로를 주었다.

그러나 한편으로는 아쉽고 섭섭하고 원망스럽기도 하였다. 무척 반가웠
다는 것은 나같은 무명청년까지 기억하여 찾아주시는 변호사가 존재했구
나 하는 생각 때문이었으며, 바깥공기를 흠뻑 적셔 1년 만에 처음으로 뿌
려주시던 가슴 벅찬 시원함 등이었다. 나중의 섭섭함은 너무나 짧은 면회
시간 때문이었다. 가족도 친구도 친지도 아무도 만나게 허락하지 않던 아
득하고 절망스럽던 시절이었는데, 아무리 바쁘시기로서니 단 몇 분 만에
돌아서야 했던 당시의 심정은 지금도 기억에 생생할 정도이다. 한변호사
님과 몇 분간의 공소사실에 관한 확인을 마치고 다시 감방을 향해 돌아섰
을 때, 교도관이 이끄는 손길을 밀어대며 한동안이나 머뭇거리며 눈시울

을 적셨던 기억을 변호사님은 아마 모르셨을 것이다. 저렇게 바쁘신 분을 오래 만나주기를 바라는 내 자신이 어리석은 줄 알면서도 왠지 다시는 바깥사람을 구경하기도 어려울 것만 같은 생각에 그만큼 기뻤고 그만큼 쓸쓸했던 시절은 잊히기 어려운 아름다운 추억으로 영원히 남을 것이다.

한참 뒤에 열린 재판정에서는 황인철 · 홍성우 변호사님과 함께 자상하게 보살펴주셨다. 아쉬운 것은 그때까지도 한승헌 변호사님이 개인적으로 전주고교의 큰 선배님이신 줄을 몰랐다는 점이다. 그저 기댈 데 없이 이리저리 끌려다니는 우리같은 젊은이들을 찾아 그렇게도 바삐, 그리고 철저하게 챙겨주시던 모습에 그저 경의를 표해올릴 뿐이었다. 이때부터 한승헌 · 황인철 · 홍성우 세 분은 나에게는 다시 없는 고마운 분들로 기억되고 있고, 아직도 신세 한번 제대로 갚아드리지 못하는 죄스러움을 안고 살아간다. 더욱이 작고하신 황인철 선생님께는 도리도 모르는 영원한 죄인이 되었다.

8년 만의 석방, 그리고…

1975년 만났던 한승헌 선생님을 오랜 세월 다시 만날 수가 없었다. 7년 가까이 갇혀서 세상을 볼 수가 없었기 때문이다. 한변호사님의 변론으로 1년을 선고받았으나 1976년 1년 만기가 되던 해, 당시 중앙정보부는 나에게 반성을 뜻하는 각서 제출을 요구하였다. 나는 물론 거절하였다. 그래서 전해에 복역하던 민청학련사건 관련 형집행정지 결정이 취소되어 1981년 8월까지 복역해야 했던 것이다. 1981년 석방 뒤에도 제대로 변호사님에게 인사를 차리지 못했다. 나 자신의 무심에 근본 탓이 있기도 했지만, 갇혀 있으나 석방이 되어 밖엘 나오나 세상이 그토록 각박하기도 하였던 것이다.

어쩌다가 가까이서 변호사님과 친해진 것은 우연한 기회를 통해서였다. 스물여섯에 투옥되었다가 서른넷에 석방된 알거지 신세의 노총각이 장가를 들게 되었다. 1982년 봄의 얘기다. 삭막한 전두환 정권의 전반기 시절이었다. 박정희 살해 뒤 1년이나 더 기다려 출소한 나에게는 왠지 어느 귀신이 무엇을 꼬투리잡아 언제 다시 엮어갈지 모른다는 피해의식이 많았던 때였다. 그래서인지 후배의 소개로 알게 된 아가씨의 나에 대한 이해가 그 저 고맙고 감사할 뿐이었다. 학벌도, 돈도, 명예도, 어느 것 하나 변변하게 내어놓을 것 없는 나같은 신세의 초라한 별 볼 일 없는 총각을 인정해주는 처녀가 있다니 솔직히 감개무량이었다.

이제 주례를 정할 차례이다. 나는 뒤늦게 알았지만, 지역과 고교의 대선배 가운데 한승헌 변호사같은 어른이 계셨다는 사실에 대단히 흥분하던 때여서 어렵사리 접촉을 시도하였다. 선배님은 딱 잡아 사양하기만 하셔서 난감하게 되었다. "나같은 사람이 어떻게 자네같은 거물의 주례를 맡느냐"는 겸양이셨다. 꾸역꾸역 우겨보았으나 실패였다.

하지만 낙담하는 내 표정이 안쓰러우셨는지 절충안을 제시하셨다. 송건호 선생님 주례에 한승헌 변호사를 초청인으로 청첩장을 찍는다는 안이었다. 송선생님 역시 더없이 존경하던 터라 그렇게 하겠다고 하자, 송선생님 교섭까지 담당하기로 약속해주셨다. 이렇게 나의 결혼은 참으로 고마우신 어른과 선배님의 도움으로 성사되었다. 바깥 물정도 모르고, 유명한 재야 인사도 많았지만 직접 만나 사귀기 전이어서 한변호사님이 아니었더라면 아마 주례 찾는 데에만도 시간이 꽤 걸려 결혼식은 상당히 연기해야만 했을 것이다. 결혼식, 첫아이 돌민이의 돌잔치, 의정부여고에 근무하는 아내 따라 의정부로 이사해 살던 때, 방문하셔서 자상하게 격려주시던 만남들은 모처럼 행복한 변호사님과의 깊어지는 인연이 되었다.

인천사태로 세 번째 투옥

1986년에는 전국에서 대통령직선제 개헌운동이 한창이었다. 전두환 정권은 이를 막으려 했고 야당과 우리 재야 민주세력은 허수아비 대의원들의 장충체육관 선출 대통령제를 철폐하라는 투쟁을 전개하였다. 이 운동의 절정은 인천에서 전개되었다. 나는 당시 '민주통일민중운동연합' 총무국장을 맡아 재야운동의 중심에 있었다. 문익환 목사님과 이창복·장기표 선배 등 모범적인 재야운동가들과 함께 인천에서 거행되는 야당의 개헌운동을 주도하던 때이다. 이 사건으로 전두환 정권은 다수의 재야인사들을 검거하고 현상수배령을 내렸다. 나는 당시 500만 원의 현상수배자가 되어 도피생활을 계속하다가 도망에 미숙한 나머지 4개월 만에 검거되었다. 박종철 군을 살해하고, 고문경관 이근안이 김근태 씨를 고문했던 남영동 대공분실에 끌려가 말 못할 고문과정을 마치고 세 번째로 서대문구치소에 수감되는 신세가 되었다.

한승헌 변호사님은 나의 사건을 참으로 섬세하게 다루어주셨다. 외부와 접촉이 금지된 채 장기간 감옥에 갇혀 사는 것은 참으로 괴로운 일이다. 더욱이 독방에서 찾아주는 이 없이 밤낮으로 지내기란 겪어본 사람만이 느끼는 고독과 쓸쓸함과 서러움과, 그리고 표현되지 않는 무수한 요인들에 의해 고통스럽게 마련이다. 거듭되는 투옥생활이 그런 것들을 더해주던 때, 변호사님은 지울 수 없는 많은 것들로 나를 견디게 도와주셨다.

돌아보면 더없이 밉고 야속한 독재자들, 부정부패의 먹이사슬에 얽혀 끈질기게 민주인사들을 탄압하던 사람들이 아직도 권력의 복판에 도사리고 있는 현실에서 역사발전의 어려움을 느낀다. 다시는 나 때문에 접견오시랴, 변론하시랴, 시간 빼앗기지 않으셔야 할 텐데…… 장담할 수 없는 미래에도, 그러나 지금까지 보살펴주신 선배님께 욕된 후배가 되지 않으려고 마음을 다잡는다. 그래서 작은 나의 책 《참과 거짓》 뒷장에는 변호사님의 감동어린 명名변론 요지를 귀하게 그대로 게재하고 감사한 마음으로 읽고 또 읽으며 어려운 시절 함께 해주신 선배님을 생각한다.

민권 · 사랑 · 민주 · 통일을 위하여

나는 한승헌 변호사님을 만나뵈면 기분이 좋다. 국회의원 공천에서 탈락한 후배 때문에 같은 지역에서 공천받은 역시 무시 못할 또 다른 고교후배 사이에서 고민하시던 선배님, 장을병 성균관대 총장님과 누가 더 시골놈이냐고 우겨대시는 모습, 김상현 민주당 고문과 미국 시카고를 가셨더니 자신을 소개하기를 '한국에서는 한승헌 변호사를 선임하면 틀림없이 징역을 가게 되는 저명한 변호사'라고 하여 미국인들이 배꼽 잡고 웃는데 싫지는 않더라는 에피소드들로 변호사님은 장안에서 시대마다 그래도 살

맛 나는 세상을 창조하시는 몇 분 안되는 어른 중의 한 분이 되셨다.

매사에 서툰, 턱없이 모자라는 후배를 애지중지하시며 국회에 보내시고는 기꺼이 후원회장이 되셔서 여러 형태로 도움을 주신다. 이 성원이 유혹을 이겨나가는 데 얼마나 중요한 요소인지는 말할 필요도 없다. '동학농민혁명 100주년기념사업회'의 공동대표를 맡아서 변호사 업무 외에도 전주로, 정읍으로, 정신없이 뛰시는 선배님을 뵙노라면 그 바쁘신 중에서도 깔끔하게 매사를 처리하시는 능력에 경탄할 뿐이다.

자신이 말씀하시듯 밀면 쓰러질 듯 가늘디 가는 체격의 소유자! 그러나 사는 동안 한시도 헛되이 소비할 수는 없으신 듯 부지런하신 선배님. 회갑이라 생각 마시고 오래오래 민권 · 사랑 · 민주 · 통일과 더불어 살 맛 나는 세상을 위해, 그저 건강하시기만을 간절히 빌고 싶다.

86고합 1312호

변 론 요 지 서

피고인 장영달

위 사람에 대한 국가보안법위반, 소요 및 집회시위에 관한 법률위반 등 피고 사건에 관하여 다음과 같이 변론합니다.

다 음

1. 사법부의 건강회복을 바라면서

가. 이 재판에 관여하고 있는 우리들은 재판부나 검찰관이나 변호인이나를 막론하고 이 재판을 통하여 무엇을 추구하고 어떤 의미를 쌓아나가야 할 것인가를 엄숙히 생각해야 합니다. 각자의 위치와 입장에 얽매여 이치 아닌 이치를 내세우며 논쟁 아닌 논쟁을 되풀이하는 일은 없어져야 마땅합니다.

그런 데도 불구하고 종래의 실정을 보면 검찰측의 공소제기에 억지가 많았음은 물론 재판부 역시 납득하기 어려운 유죄판결을 관례적으로 선고해왔습니다.

나. 그 동안 수많은 시국사건을 재판에서 다룰 때마다 숨길 수 없는 당혹감을 경험해야 했습니다.

오늘날의 실정법은 정당한 규범으로서 존중될 만한 체통을 갖추고 있는가, 법의 해석과 적용은 그렇게 편향과 독단에 흘러도 괜찮은 것인가, 법원의 판결은 거의가 공소사실에 영합하여 유죄라는 결론으로 낙착되어버리는데 이것은 과연 타당한가.

이러한 물음 앞에서 우리는 쓰디 쓴 실망과 좌절을 다반사로 겪어야 했습니다. 변호인이 피고인의 무죄를 확신하면서도 동시에 유죄판결이 나리라는 것도 '확신' 할 수밖에 없는 이 엄청난 역설 앞에서 "그럼 나는 왜 또 이 자리에 서 있는 것인가"라는 물음과 회의를 피할 수가 없습니다.

바로 엊그제, 우리가 존경하는 법조계의 선배 한 분은 자신에 대한 1심의 유죄(실형)판결에 대하여 항소를 포기하면서 "현상황에서 더 이상 올바른 사법적 판단을 기대할 수 없기 때문"이라고 하였습니다. 참으로 충격적인 일입니다.

다. 이처럼 우울한 현실은 그러나 우리 법조인들의 책무 포기나 자기도피의 구실이 될 수는 없는 것이고 또 되어서도 안됩니다. 오히려 이러한 배리背理가 만연하고 있는 오늘의 풍토이기에 우리는 더욱 더 양심과 용기를 다하여 정의로운 민주사법의 실현에 몸바쳐야 된다고 확신합니다.

입헌민주체제에 합당한 사법작용의 궁극적 목표는 두말할 나위도 없이 국민의 자유와 인권의 수호에 있습니다. 국가라는 공동체의 구성원들이 인간다운 삶을 안전하게 누릴 수 있도록 지켜주고 그것을 침해하는 온갖 요소를 정의의 이름으로 척결하는 일입니다.

라. 지금 우리 국민들의 마음은 서울대학생 박종철 군에 대한 고문치사 사건으로 온통 충격과 분노에 차 있습니다. 인간의 자유와 인권에 대한 처절한 각성이 과거 어느 때보다도 고조되어 있습니다. 바로 이런 고비에 김만철 씨 일가족이 김포공항에 내리자 모든 보도매체는 그쪽으로 관심이 돌

아갔습니다. 마치 김씨사건을 가지고 박군의 죽음의 의미를 덮어버리기라도 하려는 듯한 기세였습니다. "종철이가 종을 쳐라 했는데 만철이가 그만 쳐라 했다"는 말이 나오기도 했습니다. 그러나 위의 두 사건의 바탕에는 인간의 존엄에 대한 각성과 그것을 저해하는 모든 요소—권력이든 폭력이든—에 대한 분노가 공통의 분모로 깔려 있다는 사실을 잊어서는 안됩니다.

김만철 씨 일행에게 차량홍수로 넘치는 서울거리와 휘황찬란하게 꾸민 백화점을 구경시켜주는 것도 좋지만 국민의 자유가 보장된 사회, 국민을 압제하는 정부의 과오가 사법판단에 의하여 시정되는 사회를 보여주는 편이 훨씬 본질적인 자랑이 되고 또 효과적이라고 믿습니다.

마. 이 나라의 체통과 사법부의 명예를 위해서도 행정부측의 압제적인 처사는 신성한 재판의 이름으로 그 과오가 가려져야 합니다.

바로 오늘 석간신문에서 읽었습니다만, 법조계의 원로 한분이 "우리 법원과 검찰도 이제는 제 자리를 찾아야 할 때가 되었다"고 말씀했습니다.

진실로 우리 모두는 자기 본래의 직분과 소임을 새삼 자각하여 그 동안 사법부에 대한 비판과 원성을 말끔히 씻어낼 수 있도록 건강을 회복해야 합니다. 그렇게 함으로써 민주사법의 이름에 값하는 자랑스러운 전통이 확립되기를 온 국민이 고대하고 있습니다. 바로 그런 자랑스러운 사법의 모습이 오늘 이 장영달 씨에 대한 사건의 판결을 통하여 확인되기를 갈망하면서 공소사실을 중심으로 한 변론을 하고자 합니다.

2. 공소장 모두사실에 대하여

가. 이 사건 공소장의 모두사실에 보면 피고인으로 기소된 장영달 씨가 마치 반국가적 반사회적인 행실이라도 반복해온 듯이 강조하기 위함인지 그의 몇 가지 전력을 열거해놓았습니다.

그러나 피고인이 전에 구속되었던 몇 개의 시국사건은 집권자나 공권력이 절대권력의 유지, 연장을 위하여 만들어낸 탄압조치에서 비롯되었으며 거기에 등장시킨 금지, 처벌조항이란 것 역시 참다운 민주국가에서는 용인될 수 없는 하나의 성문수단에 불과했습니다.

피고인이 관련되었다는 민청학련사건이나 소위 대통령긴급조치 1호, 4호, 9호 따위가 언제, 누구를 위해서, 무엇을 노리고, 어떻게 만들어졌는가 하는 데 대해서는 긴 설명을 필요로 하지 않습니다. 그것들이 민주법치주의의 기본을 파괴하는 무도한 조치였다는 점에 대해서는 이미 평가가 끝났다고 보기 때문입니다. 정치권력의 독재와 장기집권, 반민주적 탄압에 반대하는 이 나라의 비판·저항세력을 소탕하기 위하여 그런 것들이 고안되었음은 지금 누구도 의심할 수 없는 사실입니다.

나. 그러므로 이 법정에 묶여 나와 있는 장영달 씨가 그런 사건에 얽혀서 처벌을 받았다는 것은, 실인즉 이 나라의 민주화를 위한 그 자신의 애국적이고 정당한 투쟁을 실증하는 것이며 결코 부정적인 예단과 선입견을 주입하는 데 이용될 '범죄경력'은 될 수가 없습니다.

다. 그는 반민주적인 압제정부를 반대하였고 현 정부의 출현 이후에도 그 자세는 변함이 없었기 때문에 '반국가' 아닌 '반정부'가 본건 공소의 숨길 수 없는 원인이 되었으리라는 점은 쉽게 짐작할 수 있습니다.

모두사실에 '피고인은……각종 반정부 활동에 참여하여오다가……' 운운하는 대목이 본건 소추자측의 저의를 정직하게 표출시켜주고 있습니다. 이처럼 반정부활동을 미워한 나머지 그것을 범법행위로 비약시켜 응징하고자 하는 것이 이 사건의 실체일진대 귀 재판부는 더욱 면밀하고 용기있는 판단을 통하여 민주주의와 민족통일을 열망하는 한 젊은이가 억울하게 박해받는 일이 없도록 방패의 역할을 해주셔야 하겠습니다.

라. 공소사실 제1항(1983. 12. 27. 밤 마리스타 수도원 강당에서 열린 민청련의

망년회를 집시법위반혐의로 기소한 부분)에 관련하여

(1) 아무리 민청련을 반정부청년단체라고 규정한다 한들 그들의 망년회까지 집시법으로 건 것은 너무한 일이었습니다. 더욱이 그 망년회는 시민들이 많이 집산하는 번화가나 개방된 장소도 아니고 일반인의 출입이 제한되어 있는 외딴 수녀원 강당이었는 데다가 그 진행과정을 보더라도 민주열사 6위의 위패를 안치한 제단 앞에서 추도제문을 읽고 분향을 한 뒤 성탄절에 석방된 학생들의 소개가 있었으며 뒤뜰에 나와서 '5월의 노래' '산 자여 따르라' 등의 노래를 합창하고 우수 성명서를 선정하는 순서로 진행되었을 뿐입니다.

(2) 공소사실에 따르더라도 그것이 전부이며 아무런 소란행위도 없었습니다. 이런 모임을 놓고 어떻게 '현저한 사회적 불안을 야기시킬 우려가 있는 집회'라고 공격할 수 있는지 이해할 수가 없습니다.

(3) 뒤늦게나마 검찰관은 오늘 결심공판에서 이 부분에 대한 공소를 취소하였으니 더 말하지는 않겠으나 3년여 전에 있었던 망년회까지도 집시법위반범죄라고 하여 기소했던 것 자체가 적정한 공소권의 행사라고 볼 수 있는지, 참으로 유감스러운 일이 아닐 수 없습니다.

3. 공소사실 제2항(1984. 5. 19. 밤 흥사단강당에서 있었던 광주민중항쟁 4주기 추모식을 집시법위반으로 기소한 부분)

가. 이 집회는 공소사실에 적힌 대로 '5월과 민족혼'이라는 주제 아래 광주사태 희생자들의 위패를 모신 제단을 설치하고, 제1부는 추모제 순서로 묵념과 분향을 한 다음 김근태 씨의 추도사에 이어 추모사, 제문낭독, 제2부는 광주항쟁의 의미를 바로 깨닫자는 취지의 연설과 피고인의 선언문 낭독, 제3부는 진혼굿—이러한 순서와 내용의 모임이었습니다.

나. 광주사태를 되돌아보고 그 진상과 책임을 따지며 그 희생자들을 추

모하고 5 · 18 참사의 비극성을 민족의 아픔으로 받아들이면서 이 나라 역사의 올바른 건설을 다짐하는 그런 행사가 어찌하여 범죄행위로 몰려야 하는지 납득할 수가 없습니다. 현저한 사회적 불안을 야기시킬 우려는 이런 집회에서 생기는 것이 아니라 오히려 이러한 집회마저 범죄시하고 처벌하려 드는 정부측의 강압책이 그 원인을 이루는 것입니다. 광주사태 희생자의 추모가 많은 국민에게 미치는 파장이 넓다고 말할 수는 있을지언정 사회불안의 우려 운운할 여지는 없는 것입니다. 만일 집권자의 '불안'을 곧 사회불안과 동일시한다거나 정부측의 우려 유무에 따라 법적용이 좌우된다면 결국 지배세력의 불안이나 우려 따위의 심리상태가 곧 범죄의 구성요건을 이룬다는 어불성설에 부딪히게 됩니다.

공권력이나 친정부세력이 강조하는 것은 '선도'요, '순화'인 데 반하여 국민이나 비판세력이 역설하는 것은 '선동'이요, '불순'이라는 2분법은 부끄러운 궤변일 뿐입니다.

4. 공소사실 제3항(1986. 4. 5. 오후 대구에서 열린 신민당 개헌추진 경북지부 현판식에 즈음하여 민통련 경북지부의 시위에 참가한 사실을 집시법상의 집회개최 행위로 기소한 부분)

가. 당시 피고인은 민통련 문익환 의장의 명에 따라 대구집회의 전말을 관찰하기 위해서 대구에 갔을 뿐 민통련이 그 집회를 지시하거나 주최한 것은 아닙니다.

피고인은 '민통련 경북지부 간부들과 대규모 시위를 전개할 것을 공모'하였다고 되어 있으나 전혀 그런 사실이 없습니다. 이 대목에 관해서는 검찰이 제출한 신기복(민통련 경북지부 총무차장), 김충환(위 지부 홍보부장), 이강철(위 지부 사무국장) 등에 대한 사법경찰관 작성의 각 피의자 신문조서에 의하더라도 소위 '공모'한 사실이 없다는 것을 알 수 있습니다.

나. 공소사실에 보면 그날 대구의 도심지에서 벌어진 시위에서 군중들이 흥분했다고 하는데 그 흥분은 누구의 탓도 아닌 현 정권의 가혹한 탄압에 연유한 것임을 알아야 합니다.

다. 피고인은 누구를 흥분시키기는커녕 "폭력시위를 하는 일이 있어서는 안된다"는 문익환 민통련의장의 당부를 시위군중에게 전달하는가 하면 도로변의 교통표말을 빼려는 시민들을 만류하기까지 했던 것입니다.

그날의 시위에서 '군사독재 물리치고 민주정부 수립하자' 는 구호가 나왔다고 해서 그것이 법에 저촉되는 내용도 아님은 물론이거니와 피고인에게 현저한 사회불안 조성의 우려가 있는 집회시위를 개최했다는 책임을 물을 근거는 어디에도 없는 것입니다.

5. 공소사실 제4항(장기표 씨가 구상한 민통련 운동론 초안의 설명을 듣는 실무자 모임에 피고인이 참석한 사실을 반국가단체구성 예비행위라고 기소한 부분)

가. 피고인은 이 부분 공소사실의 첫머리에 적혀 있는 바와 같은 북한측의 대남전략과 선전선동의 내용을 구체적으로 알지 못하였고 또 알 수도 없었으며 만일 그런 것을 자세히 알려고 하면 오히려 처벌을 받기 십상인 터이기 때문에 정확한 지식이나 정보, 자료를 갖지 못하고 있는 것입니다.

따라서 북한의 대남전략과 선전선동 내용을 자세히 안다는 것을 전제로 하여 (뒤에 말하는) 장기표 씨 구상의 운동론이 북한측의 전략, 선전내용과 같다는 것도 알았다고 단정하는 것은 출발부터가 잘못된 논리입니다.

나. 그리고 미국에 예속된 식민지니, 계급간의 기본적 모순의 극대화니, 반파쇼 민주화투쟁 운운은 북한측에서 뭐라고 하는가에 관계없이 우리의 자주성과 민주이념에 입각하여 예방, 평가, 극복, 실천할 문제이며 북한측이 그야말로 전략과 선전으로 하는 말을 가지고 우리의 자주적 사고와 실

천까지 처벌하는 기준으로 삼는 것은 그 자체로서 북한측의 전략과 선전에 동조하는 결과에 빠질 위험이 있는 것입니다.

다. 1986. 4. 30. 밤에 열린 민통련 가맹단체 대표 및 중앙집행위원회 연석회의에서 전날 있었던 민국련의 기자회견 내용과 관련하여 논의한 결과, 민통련이 민국련에서 탈퇴하기로 결정한 사실, 민통련의 이념과 노선을 분명히 하기 위하여 민통련의 운동론을 정립하기로 하고 실무자 모임을 구성한 사실, '민국련 기자회견과 왜곡보도에 대한 민통련의 입장' 을 밝히는 성명서 초안을 검토한 사실 등은 공소장에 적힌 대로입니다.

(다만, 피고인은 그 회의 도중에 자리를 뜬 탓으로 결의된 사실이나 자신이 실무자 모임의 일원이 된 것을 모르고 있었음)

그러나 그후 장기표 씨가 메모형식으로 작성한 '민주통일민중운동론' 은 북한측의 대남전략이나 선동선전에 동조하는 내용이 아니며 반국가적이거나 용공적인 것도 아닙니다.

라. 86. 5. 4.밤 수유리에 있는 김인한 씨 집에서 운동론 초안 설명을 듣는 모임이 있었지만

(1) 장기표 씨의 취지설명을 들은 후 참석자들이 모두 박수를 친 것은 검찰의 주장처럼 '운동론의 취지에 원칙적인 찬의를 표명' 하는 뜻에서가 아니라 운동론을 구상 정리한 노고에 대하여 박수를 쳤던 것이며, 이점에 대해서는 피고인뿐 아니라 이창복 씨의 진술도 일치하고 있습니다.

공소장에도 나타나 있듯이 장기표 씨의 운동론 구상에 대해서는 이창복 씨와 이부영 씨가 일부 이의를 제기한 터였으므로 운동론의 내용에 찬성하는 박수가 될 수 없었음은 공소장 자체에 의해서도 명백합니다.

(2) 검찰은 장기표 씨의 운동론 중 '사적소유의 철폐' 와 '민중봉기' 부분에 관해서 이창복 씨 이부영 씨가 이의를 제기했을 뿐 다른 참석자들은 의견제시를 안한 채 듣고만 있었으니 그 내용에 찬성한 것이 아니냐는 듯이 밀어붙이려는 인상을 주고 있습니다.

그러나 그날의 모임에서는 위의 두 사람이 부분적인 이의를 말함으로써 수정논의가 오가던 끝에 나중에 다시 검토해보기로 미룬 채 헤어졌던 것인즉 그 자리에서 더 이상 의견표명을 할 계제가 아니었던 것입니다.

특히 참석자 중에서도 나이가 가장 젊은 피고인으로서는 그 자신이 법정에서 진술한 바와 같이 선배들을 제치고 발언할 수 있는 처지도 아니었습니다.

(3) 공소장에는 그 모임에서 이의가 나오자 '표현상의 문제'는 다시 검토하기로 했다고 하나 본질과 내용문제에 이의가 대두된 터에 '표현상의 문제'만 재검토하기로 했다는 말은 성립될 수가 없는 것입니다. 어디까지나 운동론의 내용을 다시 검토하기로 한 것입니다.

마. 장기표 씨의 운동론은 그 내용에 있어서 용공성이 있거나 북한의 전략과 부합되는 것이 아닙니다.

(1) 이창복 씨 등이 장기표 씨의 운동론 중 '사유재산 철폐' 및 '민중봉기' 부분에 대하여 이의를 제기했다고 하나 정작 장기표 씨가 작성한 운동론 메모(수사기록 제987정)에 보면 '사유재산의 제한'이라고 되어 있습니다. 사유재산의 제한은 근대 이후의 소유권 개념의 변천에 따라 재산권의 보장이 대부분의 나라에서 법률의 유보사항으로 되어 있다는 점만 보더라도 소유권 절대보장의 원칙의 수정은 명백한 세계적 추세이며 우리 한국 헌법도 여기서 예외가 아니므로 조금도 이단시할 여지가 없습니다.

(2) '민중봉기론'은 그 자체가 운동론의 범주에 들어갈 수 없는 것임은 당심의 증인 임채정 씨의 증언을 통해서 밝혀진 바와 같습니다. 즉, 민중봉기는 미리 예정된 계획에 의해서가 아니라 우연한 계기에 불특정 다수인들에 의하여 폭발하는 것이므로 아무리 운동론 안에 포함시켜도 무의미하다는 것입니다. 그렇기 때문에 봉기론 아닌 궐기론이 제기되기도 했던 것이며 봉기론 자체는 이미 실무자 모임에서 재검토의 대상이 된 이상 그것을 꼬집어 탓하려고 하는 것은 부당합니다.

(3) 앞서 본 바와 같이 이창복 씨가 이의를 제기한 것은 장기표 씨의 복

안의 내용이 용공 내지 반국가적이라고 생각되어서가 아니라 민통련 가맹
단체의 찬성을 얻는 데 무리가 있을까해서였습니다. 민통련은 그 자체로
서 하나의 단체이면서 동시에 가맹 23개 단체를 포용하고 있기 때문에 단
일 운동체의 성격과 협의체로서의 성격을 공존시켜야 할 중첩적인 입장을
지니고 있습니다. 그리고 전자가 후자에 의해서 제약을 받게 되는 것은 각
가맹단체의 고유성 내지 특수성과 독자성을 존중하기 위해서 부득이한 일
입니다.

(4) 바로 이런 점이 있기 때문에 이창복 씨는 민통련 가맹단체들의 찬성
을 얻는 데 어려움이 없도록 하자는 뜻에서 문제제기를 했던 것입니다.

운동론 그 자체는 현실의 갈등과 아픔과 불의를 극복하기 위한 염원에
서 나온 방법론의 시안일 뿐 북한측의 전략, 선전과 결부시켜 생각해야 할
성질의 것이 아닙니다.

바. 본건 운동론 협의는 반국가단체구성의 예비행위라고 볼 수 없습니다.

(1) 장기표 씨는 민통련의 정책연구실장이므로 민통련의 정책입안을 위
하여 다양한 구상과 자료를 준비 제시하는 것이 그의 직분입니다. 그는 정
책을 결정하는 권능을 가진 것이 아니라 정책입안에 필요한 여러가지 '원
자재'를 마련해야 할 의무가 있으므로 그의 운동론 초안 역시 앞으로 민통
련 규약상의 여러 단계를 거치는 동안 취사선택의 대상이 됨을 전제로 하
여 내놓은 것입니다. 따라서 법에서 말하는 무슨 '예비행위'라고 볼 여지
는 전혀 없었습니다.

(2) 민통련의 의사결정은 집행위원회—지역 대표자회의—중앙위원회의
순서로 상정, 의결절차를 마쳐야 하기 때문에 원안의 수정, 개폐는 언제나
있을 수 있고 하물며 규약상의 의결기관도 아닌 실무자모임의 첫 번째 모
임에서 거론하다가 미루어놓은 본건 운동론 논의는

그 내용 여하간에 범죄의 실행에 착수하기 전단계의 준비행위(법률상의
'예비')라고 볼 수가 없는 것입니다.

(3) 본건 운동론은 민통련의 정식의결기구에 상정된 것도 아니고 상정

키로 의견을 모은 것도 아니며 단지 장기표 씨 자신이 가지고 있다가 압수된 구상메모를 가지고 형사상으로까지 문제를 삼고 있습니다.

그러나 쓴 사람 자신이 가지고 있던 메모나 문장은 자기 기억을 위한 수단일 뿐이며 그것이 공표되기까지는 아직도 머리 속의 구상 또는 내심의 단계이며 실무자 모임에서의 취지설명이나 이의도 실무자들 내부의 공동 구상단계에 불과합니다. 그렇다면 본건 공소에서 운동론 메모를 문제삼는 것은 내심의 사고와 구상을 처벌하려는 것으로서 사상과 양심의 자유, 생각하고 기억하는 자유까지를 침해하는 결과가 될 것입니다.

사. 지금까지는 장기표 씨에 대한 형사책임문제를 중심으로 검토하였거니와 설령 그의 운동론에 어떤 논란의 여지가 있다고 한들 그 취지 설명만 들은 장영달 피고인에게 위의 운동론의 내용에 따른 책임을 똑같이 추궁하고자 하는 본건 공소는 법리상으로 크게 잘못된 것입니다.

아. 어느 모로 보나 본건에서는 북한의 전략, 선전에 부합하는 내용의 민통련 운동론이 존재하지 않았음은 물론이고, 따라서 민통련의 조직, 구성 및 운동방향을 북한의 전략에 맞게 변질시키려고 준비한 바도 없으므로 피고인이 '반국가단체인 북괴를 이롭게 할 목적으로 하는 새로운 단체 구성을 예비……' 하였다는 공소사실은 터무니없는 허구에 불과합니다.

6. 공소사실 제5항(86. 5. 3. 인천사태 참가행위를 소요죄로 기소한 부분)에 대하여

가. 검찰측은 세칭 5 · 3 인천사태를 민통련이 주관하여 야기시킨 것처럼 주장하면서 "민통련은 신민당 개헌추진 경기인천지부 결성대회와는 별도로 대규모 시민대회를 개최하는 한편 대대적인 가두시위를 벌이기로 결의했다"고 하나 그것은 무근한 주장입니다.

나. 문제의 인천집회는 민통련 가맹단체의 하나인 '인사련' 이 주관하였
고 민통련은 간여한 사실도 없습니다.

다만, 인사련측의 사전호소에 따라 다른 가맹단체와 마찬가지로 임원과
회원의 일부가 개별적으로 현지에 나갔던 것입니다.

인천사태에서 벌어진 투석, 파괴, 화염병 투척, 성조기 연소, 차량방화
등은 민통련이나 그 구성원들의 행위로 인하여 야기된 것이 아니며 검찰
측도 그점에 대해서는 구체적인 주장이나 입증을 하지 못하고 있습니다.

다. 검찰은 사법경찰관(당시 인천동부경찰서 근무 경위 김원환) 작성의 실황
조사서(86. 5. 28. 자)를 증거로 제출하였으나

(1) 그것은 경찰 내부의 여러 보고문서를 종합한 또 하나의 보고문서이
므로 증거능력이 없고

(2) 설령 증거능력이 있다 하더라도 5 · 3사태 후 24일이나 지난 86. 5.
27.에야 실시된 '실황조사' 이기 때문에 이미 실황은 물론 각 현장이 변경
된 후에 각 지점의 위치확인 정도에 그친 것이므로 '실황조사' 가 아니었
으며

(3) 5 · 3사태 당시의 상황이란 것도 이미 경찰 여러 부서에서 작성된 보
고문서를 토대로 정리한 것에 불과하고

(4) 거기에 나타난 인적 물적 피해가 누구의 행위로 인한 결과이지는 전
혀 언급조차 되어 있지 않습니다.

그러므로 위 실황조사서는 어느 모로 보나 유죄의 증거로 씌어질 만한
증명력이 없습니다.

라. 더구나 장영달 피고인은 공소장에 따르더라도 '민통련 회원 성명불
상자 2명을 지휘하여 민통련 회원들의 대열을 정리하고……' 라고 되어 있
으니 파괴나 소요행위와는 정반대로 평화적이며 질서있는 행동을 견지했
다는 사실을 알기에 족합니다.

마. 5 · 3인천사태는 당시의 상황전개와 신문보도 그리고 장영달 씨 자신의 목격체험에 비추어보건대 소요나 혼란을 예방, 제지하여야 할 경찰이 은연중 조장 내지 방임한 듯한 증좌가 있다는 것입니다. 그런 데도 아무런 구체적 증거도 없이 피고인에 대하여 소요죄까지 적용하고 나선 것은 부당천만이라 하겠습니다.

7. 공소사실 제6항(86. 5. 30. 서울대학교 총학생회집회에서 연설한 것을 집시법상의 시위 선동행위로 본 부분)

가. 피고인이 서울대학교에 가서 한 행위는 그날의 학생집회 순서에 따라 민주열사위령제, 민족민주탄압규탄대회, 민족자주화학생궐기대회에 동석하고 두 번에 걸쳐 연설을 하였으나 그 내용은 현정권의 인권운동 탄압사례를 폭로규탄하고 다같이 힘을 합쳐 독재권력을 물리치자는 요지였습니다. 따라서 그의 이런 발언은 그 의도에 있어서나 내용에 있어서나 결과에 있어서나간에 '현저히 사회적 불안을 야기시킬 우려가 있는 시위를 할 것을 선동'한 것이 아닙니다.

나. 정부의 반민주적인 처사를 공격하거나 시정을 요구하는 주권자의 발언이 이처럼 시위선동행위로 몰려야 한다면 오늘의 집시법은 집회시위를 부당하게 처벌하는 데 그치지 아니하고 국민의 비판언론을 처벌하는 데까지 그 독소를 확산하게 되는 셈이니 참으로 통탄할 노릇입니다.

8. 이 사건에서 적용되고 있는 법률조항들은 정상적 입법이 아니거나 정치적으로 악용될 위험이 많은 규정들입니다.

가. 집회시위에 관한 법률의 관계조항은 우선 그 정립과정을 볼 때 1980

년 12월 소위 국가보위입법회의에서 신설 또는 개정된 것으로서 국민의 대의기관인 국회에서 입법한 것이 아니며

나. 그 구성요건도 예컨대 "현저히 사회적 불안을 야기시킬 우려가 있는 집회 시위"(제3조 제1항 4호) 또는 "집회 시위할 것을 예비음모하거나 선전 또는 선동"(같은 조의 제2항) 등 매우 모호하여 악용의 여지가 많고 실제로 자주 악용되어왔다는 점에서 그 발동의 절제와 해석 적용의 엄격성이 요구되는 터입니다.

다. 국가보안법이나 소요죄 등도 그 본래의 입법목적을 벗어나서 반정부세력에 대한 응징에 그릇 쓰이고 있기 때문에 많은 민주세력과 양심적인 인사들이 그런 죄목으로 박해를 받고 있습니다. 특히 국가보안법 적용의 남발은 심각한 정도로서 사법부에 의해서 하루속히 견제되고 뿌리뽑혀야 마땅합니다.

라. 그 동안 정부당국은 민통련에 대해서 법의 한계를 벗어났거나 법을 남용한 탄압을 가했습니다. 일례를 들면;
(1) 1986. 11. 8. 서울시경은 민통련에 대하여 아무 법적인 근거나 권한도 없이 해산명령을 발했으며
(2) 민통련 사무실에 단지 유인비어를 담은 유인물이 있다는 이유로 경찰은 같은 해 11. 12. 새벽에 전경 150명의 포위 아래 민통련 사무실의 문과 벽을 파괴하고 들어가 압수수색 영장을 집행하였고 그 집행종료 후에도 위 사무실을 폐쇄하는 한편 민통련관계자의 출입조차 실력으로 막아버렸는 바 이것 또한 법적으로 허용되지 않는 폭력이었습니다.
(3) 1986. 11. 3. 치안본부는 '민통련에 대한 분석내용' 이라는 것을 공표했는데, 거기에는 민통련을 '급진좌경적 성격을 은연중 표방' 이니 '좌경 혁명수단으로 혼란 획책' '배후 불순세력' 운운하는 무근한 중상으로 가득 차 있습니다. 그런 말, 그런 표현을 무책임하게 함부로 써가면서까지

민통련을 매도하고 있는 것을 보면 민통련의 의장을 비롯한 간부 임원의 대부분이 투옥되고 있는 현실도 어렵지 않게 설명될 수가 있을 것입니다. 피고인에 대한 본건 공소제기 역시 그런 탄압의 일환으로 풀이될 수밖에 없기 때문에 이것은 뒤늦게나마 사법부의 용단에 의해서만 구제될 수 있는 사안이라고 믿습니다.

9. 맺는 말

가. 권력이 법의 이름을 빌려 국민을 탄압하는 것은 박해를 통한 두려움을 유발시켜 의로운 비판과 저항을 감쇄시키고자 함입니다. 그러나 그런 방식은 법치주의의 타락을 불러들일 뿐 아니라 오히려 더 큰 분노와 저항을 상승시키기 때문에 어느 모로 보나 국가적인 불행이 됩니다.

권력자는 강권행사를 많이 한다고 강해지는 것은 아닙니다. 일찍이 중국의 순자荀子는 "아랫사람이 윗사람을 두려워하면 윗사람이 위태로워진다(下畏上則上危)"고 경고하였습니다.

그러므로 두려움이 지배에 공헌하는 사회는 집권자를 위해서나 국가 자체를 위해서 매우 불행하게 될 수밖에 없습니다.

나. 윗사람이 위태로워지는 것이 문제가 아니라 나라가 위태로워지는 것이 문제입니다. 백성이 곧 하늘(人乃天)이라 했는데 국민을 억울하게 만드는 검찰권 발동이 있어서도 안되지만, 그 잘못된 권력행사를 묵인하거나 긍정함으로써 국민을 다시금 억울하게 만드는 판결은 더욱이나 있어서는 안되겠습니다. 피고인 장영달 씨에 대한 공소사실은 이치에도 맞지 않고 유죄로 인정할 증거도 없습니다. 그래서 무죄를 주장합니다. 죄 없는 사람은 무죄를 받아야 옳다는 너무도 가당스러운 명제가 실종되어버린 이 현실 속에서, 참으로 사법의 양심과 권위를 되살릴 수 있는 판결, 역사 앞에 부끄러움이 없는 획기적인 판결을 기대합니다.

1987.   2.   18.

위 피고인의 변호인
변호사   한승헌
변호사   황인철

서울형사지방법원(합의 13부) 귀중

서 울 형 사 지 방 법 원
제 13부

판 결

사 건　　86고합 1312 국가보안법 위반(이적단체 구성 예비)
　　　　　소요죄, 집회 및 시위에 관한 법률 위반

피 고 인　　장영달張永達 무직
　　　　　1948. 8. 24. 생(△△△△△△-△△△△△△△)
　　　　　주거　의정부시 가능 1동 115의 38
　　　　　본적　△△△△△△
검 사　　신건수
변 호 인　　변호사 황인철, 한승헌

주 문　　피고인을 징역 1년 6월 및 자격정지 1년 6월에 처한다.
　　　　　이 판결선고 전의 구금일수 중 180일을 위 징역형에 산입
　　　　　한다.

이 유
범죄사실

　피고인은 1969. 3. 국민대학 행정과에 입학하여, 1학년 재학중 군복무
를 마치고 1972. 9.경 같은 과에 복학하여, 1973. 4.경 국민대학 제2대 기
독학생회장으로 피선되고, 같은 해 12.경 한국기독학생회 총연맹 기획실
장으로 선임되었다가 1974. 4.경 이른바 민청학련 사건으로 구속 기소되

어, 같은 해 9. 25. 국방부 비상고등군법회의에서 국가의 안전과 공공질서의 수호를 위한 대통령긴급조치(이하 긴급조치라 약칭) 제1, 4호 위반으로 징역 7년을 선고받고, 마산교도소에서 복역중, 1975. 2. 16. 형집행정지로 출소하고, 1976. 11. 4. 서울고등법원에서 긴급조치 제9호 위반으로 징역 1년을 선고받아 위 형집행정지 처분이 취소되어 복역하다가, 1981. 8. 15. 다시 형집행정지로 출소한 후, 1983. 9. 30. 민주화운동청년연합(이하 민청련이라 약칭)의 결성에 참여하여 부의장, 상임위원장 등을 역임하였다가, 1984. 8. 16. 서울형사지방법원에서 경범죄처벌법 위반으로 구류 15일을, 1985. 3. 20. 같은 법원 남부지원에서 같은 죄명으로 구류 25일을 각 선고받고(각 정식재판 청구하여 미확정 상태임) 1985. 3. 21. 민청련 간부직을 사임한 후 같은 해 6. 30. 민주통일민중운동연합(이하 민통련이라 약칭)에 가입, 총무국장으로 활동해오던 자인 바,

1. 1984. 5. 19. 16:00부터 19:30경까지 서울 종로구 소재 흥사단 강당에서 공소 외 김근태, 박우섭, 한경남, 최민화, 이범영, 김종옥, 권형택, 연성수 등 민청련 회원, 문익환 등 지도위원 및 다른 단체원 등 약 500여 명과 함께 모여 '5월과 민족혼' 주제로 소위 광주민중항쟁 4주기 추모식을 개최함에 있어 광주사태 희생자 위패를 세워 제단을 설치한 다음, 위 연성수의 사회로 제1부 추모제에서 묵념과 희생자 분향에 이어, 위 김근태는 '80. 5. 독재를 타도하려던 민주, 외세를 배격하고 통일을 외치던 민중은 정치군부의 폭력 앞에 무참히 짓밟혔다. 광주민중을 무참히 살해하고 집권한 군부독재를 타도하여 80. 5. 광주에서 쓰러져간 선열들이 못 다한 민주화 쟁취를 위해 최선을 다할 것임을 맹세하오니 선열들의 넋들이여, 고이 잠드소서' 라는 요지의 추모사를 읽은 후, 계훈제, 문익환 등도 같은 취지의 즉흥 추모사를 하고, 최민화는 '광주민중항쟁의 뜻을 이어받아 폭력적인 현 군사독재 정권을 타도하고 진정한 민중민주사회를 건설하기 위하여 투쟁할 것이다' 라는 요지의 추도제문을 낭독하고 제2부에 전 민주청년협의회 의장 조성우는 '광주항쟁의 의미를 바로 깨달아 민주주의 기틀을

마련하는 계기로 삼아야 한다. 광주시민은 군사독재에 의해 참살당하였다' 는 등 요지의 연설을 하고, 피고인은 '아 5월이여! 광주여! 영원한 민주화의 불꽃이여!' 제하로 '광주는 죽지 않았다. 군사정권의 본질은 변치 않았다. 민주화 대열의 진용을 가다듬자' 는 등 요지의 시국선언문을 낭독하고, 제3부에서 연성수는 고전무용팀을 구성, 초청된 무당과 함께 광주사태 희생자 영혼이 되살아나 통곡할 때 넋을 풀어주는 진혼굿을 하는 등, 현저히 사회적 불안을 야기시킬 우려가 있는 집회를 주관하고,

2. 1986. 4. 5. 09:00경, 대구 소재 한일여관에서 민통련 가맹지역 대표 강구철, 민통련 경북지부 사무국장 이강철, 기획부장 권오국, 사회부장 김균식, 총무차장 신기복 등과 신민당 개헌추진 대구경북지부 결성대회를 이용하여, 대규모 시위를 전개할 것을 상호 공모하고

같은 날 13:00경, 대구 중구 포정동 소재 아세아극장 앞에서, 위 결성대회 참석차 모여든 수만의 군중들을 상대로 위 김균식, 신기복 등은 '군사독재 타도! 민주정부 수립!' 이라고 기재된 길이 7미터, 폭 70센티미터의 현수막을 위 극장 베란다에 내어걸고, 위 권오국, 김균식 들은 핸드마이크로 "군사독재 타도하고, 민주정부 수립하자" 등의 구호를 선창하고, 그밖에 민통련 경북지부 임원과 회원들은 '군부독재 물리치고, 민주헌법 쟁취하자' 제하의 유인물 5,000여 매를 살포하고, 피고인은 '5월의 노래', '임을 위한 행진곡' 등의 노래를 선창하다가

같은 날 17:00경, 위 결성대회가 끝나자 위 민통련 회원들과 함께 '민주통일민중운동연합' 이라고 씌어진 플래카드를 펼쳐들고 같은 구 답신동 소재 신민당 대구 중구지구당사 앞에까지 행진을 하고, 위 지구당사 앞에서 대열이 정지된 다음, 피고인은 위 김균식의 소개를 받아 등단하며 "본인은 민통련 본부에서 파견된 총무국장입니다. 문익환 의장님의 인사를 대신 전합니다. 대구시민의 민주화에 대한 열기를 본부에 보고하겠습니다"는 요지의 인사를 한 다음, "군사독재 물리치고, 민주정부 수립하자"는 구호를 외치는 등, 현저히 사회적 불안을 야기시킬 우려가 있는 집회 및 시위

를 개최하고,

3. 북한 공산집단(이하 북괴라 한다)은 정부를 참칭하고 국가를 변란할 목적으로 조직된 반국가단체로서 마르크스, 레닌 등의 이른바 변증법적 유물론에 따른 역사발전의 합법칙성과 계급투쟁론을 내세워 자본주의 사회에 있어서는 소수 자본가계급에 의한 생산수단의 독점과 노동착취로 인하여 노동자 계급 사이에 적대적 모순이 심화되어 있고, 이러한 계급적 대립이 제국주의의 지배하에 첨예하게 나타나는 것이라고 주장하는 한편, 남조선은 미제국주의 및 그와 결탁한 군사파쇼 정권자 매판독점 자본가에 의하여 미제에 예속된 신식민지로 전락하였고, 이러한 예속적 국가독점 자본주의의 매판 파쇼체제 아래에서 모든 인민이 수탈당함으로써 미제와 매판독점 자본가 및 반동 정치인, 관료배 등 지배계급을 한 편으로 하고, 노동자, 농민 등 기본계급과 청년학생, 지식인, 도시 소부르주아 및 민족 자본가 등을 다른 편으로 하는 양자간의 기본적 모순이 극대화되어 있으며, 특히 생산수단을 갖지 못한 임금노동자들은 이들 지배계급의 노예로 전락되었고, 미제와 군부파쇼 정권은 우리 민족의 분단상태를 고착화하여 그들의 지배체제를 항구적으로 유지하려 하고 있다고 모략하면서, 이러한 사회적 모순과 민족분단을 타파하기 위하여는 남조선 전인민의 봉기로 미제국주의 침략자들과 파쇼정권을 타도함으로써 민족해방 인민민주주의 혁명을 이룩하여야 한다는 전략 아래 이른바 통일전선전술에 따라 억압받고 수탈당하는 노동자, 농민 등의 피지배 계급과 청년, 학생, 지식인, 소상인 등 피지배 계층이 광범위하게 연합하고, 특히 청년, 학생, 지식인들이 역사의 주체인 노동자, 농민 등 인민대중을 계급적으로 각성시킴으로써 조직적 유대를 강화하여가면서 지배계급을 상대로 하는 계급투쟁 방법으로서의 경제투쟁을 정치투쟁화하는 한편 폭력 · 비폭력, 합법 · 비합법 등 각종의 투쟁형태를 적절히 배합한 반제 · 반파쇼 민주화 투쟁을 전개하여야 한다고 선전선동하고 있다는 사실을 알면서도, 1986. 4. 30. 20:00경부터 같은 해 5. 1. 01:00경까지 서울 중구 장충동 1가 56 소재 분도회관 뒤

편 분도수도원 피정의 집 지하강의실에서 민통련 의장 문익환, 부의장 이창복, 동 계훈제, 정책연구실장 장기표, 사무처장 이부영, 사무차장 조춘구, 홍보국장 박계동, 대변인 김종철, 상임위원장 임채정, 인권위원장 곽태영, 청년분과위원장 이명준, 도시빈민분과위원장 제정구, 문화교육분과위원장 채광석, 공해분과위원장 최열, 서울지부 의장 김승균, 동부 의장 이재오, 민주언론운동협의회 대표위원 최장학, 민중불교운동연합 의장 여익구, 인천지역사회운동연합(이하 인사련이라 약칭) 의장 이호웅, 동 편집실장 홍성복, 전남민주청년운동연합 홍보부장 신영일, 경북지부 간사 김균식, 강원지부 간사 최윤, 충북 민주운동협의회 사무국장 김재수 등 민통련 집행위원 및 가맹단체 대표 등 30여 명과 회동, 4. 29.자 민국련 기자회견 경위 설명 및 대책 등을 의제로 하여 민통련 단체 대표자 및 중앙집행위원 연석회의를 개최하고 토론을 거쳐, 민국련 기자회견시의 발표내용은 민통련의 의사결정 과정을 거치지 아니한 채 의장단 임의로 개인적 의사를 표명한 것이므로 민통련의 공식적 견해가 아니라는 것, 이에 대한 책임을 지고 의장단을 비롯하여 민국련 결성에 찬동한 바 있는 집행위원 전원이 총사퇴하되 1986. 5. 6. 19:00 홍제동 성당에서 중앙위원회를 개최, 총사퇴 문제를 처리할 때까지는 잠정적으로 임무를 계속하기로 한다는 것, 이를 계기로 민통련은 민국련에서 탈퇴하되 위와 같은 문제가 발생하게 된 것은 민통련의 명백한 이념과 선명한 정치노선 등 확고한 운동론이 정립되어 있지 아니한 데서 비롯된 것이므로 조속히 운동론을 정립해야 한다는 것, 그리고 피고인과 위 장기표, 이창복, 이부영, 김종철, 지역단체 대표 등으로 실무자 모임을 구성하여 운동론의 정립과 조직체제 정비 강화책을 시급히 준비하도록 한다는 것과 같은 해 5. 1. 09:30경 기자회견을 하여 이러한 민통련의 입장을 밝히는 성명서를 빌표한다는 것 등을 결의한 다음, 위 장기표, 김종철, 이명준 등은 '민국련 기자회견과 왜곡보도에 대한 민통련의 입장' 제하로

   – 연석회의는 지난 28일 오후에 '두 학생의 분신투쟁 앞에서 우리 모두 결단하자!' 라는 제목으로 발표한 민통련의 성명서에서 '우리는 허울

뿐인 이데올로기의 노예가 되어 동족을 증오해왔다. 민족과 민중의 현실에 새롭게 눈을 뜬 학생들은 외세의 지배를 물리치고 민족이 자주적 통일을 쟁취하는 것만이 동족간의 증오와 대결을 끝장내는 길이라고 굳게 믿은 것이다. 우리의 싸움이 완전한 통일과 단결을 이루지 못하고, 우리가 더욱 과감하게 반군사독재투쟁과 민족자주 통일운동을 전개하지 않는다면 피끓는 젊은이들이 줄을 이어 민족 앞에 제물로 나설 것이다'라고 한 것이 민통련의 기본입장임을 재확인하였다.

- 최근의 학생운동에 나타난 자기희생의 정신과 실천, 순결성과 도덕성, 민중과 민족에 대한 사랑을 소중한 것으로 평가한다.

- 정치인이나 민중민주 운동가들은 학생들의 논리를 비판하기보다 적극적으로 동참해야 한다.

- 신민당과 민추협은 '청원'이라는 기본적 입장에서 개헌서명을 벌이고…….

4. 29. 민국련 이름으로 열린 기자회견은 활동의 한계를 벗어난 것으로서…….

이러한 현상은 보수 정치인들의 외세 의존적이고 타협적인 자세에 기인하는 것이므로…… 민국련에서 탈퇴한다.

- 민통련 지도부는 민국련 기자회견에서 민통련의 입장을 올바르게 반영하지 못했고 민중·민주운동 대열에 엄청난 혼란을 일으켰으므로 의장단과 집행부 전체가 총사퇴한다.

- 미국은 19세기말 이래 1세기가 가깝도록 우리 민족의 자주적인 삶을 저해하고 자구의 이익만을 추구하면서 독재정권을 지원해옴으로써 전민중의 민족적 분노를 일으켰다

- 우리 민중·민주운동세력은 미·일 등 외세의 부당한 간섭을 민중의 단합된 힘으로 단호히 물리쳐나감으로써 자주적 민주화와 민족통일을 쟁취해야 한다.

- 신민당과 민추협이 '대타협'이라는 미명 아래 '보수대연합' 구도에 편승하려는 자세는 민중의 심판을 받을 것이다.

- 민통련은 이번 사건을 계기로 내부통합을 강화하고, 조직을 재정비하
  며, 정치노선을 분명히 밝히고 민중이 주인이 되는 민주정부와 민족
  통일 쟁취를 위하여 더욱 결연한 각오로 싸운다.

라는 요지의 성명서 초안을 작성하여 위 연석회의에서 이를 통과시킨
다음, 위 문익환이 같은 해 5. 1. 09:30경, 위 민통련 사무실에서 성명불상
기자들에게 위 성명서를 배포 및 낭독하는 기자회견을 하고, 위 장기표는
위 연석회의에서의 결의사항에 따라 민통련의 운동론을 정리하여 위 실무
자 회의에서 채택되게 할 것을 기도하고, 같은 해 5. 초순경 안양시 비산동
주공아파트 2단지 154동 402호 소재 자신의 하숙방에서 '민주통일민중운
동론'을 작성함에 있어

● '운동론의 의의와 그 필요성'이란 항목에서

- 운동은 현존사회를 변혁시키기 위한 인간의 조직적이고 지속적인 실
  천행위이며
- 민주통일민중운동론은 민중이 주체가 되어 민중의 각성된 투쟁인 민
  중봉기를 통하여 민주화와 민족통일의 성취를 위한 투쟁의 전략과 전
  술을 이론화한 것이다.

라는 등 소위 운동론이라는 것이 민중봉기를 통한 사회변혁의 전략전술
이라고 전제하고

● '한국사회의 구조 분석'이란 항목에서

- 한국 사회의 현상황을 규정하는 기본요소는
  · 민족적으로 대외예속과 남북분단
  · 정치적으로 예속적 군사독재
  · 경제적으로 예속적 국가독점자본주의이고,
- 이러한 기본요소가 상호작용하여 한국사회를 반인간적 사회로 만들
  고 있으며
- 위와 같은 사회구조 속에서 한국민중은 정치적으로 억압받고, 경제적
  으로는 혹사와 착취 속에서 생존마저 영위하기 어려우며, 정신적으로
  는 건전한 가치관도 확립하지 못한 채 불안과 공포에 떨고 있어서 생

활이 곧 고통인 실정이고,

- 현 군사독재는 민주통일운동에 대한 폭력적 탄압, 법의 통치 수단화, 국회와 사법부의 어용화, 언론·출판·집회·결사의 자유 봉쇄 등을 통한 폭력통치를 하고 있어 합법적, 체제내적 개혁이 불가능하여 민중의 저항권 내지 혁명권의 발휘가 요구되는 상황이다.

라는 등 현재의 우리 사회를 극도의 반인간적 사회로서 민중혁명이 요구되는 사회라고 단정하고

● '지배세력과 개혁세력의 투쟁―민주세력의 조직화 문제―' 란 항목에서

- 이땅의 민주세력이 외세와 그 앞잡이인 군사독재권력을 물리치고 민주정부를 수립함으로써만 민족통일과 민중해방의 길을 열 수 있다는 전제하에
- 의회주의나 개량주의에 입각한 체제 내적, 합법적 개혁이 불가능한 상황에서 선택될 수 있는 개혁방법은 무장투쟁이나 민중투쟁이거나 민중봉기뿐인데, 한국의 경우 여러가지 조건으로 보아 가장 효과적인 방법은 민중봉기라고 부여한 다음,
- 한국사회의 구성원을
    · 군부, 특권층, 독점재벌, 중간 관리층, 어용 지식인 등의 체제유지 세력인 지배층
    · 체제내적 개혁을 주장하는 투쟁적 야당 정치인과 제도 언론인 일부 등 기회주의 세력
    · 노동자, 농민, 도시 하층민, 중소 상공인, 하위직 공무원 등의 피지배층
    · 직업적 운동가, 양심적 지식인, 노동운동세력, 농민운동세력, 각성된 민중 대학생 등 체제개혁 세력인 자주 계층

으로 분류하고,

- 운동의 기본전략인 민중봉기를 가능하게 하기 위해서는 평소 선전활동을 통해 군사독재 정권의 불법 폭력성과 반민중성을 폭로 규탄하여 민중의 불만과 분노를 높이고, 사회운동 세력이 운동의 목표와 방법을 민

중에게 선전한 다음 사회운동 세력과 학생운동 세력의 선도적 투쟁에
명분과 공간을 확보하여 민중이 투쟁에 참여할 수 있도록 해야 하며
- 반외세 투쟁과 반독재 투쟁을 동시에 효율적으로 수행하기 위해서 피
  지배층과 체제개혁 세력의 연합인 민중연합 세력의 구축이 필요하고,
  민중연합 세력이 투쟁을 효율적으로 전개하기 위해서는 운동의 중심
  체를 건설할 필요가 있으며 운동의 중심체를 국민대표성을 지닌 직업
  운동가와 각 부문운동 및 지역운동 지도자로 구성하고, 청년 활동가들
  이 실무적인 활동을 담당하며,
- 각 부문운동 및 지역운동 단체는 부문의 특수성을 살려 독자적 운동론
  을 개발하고 조직력을 확충해가야 할 것
이라는 등 민중봉기 전략에 입각한 전술론과 조직론을 전개하고
● '현존 사회의 반인간성과 그 근본원인 및 운동의 기본방향' 이란 항목에서
- 인간의 궁극적 목표는 해방된 삶의 영위에 있고, 해방된 삶은 사회구
  조가 보장해야 하는바,
- 인간의 해방된 삶을 제약하는 요인은 사적 소유(사유재산제도)와 노동의
  소외(노동의 비주체화 — 노예노동, 임금노동)라고 전제한 다음,
- 인간불행의 원천인 사적 소유와 소외된 노동을 제도화해놓은 것이 자
  본주의이고, 이것이 극단적으로 발전한 것이 국가독점자본주의이며,
  그 가운데에서도 더욱 나쁘게 발전한 것이 한국이 처해 있는 예속적
  국가독점 자본주의로서,
- 우리 사회의 반인간적 모습과 제도 등이 모든 사적 소유와 노동의 소
  외에 기인하기 때문에
- 사적 소유의 제한과 노동의 주체화 문제는 축을 달리하는 면이 있지만
  정치, 경제적으로는 동시적 과제이며, 사적 소유문제의 해결에 따라
  노동의 주체화 문제도 해결될 수 있다
고 하면서
- 이러한 궁극목표는 현실 사회의 변혁 속에서 달성될 수 있을 것이다.
라고 하는 등 해방된 삶이라는 궁극목표 달성은 사적 소유와 노동의 소

외에 터잡고 있는 현실사회의 변혁으로서만 가능하다는 결론을 짓고

●'민주통일민중운동연합의 조직구성과 운동방향' 이란 항목에서

- 이념은 민중민주주의
    · 주체는 민중(민중연합세력)
    · 방법은 민중봉기(민중주체권력)
    · 목표는 민주해방 민중민주주의 사회

- 조직 구성
    · 국민 대표성을 갖는 재야 원로, 직업운동가 등 민주인사와 부문운동 단체, 지역운동 단체로 민주연합체 형성
    · 지역운동 단체를 전국적 규모로 확산시켜 국민 대표성 확립

- 목표
  · 민주화와 민족통일을 통한 민중해방
    · 궁극적 목표는 민중해방을 보장하는 정치, 경제체제 구축
    · 전략목표는 반외세 민족자주투쟁을 통한 민족통일 및 반독재 민주화 투쟁을 통한 민주정부 수립
    · 당면목표는 군사독재정권의 퇴진과 민주정부의 수립

-기본전략
    · 민중봉기(비합법, 반체제 투쟁)
    · 전술로써 선전, 선동, 집회, 합법투쟁 등이 있을 수 있으나 모두 전술은 민중봉기를 준비해가는 것이어야 한다.

- 운동의 성격
    · 민중노선-민중적 쟁점 부각, 민중의 운동 주체화
    · 반합법, 반체제운동 – 체제내적 개혁 불가능 인식

- 운동의 내용
    · 군사독재정권의 반민주, 반민족, 반민중성 폭로 규탄을 통한 퇴진 촉구, 민주정부 수립 준비
    · 반외세 통일운동을 위한 민족자주와 민족통일의 필요성 선전
    · 민중생존권 투쟁지원 강화

- 민중의 조직화와 정치력 강화
- 집회, 시위 주도로 민중봉기 유도
- 민통련의 역할
  - 대표성 발휘, 지도성 확립, 대체성 축적으로 민중봉기 주도, 민중주체 권력 창출
- 민통련의 조직적 과제
  - 부문운동의 결집과 전국적 통합의 내실화를 통한 국민대표성 확립
  - 기층민중운동 부문 수렴 및 개발
  - 운동의 중심체 건설
  - 조직적 규율성의 확립
  - 올바른 운동방향의 제시로 지도성 강화
  - 지도급 운동가 수렴 및 중층 구조화로 대체성 강화
- 민통련의 실천적 과제
  - 선전의 체계화와 조직화
  - 운동권의 통일성 확보
  - 노동문제, 농민문제, 도시빈민문제 등 민중생존권 부문 정책개발
  - 정치제도, 경제정책 등 정책대안 개발 등 항목별 중점사항을 정리한 형식으로 향후 민통련 운동의 궁극적 목표를 민중해방을 보장하는 민중민주주의 사회체제 구축으로 설정하고

이 목표 달성을 위해 민통련은 민중주체 권력을 창출하는 국민대표성을 확립하여야 할 조직적 과제를 수행한다는 등의 내용으로 된 '민주통일민중운동론' 제하의 원고를 작성하고

피고인은 같은 달 4. 21:00부터 24:00경까지 서울 도봉구 수유동 522의 17소재 민통련 중앙위원인 공소 외 김인한의 집 안방에서 위 장기표, 이창복, 이부영, 김종철, 김균식, 신영일, 경남지부 간사 배설남 등과 회동, 민통련 조직정비 및 운동론 심의위원회를 개최하여, 위 이부영은 장기표가 준비한 운동론을 들어보고 그것을 바탕으로 조직체제 정비문제도 의논해

보자 제의, 참석자 전원이 동의하고 이에 따라 위 장기표는 위 '민주통일
민중운동론'의 원고를 낭독하면서 그 취지를 설명하자 위 이창복이 "사적
소유의 철폐는 카톨릭 신자로서 찬성할 수 없고, 민중봉기의 표현을 민통
련이 공개단체이므로 이를 정면으로 내세우면 단체 내부의 반발이 예상될
뿐 아니라 정부에게 탄압구실도 제공될 수 있는 문제여서 마땅치 않다"고
의견을 말하고, 위 장기표는 사적 소유 제한 등의 부분은 생산수단의 만인
공유를 내세운 것이며, 현재의 상황에서 운동권이 체제내적 운동방법을
택할 수 없는 이상, 향후 민통련은 기본전략으로 민중봉기라는 비합법적,
반체제적 운동방법을 채택할 수밖에 없는 것이라는 취지의 설명을 하자,
위 이부영은 '민중봉기'라는 표현 대신 '민중궐기'라는 용어로 대체하여
도 좋을 것같다는 의견을 제시한 끝에 위 부분을 제외한 나머지 운동론 부
분에 대하여는 참석자 모두 이에 묵시적으로 동의하면서 위 장기표의 노
고를 치하하는 박수를 치는 등 한국사회의 현실에 대한 인식이나 구조분
석, 민족통일방안, 조직의 이념목표, 투쟁방법 등에 있어 북괴의 상투적
선전선동 및 대남적화 통일을 위한 전략전술에 부합하는 내용으로 된 위
'민주통일민중운동론'에 따라 민통련의 조직구성 및 운동방향을 변질시
킬 준비를 함으로써 반국가단체인 북괴를 이롭게 할 것을 목적으로 하는
새로운 단체 구성을 예비하고,

4. 같은 해 4. 30. 20:00부터 같은 해 5. 1. 01:00까지 위 분도수도원 피
정의 집 지하강의실에서 위 제3항 기재와 같이 문익환, 장기표 등과 함께
단체 대표자 및 중앙 집행위원 연석회의를 열어 민국련 기자회견에 대한
대책을 논의하는 한편, 5. 3. 14:00 인천시민회관에서 있을 신한민주당 개
헌추진 경기인천지부 결성대회와 관련 민통련이 어떻게 할 것인가, 라는
의제를 논의한 끝에
  - 위 대회는 전국민의 관심이 집중되고 있어서 민주화운동의 획기적인
    전기로 삼을 수 있다.
  - 민통련은 이를 계기로 전조직력을 동원하여 신한민주당의 위 대회와

는 별도로 대규모 시민대회를 개최하는 한편 현정권 타도와 민중민주
정부 수립을 위한 대대적인 가두시위로 발전시켜 통일된 실력을 보여
야 한다.

- 민통련의 인천투쟁에서는 대중에 대한 선전과 투쟁성을 높이기 위하
여 의장단을 비롯, 전집행부 산하 23개 가맹단체가 참석하는 등 전체
의 역량을 모은다.

- 실무적인 준비업무는 지금까지 작업을 해온 인사련에서 담당하되 특
히 고성능 마이크를 설치하도록 한다.

- 슬로건은 '군사독재 타도하고 민주정부 수립하자', '군사독재 물리치
고 민주헌법 쟁취하자' 등으로 한다.

- 현장에서 살포할 유인물과 홍보책자 등은 민통련 본부에서 대량 준비
하고 홍보국장 박계동이 제작, 운반, 배포 등의 책임을 담당한다.

- 준비담당자들은 당일 주안 1동 성당에 사전집결하여 14:00 인천 시민
회관 앞 네거리를 확보하여 인원을 집결시킨 뒤 시민대회를 개최하여
시위를 전개한다.

는 등의 구체적인 계획과 준비분담 등을 결의하여서 민통련 주도하에
인천지역에서 대대적인 가두투쟁을 전개할 것을 공모하고 위 문익환은 전
항 기재와 같이 같은 해 5. 1. 09:30경, 위 민국련 탈퇴에 관한 기자회견을
한 다음 대변인 김종철로부터 5. 3. 인천투쟁에서 살포할 '군사독재 타도
하고 민주정부 수립하자' 제하의 유인물 초안을 교부받아, 이를 검토한 결
과,

- 국민 여러분은 언제까지 압제와 착취에 시달려야 하는가, 모두 용기
있게 일어나 손에 손을 잡고, 어깨에 어깨를 걸고 군사독재 타도투쟁
의 앞장에 나서자.

- 한국의 군사독재정권은 민중의 대공세 앞에서 겁에 질려 발버둥치고
있다.

- 민중의 진정한 민주화 의지를 외면하는 야당은 '대타협'이라는 미명
아래 개헌을 해주십사고 '청원'하고 있는데 이것은 청원이 아니라

'애원'이다.

- 야당의 지도자라는 사람들은 우리의 아들, 딸 가운데 일부는 '과격분자'이니 감옥에 잡아넣으라고 은근히 부추기고 있다.
- 진정으로 나라의 주인이 되길 바라는 국민 여러분이 선택할 길은 오직 하나밖에 없다. 군사독재정권을 타도하고 민주정부를 수립하는 싸움의 대열에 모두 앞장서자.

는 등 인천에 집결한 군중을 상대로 위 결성대회 주최측인 신한민주당을 비난 성토하고 민중봉기를 선동하는 내용으로 되었음을 확인, 이를 승인하고 위 민국련 탈퇴 성명서 등과 함께 각종 유인물을 대량 인쇄하여 3. 3. 인천에서 살포할 준비에 만전을 기하도록 독려하고,

그 무렵 조직국장 박계동, 사무처장 이부영, 대변인 김종철 등은 민통련 총무국 간사 임병주, 동 이달원에게 위 유인물들을 각 2만 부씩 인쇄하고 《광주는 지금도 계속되고 있다》 제하의 소책자를 500부, 《민주헌법을 우리 힘으로》 제하의 소책자를 3,000부 추가 인쇄하되 민통련 자료보관실에 있는 각종 유인물과 책자 재고분을 전부 수집하여 포장해두라고 지시하여 위 임병주, 이달원이 위 유인물 및 책자 도합 8종 약 51,000부를 라면박스 등에 포장하고, 위 박계동, 임병주 들은 같은 달 2. 22:30경, 번호불상 봉고차를 이용, 위 유인물들을 인천시 주안 1동 소재 주안 1동 성당으로 운반, 그곳에 은닉하여두고 같은 달 3. 11:00경 위 주안 1동 성당에서 인사련 집행국장 이우재, 동 편집실장 홍성복 등 민통련 산하단체 회원 20여 명은 손수레에 확성기와 마이크 앰프, 화염병, 각목 등을 실은 다음 '군부독재 타도하여 민중민주 정부 수립하자' 등의 플래카드를 펼쳐들고 대학생, 근로자 등 군중들과 함께 시민회관 쪽으로 진행하며 "군사독재 물리치고 민주정부 쟁취하자" 등 구호와 '5월의 노래' 등을 고창하여 위 군중들을 선동하고, 그 무렵 위 박계동, 이달원 들은 손수레에 위 유인물을 싣고 위 시민회관 앞에 도착, 민통련 산하단체 회원 수명과 함께 그곳 주위에 집결한 수천 명의 군중들에게 준비한 유인물의 제목을 구호처럼 고창하면서 계속 배포하는 한편 성명불상 학생들에게 살포용으로 공급하고, 같은 날 12:00

경 위 시민회관 주변 시가지 일원에서 민통련의 산하단체 회원들과 대학생, 근로자 등 2,000여 명이 스크럼을 짜고 '몰아내자 양키놈' 등의 플래카드를 앞세우고 "미·일 외세 물러가라", "민중정권 수립하자" 등의 구호를 외치면서 민통련에서 준비해온 위 유인물과 함께 '인천을 해방구로—철천지 원수 미제와 그 앞잡이 깡패적 반동정권의 심장부에 해방의 칼을 꽂자' 는 등의 유인물을 대량으로 살포하고, 같은 날 13:00경, 시위군중이 10,000여 명 이상으로 늘어나 시위의 열기가 고조되자, 그곳 부근에 집결, 대기중이던 위 장기표, 조춘구, 이호웅, 여익구, 곽태영, 이우재 및 민통련 통일분과위원장 정동년 등은 예정했던 민통련의 '민주화 촉진 시민대회'를 시작키로 결의, 민문협에서 준비한 사물놀이패로 하여금 북과 징, 꽹과리 등을 울리고 춤을 추게 하여 군중의 주의를 집중시킨 다음

위 이호웅은 "민통련에서는 군사독재를 타도하고 민주정부를 수립하기 위한 반독재 민주화 인천시민대회를 개최한다"고 개회사를 한 뒤, 위 "군사독재 타도하고 민주헌법 쟁취하자"는 구호를 약 3회 선창하여 군중으로 하여금 제창케 하고, 위 정동년은 한복차림으로 앞에 나와 "광주사태때 희생된 영령들의 원혼을 달래기 위해서 독재정권을 물리치고 민주정부를 수립하자"는 요지의 선동 연설을 한 다음 "광주학살 책임지고 미국은 사죄하라"는 등의 구호를 약3회에 걸쳐 선창하여 군중으로 하여금 제창케 하고, 위 장기표는 "오늘은 인천시민들이 군사독재정권을 타도하기 위한 민중항쟁에 결정적 계기를 이루는 날이다. 이미 부산, 광주, 대구, 대전 등지에서 세차게 타오른 민주화의 불길은 오늘 인천에서 회오리로 치솟았으니, 인천시민들이여, 총궐기하자"라는 요지의 선동 연설을 한 다음 "군사독재 물리치고 민주헌법 쟁취하자"는 등의 구호를 선창, 군중으로 하여금 제창케 하고

피고인은 민통련 회원인 성명불상자 2명을 지휘하여 민통련 회원들의 대열을 정리하고 위 이호웅은 미리 준비한 백색 인형을 길이 2미터 정도의 막대기에 매달아 불을 붙여 화형식을 하고 성명불상자의 선창으로 구호를 외쳐서, 군중을 흥분 고무케 하고 그 무렵 부근에서 소위 '전국 반제 반파

쇼 민족민주학생연맹'(민민학련으로 약칭)은 각 대학의 소위 '반제 반파쇼 민족민주투쟁위원회(민민투라 약칭)' 회원 등 학생들을 모아 민민학련 중앙집회를 열고 "지금부터 우리의 적들에 대한 비타협적 투쟁을 전개한다"고 하면서 부근을 경비중인 경찰관들에게 화염병과 보도블록을 깨뜨린 돌을 던지기 시작하고, 같은 날 13:15경, 흥분된 군중들이 위 시민회관에서 200여 미터 떨어진 민주정의당 인천 제1지구당사에 화염병과 돌을 던져 동 당사를 파괴, 방화하고 계속해서 위 시민회관 앞길에 세워져 있는 신한민주당원 김노진 소유의 레코드 승용차 1대에 화염병으로 불을 놓아 경비중인 경찰관들을 향해 밀어붙이는 한편, 2,000여 명의 군중들은 위 시민회관에 입장하려는 신한민주당 총재 이민우, 고문 김영삼 등을 가로막고 "신민당은 각성하라"는 등 구호를 외치면서 입장을 저지하여 동당의 위 결성대회를 개최하지 못하게 하고 같은 날 14:20경, 민통련 회원 1,000여 명은 군중 약 1,500명을 선도하여 꽹과리를 치면서 위 시민회관 부근과 주안 1동 성당 간을 왕래하며 준비한 유인물을 살포하는 일방, 경비중인 경찰관들에게 화염병을 던지고, 같은 날 14:30경, 그곳 부근 주안국민학교 앞에서 200여 명의 군중이 도로변의 대형 철제 버스안내판 1개와 공중전화 부스 1개를 밀어 넘어뜨려 밀고 다니면서 경찰관들의 접근을 막고, 그 무렵 위 시민회관 동쪽 교보빌딩 앞 노상에서 민통련 회원 등 1,000여 명의 군중이 "미ㆍ일 외세 물러가라"는 등 구호를 외치며 허수아비와 성조기를 불태우고, 같은 날 15:45경, 그곳 부근에서 2,000여 명의 군중이 경찰의 가스차량 1대를 포위한 뒤 그중 수명이 위 차량에 매달린 경기도 경찰국 소속 일경 서광석 등 경찰관 6명을 소지한 각목과 시멘트 블록 조각으로 무차별 구타하고,

같은 날 16:30경, 주안역 부근에서 100여 명의 군중이 경기도 경찰국 소속 인천 7가 1045호 타이탄 트럭 1대를 탈취, 적재한 진압용 최루탄 476발을 꺼낸 다음 위 시민회관 앞 도로까지 밀고 가서 적재함에 불을 붙이고 석바위 네거리 쪽에 배치된 경찰관들을 향하여 밀어붙이고,

같은 날 17:30경, 민통련 회원 등 군중 300여 명은 석바위 네거리 부근

에 있던 경찰관들에게 화염병을 던지고, 같은 날 20:20경 인천 도화국민학교 앞 도화 네거리에서 군중 300여 명이 교통초소에 투석, 유리창 4매를 파손한 다음, 그옆에 주차중인 인천 동부경찰서 형사기동대 봉고차량 1대에 화염병을 던져 전소시키는 등,

약 8시간에 걸쳐서 대중을 집결시키고 선동 격앙케 하여서 인천시 도심지인 위 시민회관 부근 일원의 시가지 교통을 완전 두절시키고, 위 서광석에게 약 12주간의 치료를 요하는 제5요추분리 중상을 입히는 등 경찰관 등 191명을 상해에 이르게 하는 한편 민주정의당 인천 제1지구당사, 경찰차량 3대, 위 김노진 소유 승용차 1대 등을 소훼하는 등 도합 시가 1억 6천 33만 원 상당의 재물을 손괴하게 하여서 그 일대의 평온을 해하고,

같은 해 5. 29. 17:00경, 서울 중구 무교동 소재 상호미상 일본음식점에서 민통련 상임위원장 임채정으로부터 서울대학교 총학생회의 요구사항과 관련, 지난 5. 20. 집행위원회를 열어 토의한 결과 5. 30. 개최예정인 총학생회 집회 주최시 피고인을 파견하여 민통련이 학생운동을 지지한다는 성명서를 발표하기로 결의했다는 내용을 통보받게 되자 즉석에서 이를 승낙한 다음, '이원집정제 음모분쇄 및 범민주연계투쟁 촉구대회에 드리는 민통련의 견해' 제하의 성명서 1부를 교부받고,

같은 날 30. 08:30경 서울 관악구 신림동 소재 서울대학교에 도착하여 대기하다가, 같은 날 14:00경, 동교 아크로폴리스 광장에서 개최된 학생들의 집회에 참석하여,

제1부 민주열사 위령제 개관식에서는 최근 동교에서 분신자살한 이재호, 이동수의 영정과 모의관 앞에서 1,000여 명의 학생들과 함께 진혼식을 거행하고 시너를 뿌려 모의관을 불태운 다음, 영정을 들고 행진하여 전태일 등 이른바 민주열사 26인의 위패를 설치한 위령관에 도착, 성명불상 학생의 소개로 위령관 개관 테이프를 끊고,

제2부 민족민주탄압 규탄대회에서는 동교 총학생장 황이수의 권유를 받고 등단. 아크로폴리스 광장에 모여 있던 500여 명의 학생들을 향해 '저희들 앞에서 산화해 가신 26분의 열사들을 생각하면 우리들의 갈 길이 너

무나 명백하다는 생각과 아울러 솟구치는 힘을 얻게 된다. 민통련은 상하 조직이 일치단결해서 싸운다. 다 같이 힘을 합쳐 반드시 독재권력을 물리치자'는 요지의 연설을 하고, 제3부 이원집정 음모 저지와 민족자주화 학생궐기대회에서는 '이원집정제 음모분쇄 및 범민주 연계투쟁 촉구대회에 드리는 민통련의 견해' 제하에 '민통련이 학생들이 제안한 범민주 연계투쟁에 대하여 원칙적으로 동의하며, 가능한 모든 방법으로 힘을 모아 결연한 힘으로 싸워나갈 것을 약속한다'는 내용으로 된 민통련 명의의 유인물을 낭독하여서 현저히 사회적 불안을 야기시킬 우려가 있는 시위를 할 것을 선동한 것이다.

증거의 요지

판시 사실은

1. 피고인이 이 법정에서 한 이에 일부 맞는 진술

1. 증인 임채정, 동 김윤환이 법정에서 한 이에 일부 또는 전부 맞는 진술

1. 서울형사지방법원 86고단 2339 집회 및 시위에 관한 법률위반사건의 제2회 공판조서 사본 중 박우섭의 이에 맞는 진술 기재

1. 검사가 작성한 피고인에 대한 피의자 신문조서 및 이창복, 이명재에 대한 각 피의자 신문조서 사본 중 이에 맞는 각 진술 기재

1. 사법경찰리가 작성한 신기복(2회), 김충환, 이강철에 대한 각 피의자 신문조서 사본 중 이에 맞는 각 진술 기재

1. 검사 및 사법경찰리가 작성한 김인한에 대한 각 진술조서 사본 및 검사가 작성한 이창복에 대한 진술조서 사본 중 이에 맞는 각 진술 기재

1. 사법경찰관이 작성한 실황조사서 사본 중 이에 맞는 기재들을 종합하면 증명이 충분하다.

법령의 적용

판시 각 소위 중 판시 제1, 2의 각 소위는 각 집회 및 시위에 관한 법률 제14조 제1항, 제3조 제1항 제4호, 형법 제30조에 판시 제3의 소위는 국가

보안법 제7조 제7항, 제3항, 제1항, 형법 제30조에, 판시 제4조의 소위는 형법 제115조에 판시 제5의 소위는 집회 및 시위에 관한 법률 제14조 제2항, 제3조 제2항, 제1항 제4호에 각 해당하는바, 판시 각 집회 및 시위에 관한 법률 위반죄 및 소요죄에 대하여는 그 소정형 중징역형을 각 선택하고, 위 각 죄는 형법 제37조 전단의 경합범이므로 동법 제38조 제1항 제2호 제50조 제2항에 의하여 형이 가장 중한 판시 소요죄에 정한 형에 경합범 가중을 하여 그 형기범위내에서 피고인을 징역 1년 6월에 처하고 국가보안법 제14조에 의하여 자격정지 1년 6월을 병과하며 형법 제57조에 의하여 이 판결 선고 전의 구금일수 중 180일을 위 징역형에 산입한다.

    피고인의 주장에 관한 판단
    피고인은 피고인의 이 사건 범죄사실의 일부에 대한 적용법조인 집회 및 시위에 관한 법률은 헌법에 보장된 집회의 자유를 침해하는 규정으로서 위헌이라는 취지로 주장하므로 살피건대 헌법이 보장한 집회의 자유라 하더라도 그 한계가 있어서 국가안전 보장, 질서유지 또는 공공복리를 위하여 필요한 경우에 그 본질적인 내용을 침해하지 않는 한도내에서 법률로써 제한할 수 있는 것이므로 집회 및 시위를 보호하고 공공의 안녕과 질서를 유지할 목적으로 제공된 위 법률이 헌법에 반한다고는 할 수 없다고 할 것이어서 위 주장은 받아들이지 않는다. 이상의 이유로 주문과 같이 판결한다.

1987.　2.　21.

재 판 장　　판 사　　김효종
판 사　　노영보
판 사　　여상훈

36

부천서 성고문 재정신청 사건

고소인 권인숙
피고소인 문귀동

위장취업 여대생 유린한 경찰의 야만

한승헌 (변호사)

서울대학교 의류학과 4년 제적생인 권인숙 양은 남의 주민등록증을 변조, 자기 이름을 숨기고 가명으로 중소기업체에 위장취업을 했다. 70~80년대의 크고 작은 기업이나 사업장에는 대학생, 청년들이 자기 신분을 감추고 노동현장에 들어가 노동자들의 권익옹호에 일정한 몫을 해내곤 했다. 이것을 정부당국은 '위장취업'이라고 부르고, 노동자의 의식화·좌경운동이라고 해서 적발·탄압대상으로 삼았다. 권양도 그런 혐의로 1986년 6월 4일 경기도 부천경찰서에 연행된 후 공문서변조 혐의로 구속된 상태에서 조사를 받았다. 그런데 그달 14일 권양과 함께 수감되어 있다가 풀려난 한 여인을 통해 권양이 경찰관으로부터 성적 모욕(성고문)을 당했다는 사실이 밖으로 알려졌다. 7월 2일 인천지역 구속자가족 30여 명이 관련자 처벌을 요구하며 부천에서 농성에 들어갔다. 다음날 권양도 담당경찰관인 문귀동 경장을 검찰에 고소하자(이날 인천지검은 권양을 공문서위조 및 동 행사죄로 기소함) 하루 만인 4일에 문귀동은 권양을 무고 및 명예훼손으로 검찰에 맞고소를 했다. 그 다음날(5일)엔 조영래 변호사 등 권양의 변호인단 9명이 문경장과 옥봉환 부천경찰서장 등 6명을 독직폭행 및 가혹행위 혐의로 인천지검에 고발했다. 이렇게 해서 세칭 '부천서 성고문 사건'이 세상에 알려지자 이에 격분한 각계에서 항의 규탄이 잇따랐다.

권양 본인과 변호인단의 고소·고발에 의하면, 문경장은 권양이 5·3인 천사태 수배자 중 아는 사람을 대지 않는다고 온갖 협박성 언사를 쓴 다음, 권양에게 옷을 벗으라고 강요하여 권양이 겉옷(자켓)과 남방만 벗고 벌벌 떨고 있자, 문경장은 권양의 바지단추와 지퍼를 풀어 밑으로 내리고 "너 처녀냐, 자위해본 적 있냐"면서 브래지어를 들추어 올리는가 하면, 바지까지 벗겼다. (6월 6일 새벽 4시 반부터 6시 반까지 사이의 일이었다.) 다음날(7일) 밤 8시경 문귀동은 권양이 수배자 신원을 허위로 댔다는 이유로 형사 2명을 옆에 세워놓고 뒷수갑을 채운 뒤 브래지어를 위로 올리고 바지 지퍼를 내린 다음, 끝내는 팬티까지 벗기고 나서 젖가슴과 국부를 만지며 자신도 아랫도리를 벗고 권양의 몸 뒤쪽에 붙어서서 성기를 권양의 국부에 갖다 대었다 떼었다 하기를 반복하였다.

이 고소·고발사건을 수사한 인천지검은 7월 16일 수사결과 발표를 통하여 문경장이 권양에게 폭언·폭행을 했으나 성적 모욕을 가한 사실은 없다고 했다. 검찰은 문경장이 6일 밤과 7일 밤 권양에게 인천사태 수배자의 행방을 대라고 요구했으나 불응하므로 권양의 재킷을 벗게 한 후 T셔츠를 입은 가슴부위를 서너 차례 쥐어박아 폭행을 하였다면서 이것은 추행이라기보다 가혹행위라고 주장했다. 기자들이 "쥐어박았다는 것은 구체적으로 어떻게 했다는 뜻인가"라고 묻자 김장수 특수부장은 "주먹으로 가슴을 밀면서 툭툭 쳤다는 뜻이다"라고 둘러댔다.(나는 그 발표를 듣고서 애무냐 폭행이냐는 결국 '속도의 차이'에 불과하다는 이야기냐라고 냉소했다.)

검찰은 한술 더 떠서, "권양의 성모욕 주장은 이들 급진세력 등이 상습적으로 벌이고 있는 소위 의식화 투쟁의 일환으로 혁명을 위해서는 성性까지도 도구로 사용하는 행태"라고 역습까지 시도하였다.

더욱 가관인 것은 검찰이 8월 21일 문경장을 기소유예처분하면서 내세운 이유였다. 즉, 문경장의 행위는 조사에 집착한 나머지 저지른 우발적 과오로서 이로 인해 이미 파면처분을 받았으며, 10년 이상 경찰에 봉직하면서 성실하게 근무해왔고, 자신의 과오를 깊이 반성하고 있으므로 그 정상을 참작하였다는 것이다. 경찰의 성고문 은폐에 검찰이 앞장을 선 것이었다.

검찰발표에 분개한 사회각계에는 검찰에 대한 비난과 문경장의 처벌을 요구하는 여론이 들끓었다. 재야 법조계에서는 166명의 변호사들이 대리인단을 구성하여 인천지검의 문경장에 대한 기소유예 처분을 취소하고 형사재판에 회부해달라는 제정신청을 제기했다. 나는 권양이 기소된 사건의 변호인이 아니라 재정신청 대리인단의 한 사람으로 참여했다. (검찰의 불기소처분에 불복하여 고소·고발인이 제기하는 재정신청은 고등법원에서 심리한다. 그 결과 이유가 있으면 재판에 회부하라는 명령을 내리고, 이유가 없다고 보면 기각결정을 한다.) 그러나 서울고등법원은 10월 30일 검찰의 원결정을 번복할 만한 이유가 없다며 기각결정을 내렸다. 문경장이 가혹행위를 한 것은 "중대한 범죄행위로서 재발하지 않도록 응징해야 마땅하다"고 하면서도 문경장이 "비등한 여론 등으로 형벌에 못지 않은 고통을 받았다"는 이유를 대며 기소유예처분이 정당하다고 했다. 어이없는 구실이었다. 대리인단은 "문씨는 서울고법이 인정한 사실만으로도 구속 기소돼야 마땅하다"고 반론하면서 불복, 대법원에 재항고했다.

대법원은 재항고 접수로부터 1년 5개월 만에, 성고문사건이 발생한 때로부터 1년 9개월이나 지난 후인 1988년 2월 29일 재정신청 재항고가 이유 있다고 하여 사건을 서울고법에 되돌려보냈고, 서울고법은 대법원의 결정에 따라 문귀동을 공판에 회부하는 결정을 내렸다.

그 사이에 권양은 13개월 농안 복역하고 석방된 후 1990년 1월에 국가를 상대로 낸 손해배상청구소송에서 승소, 4천만 원의 배상금을 받아 서울 가리봉동에 '노동인권회관'을 열고 노동자들을 위한 상담·교육을 계속했으며 결혼 후 미국에 유학하고 돌아와 지금은 대학강단에서 여성학 교수로 있다.

한편 문귀동은 특별검사(변호사 중에서 선임)가 공소유지를 한 형사재판에서 유죄가 인정되어 1988년 12월, 징역 5년형이 확정되어 징역살이를 하게 되었다. 그는 파면당했기 때문에 퇴직금을 한푼도 받지 못했다. 5년 동안 징역을 살고 만기석방 후 한때 구두공장을 차렸으나 실패하고 단란주

점을 하다가 남에게 넘기고 나서 은둔생활로 들어갔다고 한다.

그는 또 권양이 낸 손해배상청구소송에서 국가가 패소하고 4천만 원을 배상한 뒤 문귀동을 상대로 2천5백만 원을 구상求償하라는 소송을 내면서 가압류 신청을 냈는데, 하루 전에 다른 사람에게 근저당을 설정했다가 국가로부터 강제집행면탈혐의로 고발을 당하기도 했다.

고 발 장

고발인

1. 고영구

서울 중구 서소문동 57- 9(한영빌딩 901호)

2. 김상철

서울 중구 태평로 2가 360-1(광학빌딩 905호)

3. 박원순

서울 중구 서소문동 57-7(대건빌딩 801호)

4. 이돈명

서울 중구 무교동 7-1(무교빌딩 502호)

5. 이상수

서울 중구 서소문동 55-4(배재빌딩 311호)

6. 조영래

서울 중구 서소문동 58-17(명지빌딩 1306호)

7. 조준희

서울 중구 태평로 2가 360-1(광학빌딩 706호)

8. 홍성우

서울 중구 서소문동 55-4(배재빌딩 503호)

9. 황인철

서울 중구 태평로 2가 360-1(광학빌딩 601호)

피고발인 　　1. 문귀동 (부천경찰서 수사과 형사)

　　　　　　2. 옥봉환 (부천경찰서 서장)

　　　　　　3. 성명불상 (부천경찰서 수사과장)

　　　　　　4. 성명불상 3명 (부천경찰서 수사과 형사, 성고문시입회자)

　1. 우리는 공문서위조 피의사건으로 인천소년교도소에 수감중인 권양의 변호인들로서, 권양을 접견한 후 풍문으로 전해들은 성고문 행위가 사실이라는 것을 확인하고, 놀라움과 분노를 금할 길이 없었다.

　저 나치즘 치하에서나 있었음직한 비인간적인 만행이 이땅에서도 버젓이 자행되고 있다는 사실을 알게 되었을 때, 경악과 공분을 느낌과 아울러 인간에 대한 믿음마저 앗아가는 듯한 암담한 좌절감을 느끼게 되었다.

　단순히 충동적인 음욕 때문에 일어난 것이 아니고, 성이 고문의 도구로 악용되어 계획적으로 자행되었다는 점에서, 이 사건은 우리에게 더 큰 충격을 불러일으켰다.

　이제 우리는 사건의 실상을 확인하고서도 계속 침묵을 지킨다는 것은 변호인으로서의 최소한의 의무마저 포기하는 것이라고 결론짓고, 이 사건 관련자를 고발하여 처벌을 요구하기에 이르렀다.

　2. 고발내용

　6. 4. 밤 9시경 집에서 형사들에 의해 부천서로 연행되어 4층 공안담당실(?)로 가서 그 다음날인 6. 1. 새벽 3시경까지 조사를 받았다.

　권양의 혐의사실에 대한 조사 외에도 양승조 등 인천사태 수배자들 중 지면관계가 있거나 소재를 아는 사람이 있는지 여부에 관하여 집요하게 캐물었다.

　6. 5. 아침 9시경 1층 수사계 수사실로 끌려갔다. 정오도 경사가 권양에 대한 수사를 담당키로 되어 4층 420호실(421호실인지도 모른다)로 데려갔다. 이때부터 오후 6시경까지 공문서(주민등록증)위조 혐의와 수배자에 관한 조사를 받고 보호실로 가서 하룻밤을 잤다.

6. 6. 새벽 4시에 누군가가 데리러 와서 상황실로 데려갔다. 이때 부천경찰서에 무슨 비상非常이 걸린 모양으로 형사들이 다들 이미 출근해 있는 상태였다.

서장이 권양을 보더니 "권양이 수사에 너무 협조를 안하는군"하고 화를 내며 밖으로 나갔다.

수사에 너무 협조를 안한다는 것은 형사들이 권양에게 인천사태 수배자들(대부분 인천노동운동연합 관계자들)의 명단을 대면서 그중에서 아는 사람이 있는지 여부를 묻고 특히 인천노동운동연합 양승조 위원장을 알고 있거나 또는 양승조를 아는 사람이라도 알고 있는지를 캐물었는데, 권양이 이에 대하여 아는 사람이 있는 데도 협조를 하지 않는다는 이야기였다.

서장이 밖으로 나간 후 상황실장(눈이 크고 약간 튀어나온 듯한 인상, 당시 전투복을 입고 '상황실장' 이라는 완장을 두르고 있었다)이 말하기를 권양이 너무 말을 안하는데 아무래도 지금까지 조사과정에서 나온 사람들(인천사태 수배자들을 지칭한 듯함)과 한 팀이 아니냐고 하면서 형사 문귀동('문기동' 인지도 모른다. 형사들이 '문반장' 이라고 부르고 있었으며 얼굴은 검은 편, 입술이 두껍고 눈이 매서운 험악한 인상, 키는 보통, 나이는 35-36세 정도로 보이고 말씨는 서울말씨, 스스로 밝힌 바에 의하면 예전에 '부평' 에 있었다고 함, 이하 일응 '문귀동' 이라고 부른다)을 보고 "문귀동, 자네가 맡아서 해보게" 하면서 수사를 지시했다.

이에 문귀동은 권양을 1층 수사계 수사실('조사실' 인지도 모른다)로 데리고 가서 새벽 4시 30분경까지 사이에 걸쳐 아래와 같이 추잡한 성고문('1차 성고문' 이라 부른다)을 자행하였다.

(1) 우선 문귀동은 권양에게 "네 죄는 정책변화로 풀려날 죄도 아니고 하니 수배자 중에서 아는 사람을 불어라, 불기만 하면 훈방하겠다"고 강요하였다. 권양이 끝내 모른다고 하자 문귀동은, "이년 안되겠군"하고 운을 떼면서 "나는 5 · 3사태때 여자만 다뤘다. 그때 들어온 년들도 모두 아랫도리를 발가벗겨서 책상에 올려놓으니까 다 불더라, 네 몸(자궁)에 봉(막대기를 지칭한 듯하나 정확히 무슨 의미인지는 모른다)이 들어가면 안 불겠느냐"고 협박하였다.

(2) 권양이 겁에 질려서 벌벌 떨고 있으니까 문귀동은 권양에게 옷을 벗으라고 강요하였다.

권양이 상의 겉옷(자켓)과 남방만을 벗고 티와 브래지어 및 바지를 입은 채로 있자 문귀동은 다른 형사 1명(젊고 직급이 낮은 듯함)을 불러들여 옆에 서 있게 한 후 스스로 권양의 바지단추와 지퍼를 풀어 밑으로 내리면서 "너 처녀냐? 자위행위 해본 적 있느냐?"고 묻고 브래지어를 들추어 밀어올리면서 "젖가슴 생김으로 보니 처녀가슴 같지가 않다"고 하는 등 더러운 수작을 하면서 곧 이어 제발 살려달라는 권양의 애원을 뿌리치고 권양의 바지를 벗겨 내렸다.

(3) 이에 권양이 극도의 굴욕감과 수치심과 공포를 이기지 못하여 엉겁결에 한 친구(노동현장 취업과정에서 사귀게 된 이모媒라는 여성으로 그 이름이 본명인지 여부도 모른다. 인천사태와 관계없는 사람임)의 이름을 대자 문귀동은 권양에게 그 친구의 인적 사항을 자세히 적으라고 요구하였다. 권양이 위 이모 양의 인적사항에 대하여 자세히 모른다고 하자 문귀동은 옆에 서 있던 형사에게 "고춧가루물을 가져오라"고 지시한 후 권양에게 책상 위로 올라가라고 하면서 "기어이 자궁에 봉을 집어넣어야 말하겠느냐" 라고 협박하였다.

권양이 위 이모 양이 자취하던 집이라는 곳의 위치를 적어넣자 문귀동은 그제서야 일단 수확을 거두었다는 듯 조사를 중단하고 권양의 바지 지퍼를 올리게 했으나 그러면서도 다시 "진짜 처녀냐"고 물었다.

(4) 뒤이어 대공과 형사들이 권양에게 수배자들의 사진을 보여주면서 위 이모 양이 수배자들 중의 하나가 아닌지를 확인하였다. 그후 권양은 보호실로 끌려가서 그곳에서 하룻밤을 잤다. 6. 7. (토요일) 아침 7시경 문귀동이 다시 권양을 데리고 가서 "너 양승조 안다고 그랬지?"라고 물어, 모른다고 대답하자 "더 아는 사람이 있으면 얘기하라"고 몇 번 다그치더니 돌려보냈다.

아침 9시경 누가 권양을 데리러 와서 1층 수사과로 갔는데 가보니 상황실에 상황실장, 정오도 경사, 문귀동 등 10여 명의 형사들이 모여 있었다.

그들은 권양이 일러준 대로 이모 양의 자취하던 집이라는 곳을 방문해보니 그런 사람이 자취한 일이 없다고 하더라면서 집주인 여자를 권양과 대질시켰다. 대질신문 결과 그들은 권양이 이제까지 한 말이 거짓말이라고 판단, 경사 정오도가 권양을 한 대 후려쳤고 상황실장은 권양에게 "앞으로는 이제까지 대우한 것과는 달라질 테니 이따가 오늘 저녁에 두고 보라"라고 협박하면서 옆에 있던 문귀동을 보고, "저녁때 그런 방법으로 조사해"라고 지시하였다. 문귀동이 권양을 다시 보호실로 데려가면서 "네가 이제까지 한 말은 전부 거짓말이니 그냥 안 두겠다"고 협박하였다.

그날 낮 내내 권양은 보호실에서 대기하면서 불안과 초조에 떨었고 한시바삐 검찰청으로 송치되기만을 기다리는 심정이었다. 그러나 다른 수감자들에게 물어본 결과 여기서 한 열흘 쯤 있어야 검찰청으로 넘어간다는 절망적인 대답을 들었다. 밤 9시경 문귀동이 다시 권양을 1층 수사과 조사실(문귀동이 조사하는 방의 옆방)로 불러냈다. 당시는 수사과 직원들이 모두 퇴근하였고 청내는 모두 불이 꺼진 상태였으며 조사실 역시 불이 꺼져 있었는데 다만 건물 바깥에 있는 등에서 나오는 외광外光에 의해 방안의 물체를 어렴풋이 식별할 수 있는 정도였다. 문귀동은 토요일 밤에 퇴근도 못하고 '일'을 해야 된 데 무척 화가 난 듯 권양에게 "독한 년"이라고 하면서 "남들은 다 퇴근했는데 네 년 때문에 한밤중에 또 조사를 해야 된다. 위에서 그년 되게 악질이니 족치라고 했다"라고 겁을 주고 나서 다른 (남자)형사 2명을 불러들여 권양의 양 팔을 등 뒤로 돌려놓은 상태로 양 손목에 수갑(이른바 '뒷수갑')을 채우게 하고 그 자세로 무릎을 꿇려 앉힌 후 안쪽다리 사이로 각목을 끼워넣고 넓적다리와 허리 부위 등을 계속 짓밟고 때리게 하면서 권양에게 이모 양의 본명과 출신학교, 사는 집 등을 불도록 요구했다. 이로 인하여 권양의 넓적다리는 시퍼렇게 멍이 들고 퉁퉁 부었다. 권양이 고통과 공포를 참지 못하여 비명을 지르자 문귀동은 "이년이 어디서 소리를 꽥꽥 지르느냐, 소리지르면 죽여버리겠다. 너같은 년 하나 죽이는 건 아무 것도 아니다"라고 윽박질렀다. 뒤이어 문귀동은 권양에게 수배자 중 아는 사람을 대라고 추궁하다가 계속 모른다고 하니까 옆에 있던 형사

에게 고문기구를 가져오라고 소리쳤고, 그 형사가 검은 색 가방을 가져오
자 불을 켜더니 인천노동운동연합 소속 수배자 20명의 인적 사항과 사진
등이 편철되어 있는 서류철을 꺼내어 한 장씩 넘기면서 아는 사람을 대라
고 다그쳤다.

권양이 모른다고 하자 문귀동은 "이년 안되겠다"고 하면서 형사들을 내
보내더니 권양을 조사실 옆에 있는 자기 방(양쪽이 창문으로 되어 있음)으로
데리고 갔다. 이때가 밤 9시 30분경으로, 이때부터 밤 11시경까지 약 1시
간 반 동안에 걸쳐 문귀동은 인면수심의 실로 천인공노할 야만적 추행을
저지르면서 권양을 고문하였다.

이 한 시간 반 동안, 방안에는 계속 불이 꺼져 있었고 권양은 계속 뒷수
갑을 찬 채로 문귀동과 단 둘이 약 2평 정도의 방안에 남아 있었으며 주위
에서도 전혀 인기척을 느낄 수 없는 절망적인 상황에 처해 있었다. 문귀동
이 저지른 추행의 내용은 다음과 같다.

(1) 먼저 권양에게 아버지가 뭘 하느냐고 물어 권양이 식당을 한다고 거
짓 대답하자(권양의 아버지는 법원 서기관인데 권양이 공무원 신분에 영향이 있을까
봐 걱정이 되어 거짓 대답한 것임) 문귀동은 비시시 웃더니 "간첩도 고문하면
다 부는데 네 년이 독하면 얼마나 독하냐"는 취지의 말을 하면서 권양에게
옷을 벗으라고 명령하였다.

권양이 웃옷만을 벗자 문귀동은 권양에게 다시 뒷수갑을 채운 후 브래
지어를 위로 들어 올리고 바지를 풀어 지퍼를 내리더니 권양의 국부에 손
을 집어넣었다. 권양이 비명을 지르자 소리지르면 죽인다고 하면서 윽박
질렀다.

(2) 권양의 팬티마저도 벗겨 내리고 의자 두 개를 서로 마주보는 상태로
놓고 권양을 한쪽 의자 위에 수갑 찬 손을 의자 뒤로 돌린 상태에서 앉게
하고 문귀동 자신은 맞은 편 의자를 바짝 끌어당겨 그위에 앉아 권양의 몸
과 밀착된 자세를 취한 다음 계속 수배자의 소재를 불 것을 강요하였다.
권양이 제발 이러지 말라고 애원하였으나 문귀동은 들은 척도 않고 "너같
은 년 하나 여기서 죽어도 아무 일 없다"고 협박하였다. 이때부터 문귀동

은 수시로 권양의 젖가슴을 주무르고 국부를 만지며 권양의 몸에 자신의 몸을 비벼대었다.

(3) 그후 문귀동은 권양을 일으켜 세워 바지를 완전히 발가벗기고 웃도리 브래지어를 밀어 올려 젖가슴을 알몸으로 드러나게 해놓은 상태에서 뒷수갑을 찬 채로 앞에 놓인 책상 위에 엎드리게 한 후 자신도 아랫도리를 벗고 뒤쪽에 붙어서서 자신의 성기를 권양의 국부에 갖다 대었다 떼었다 하기를 몇 차례에 걸쳐 반복하였다.

이때 권양이 절망적인 공포와 경악과 굴욕감으로 인하여 거의 실신상태에 들어가자 문귀동은 권양을 다시 의자 위에 앉히더니 담배에 불을 붙여 강제로 몇 모금을 빨게 하였다.

(4) 잠시 후 문귀동은 권양을 의자 밑으로 난폭하게 끌어내려 바닥에 무릎을 꿇게 하고 앉힌 후 자신은 의자에 앉아 권양이 자신의 성기를 정면으로 보도록 하는 자세로 조사를 계속하였다.그러던 중 문귀동은 권양의 얼굴을 앞으로 잡아당겨 입이 자신의 성기에 닿도록 하면서 자신의 성기를 권양의 입에 넣으려 하다가 권양이 놀라서 고개를 돌리니까 난폭하게 권양의 몸을 일으켜 세운 후 강제로 몇 차례 키스를 시도하였다.

권양이 입을 벌리지 않고 고개를 돌리니까 문귀동은 입을 권양의 왼쪽 젖가슴 쪽으로 가져가더니 유두를 세차게 빨기를 두어 차례에 걸쳐 하였다.

(5) 그후 문귀동은 다시 권양을 책상 위에 먼저번과 같은 자세로 엎드러지게 해 놓고 뒤쪽에서 자신의 성기를 권양의 국부에 몇 차례 갖다 대었다 떼었다 하는 짐승과 같은 동작을 반복하던 끝에 크리넥스 휴지를 꺼내는 소리가 들리더니 그것으로 권양의 국부를 닦아내고 옷을 입혔다. 이때가 밤 12시경.

(6) 위와 같은 짐승과 같은 동작을 계속하는 동안에도 문귀동은 집요하게 권양에게 아는 수배자의 이름을 대라고 강요하였고 권양이 비명을 지르면 죽이겠다고 하면서 윽박질렀다. 또 위와 같은 동작을 하는 중간 중간에 문귀동은 권양을 서너 차례 정도 쉬게 하면서 억지로 불 붙인 담배를 입 속에 밀어넣고 물을 마시게 하였으며, 그러고 나서는 다시 갖은 협박을

하면서 수배자에 관한 추궁을 계속하였다. 그 동안에 권양은 고통을 이기지 못하여 자신의 집에 찾아왔던 어느 여성 한 사람의 이름과 동인이 종전에 다니던 회사의 이름을 댔으며 문귀동은 권양이 말한 내용을 종이에 쓰게 하였다. 위와 같은 추악한 만행을 저지른 후 문귀동은 권양에게 호언하기를 "네가 당한 일을 검사 앞에 나가서 얘기해봤자 아무 소용 없다. 검사나 우리나 다 한통속이다"라고 하였다. 밤 11시가 지나 문귀동은 기진맥진해 있는 권양을 보호실로 데리고 가서 권양의 소지품을 챙기더니 유치장으로 끌고 갔다(이때 권양에 대한 구속영장이 발부된 상태였음).

일반적으로 유치장에 처음 입감될 때는 몸수색을 위하여 속옷을 벗게 하는 것이 상례인데, 이때 문귀동은 여교관을 부르더니, "내가 다 봤으니 몸검사는 필요없다. 독방을 주어라"고 지시하고는 돌아갔다.

그후 권양은 검찰에 송치되기까지 유치장에서 열흘간을 보냈는데 한동안은 아무 것도 먹지 못하였고 먹으면 계속 체했으며 밤에는 악몽에 시달리느라고 잠을 제대로 이루지 못했다.

몇 차례나 자살을 하고 싶은 충동이 엄습해왔으나, 점차로 자신의 여성으로서의 전도를 희생해서라도 이와 같은 끔찍한 일이 다시는 일어날 수 없도록 하기 위하여 끝까지 싸우겠다는 결의가 굳어지면서 가까스로 자살충동을 이겨내었다.

6. 16. 교도소로 옮겨온 후 지금에 이르기까지도 권양은 계속 악몽에 시달리고 있다. 원주법원의 서기관으로 재직하던 권양의 부친은 이 사건의 충격으로 사표를 제출하였다. 권양의 소식이 인천교도소내의 재소자들에게 알려지면서 교도소내 양심수 약 70명이 문귀동의 구속 등을 요구하는 무기한 단식투쟁에 들어갔고 권양 자신도 6. 28.부터 시작하여 7. 2. 현재까지 닷새째 단식을 계속하여 건강이 극도로 악화되었다.

3. 이상이 국가권력의 집행자인 경찰에 의하여 저질러진 전대미문의 추악한 성폭행고문에 관하여 피해 당사자인 권양이 변호인들 앞에서 밝힌 내용의 개요이다. 우리는 권양의 진술태도나 기타 모든 정황으로 보아 위

내용이 진실인 것으로 확신한다. 우리는 이 입에 담기에도 더러운 천인공노할 만행이 다른 곳도 아닌 경찰서 안에서 다른 사람도 아닌 경찰관에 의하여 저질러졌다는 사실에 대하여 실로 경악과 전율을 금치 못한다. 더욱이 이같은 만행이 인권옹호 직무수행자라는 검찰에까지 상세히 알려졌음에도 불구하고 그 범인이 아직까지도 버젓이 경찰관 신분을 유지하면서 바깥세상을 활보하고 있는 데에 이르러서는 이 나라에 과연 법질서라는 것이 형식적으로나마 존재하고 있는 것인지를 근본적으로 의심하지 않을 수 없다. 최고학부까지 다닌 한 처녀가 입에 담기조차 수치스러울 저 끔찍한 강제추행을 당한 사실을 스스로 밝힌 이상 그밖에 또 무슨 '증거'가 필요해서 수사를 못한다는 말인가? 경찰서 안에서는 목격자만 없으면 어떤 일이 일어나도 좋다는 것인가? 검찰이 경찰의 인권유린 행위에 대하여 이와 같이 수수방관적인 태도를 취한다면, 무고한 시민들이 경찰권력의 횡포 아래 희생되는 것을 막을 길도 전혀 없게 된다. 이 사건의 진상이 철저히 규명되고 직접 범행을 저지른 자는 물론 관계 책임자들이 모두 엄중히 처단되지 않는 한, 이후 여성들은 경찰서 앞을 지날 때마다 공포에 질리게 될 것이다.

이에 우리는 필설로 이루 형언할 수 없는 분노에 치를 떨면서 먼저 저 인간의 탈을 쓰고서는 차마 상상도 할 수 없는 패륜을 저지른 문귀동을 고발한다. 피고발인 상황실장, 성명불상자와 경찰서장 옥봉환은 제반정황으로 보아 문귀동의 범행에 공모, 가담하였거나 교사, 방조하였거나 또는 적어도 이를 알면서도 묵인, 방치하고 단속하지 아니하였음이 명백하다고 인정되므로 아울러 고발한다. 피고발인 형사 성명불상자 3명 역시 문귀동의 범행에 공모, 가담 또는 방조한 혐의로 고발한다.

이 사건을 그대로 두고서는 실로 인간의 존엄성이니 양심이니 인권이니 법질서니 민주주의니 하는 말들을 입에 올리기조차 낯뜨겁다. 우리들 고발인 일동은 문귀동을 비롯한 피고발인들 전원이 지체 없이 의법처단되지 않는 한 이 사건에서 한치도 물러나지 않고 모든 합법적 수단을 동원하여 기어이 고발의 실효를 거두도록 총력을 기울일 결의임을 천명한다.

4. 우리는 귀청이 이 사건을 수사함에 있어서 다음 몇 가지 점에 유의하여줄 것을 촉구한다.

첫째, 이 사건은 문귀동이라는 변태성욕에 사로잡힌 한 개인에 의하여 우발적인 충동으로 저질러진 단독범행이 아니고 경찰권력조직 내부의 의도적인 성고문 계획에 따라 자행된 조직범죄임이 명백하다고 생각된다.

우리는 귀청이 이 끔찍한 조직범죄의 전모를 낱낱이 파헤쳐 이 범죄가 어느 선에서부터 계획되었는지를 밝히고 피고발인들 외에도 일체의 관련자들을 남김 없이 의법처단하여주기를 강력히 요청한다.

둘째, 피고발인들의 소행은 강간죄 내지는 강제추행죄로 의률될 수 있음은 물론이나 이점은 친고죄이므로 이 고발에서는 제외하였고 다만 인신구속에 관한 직무를 행하는 자의 폭행 및 가혹행위에 해당하는 부분만을 들어 고발한다. 그러나 우리는 이 사건이 종래에 흔히 볼 수 있던 통상의 고문, 가혹행위 수법이 아니라 여성에 대한 인간적 파괴를 노리고 반인륜적인 성고문 수법을 사용한 범행이며 더욱이 피의사실에 관한 조사가 아닌 단순한 수배자의 검거를 위한 수단으로 이와 같이 끔찍한 범행이 자행되었다는 점을 중시한다.

우리는 1984. 9. 4.에도 청량리경찰서에서 경희대 여학생들이 경찰서 전경들로부터 성폭력을 당한 사실을 기억하고 있다. 인천 5·3사태로 구속된 피의자의 가족이 자기 딸도 부천경찰서에서 권양과 비슷한 고문을 당했다고 주장한 것을 들은 바 있다.

이 사건으로 인해 우리는 위 주장도 사실이라는 심증을 굳히게 되었고, 특정서에서 성이 고문의 수단으로 제도화되어 악용되고 있음을 알게 되었다.

인간의 존엄성을 최고의 이념으로 삼고 있는 민주법치국가에서 위와 같은 야만적이고 비인간적인 만행이 제도적으로 자행된다는 것은 더이상 묵과될 수 없다. 이 사건을 최단시일내에 철저히 수사하여 그 진상을 백일하에 드러냄으로써 검찰이 추호라도 이 사건을 은폐하거나 비호할 의도가 없음을 분명히 하여야 할 것이다.

1986년   7월   5일

고발인   고영구
         김상철
         박원순
         이돈명
         이상수

인천지방검찰청 귀중

검찰 발표에 대한 변호인단의 견해

1. 검찰의 수사결과 발표에 접한 우리들 변호인단은 분노에 앞서서 깊은 슬픔과 절망을 가눌 길이 없다.

우리가 아는 한, 이 사건은 그 동안의 검찰조사 과정에서 이미 그 진상이 백일하에 드러났다. 인천지방검찰청의 수사인력이 총동원되다시피 한 가운데 연일 불철주야로 사건 당사자와 참고인 43명에 대한 집중조사가 진행됨에 따라 권양의 모든 주장은 하나하나 진실과 부합됨이 명백히 입증되어갔고, 반면에 범행은폐를 위하여 꾸며댄 문귀동의 모든 주장과 그를 비호하기 위해 조작된 부천서 간부진 및 형사들의 모든 진술내용은 낱낱이 거짓임이 판명되었다.

한 마디로, 그 동안의 모든 검찰수사 결과는 권양측의 일방적이며 완벽한 승리로 귀결되었다. 우리가 알고 있기로는 검찰은 그 동안 전례 없이 진지하고 성실한 자세로 이 사건 수사에 임하였으며, 그 결과 권양의 성고문 주장이 더 이상 의심할 여지 없는 확고부동한 진실임을 드러내었다.

그러나 검찰은 수사과정에서 고심끝에 찾아낸 진실을 발표과정에서는 허겁지겁 왜곡하고 은폐해버렸다. "폭언·폭행만 있었고 성적 모욕은 없었다"는 검찰의 발표내용은 검찰이 그 동안 모든 노고를 기울여 도달한 수사결론을 스스로 뒤엎는 것밖에 되지 않는다. 우리는 대체 어떻게 하여 이같은 어처구니없는 일이 일어나게 되었는지 그 경위에 대하여 의혹을 품지 않을 수 없다.

이번 검찰발표 과정에 검찰권의 독립적 행사를 저해하는 외부세력의 작용이 개입되었던 것이 아닌가 하는 의심을 떨쳐버릴 수가 없다. 항간의 소문대로 당초에는 문귀동을 구속할 방침이었다가 급작히 기소유예 방침으로 전환한 것이었다면 그 이유는 대체 무엇인가?

검찰의 소신과 명예는 어디로 갔는가?

우리는 검찰의 발표내용을 믿지 않는다.

국민들 중 누구도 검찰의 발표내용을 믿지 않을 것이다.

그리고 단언하거니와, 다른 누구보다도 검찰 자신이 스스로의 발표내용을 믿지 않을 것이다.

2. 우리가 검찰의 발표내용을 믿을 수 없는 이유는 다음과 같다.

⑴ 문귀동은 당초에 권양을 명예훼손죄로 고소하면서 문귀동 본인이 권양을 6. 7. 저녁 7시 45분경부터 9시 45분경까지 이홍기 형사 등의 입회 아래 단 한 차례 조사한 일밖에 없다고 주장하였고 또 6. 6.에는 서에는 출근도 하지 않았다고 주장하면서 당일 송추에 놀러갔다는 알리바이까지 제시하였다. 문귀동은 검찰에서 조사받는 과정에서도 당초에 완강하게 위 주장을 유지하다가 알리바이가 깨어지고 제반 관계증거에 의하여 위 주장이 거짓임이 명백히 드러나게 된 후에야 비로소 진술을 번복하여 권양의 주장대로 자신이 권양을 6. 6. 새벽과 6. 7. 아침 및 밤중 세 차례에 걸쳐 조사하였으며, 6. 7. 밤중에는 9시경부터 11시경까지 입회형사가 없는 가운데에서 조사하였다는 사실을 자백하였다.

부천서 형사 이홍기는 실제로는 6. 6. 새벽 문귀동이 권양을 조사할 당시('1차 성고문' 당시) 입회하였던 자였고 권양이 누차 그 사실을 지적하였음에도 불구하고 위 문귀동의 허위진술을 뒷받침해주기 위한 목적에서 굳이 6. 6. 새벽에 입회한 사실을 부인하면서 6. 7. 저녁에 자신이 문귀동의 조사현장에 입회하였던 것처럼 허위진술을 하다가 나중에 와서야 이를 번복하고 권양의 주장이 진실임을 자백하였다.

사건 당시의 부천서 수사과장이었던 경감 유회수 또한 검찰조사시 문귀동이 6. 6. 새벽에 출근한 사실이 없는 것처럼 허위진술을 하였고, 나아가서는 부천서장 옥봉환이 6. 6. 아침 10시 이후에야 서에 출근한 것처럼 허위진술을 하였다. 그러나 수사결과, 위 옥봉환이 권양의 당초주장대로 6. 6. 새벽에 출근하였던 사실이 판명됨으로써 위 유회수의 진술은 허위였음이 드러났다.

부천서 형사 김해성은 당초에는 위 문귀동의 거짓말을 뒷받침하기 위하여 6. 7. 밤에 문귀동이 권양을 조사할 때 형사 이흥기가 함께 있는 것을 보았다고 거짓진술을 하다가 나중에 이흥기가 진술을 번복한 후에야 비로소 당일 이흥기를 본 사실이 없다고 자백하였다.

뿐만 아니라 부천서 형사들 중 문귀동이 6. 7. 밤 조사시 옆에 입회했다고 주장한 형사들과 그날 밤 권양을 유치장까지 데려다주었다고 하는 형사까지 나타나서 위 문귀동의 허위진술 내용을 뒷받침하는 진술을 하다가 나중에 모두 조작임이 판명되었다.

요컨대 문귀동의 당초의 허위진술을 뒷받침하기 위하여 부천서 전체가 동원되다시피 하였다고 해도 과언이 아니다.

만약 검찰발표와 같이 문귀동이 권양을 조사할 당시 '조사에 열중한 나머지 우발적인 과오로 인하여' 권양의 가슴을 주먹(손등)으로 서너 차례 툭툭 건드린 것이 이 사건의 전부라고 한다면, 대체 무엇 때문에 문귀동은 위와 같이 조사횟수, 조사시간, 입회형사 유무 등 가장 기초적인 사실에 관해서부터 터무니없는 허위주장을 조작하여 완강하게 버티었으며, 더구나 무엇 때문에 부천서 전체가 공모하다시피 하여 감히 조직적으로 검찰을 기만하면서까지 집요하게 위 문귀동의 허위주장을 감싸고 돌았겠는가?

이것이 우리가 검찰의 발표내용을 도저히 믿을 수 없는 첫 번째 이유이다.

(2) 검찰이 '성적 모욕행위가 없었다'고 단정하는 근거로서 제시한 것은 '양쪽(권양과 문귀동) 주장이 크게 대립되고 있을 뿐 아니라 구체적인 목격자도 없다'(《조선일보》 86. 7. 17.보도)라는 것이다.

원래 강간이나 강제추행, 간통 등 성범죄는 목격자가 없는 가운데에서 일어나는 것이 통례이다. 그러므로 이같은 밀실범죄로서의 특성을 감안하여 강간 등 성범죄의 경우에는 제3자의 직접증언이 없더라도 피해자의 진술내용이 제반정황에 비추어 경험칙상 수긍할 수 있을 정도이면 피해자의 진술만으로써 얼마든지 유죄를 선고할 수 있다는 것이 우리 법원의 확립된 판례의 태도인 것이다. 그렇다면 이 사건에서 권양과 문귀동 중 어느 쪽의 주장을 믿어야 할 것인가?

43명의 참고인들을 조사한 끝에 모든 세부적인 정황에 이르기까지 어느 것 한 가지도 사실과 다른 점이 없는 것으로 드러난 권양의 시종일관된 진술내용과, 처음부터 알리바이까지 조작해가며 어느 것 하나 사실과 부합하는 점이 없는 허위주장을 내세우고 거짓말에 거짓말을 거듭하던 끝에 관계증거에 의하여 파탄에 부딪히자 어쩔 수 없이 "약간의 폭언·폭행" 사실만을 자백하기에 이르렀다는 문귀동의 진술내용 중 어느 쪽을 믿고 어느 쪽을 배척하여야 할 것인가?

도와줄 사람 하나 없는 고독한 수감생활 속에서 수치심과 굴욕감 때문에 오랜 번민과 망설임을 거쳐 마침내 여성으로서의 전도를 희생하는 결단을 내리고 차마 입으로 옮길 수도 없는 처참한 피해사실을 눈물로써 호소하기에 이른 스물세 살의 미혼처녀의 주장과, 후안무치하게도 스스로 기독교인임을 내세우며 "욕이라도 한마디 했더라면 억울하지나 않겠다"고 범행을 깡그리 부인하고 도리어 피해자를 명예훼손죄로 고소하기까지 하였던 문귀동의 주장 중 어느 쪽을 믿고 어느 쪽을 배척하여야 할 것인가?

묻지 않아도 알 수 있는 일이다.

경찰발표는 결국 "폭언·폭행" 부분까지는 문귀동이 자백했으니 사실로 인정하고 그 이상의 "성모욕" 행위는 문귀동이 자백하지 않았으니 사실로 인정할 수 없다는 이야기밖에 안된다.

문귀동에 대한 이같은 절대적 신뢰가 대체 어떻게 하여 형성된 것인지 도저히 이해할 수 없다.

이것이 우리가 검찰 발표내용을 믿을 수 없는 두 번째 이유이다.

(3) 검찰발표는 6. 7. 밤 9시부터 11시까지 문귀동이 권양을 조사했던 조사실이 "2면 벽이 유리창으로 되어 있어 안이 들여다보이고 조사실 뒤편에 있는 무기고의 전등불빛이 조사실 안으로 비치고 있었을 뿐 아니라 당시…… 다른 경찰관들이 문귀동의 조사실 앞을 왔다갔다 한 사실이 있었으며 …… 위 경찰관 김해성, 권오성, 박경천 등도 그와 같은 사실(성고문 사실)을 목격하였거나 감지한 바 없다고 진술"하였다는 등의 이유를 들어 성고문 사실을 인정할 수 없다고 단정하고 있다.

그러나 우리는 위 조사가 경찰서내에 대부분의 직원이 퇴근하고 없는 토요일 깊은 밤중에 밀폐된 조사실내에서 이루어진 사실, 검찰도 자인하듯이 당시 위 조사실내에는 불이 꺼져 있었고 바깥마당에 있는 전등의 외광만이 마당쪽에 면한 유리창을 통하여 겨우 명암을 식별할 수 있을 정도로 희미하게 흘러들고 있는 가운데에서 문귀동과 권양 단 둘만이 대치하고 있었던 사실, 따라서 당시 조사실 바깥으로는 일반인이 왕래할 까닭도 없었거니와 설혹 누가 왕래하였다 하더라도 유리창을 통하여 조사실 내부를 들여다보는 것은 불가능하였던 사실이 은폐되어서는 안된다는 점을 지적하고자 한다.

또 위 경찰관 김해성 등은 문귀동의 동료이고 검찰 조사과정에서 문귀동의 거짓말을 뒷받침하기 위한 허위진술을 일삼다가 사후에 탄로가 나자 진술을 번복한 사실이 있어 그들의 진술내용을 도저히 신빙할 수 없을 뿐아니라 설령 그들이 밀폐되어 있는 문귀동의 조사실 바깥을 왔다갔다 했다 할지라도 내부를 들여다볼 수 없었던 이상 성고문 사실을 목격할 수는 없었을 것이 너무나도 당연한 일인데 어떻게 그들의 진술내용을 갖고 성고문이 없었음을 단정하는 근거로 삼을 수 있다는 것인지 실로 이해할 수가 없다.

이것이 우리가 검찰 발표내용을 믿을 수 없는 세 번째 이유이다.

(4) 검찰발표는 "권양과 함께 부천경찰서 유치장에 수감되어 있던 최모여인(32세), 박모 여인(30세) 등도…… 권인숙이 폭행을 당했다는 말은 유치장에서 한 일이 있으나 성적 모욕을 당했다는 말은 한 사실이 없다고 진

술"하였다고 주장하면서 그것이 마치 "성적 모욕이 없었다"는 검찰의 결론을 뒷받침할 무슨 근거나 되는 것처럼 내세우고 있다.

그러나 권양이 2차 성고문을 당한 직후 유치장내에서 위 두 여인에게 차마 피해사실 전부를 이야기할 수가 없어서 일부분만을 이야기한 일이 있다고 하는 점은 권양이 본변호인단 접견시(7. 2.)부터 밝혔을 뿐 아니라 검찰 조사과정에서도 당초부터 밝힌 바이고 강제추행을 당한 처녀가 피해사실을 곧바로 타인에게 전부 이야기하지 아니한다는 것은 경험칙에 부합하는 지극히 자연스러운 일인 것이다. 그렇다면 어째서 위 두 여인의 진술 내용이 권양의 주장을 뒷받침하는 근거가 아니라 도리어 그것을 부인하는 근거로 사용될 수 있는 것인지 우리로서는 도저히 이해할 수가 없다.

뿐더러, 우리가 알기로는 위 두 여인은 경찰 조사과정에서 자신들이 권양으로부터 "옷을 벗기고 젖가슴을 주무르더라"라고 하는 이야기를 들었다고 분명히 진술하였다. 그것이 어떻게 단순히 "폭행을 당했다"는 말만을 들은 것으로 둔갑하였는지도 알 길이 없다. 또 위 두 여인 외에도 권양과 함께 유치장에 있었던 김철한이 권양으로부터 성고문을 당했다는 이야기를 들었다는 사실을 검찰에서 명백히 증언하였음에도 검찰발표에서는 이점에 관하여 일언반구 언급이 없다.

이것이 우리가 검찰의 발표내용을 믿을 수 없는 네 번째 이유이다.

(5) 우리가 알기로는, 부천서 형사 이흥기는 7. 14. 검찰에서 조사를 받으면서 6. 6. 새벽 분귀동이 권양을 조사할 당시 자신이 입회한 사실 및 그 당시 문귀동이 권양의 유방을 주무르고 권양에게 발가벗고 책상 위로 올라가라고 협박하고 권양의 바지지퍼를 끌어내린 사실을 분명히 시인하였다.

또 우리가 알기로는, 부천서 형사 김해성은 7. 14. 검찰에서 추궁당한 끝에 다음과 같은 취지의 진술을 하였다. "6. 7. 밤 문귀동이 1호 조사실에서 권양을 조사할 당시 자신은 맞은편 방에 있었다. 문귀동이 자신에게 수갑 가져오라고 하여 갖다주었으며 그때 문귀동이 책상의자에 앉고 권양이 그 앞에 꿇어앉아 있는 것을 보았다. 그후 문귀동이 권양을 데리고 단 둘이 2호 조사실로 들어가 문을 걸어잠근 채 조사를 하였다. 조사가 끝날 무렵 문귀동이 방문을 열고 수갑키를 달라고 하여 갖다주었다. 조사시간은 분명히 기억나지 않으나 밤 8시 이후부터 10시 반경까지쯤 되는 것같다. 조사실 안은 어두웠다. 조사 도중 권양의 비명소리를 들었다.”

검찰이 발표에서 “성적 모욕이 없었다”고 강변하는 것은 이같은 검찰의 조사성과를 스스로 뒤엎는 것밖에 되지 않는다. 6. 6. 새벽 다른 형사가 입회한 자리에서도 “권양의 수치심을 건드리기 위하여” 옷을 벗기고 젖가슴을 “주먹으로 쥐어박았다”고 하는 문귀동이 6. 7. 토요일 깊은 밤중에 자신의 조사실 안에서 문을 걸어잠그고 불을 끈 채 권양에게 수갑을 채워놓고 한 시간 반 가량을 권양과 단 둘이 있는 상태에서 아무런 성적 모욕을 가한 일이 없다고 한다면 그것을 대체 누가 믿겠는가?

이것이 우리가 검찰의 발표내용을 믿을 수 없는 다섯 번째 이유이다.

⑥ 검찰발표에 의하면 문귀동은 권양의 수치심을 건드리기 위하여 웃옷을 벗게 한 후 ‘가슴부위’를 주먹으로 몇 차례 쥐어박았다고 한다. 처녀의 가슴이란 곧 젖가슴이다. 처녀의 젖가슴을 성적 모욕이 아닌 다른 목적으로 구타한다는 일이 있을 수 있겠는가?

권양 자신은 시종일관 문귀동이 유방을 주물렀다고 주장하고 있는데 검찰은 대체 무슨 근거에서 “주무른 것과는 크게 다르고 손등으로 가볍게 툭툭 건드린 것”이라고 단정하는가? 만일 검찰이 문귀동의 비행을 은폐하거나 비호할 의사가 없었다면 최소한 “주무른 것인지 손등으로 건드린 것인지는 분명치 않다”라고는 말하였어야 할 것이다.

이것이 우리가 검찰의 발표내용을 믿을 수 없는 여섯 번째 이유이다.

그밖에도 우리가 검찰의 발표내용을 믿을 수 없는 이유는 얼마든지 있으나, 일일이 열거할 수 없으므로 이 정도로 줄인다.

3. 우리는 권양에 대한 비열하고 악의적인 모함과 중상으로 가득 찬 ‘공안당국의 분석자료’라는 것을 보고 분노를 느끼지 않을 수 없다. 이 정체불명의 ‘공안당국’이란 대체 누구인가? 검찰발표문에는 그같은 ‘분석자료’가 전혀 포함되어 있지 않았으니 검찰이 아닌 것만은 확실하다. 그렇다

면 권양 사건을 조사한 당사자도 아닌 검찰 이외의 '공안당국' 이란 것이
도대체 어떤 근거에서 권양의 피해사실 주장을 '운동권 학생의 상습적인
의식화투쟁의 일환' 이라고 단정할 수 있는가?

묻거니와 지금까지 '운동권 학생들' 이 '고문·폭행·추행 사건을 조작"
한 전례라도 있단 말인가?

우리가 아는 한, 지금껏 양심수들이 제기한 수사과정에서의 고문 등 가
혹행위 주장이 수사당국의 수사기피로 인하여 진위가 가려지지 않은 채
묻혀버린 일은 있을지언정 철저한 수사끝에 조작된 허위주장으로 판명된
사례는 단 한 건도 없다. 더욱이 명문대학까지 다닌 스물세 살의 처녀가
어떻게 '의식화투쟁의 일환' 으로 하필이면 추악한 성고문을 당하였다는
허위주장을 조작해낼 수가 있겠는가?

우리는 이제 '공안당국' 의 그 '분석' 이라는 것이 대체 어떤 객관적 사
실에 기초한 것이고 어떤 논리적 근거에 입각한 것인지를 분명히 밝히기
를 요구한다. 만약 그렇지 않을 경우, 우리는 이번의 검찰발표가 수사 이
전에 이미 결론부터 내려놓은 저 '공안당국' 의 '분석' 에 억지로 발을 맞추
기 위하여 검찰 자체의 수사결론과는 상반되게 왜곡될 수밖에 없었던 것
이라고 단정하지 않을 수 없다.

4. 우리는 7. 1.과 7. 2. 두 차례에 걸쳐 권양을 접견하면서부터 이미 권
양의 피해사실 주장이 진실이라는 확고한 심증을 얻었다.

첫째로 권양의 진술태도로 보아 의심할 만한 점이 전혀 없었으며,

둘째로 권양의 진술내용이 너무나도 소상하고 구체적이어서 어떤 천재
적인 소설가라도 상상만으로는 꾸며낼래야 꾸며낼 수 없을 정도로 절실한
현실감이 있었으며,

셋째로 권양이 성고문 사실을 폭로하게 되기까지에 이른 경위가 지극히
자연스러운 것이었으며(처음에는 부모에게도 밝히지 아니하다가, 나중에 접견을 온
변호사 앞에서 마치 남의 일인 것처럼 강간죄의 성립 여부를 물었고, 망설이던 끝에 성고
문 사실의 일부를 밝혔으며, 그것이 검찰에 보고되어 검사가 묻게 되자 비로소 울면서 사

건의 전모를 밝히게 된 것임),

넷째로 신체의 자유를 박탈당하고 갇혀 있는 약자의 처지에서 막강한 국가권력을 상대로 있지도 아니한 사실을 날조해낸다는 것은 심리법칙상 상상하기 어려운 일이었으며,

마지막으로, 무엇보다도 자존심 있는 처녀가 당하지도 아니한 강제추행을 당했다고 주장한다는 것은 있을 수 없는 일이라고 판단되었기 때문이었다.

검찰조사 결과는 위와 같은 우리의 심증이 적중하였음을 모든 객관적인 증거자료로써 뒷받침하였다. 우리가 검찰의 발표내용을 믿을 수 없는 여섯 가지 이유는 동시에 권양의 성고문 주장이 진실임을 입증하는 여섯 가지 이유이기도 하다.

특히, 6. 7. 밤의 조사상황에 관하여 문귀동이 처음부터 완강하게 조사시간을 밤 7시 45분경부터 9시 45분경까지였다고 속이고 조사실내에 불이 켜져 있었으며 3명의 형사가 입회한 가운데에서 조사하였다고 거짓말하였던 점에 비추어보면, 당시 문귀동이 권양의 주장내용과 같은 성고문 범죄를 저지른 것이 사실이었음은 경험칙과 논리칙에 비추어 넉넉히 인정되고도 남음이 있다고 하지 않을 수 없다. 도대체 성고문이 없었다면 무엇 때문에 한 시간 반 동안이나 불을 끄고 입회인도 없이 조사를 했을 것인가, 불문가지이다.

뿐더러, 부천경찰서 간부진과 형사들이 공모하여 집요하게 문귀동의 범행을 은폐하기 위한 허위진술을 꾸며내었던 점에 비추어볼 때, 이 사건이 문귀동 일개인의 우발범행이 아니라 경찰권력 내부의 성고문 계획에 따라 자행된 조직범죄였다는 사실도 명백히 입증되었다고 확신한다.

이제 우리들 변호인단 일동은, 우리의 모든 직업적 및 인간적인 긍지와 명예와 성실성을 걸고 단호하게 선언한다. 권양의 모든 주장은 단 한 치의 거짓도 없는 진실이다. 권양은 그 자신이 제출한 고소장과 본변호인단이 제출한 고발장에 기재된 내용 그대로 부천경찰서내에서 필설로 이루 형언할 수 없는 천인공노할 추악한 성고문의 만행을 당하였다.

　이 전대미문의 만행의 진상이 백일하에 공개되고 그 관련자들이 남김
없이 의법처단되기 전까지는 우리들 변호인단은 물론이요, 이 나라의 모
든 국민과 산천초목까지도 결코 잠잠하지 아니할 것이다.
　두렵고 두렵다.
　이 사건 하나에 우리 사회의 법질서와 인권과 인륜도덕의 존폐가 달려
있다.

1986. 7. 18.

변호사　고영구
변호사　김상철
변호사　박원순
변호사　이돈명
변호사　이상수
변호사　조영래
변호사　조준희
변호사　홍성우
변호사　황인철

재 정 신 청 서

고 소 인　　권인숙
　　　　　　인천소년교도소 수감중 (수감번호 72번)
　　　　　　위 대리인 변호사 고재호 외 165명
　　　　　　(명단은 별지 1.과 같다.)
　　　　　　피의자 문귀동 외 5명
　　　　　　(별지 2.와 같다.)

위 피의자들에 대한 인천지방검찰청 1986년 형제19828, 19837, 19969, 19970호 독직 가혹행위 등 피의사건에 관하여 '인천지방검찰청 검사 김수장이 1986. 8. 22. 자로 한 각 불기소 처분은 다음과 같은 사유로 부당하므로 위 사건을 인천지방법원의 심판에 부하는 재정결정' 을 하여주시기 바랍니다.

다　음

제 1. 신청의 대상이 되는 사건의 범죄사실

피의자 문귀동은 경장으로 부천경찰서 수사과 조사계에 근무하던 자, 같은 한희정, 같은 황병선은 순경으로 같은 과 형사계에 근무하는 자, 같은 옥봉환은 총경으로서 부천경찰서장으로 근무하던 자, 같은 박성용은 경위로서 부천경찰서 수사과 조사계장으로 근무하던 자, 같은 이흥기는 순경으로 부천경찰서 수사과 형사계에 근무하는 자인 바,

1. 피의자 옥봉환, 동 박성용, 동 문귀동은, 1986. 5. 3.의 이른바 인천사태 이후 인천노동운동연합위원장 양승조 등 인천사태수배자들의 체포에 현상금과 1계급특진 등의 특전이 걸려 있어 그 체포를 위하여 다대한 노력을 기울이고 있던 중, 때마침 피해자 권인숙(여, 23세)이 서울대학교 가정대 의류학과 4학년을 중퇴하고 공단근로자로 취업하기 위하여 타인의 주민등록증을 변조, 사용한 혐의로 부천경찰서에 체포되어 조사를 받게 되자 이를 기화로 위 피해자에게 여성으로서의 성적 수치심을 이용하는 등의 방법으로 신체적, 정신적 고통을 가하는 가혹행위를 하여 인천사태수배자들의 체포에 도움이 될 만한 정보를 얻어내려는 목적에서 상호공모하여,

가. 1986. 6. 6. 04:00경 피의자 옥봉환이 피해자를 부천경찰서 상황실로 데려오게 하여 피해자에게 동인이 양승조 등 인천사태수배자들에 대한 정보를 제공하지 않고 있다는 취지로 "권양, 너무 수사에 협조하지 않는군"하고 말하며 화를 내고 나가고 뒤따라 피의자 박성용이 피해자에게 "권양이 너무 말을 안하는데 아무래도 지금까지 조사과정에서 나온 사람들(인천사태수배자들)과 한 팀이 아니냐?"라고 말하면서 피해자의 피의사실 담당조사관도 아닌(담당조사관은 경사 정오도였다.) 상피의자 문귀동을 향하여 "문귀동, 자네가 맡아서 해보게"라고 지시하자, 피의자 문귀동은 그 무렵부터 동일 06:30 경까지 피해자를 1층 수사과 조사실로 데려가서 인천사태수배자 중 아는 사람의 이름과 소재를 대라고 추궁하면서 피해자가 이에 응하지 않는다는 이유로,

"이년 안 되겠군, 나는 5.3 사태 때 여자만 다뤘다. 그때 들어온 년들도 모두 아랫도리를 발가벗겨서 책상에 올려놓으니까 다 불더라, 네 몸에 봉이 들어가면 안 불겠느냐?"고 폭언, 협박하면서 겁에 질려 벌벌 떨고 있는 동녀의 자켓과 남방셔츠를 강제로 벗게 한 후 상피의자 이흥기를 불러 입회시킨 가운데에서 동녀의 바지단추를 풀고 지퍼를 직접 끌어내리면서

"너 처녀냐? 자위행위 해본 적이 있느냐?"고 묻고 브래지어를 들추어 밀어 올리면서 "젖가슴 생김으로 보니 처녀가슴 같지가 않다"고 말하고 계속 추궁하여도 여전히 불응한다는 이유로 젖가슴을 3~4회 주무르면서 위 이흥기에게 "고춧가루물 가져와"라고 말하여 마치 고춧가루물로 고문을 할 것처럼 협박하는 일방 동녀에게 책상 위로 올라가라고 하면서 "기어이 자궁에 봉을 집어넣어야 말하겠느냐?"라고 협박하는 등 폭행과 가혹행위를 하고,

　나. 같은 해 6. 7. 09:00경 부천경찰서 수사과에서 피의자 박성용, 동 문귀동과 경사 정오도 등 10여 명의 형사가 피해자를 둘러싼 가운데에서 피해자가 그 전날인 6. 6. 위 가. 항의 가혹행위에 견디다 못하여 억지로 피해자의 교우관계 등에 관하여 제보한 사실이 확인결과 사실과 다른 것으로 밝혀졌다고 하는 이유로 경사 정오도가 피해자의 뺨을 주먹으로 한번 구타하고 피의자 박성용은 피해자에게 "앞으로는 이제까지 대우한 것과는 달라질 거다. 오늘 저녁에 두고 봐라"고 말하면서 옆에 있던 피의자 문귀동에게 저녁때 "그런 방법으로" 조사하라고 지시하고, 피의자 문귀동은 토요일 밤중인 같은 날 21:00~23:00경 사이에 불이 꺼져 있는 부천경찰서 수사과로 피해자 권인숙을 끌고 들어가, 먼저, 위 수사과 조사계 제1호 조사실에서 피해자에게 "독한 년!"이라고 욕을 하면서 "이제까지 네가 말한 사실은 아무것도 믿지 못하게 됐다. 남들은 다 퇴근했는데 네년 때문에 토요일 저녁 쉬지도 못하고 한밤중에 또 조사를 해야 된다. 위에서 그년 되게 악질이니 족치라고 했다. 너의 자취방에 찾아온 년이 누구야"라는 등 폭언을 하고 강제로 자켓과 남방셔츠를 벗게 한 후 상 피의자 한희정과 같은 황병선을 불러 동녀의 양손을 등 뒤로 하여 수갑을 채우고 양다리 안쪽에 나무봉을 끼워 꿇어앉힌 후 동녀의 넓적다리와 허리부위를 시퍼렇게 멍이 들고 퉁퉁 부어오른 정도로 계속 짓밟고 때리게 하고 동녀가 비명을 지르자 "이년이 어디서 소리를 꽥꽥 지르느냐, 소리 지르면 죽여버리겠다. 너같은 년 하나 죽이는 건 아무 것도 아니다"라고 윽박지르고,

　다시 위 권인숙을 뒷수갑을 채운 채 역시 전깃불이 꺼져 있는 제2호 조

사실로 데리고 가서 문을 안으로 닫고 단 둘이 있는 상태에서 조사를 계속하면서 동녀의 바지단추를 풀고 지퍼를 내리고 상의를 올린 후 젖가슴을 주무르다가 팬티 속으로 손을 넣어 음부를 만지고, 동녀가 비명을 지르자 소리를 지르면 죽이겠다고 하면서 윽박지르고, 동녀의 바지와 팬티를 무릎 밑으로 벗겨 내린 후 의자 두 개를 서로 마주보도록 놓고 동녀를 한쪽 의자 위에 수갑 찬 손을 의자 뒤로 돌린 상태에서 앉게 하고 문귀동 자신은 맞은편 의자를 바짝 끌어당겨 그위에 앉아 동녀의 몸과 밀착된 자세를 취한 다음 계속 수배자의 소재를 불도록 강요하면서 수시로 동녀의 몸에 자신의 몸을 비벼대고 그후 동녀를 일으켜 세워 바지를 완전히 발가벗기고 브래지어를 밀어올려 젖가슴을 알몸으로 드러나게 해 놓은 상태에서 뒷수갑을 한 채로 앞에 놓인 책상에 엎드리게 한 후 자신도 아랫도리를 벗고 뒤쪽에 붙어서서 자신의 성기를 동녀의 음부에 대고 수회 비비고, 이때 동녀가 공포와 경악과 굴욕감으로 인하여 거의 실신상태에 들어가자 동녀를 다시 의자 위에 앉히고 담배에 불을 붙여 강제로 몇 모금을 빨게 하고,

잠시 후 동녀를 의자 밑으로 난폭하게 끌어내려 바닥에 무릎을 꿇게 하고 앉힌 후 문귀동 자신은 의자에 앉아 동녀가 자신의 성기를 정면으로 보도록 하는 자세로 조사를 계속하던 중 갑자기 동녀의 얼굴을 앞으로 잡아 당겨 입이 자신의 성기에 닿도록 하면서 자신의 성기를 동녀의 입에 넣으려고 하다가 동녀가 놀라서 고개를 돌리니까 난폭하게 동녀의 몸을 일으켜 세운 후 강제로 몇 차례 키스를 시도하고 다시 입을 동녀의 왼쪽 젖가슴으로 가져가 유두를 세차게 빨기를 두어 차례에 걸쳐 하고,

그후 다시 동녀를 책상 위에 먼저번과 같은 자세로 엎드러지게 해놓고 뒤쪽에서 자신의 성기를 동녀의 국부에 몇 차례 갖다 대었다 떼었다 하는 동작을 반복하는 등

그 직무를 행함에 당하여 폭행과 가혹한 행위를 가하고,

2. 피의자 한희정, 같은 황병선은 1986. 6. 6. 21:00~23:00경 사이에 부천경찰서 수사과 조사계 제1호 조사실에서 위 문귀동이 권인숙을 조사할

때 위 1항 나호 기재와 같은 동녀의 양손을 등 뒤로 하여 수갑을 채우고 양다리 안쪽에 나무봉을 끼워 꿇어앉힌 후 동녀의 넓적다리 및 허리를 멍이 시퍼렇게 들고 퉁퉁 부어오를 정도로 여러 차례 마구 짓밟는 등 가혹행위를 하고,

3. 피의자 이흥기는

1986. 6. 6. 04:00~06:30경 사이에 부천경찰서 수사과 조사계 제5호 조사실에서 위 문귀동이 위 권인숙을 조사할 때 위 1항의 가, 기재와 같은 방법으로 가혹행위를 하는 것을 옆자리에 서서 지켜보고 위 문귀동의 고춧가루 탄 물을 가져오라고 하자 이에 호응할 듯한 태도를 보이는 등 위 문귀동의 가혹행위가 용이하도록 방조한 것이다.

제 2. 증거 등 재정신청을 이유 있게 하는 사유

1. 위 각 범죄사실은

가. 피해자 권인숙의 검찰에서의 이에 부합하는 진술.

나. 참고인 이향숙, 동 최옥자, 동 박외숙, 동 김철한 및 기타 참고인들의 검찰에서의 각 이에 일부 부합하는 진술

다. 피의자 문귀동, 동 옥봉환, 동 박성용, 동 이흥기, 동 한희정, 동 황병선과 부천서 형사들인 김해성 등 참고인들의 검찰에서의 각 이에 일부 부합하는 진술부분 (동인들의 진술 중 믿을 수 없는 부분 제외)

라. 검찰에서 시행한 현장검증 결과와 기타 검찰수사과정에 나타난 제반정황

마. 장차 현출될 기타 제반 증거 등에 의하여 넉넉히 인정한다.

(위 증거들에 대한 자세한 설명 및 증거판단은 추후 검찰수사 기록을 열람하고 나서 신청이유보충서를 통하여 제시하고자 함)

2. 검사의 불기소결정 이유에 대한 판단

가. 피의자 문귀동의 일부 범죄사실 및 나머지 피의자들의 각 범죄사실에 대한 무혐의결정의 이유는 전적으로 범죄사실을 부인하는 피의자들의 변소와 부천서 형사들인 김해성, 권오성, 박경천 등의 진술에 토대를 두고 있다.

그런데 위 피의자들 및 나머지 부천서 형사들은 대부분 검찰수사 당초부터 공모하여 문귀동 등 피의자들의 범죄사실을 은폐하기 위한 알리바이 조작 등 허위진술을 일삼다가 수사과정에서 제반 객관적인 관계증거에 의하여 파탄에 부딪치자 비로소 진술내용을 일부 번복하기에 이른 자들로서 그 진술내용을 도저히 신빙할 수 없음이 채증법칙상 명백하므로, 검사의 위 무혐의 불기소결정 이유는 일고의 가치도 없다.

(이점에 관하여도 검찰수사 기록을 열람한 후 다시 상세히 논급할 예정이나, 우선은 별첨 '검찰발표에 대한 변호인단의 견해' 를 참조하시압.)

나. 위 무혐의 결정이유 중 제2호 조사실의 현장상황을 설명한 대목은 매우 중요한 사실을 은폐하고 있다.

즉, 위 조사실은 당시 방안의 불이 꺼져 있었을 뿐만 아니라 조사실 바닥의 높이는 지상에서 계단을 서너 개 올라가야 할 정도로 높이지고 외부와 면한 유리창은 조사실 바닥으로부터도 상당한 높이 위에 있었으며 피의자 문귀동과 피해자는 위 유리창 바로 아래쪽에 있었으므로 설사 유리창에서 12미터 떨어진 지점에 있는 무기고 앞을 순찰조가 돌고 있다고 해도 그 순찰조가 유리창을 통하여 위 조사실 내부에서 벌어지고 있는 조사광경을 목격, 식별한다는 것은 도저히 불가능한 상황이었다.

따라서 위 무혐의 결정이유에서 마치 위 조사실내의 조사광경이 외부에서 들여다보일 수 있는 것처럼 묘사한 것은 명백히 부당한 것이다.

또 피해자가 추행을 당하면서 적극적인 반항을 하지 못하였다는 것은 (몸을 비틀고 "제발 이러지 말라"고 애원하는 등 소극적인 저항은 하였다.) 당시 피해자가 연약한 여성의 몸으로서 뒷수갑을 차고 각목을 양쪽다리 안쪽에 끼운 채 꿇어앉혀져서 무수히 짓밟히고 구타를 당한 직후 아무도 없는 불 꺼진 조사실내로 끌려들어가 문자 그대로 죽음의 공포에 직면한 항거불능의 상태에서 조사를 받고 있었던 정황을 고려하면 하등 이상할 것이 없는 일이고, 한편 당시 토요일 심야에 피의자 문귀동이 입회형사까지도 떼어내버리고 23세의 처녀인 피해자를 데리고 단 둘이 불이 꺼진 위 조사실로 들어가 문을 걸어잠그고 피해자에게 뒷수갑을 채운 채 1시간 반 가량이나 '성적 수치심을 자극'(검찰수사결과 발표에 의함)하는 등의 강압적인 방법으로 인천사태 수배자에 관한 정보를 캐기 위한 수사를 하고 있었던 사실은 제반 관계증거에 의하여 움직일 수 없이 명백히 드러나 있는 이상, 위 항거불능 사실이 위 추행이 가능하였음을 뒷받침할 자료는 될 수 있을지언정 위 추행이 불가능하였음을 단정할 자료는 도저히 될 수 없음이 명백하다.

따라서 위 무혐의 결정이유는 이점에서도 부당하다.

나아가, 위 무혐의 결정이유 중 하나로 피해자가 조사 후에도 일체 항의한 일이 없었다는 것이 '상식상 납득할 수 없다'고 하는 점이 적시되어 있는데, 도대체 경찰관에게 고문과 가혹행위를 당한 피의자가 경찰서내에 구속되어 있는 상태에서 누구에게, 어떻게 항의를 한다는 말인가? 이것이야 말로 '상식상 납득할 수 없는' 궤변이라고 하지 않을 수 없다.

다. 검사가 스스로 인정한 피의자 문귀동의 일부 범죄사실만으로 보더라도, 적어도 위 문귀동을 구속기소하기에는 충분하다.

즉, 처녀인 피해자에게 '성적 수치심을 자극할 목적으로' 옷을 벗으라고 강요하여 옷을 벗게 한 행위, 젖가슴 부위를 3~4회 가량 '쥐어박은' 행위, 입회형사에게 고춧가루물을 가져오라고 말하여 고춧가루물로 고문을 할 것처럼 위협한 행위, "……내가 조사를 하면 간첩도 분다. 너같은 년은 처음 본다"라는 등 폭언을 한 행위, 토요일 심야에 불 꺼진 밀폐된 조사실내에서 피해자의 양손에 뒷수갑을 채운 채 단독으로 조사를 하면서 젖가슴 부위를 또 3~4회 가량 '쥐어박은' 행위 등은 우리 헌법의 최고가치인 인간적 존엄성의 이념에 정면으로 도전하는 폭거요, 우리 사회의 인륜 도덕의 밑바탕을 뒤흔드는 만행으로서 적어도 국가공권력에 의거하여 인신구속에 관한 직무를 집행하는 경찰관에게 있어서는 도저히 용납될 수 없는 중대한 범죄행위인 것이며, 일반적 법감정으로 보나 형사정책상 견지에서나 마땅히 구속기소되어야 할 사안임에 의문의 여지가 없는 것이다.

더욱이, 위 문귀동이 검찰수사과정에서 알리바이까지 조작해가면서 집요하게 범행을 은폐하려고 허위진술을 일삼았을 뿐 아니라 심지어는 적반하장 격으로 피해자인 권양을 상대로 고소까지 제기하였던 사실에 비추어 보면 검사가 위 문귀동에 대하여 "자신의 잘못을 깊이 반성하고 있는 등 그 정상에 참작할 사유가 많다"고 하면서 기소유예 결정을 한 것은 어불성설의 부당한 조치라고 하지 않을 수 없다.

한편 검사가 위 범죄사실을 두고 "직무에 집착한 나머지 우발적으로 저지른 범행"이라고 단정하고 있는 것은,

당시 위 문귀동이 위 피해자에게 진술의 의무가 전혀 없는 사항에 관하여 진술을 강요하고 있었던 사실, 전후 세 차례에 걸쳐 모두 비정상적인 시기에 비정상적인 장소에서 비정상적인 방법으로 조사를 하면서 비슷한 내용의 범행을 되풀이하였던 사실, 특히 마지막 조사시에는 의도적으로 입회형사를 내보내고 밀폐된 조사실내에서 뒷수갑을 채운 채 1시간 반 가량이나 불을 끈 상태에서 조사를 하였던 사실 등에 비추어 보건대 도저히 납득할 수 없는 일이며, 또 위 문귀동이 10여 년간 경찰관으로 봉직하면서 '성실하게 근무하여왔다' 고 하는 것도 동인의 검찰조사과정에서의 허위진술 등 '불성실' 한 성행에 비추어 볼 때 전혀 객관적인 근거가 없는 자의적인 판단이라고 하지 않을 수 없다.

재정신청 대리인 변호사 명단

강기원	강길봉	강봉제	강수림	강신옥	강창원	강철선
고영구	고재혁	곽동헌	권태홍	금병훈	김강영	김경천
김공식	김광일	김광정	김구일	김길준	김덕현	김동정
김동현	김두식	김명윤	김병욱	김상철	김상태	김상훈
김 수	김신재	김영삼	김용채	김원중	김은집	김정균
김제형	김준수	김향국	김 철	김춘봉	김충진	김형진
노세연	노영록	목요상	문인구	민병훈	민홍기	박두환
박병일	박성귀	박성민	박승호	박연오	박연철	박영립
박영서	박용석	박용일	박원순	박인제	박재명	박 진
박찬주	박한상	방예원	백승헌	백창은	변정수	성태경
손태봉	송영식	송웅순	신기남	신기하	신형조	심재두
심재찬	안동일	안명기	안영도	오정현	용남진	우수영
유영혁	유택형	유현석	윤종현	윤철하	이건호	이경우
이경택	이관형	이국재	이기문	이기홍	이동명	이동희
이동욱	이동학	이봉구	이상수	이성환	이순우	이양원
이원영	이원형	이재성	이정호	이태영	이태훈	이택돈
이해진	이흥록	임규오	임재연	장기욱	장봉신	장재형
장희목	정광진	정기호	정보성	정성광	정주식	정준용
정해덕	조경근	조승형	조영래	조주형	조준희	조창영
조태연	주성민	주수창	진 영	진효근	천정배	최병모
최병주	최석봉	최영도	최은희	최창귀	최휴섭	태륜기
하민호	하재일	하죽봉	한경국	한기찬	한수복	한승헌
함정호	허경만	허봉희	허창복	현종찬	홍성우	홍세열
홍영기	황산성	황의인	황인철	고재호		

대 법 원
제 4부

결 정

사　　건　　86모 58 재정신청 기각결정에 대한 재항고

재항고인　　1. (고소인)
권인숙權仁淑 무직
원주시 일산동 231의 9
대리인. 아래 고발인들(각 변호사)과 같다.
2. (고발인)
(1) 고영구
서울 중구 서소문동 57의 9 한영빌딩 901호
(2) 김상철
서울 중구 태평로 2가 360의 1 광학빌딩 905호
(3) 박원순
서울 중구 서소문동 57의 7 대건빌딩 801호
(4) 이상수
서울 중구 서소문동 55의 4 배재빌딩 311호
(5) 조영래
서울 중구 서소문동 58의 17 명지빌딩 1306호
(6) 조준희
서울 중구 태평로 2가 360의 1 광학빌딩 706호
(7) 홍성우

서울 중구 서소문동 55의 4 배재빌딩 503호
(8) 황인철
서울 중구 태평로2가 360의 1 광학빌딩 601호
원심결정   서울고등법원 1986. 10. 31.자 86초 115, 116결정

주   문   원심 결정 중, 피의자 문귀동에 관한 부분을 파기하고, 이
부분 사건을 서울고등법원에 환송한다.
원심 결정 중, 피의자 한희정, 황병선, 옥봉환, 박성용, 이
흥기에 관한 부분에 대한 재항고를 기각한다.

이   유   재항고 이유를 본다.

1. 제1점에 대하여

(가) 원심 결정 이유에 의하면, 원심은 피의자 문귀동에 대하여 그 판시
와 같은 피의사실을 인정하면서도, 이 사건 범행은 동 피의자가 직무에 집
착한 나머지 무리한 수사를 하다가 우발적으로 저지른 범행이고, 동피의
자가 처음에는 자신의 잘못으로 인하여 그가 몸담고 있는 경찰기관 및 상
사에게 누가 될 것을 두려워하여 범행을 완강히 부인하였으나 그후 검찰
의 조사과정에서 뒤늦게나마 자신의 잘못을 대체로 시인하고 용서를 빌고
있으며, 동피의자가 10여 년간 여러 차례 표창을 받으며 충실히 봉직하여
온 경찰관의 직에서 파면되는 가장 무거운 징계처분을 받은 외에 그 동안
이 사건으로 인한 비등한 여론으로 형벌에 못지 않은 정신적 고통을 받았
을 것임은 넉넉히 짐작이 갈 뿐만 아니라, 이러한 사건으로 인하여 일선
수사기관에서의 고문 등 인권침해 사례가 근절되어야 한다는 인식이 더욱
확고해지고 인신구속에 관한 사무를 집행하는 국가기관에게 커다란 경각
심을 불러일으켰다는 점에서, 범죄인에 대한 응보나 특별예방 이외의 또
한 가지 주요한 형별의 목적인 사회일반인에 대한 일반 예방적 효과도 상
당히 거두었다고 생각되며 이러한 여러 사정을 두루 살펴보면, 기소편의

주의를 채택하고 있는 우리 법제하에서 검사가 동 피의자에 대하여 기소유예 처분을 한 것은 그 상당성이 인정된다고 하여 재정신청을 기각하고 있다.

(나) 기소편의주의를 채택하고 있는 우리 법제하에서, 검사는 범죄의 혐의가 충분하고 소송조건이 구비되어 있는 경우에도 개개의 구체적 사안에 따라 형법 제51조에 정한 사항을 참작하여 불기소처분(기소유예)을 할 수 있는 재량을 갖고 있기는 하나 그 재량에도 스스로 합리적인 한계가 있는 것으로서 이 한계를 초월하여, 기소를 하여야 할 극히 상당한 이유가 있는 사안을 불기소처분한 경우, 이는 기소편의주의의 법리에 어긋나는 부당한 조처라 하지 않을 수 없고, 이러한 부당한 처분을 시정하기 위한 방법의 하나로 우리 형사소송법은 재정신청제도를 두고 있는 것이다.

(다) 헌법 제9조는 모든 국민은 인간으로서의 존엄과 가치를 가지며 행복을 추구할 권리를 가진다.

국가는 개인이 갖는 불가침의 기본적 인권을 확인하고 이를 보장할 의무를 진다고 규정하고 있고, 헌법 제11조 제2항은, 모든 국민은 고문을 받지 아니하며 형사상 자기에게 불리한 진술을 강요당하지 아니한다고 하여, 특히 형사절차에서의 인권보장 규정도 두고 있는 바, 이러한 헌법정신에 비추어볼 때에 원심이 인정하고 있는 동 피의자의 피의사실에서 보는 바와 같이, 경찰관이 그 직무를 행함에 당하여 형사 피의자에 대하여 폭행 및 가혹행위를 하고, 특히 여성으로서의 성적 수치심을 자극하는 방법으로 신체적, 정신적 고통을 가하는 것과 같은 인권침해 행위는 용납할 수 없는 범죄행위로서, 원심판시와 같은 성상을 참작한다 할지라도 그 기소를 유예할 만한 사안으로는 도저히 볼 수 없는 것이다.

(라) 결국, 원심은 재정신청제도와 기소편의주의에 관한 법리를 오해하여 재판에 영향을 미친 위법을 저질렀다 아니할 수 없으니, 이점을 지적하는 논지는 이유 있다.

2. 제2점에 대하여

원심 결정을 보면, 원심은 피의자들에 대한 피의사실 중 피의자 문귀동에 대한 일부 피의사실과 나머지 피의자들에 대한 피의사실은 그 판시와 같은 이유로 이를 인정할 증거가 없다고 판단하고 있는 바, 기록을 검토하여보면, 원심의 위와 같은 판단은 수긍할 수 있고, 거기에 소론과 같은 위법이 있다 할 수 없다.

3. 그러므로, 원심 결정 중 피의자 문귀동에 관한 부분을 파기하고, 이 부분 사건을 원심 법원에 환송하며, 나머지 피의자들에 관한 부분에 대한 재항고는 기각하기로 하여 관여법관의 일치된 의견으로 주문과 같이 결정한다.

1988. 1. 29.

재 판 장　대법원판사 배 　석
　　　　　대법원판사 이병후
　　　　　대법원판사 이명희

서 울 고 등 법 원
제 4형 사 부

결 　 정

사　　건　　88초 15 재정신청

신 청 인　　1. (고소인)

　　　　　　　권인숙權仁淑 무직

　　　　　　　원주시 일산동 231의 9

　　　　　　대리인 별지 대리인 명단 기재와 같다.

　　　　　　2. (고발인)

　　　　　　⑴ 고영구

　　　　　　서울 중구 서소문동 60의 9 한영빌딩 901호

　　　　　　⑵ 김상철

　　　　　　서울 중구 태평로 2가 360의 1 광학빌딩 905호

　　　　　　⑶ 이돈명

　　　　　　서울 중구 무교동 7의 1 무교빌딩 502호

　　　　　　⑷ 박원순

　　　　　　서울 중구 서소문동 57의 7 대건빌딩 801호

　　　　　　⑸ 이상수

　　　　　　서울 중구 서소문동 55의 4 배재빌딩 311호

　　　　　　⑹ 조영래

　　　　　　서울 중구 서소문동 58의 17 명지빌딩 1306호

　　　　　　⑺ 조준희

서울 중구 태평로 2가 360의 1 광학빌딩 706호
(8) 홍성우
서울 중구 서소문동 55의 4 배재빌딩 503호
(9) 황인철
서울 중구 태평로 2가 360의 1 광학빌딩 601호

원 결 정　　서울고등법원 1986.10. 31.자 86소 115, 116결정
환송결정　　대법원 1988. 1. 29.자 86 모 58결정

주　　　문　　아래 사건을 인천지방법원의 심판에 부한다.

아　　래

피 고 인　　문귀동文貴童 전직경찰관
　　　　　　1947.7.19생
　　　　　　주거　부천시 심곡동 566의 1
범죄사실　　별지 범죄사실 기재와 같다.
　　　　　　죄명　가혹행위
적용법조　　형법 제125조, 제37조, 제38조

1988.　2.　29.

　　　　　　　　　　재 판 장　　판 사　　정귀호
　　　　　　　　　　　　　　　　판 사　　박성철
　　　　　　　　　　　　　　　　판 사　　이종찬

(별지)

범죄사실　　　　피고인 문귀동은 부천경찰서 수사과 조사계에서 근무하던 경찰관(경장)으로서,

1. 1986. 6. 6. 04:20경부터 06:30경 사이에 부천경찰서 수사과 조사계 제5호 조사실에서 산업체 위장취업과 관련하여 공문서변조, 동행사 등의 혐의로 현행된 피해자 권인숙을 상대로, 5·3 인천소요사태 관련 수배자 양승조 등과의 관련 및 그들의 소재에 관하여 조사를 하면서 그녀에게 위 수배자 중 아는 사람의 이름과 소재를 밝히라고 추궁하였으나 그녀가 모른다면서 이에 응하지 않자 "5·3사태 관련자를 발가벗겨 책상 위에 올려 놓으니 다 불더라"고 말하여 겁을 주는 한편, 그녀의 쟈켓과 남방셔어츠를 벗게 한 후 그녀가 입고 있던 티셔어츠와 런닝 및 부라자를 들추어 젖가슴을(들여다)보고, 그녀의 바지 단추를 풀고 지퍼를 끌어내린 다음 같은 경찰서 수사과 형사계 소속 당직근무중인 순경 이흥기를 불러 참여시킨 가운데 그녀에게 화난 소리로 "이년", "저년", "옷 벗어" 등 폭언을 하고, "5·3 사태 관련 여자아이들도 나한테 걸리면 금방 다 자백했어"라고 위협하면서 진술을 강요하여 그녀가 김성은이란 친구를 통하여 종호란 사람을 만났으나 그 소재는 잘 모른다고 하자 그녀의 티셔어츠 위로 젖가슴을 3, 4회 만지고 위 이흥기 순경을 향하여 "이년 안되겠군" "고춧가루 물 가져와"라고 말하여 마치 고춧가루 물로 고문을 할 것처럼 위협하는 등 인신구속에 관한 직무를 보조하는 사법경찰리로서 그 직무를 행함에 당하여 형사피의자에 대하여 가혹한 행위를 하고,

2. 그 다음날인 6. 7. 20:30경 위 같은 경찰서 수사과 조사계 제1호 조사실에서 위 권인숙을 상대로 위와 같은 '5·3 사태'의 배후관련자에 관하여 조사하던 중, 전날 조사시 그녀가 그의 자취방에 찾아왔다고 한 이향숙이 사실은 그의 자취방에 찾아온 사실이 없음이 밝혀지자 위 권인숙에게 "이제까지 네가 말한 것은 아무 것도 믿지 못하게 됐어. 토요일 저녁 쉬지도 못하게 너를 조사하라고 지시가 내려와 다시 출근했잖아. 너의 자취방

에 찾아온 년이 누구야?"하면서 추궁하였으나 위 권인숙이 그녀의 자취방에 찾아온 여자는 '희영'이라는 이름을 가진 주식회사 오륭에 근무한 적이 있는 사람이라고만 말할 뿐 그의 거처에 대하여는 모른다고 대답하자, 그녀의 자켓과 남방셔어츠를 벗게 한 후 건너편 제3호 조사실에서 일하던 순경 김해성에게 수갑을 가져오게 하여 위 권인숙의 양손을 뒤로 돌려 수갑을 채우고 "거짓말하지 마라"며 고함을 지르고 그녀를 세맨바닥에 무릎을 꿇게 하고 추궁하다가 약 30분 후인 그날 21:00경 위 제1호 조사실과 바로 붙은 위 조사계 북서쪽 구석에 있는 피고인의 방인 제2호 조사실로 그녀를 끌고 가 그때부터 그날 22:30경까지의 사이에 실내등도 켜지 않고 약 12미터 떨어져 있는 무기고 앞 외등의 불빛에 의하여 겨우 사람을 식별할 수 있는 그 방안에서 피고인을 북쪽 창앞 피고인의 책상 옆에 앉아 위 권인숙을 가까이 오라고 하여 그녀의 바지단추를 풀고 지퍼를 내린 후 자기 바로 앞에 놓여 있는 철제의자에 그녀를 앉게 하고, 그녀 가까이 다가 앉으면서 그녀의 상의를 모두 올리고 양손으로 젖가슴을 만지면서 "간첩도 결국은 분다, 너같이 독한 년은 처음 본다"고 하면서 '희영'의 집을 대라고 하였으나 그녀가 이현경이란 친구의 집에서 만나 그를 알게 되었을 뿐 그의 거처를 정말 모른다면서 신음소리를 내자 "신음을 내면 아무도 없는데 무슨 소용이 있느냐"고 겁을 주고 욕설을 하면서 그녀의 허리부분과 상체를 어루만지는 등 추행을 함으로써 인신구속에 관한 직무를 보조하는 사법경찰리로서 그 직무를 행함에 당하여 형사피의자에 대하여 가혹한 행위를 하였다.

신청인 권인숙의 대리인 명단 (각 변호사)

1. 박 진	2. 김신재	3. 주수창	4. 신기남
2. 이원형	6. 이경택	7. 조태연	8. 심재두
9. 박연오	10. 이경우	11. 최석봉	12. 김 철
13. 하재일	14. 김구일	15. 김형진	16. 박재명
17. 심재찬	18. 황의인	19. 최창귀	20. 이동학
21. 이양원	22. 박용석	23. 최병주	24. 이기문
25. 윤종현	26. 임제연	27. 노세연	28. 한수복
29. 천정배	30. 홍세열	31. 이봉구	32. 조영래
33. 최병모	34. 강창원	35. 허봉희	36. 김용체
37. 박찬주	38. 조준희	39. 이태영	40. 김춘봉
41. 정보성	42. 박두환	43. 이돈명	44. 김상철
45. 황인철	46. 박승호	47. 함정호	48. 최영도
49. 박인제	50. 박성귀	51. 정성광	52. 박연철
53. 정주식	54. 백승헌	55. 김병욱	56. 민홍기
57. 손태봉	58. 박병일	59. 오정현	60. 강수림
61. 박영림	62. 현종찬	63. 이정호	64. 안영도
65. 한기찬	66. 주성민	67. 송웅순	68. 김두식
69. 허창복	70. 백창은	71. 함죽봉	72. 정광진
73. 최유섭	74. 임규오	75. 이태훈	76. 이순우
77. 박성민	78. 이상수	79. 정춘용	80. 김강영
81. 김창국	82. 금병훈	83. 한경국	84. 김영삼
85. 문인구	86. 김광정	87. 정해덕	88. 장제형
89. 장봉선	90. 이동욱	91. 조경근	92. 송영식
93. 박영서	94. 방예원	95. 김준수	96. 고재혁
97. 민병훈	98. 안동일	99. 이제성	100. 박용임
101. 이해진	102. 강봉재	103. 곽동헌	104. 이돈희
105. 권태홍	106. 김공식	107. 유영혁	108. 목요상

109. 박한상 110. 선기하 111. 이택돈 112. 장기욱
113. 허경만 114. 김광일 115. 김길준 116. 김명은
117. 김 수 118. 김은집 119. 이기홍 120. 이관형
121. 이원형 122. 이흥록 123. 용남진 124. 윤철하
125. 정기호 126. 조승형 127. 조주형 128. 배윤기
129. 홍영기 130. 성태경 131. 최은희 132. 이국제
133. 김덕현 134. 조창영 135. 김충진 136. 노영록
137. 장희록 138. 고재호 139. 김상훈 140. 김원중
141. 우수영 142. 박원순 143. 김경천 144. 한승헌
145. 강기원 146. 김동정 147. 안명기 148. 신형조
149. 고영구 150. 강철선 151. 강신옥 152. 김제형
153. 유현석 154. 이건호 155. 황산성 156. 변정수
157. 홍성우 158. 하민호 159. 이성환 160. 김동현
161. 진효근 162. 유택형 163. 김정근 164. 진 영
165. 강길봉 166. 김상태

인 천 지 방 법 원
제 2형 사 부

판 결

사 건   88고합 112 가혹행위(추가된 죄명: 준강제추행)

피 고 인   문귀동文貴童 전직경찰관
1947.7.19생 (△△△△△△-△△△△△△△)
주거   부천시 심곡동 566의 1
본적   △△△△△△

검 사   지정변호사   조영황
변 호 인   변호사 김종세

주 문   피고인을 징역 5년 및 자격정지 3년에 처한다.
이 판결 선고 전 구금일수 105일을 위 징역형에 산입한다.

이 유

범죄사실   피고인은 부천경찰서 수사과 조사계에서 근무하던 경찰관(경장)으로서,

1. 1986. 6. 6. 04:20경부터 06:30경 사이에 부천경찰서 수사과 조사계 제5호 조사실에서 산업체 위장취업과 관련하여 공문서변조, 동행사 등의 혐의로 현행된 피해자 권인숙을 상대로, 5·3인천소요사태 관련 수배자 양승조 등과의 관련 및 그들의 소재에 관하여 조사를 하면서 그녀에게 위 수배자 중 아는 사람의 이름과 소재를 밝히라고 추궁하였으나 그녀가 모

른다면서 이에 응하지 않자 "5·3사태 관련자를 발가벗겨 책상 위에 올려놓으니 다 불더라"고 말하여 겁을 주는 한편, 그녀의 쟈켓과 남방셔어츠를 벗게 한 후 그녀가 입고 있던 티셔어츠와 런닝 및 부라자를 들추어 젖가슴을 (들여다)보고, 그녀의 바지단추를 풀고 지퍼를 끌어내린 다음 같은 경찰서 수사과 형사계 소속 당직근무중인 순경 이흥기를 불러 참여시킨 가운데 그녀에게 화난 소리로 "이년", "저년", "옷 벗어" 등 폭언을 하고, "5·3사태 관련 여자아이들도 나한테 걸리면 금방 다 자백했어"라고 위협하면서 진술을 강요하여 그녀가 김성은이란 친구를 통하여 종호란 사람을 만났으나 그 소재는 잘 모른다고 하자 그녀의 티셔어츠 위로 젖가슴을 3, 4회 만지고 위 이흥기 순경을 향하여 "이년 안되겠군" "고춧가루물 가져와"라고 말하여 마치 고춧가루물로 고문을 할 것처럼 위협하는 등 인신구속에 관한 직무를 보조하는 사법경찰리로서 그 직무를 행함에 당하여 형사 피의자에 대하여 가혹한 행위를 하고,

2. 그 다음날인 6. 7. 20:30경 위 같은 경찰서 수사과 조사계 제1호 조사실에서 위 권인숙을 상대로 위와 같은 '5·3사태'의 배후관련자에 관하여 조사하던 중, 전날 조사시 그녀가 그의 자취방에 찾아왔다고 한 이향숙이 사실은 그의 자취방에 찾아온 사실이 없음이 밝혀지자 위 권인숙에게 "이제까지 네가 말한 것은 아무 것도 믿지 못하게 됐어, 토요일 저녁 쉬지도 못하게 너를 조사하라고 지시가 내려와 다시 출근했잖아. 너의 자취방에 찾아온 년이 누구야?"하면서 추궁하였으나 위 권인숙이 그녀의 자취방에 찾아온 여자는 '희영'이라는 이름을 가진 주식회사 오룡에 근무한 적이 있는 사람이라고만 말할 뿐 그의 거처에 대하여는 모른다고 대답하자, 그녀의 쟈켓과 남방셔어츠를 벗게 한 후 조사하던 중 같은 경찰서 수배자전담반에 근무하던 순경 한희정, 같은 황병선이 그녀에게 5·3사태 관련 수배자 확인차 위 1호 조사실에 들어오자 그들에게 그녀의 양손을 뒤로 돌려 수갑을 채우게 하고 양쪽 오금에 나무막대기를 끼워 꿇어앉힌 후 다른 나무막대기로 그녀의 허벅지와 허리를 수회 때리면서 수배자 중 아는 사람

이 있느냐며 추궁하다가 약 30분 후인 그날 20:00경 위 1호 조사실과 바로 붙은 위 조사계 북서쪽 구석에 있는 피고인의 방인 제2호 조사실로 그녀를 끌고 가 그때부터 그날 22:30경까지의 사이에 실내등도 켜지 않고 약 12미터 떨어져 있는 무기고 앞 외등의 불빛에 의하여 겨우 사람을 식별할 수 있는 그 방안에서 피고인을 북쪽 창 앞 피고인의 책상 옆에 앉아 위에서 본 바와 같이 이미 나무막대기 등으로 맞은 데다가 며칠간의 계속적인 조사와 피고인의 욕설과 폭언으로 인하여 항거불능 상태에 있는 그녀를 가까이 오라고 하여 그녀의 바지단추를 풀고 지퍼를 내린 후 자기 바로 앞에 놓여 있는 철제의자에 그녀를 앉게 하고, 그녀 가까이 다가앉으면서 상의를 모두 올리고 양손으로 젖가슴을 만지면서 “간첩도 결국은 분다, 너같이 독한 년은 처음 본다”고 하면서 ‘희영’의 집을 대라고 하였으나 그녀가 이현경이란 친구의 집에서 만나 그를 알게 되었을 뿐 그의 거처를 정말 모른다면서 신음소리를 내자 “신음을 내면 아무도 없는데 무슨 소용이 있느냐”고 겁을 주고 욕설을 하면서 그녀의 허리부분과 상체를 어루만지다가 팬티 속으로 손을 넣어 음부를 수회 만지고, 그녀를 일어나게 한 후 책상에 엎드리게 하여 바지와 팬티를 무릎밑까지 내린 다음 피고인의 성기를 꺼내 그녀의 음부에 대고 수회 비비는 등 폭행을 함으로써 인신구속에 관한 직무를 보조하는 사법경찰리로서 그 직무를 행함에 당하여 형사피의자에 대하여 가혹한 행위를 하고, 피의자의 항거불능상태를 이용하여 추행한 것이다.

증거의 요지

판시 각 사실은

1. 이 법정에서의 피고인의, “피고인이 1986. 6. 6. 04:20경부터 06:30경까지 공소 외 이흥기를 입회시키고 피해자 권인숙을 조사하였고, 그 다음 날 저녁무렵 2시간 가량 피해자를 재차 조사하였다”는 취지의 진술.

1. 이 법정에서의 증인 손태봉의 이에 부합하는 진술.

1. 이 법정에서의 증인 한희정, 같은 황병선의 “같은 증인들이 1986. 6.

7. 저녁 무렵 부천경찰서 조사실에서 피해자에게 5·3사태 관련 수배자 사진을 보여주며 조사한 사실이 있다"는 취지의, 증인 이현식의 "1986. 6. 7. 21:00경 경찰관이 같은 증인도 보호되어 있던 보호실에 와서 피해자를 불러서 데리고 나간 후 같은 날 22:30경 같은 증인의 남자 2명과 피해자에 대한 구속영장을 집행하려 하였으나 그시경까지 피해자가 돌아오지 아니하여 피해자를 제외한 남자 3명에 대하여 먼저 구속영장이 집행되었으며, 다음날 아침에 보니 피해자에게도 영장이 집행되어 유치장에 앉아 있는 것을 보았다"는 취지의, 증인 최옥자의 "같은 증인이 1986. 6. 8. 부천경찰서 유치장 2방내에서 피해자와 같이 있으면서 그녀로부터 경찰관에게 맞아서 허벅지가 아프다는 말을 들었으며, 그녀의 몸이 불편해보이더라"는 취지의 진술.

1. 제2차 공판조서 중 증인 권인숙의 이에 부합하는 진술 기재.

1. 제2차 공판조서 중 증인 이흥기의 "같은 증인이 1986. 6. 6. 04:20경부터 피고인이 피해자를 조사할 당시 잠시 참여한 사실이 있다"는 취지의, 증인 김해성의 "같은 증인이 1986. 6. 7. 20:00경 부천경찰서 조사계 1호 조사실에서 피해자를 조사하고 있던 피고인에게 그의 요구에 따라 수갑을 갖다주었고 그 직후 수배전담반에 근무하는 순경 한희정, 같은 황병선이 위 1호 조사실에 들어갔으며, 그로부터 약 30분 후 피고인이 피해자를 데리고 옆방인 2호 조사실로 가 조사를 한 후 같은 날 22:00경 내지 22:30경 사이에 피고인이 피해자를 데리고 위 2호 조사실 문을 나서는 것을 보았다"는 취지의, 증인 권오성의 "같은 증인이 공소 외 김해성으로부터 그가 피고인에게 수갑을 가져다주었으며 피해자가 다소 악을 썼다는 말을 들었다"는 취지의 각 진술 기재.

1. 검사의 피고인에 대한 제5, 6, 7회 각 피의자 신문조서 중 "피고인이 1986. 6. 6. 04:20경 피해자를 조사하던 중 공소 외 이흥기를 불러 피해자 옆에 세워놓고 그에게 '고춧가루 가져와' 라고 하고, 피해자에게는 '옷 벗어' 라고 말하면서 앞가슴을 2회 내지 3회 툭툭 쳤으며, 다음날 저녁무렵 피해자를 조사하면서 '내가 조사하면 간첩도 분다. 너같은 년은 처음 본

다’라면서 추궁하는데 그 사이 수배전담반에 근무하는 순경 한희정, 같은 황병선이 들어와 피해자에게 5·3사태 관련 수배자의 사진을 확인하였다”는 취지의 각 진술 기재.

1. 지정변호사의 권인숙에 대한 진술조서와 검사의 권인숙에 대한 진술조서 및 각 피의자 신문조서 중 이에 부합하는 각 진술 기재.

1. 검사의 이흥기에 대한 각 피의자 신문조사 및 제4, 5회 진술조서 중 “이흥기가 1986. 6. 6. 04:50경 피고인의 전화를 받고 피고인이 피해자를 조사하던 부천경찰서 제5호 조사실에 가서 일부 입회하던 중 피고인이 피해자에게 수사에 협조하지 않는다고 ‘이년’, ‘저년’ 욕을 하며 빨가벗고 책상 위에 올라가라고 하고, 이흥기에게는 ‘야 고춧가루(또는 고춧가루물) 가져와’라는 말을 하였고, 그 당시 피해자의 티셔어츠가 바지 밖으로 나와 있고, 바지가 밑으로 내려가 있는 듯한 느낌을 받아 전체적으로는 단정치 못한 상태였다”는 취지의 진술 기재.

1. 검사의 김해성에 대한 제2회 진술조서 중 ‘피고인이 1986. 6. 7. 20:00경이 넘어서 조사계 1호실에서 피해자를 30분 정도 조사하다가 그 옆방인 2호실로 피해자를 데리고 가 조사를 한 후 같은 날 22:00경 내지 22:30경 사이에 위 2호실 문을 나가는 것을 보았으며, 위 1호실에서 조사 당시 피고인이 김해성에게 수갑을 가져오라고 하여 수갑을 가져다주었으며, 그 직후 수배자전담반에서 근무하는 순경 한희정, 같은 황병선이 그방에 들어갔으며, 그로부터 얼마 후 여자의 가벼운 비명소리가 3회 내지 4회 정도 들렸다’는 취지의 진술 기재.

1. 검사의 이현식에 대한 각 진술조서 중 ‘1986. 6. 7. 21:00경 경찰관이 이현식 자신도 보호되어 있던 보호실에 와서 피해자를 불러서 데리고 나간 후 같은 날 22:30경 이현식 외 남자 2명과 피해자에 대한 구속영장을 집행하려 하였으나 피해자가 그때까지 돌아오지 아니하여 피해자를 제외한 남자 3명만에 대하여 먼저 구속영장이 집행되었으며, 다음날 아침에 보니 피해자도 구속영장이 집행되어 유치장 2방에 앉아 있는 것을 보았다’는 취지의 진술 기재.

　1. 검사의 박외숙에 대한 진술조서 중 '박외숙이 1986. 6. 13. 점심식사 후 피해자로부터 그녀가 며칠 전에 경찰관에게 조사를 받으면서 경찰관이 가슴을 만지며 옷을 벗기고 마구 때려 맞았다는 말을 들었다' 는 취지의 진술 기재.

　1. 검사의 최옥자에 대한 진술조서 중 '최옥자가 1986. 6. 8. 점심식사 전 피해자로부터 경찰관이 피해자의 옷을 벗기고 가슴을 만지더라는 말을 들었다' 는 취지의 진술.

　1. 검사 작성의 각 실황조사서 중 이에 부합하는 각 기재 등을 종합하여 이를 인정할 수 있으므로 모두 그 증명이 있다.

　법령의 적용

　피고인의 판시 각 행위 중 판시 각 가혹행위의 점은 각 형법 제125조에, 판시 준강제추행의 점은 같은 법 제299조, 제298조에 각 해당하는 바, 판시 준강제추행죄는 공무원인 피고인이 그 직권을 이용하여 범한 죄이므로 형법 제135조에 의하여 형을 가중하고, 판시 제2의 가혹행위죄와 준강제추행죄는 1개의 행위가 수 개의 죄명에 해당하는 경우이므로 같은 법 제40조, 제50조에 의하여 형이 보다 무거운 판시 준강제추행죄에 정한 형에, 판시 제2의 가혹행위죄의 자격정지형을 병과하여 처벌하기로 하고, 판시 준강제추행죄의 소정형 중 징역형을 선택한 후, 위 두 개의 죄는 같은 법 제37조 전단의 경합범이므로 같은 법 제38조 제1항 제2호, 제50조에 의하여 징역형에 대하여는 형이 보다 무거운 판시 준강제추행죄에 정한 형에 형법 제38조 제1항 제2호 본문 후단의 제한에 따라, 자격정지형에 대하여는 범정이 보다 무거운 판시 준강제추행죄에 병과된 형에 각 경합범 가중한 형기범위내에서 피고인을 처단할 것인바, 모든 국민은 고문을 받지 아니하며 형사상 자기에게 불리한 진술을 강요당하지 아니한다는 헌법상의 형사절차에 있어서의 인권보장 규정을 떠올릴 것도 없이 수사기관에서의 고문 등 인권침해 행위는 어떠한 경우에도 용납될 수 없는 점에 비추어 피고인이 인신구속에 관한 직무를 수행하는 사법경찰리로서 그 직무를 행함에 당하여 형사피의자인 피해자에게 판시사실과 같은 폭행 협박 등의 가혹행위를 하고, 더욱이 여성으로서의 성적 수치심을 자극하는 방법으로 피해자에게 신체적, 정신적 고통을 가한 이 사건 범행은 그 비난가능성이 크다 아니할 수 없는 반면, 이 사건 범행은 피고인이 직무에 지나치게 집착한 나머지 저질러진 것이고, 이로 인하여 그가 10여 년간 봉직하여온 경찰관의 직에서 파면되는 가장 무서운 징계처분을 받았으며 그간의 비등한 여론으로 인하여 형벌 못지 아니한 정신적 고통을 받았을 것이라는 점 등의 정상도 있으므로 이를 아울러 참작하여 피고인을 징역 5년 및 자격정지 3년에 처하고, 같은 법 제57조에 의하여 이 판결 선고 전의 구금일수 105일을 위 징역형에 산입한다.

이에 주문과 같이 판결한다.

1988. 7. 23.

재 판 장　　판 사　　이근웅
　　　　　　　판 사　　김기원
　　　　　　　판 사　　장달원

최 후 진 술 (1심)

권인숙

"나의 수족을 묶는다 해도 한 인간의 간절한 마음과 정신은 결코 묶을 수 없을 것입니다."

가슴이 떨리고 눈물이 나고, 한편 내가 감당하기 힘든 너무나 잔인하고 충격적인 일이었습니다. 보호실에서 3일, 유치장에서 3일, 교도소에서 다섯 달 반 동안 사방이 가로막힌 방에서 손과 발을 쓸 수 없는 인간을 인간이 구속하고 있는, 몰상식한 일 앞에서 나는 많은 생각을 하게 되었습니다. 하루 30분 있는 운동시간을 빨래터에 나가 뛰어다니면서 시간을 보내고 높은 담장 속에 가로막힌 나는 왜 여기 있는가? 나는 무엇을 하려 했던가? 누가 날 이렇게 만들었는가? 나는 잘했는가 못했는가? 나는 거듭되는 이 질문을 반문해보았습니다. 나는 생애를 걸고 지구를 향해서 정당성을 주장합니다.

어느날 저녁때쯤 36도가 넘는 교도소에 어떤 여자아이가 들것에 실려 어두컴컴한 방에 내던져지고 교도관이 자물쇠를 잠그고 사라져버리고 난 다음, 사람들이 무슨 일인가 기웃거리면서 수군거리다가 확인해본 결과 '성고문 사건의 검찰 발표'를 보고 인천검찰청에 항의하러 갔던 한 여학생이 온 몸에 화상을 입고 곪아터지고 진물이 나고 있는데, 교도관들은 검사의 지시가 없다는 단 한 가지 이유만으로 아무런 응급조치도 하지 않은 채 밖의 온도보다 몇 도나 더 높은 감방에 내동댕이치는 교도관들의 직무 태도를 보고 인간으로서는 도저히 상식적으로 행할 수 없는 동물적 행동이라고 생각했습니다. 나는 나이 먹은 그들을 향해 욕을 하고 소리 질렀습니다. "이 개새끼들아, 너희들도 인간이냐. 형제도 자식도 없느냐. 너희들 같은 자식들을 믿고 이 사회를 맡기란 말이냐"하고 마구 외쳤습니다. 검찰에서 지시가 없다는 이유로 끔찍한 화상을 입은 그 여학생은 시커멓게 타고 부어올라 진물이 뚝뚝 떨어지는 상태로 한 시간 이상, 응급조치도 없이 방치되었습니다. 그리고 그 여학생에게 보복조치였는지 아무런 지시도 없이 방치해두었습니다. 죽어가는 생명 앞에 이데올로기를 따지면서 시시비비를 가릴 수는 없습니다. 백여 명의 여자들은 하나가 되어 사람 살리라고 소리 질렀습니다. "빨리 나가서 앰뷸런스를 불러오고 병원으로 데려가라. 응급조치를 해라. 사람이 죽어간다"고 목이 터져라 울부짖었습니다. 아주머니도, 할머니도, 여자 감방의 모든 사람들은 하나같이 울부짖었습니다. 감방의 온도가 36도 이상으로 자꾸 올라가고 숨이 막힐 지경인데, 한밤중에 우리에게 대답 대신 시퍼런 군복을 입은 놈들이 들어와 마구잡이 폭력을 휘둘렀습니다. "폭력정권 물러가라. 사람 살리라"고 목이 터져라 소리 질렀지만 소용이 없었습니다. 그때처럼 감방 안에 있는 나의 처지가 너무나 무기력하고 답답하다고 생각한 적은 없었습니다. 소동이 벌어지고 난 3~4시간 후에 의무과장과 부장이란 자가 나타나, "내일 검찰청에 가서 의견서를 내겠다. 호소해보겠다. 응급조치할 수 있는 물과 솜을 갖다주겠다"고 했습니다.

그것을 통해 저는 한 가지 사실을 깨달았습니다. 부당한 정권을 유지하는 것이 목적이고 돈을 버는 것만이 그들의 목적일 때, 그런 사람들에 의해 지배받고 있을 때, 나는 무엇을 가졌는가. 우리 모두 무엇을 가졌는가. 생명이 다급한 상황에서도 "지시가 없으니 치료가 안된다"는 그런 사람들 앞에서 언제라도 치료가 되면 좋겠다고 막연하게 어쩔 수 없이 기다려야 하는가. 작은 권리라도 찾지 않으면 아니 되고 외치지 않으면 아니 되는, 쟁취하지 않으면 아니 되는 우리의 현실을 다시 한번 인식하게 되었습니다. 돈이 최고라고 생각하는 그들에게 언젠가는 주겠지, 언젠가는 월세 방도 면하고 자식 학비와 병원비도 걱정하지 않는 그날이 오겠지, 그렇게 나눠줄 날을 기다리며 살아야 하는가. 그것이 옳은 것인가…… 나는 그럴 수 없다고 생각했습니다.

지난 번 법정에 섰을 때, "진정으로 법을 위반한 자는 누구인데 왜 내가 여기 서야 하는가. 문귀동과 이 정권의 책임자가 이 자리에 서야 한다"고 했습니다. "노동운동을 하려고 한 것이 무엇이, 왜 불순한 것이며, 직업선택의 자유가 있는 데도 그 알량한 대학 다닌 경력 때문에 공장에 들어간 것이 잘못인가. 그것을 나쁘다고 하는 사람들이 잘못이 아닌가"라고 외쳤습니다. 이 자리에서 내가 공문서를 위조한 것이 과연 잘한 것인가 나쁜 것인가 굳이 말하고 싶지 않습니다. 물론 내가 위조한 주민증의 주인한테는 심심한 사의를 표하고 싶습니다. 그 사람한테는 아무런 피해가 가지 않을 것이라고 믿고, 그리고 내가 선의의 뜻을 행하려는 믿음, 그 사람이 노동자였는데 진정하게 그 사람을 위해 하는 행동이라는 마음 때문에 했던 일인데 그때도 만약에 그일이 그에게 피해가 갔다면 정말 사죄하고 싶습니다.

되돌아보건대 나는 나에게 무엇을 원했던가. 부모님이 원하는 단 한 가지도 이뤄주지 못하고 학교도 그만두고 나는 왜 모든 것을 포기하고 노동자가 되려 했던가. 결국 제가 내렸던 결론은 지금 이땅에서 이 사회에서 인간답게 살 수 있는 유일한 길이 노동자로 사는 것이라고 생각했습니다. 왜 내가 노동자들이 그리고 압박받고 있는 사람들이 어렵게 살고 있는데 그것을 가슴 아파하면 안되는가? 그들이 왜 압박받고 있는지 원인을 알고 있는데 내가 그들 삶에 동참하며 살아가는 것이 무엇이 잘못인가? 아무리 머리를 싸매고 고민해보고, 다른 길은 없는가, 가족에게 가슴 아프게 하면서 살아야 하는 이길 이외에는 방법이 없는가 하고 고민하였으나, 인간답게 사는 유일한 길은 이길밖에 없다고 생각했습니다. 진실 앞에 커다랗게 외치고 요구하고 찾지 않으면, 쟁취하지 않으면, 단 한 가지도 주어지지 않는 이 사회에서, 그것을 찾으려고 하는 자들은 너무나 당당하고, 그 당당함을 위해 자기를 바치는 것이 진정한 사랑이 아닐까. 이것이 나만의 생각이 아니고 무리와 무리를 잇는 생각이었고, 결국 이 사회 속에서 위장취업자라는 군단을 만들게 되었다고 생각합니다. 아무리 알량하게 자기 정권을 유지하기 위해 그들을 몰아친다고 해도, 그 누구도 그들의 수단이 잘못이라고 아무리 욕한다 해도, 그들이 가지고 있는 인간답게 살고 싶다는, 인간을 사랑하면서 모든 사람이 하루빨리 행복하게 잘 살아야 한다는 대의명제 앞에서, 그리고 그 정당성 앞에서, 반기를 들 수는 없습니다.

그 동안 나는 별로 다듬어지지도 않고 닦아지지도 않은 나의 인격과 자세로는 감당하기 힘들었던 싸움을 하였습니다. 소위, 사회에서 성고문 사건, 부천서 사건으로 알려져 있는데 너무나 기막힌 일이었습니다. 그때를 생각하면 나는 몸부림치며 보이지 않는 감방의 하늘을 쳐다보고 울부짖으며 분노하면서 되뇌어보았습니다. 아무도 보지 못한 한밤중 좁은 조사실에서 일어난 이 사실을 밝히지 않았으면 아무도 괴로워하지 않고 아무도 가슴 아파하지 않았을 것입니다. 그러나 세상에 알려야겠다고 떨리는 손으로 고소장을 쓰면서, 갈갈이 찢기고 능멸당한 성고문을 써내려가면서, 인간이 인간을 학대하는, 있을 수 없는 이일을 조금씩 조금씩 써내려갈 때 나는 몸부림을 쳤습니다. 그러나 이제 나는 고발하고 나섰던 일에 대해 참 잘했다고 생각합니다. 내가 세상에 알려지고, 앞으로 살아가는 데 어떤 지장이 온다 해도, 가슴 속에 숨기면서 남자를 증오하고 무조건 피해 의식에 젖어 비이성적 감정에 빠져 세상을 원망하고 비관하며 사는 것보다, 세상에 알리는 길이 훨씬 마음 편하고 바른 길이라 생각했습니다. 그리고 내가 밝히려는 이유 중에 또 하나는 일제시대때부터 자기만이 자기 가족만이 유일한 것이라고 안일한 생각을 하면서, 민족의 아픔과 인간의 고통에는 아랑곳없이 탄압과 오욕과 날조와 갖은 고문 앞에서 아부하며 그것이 진리라고 생각하는 엄청난 물리력 앞에 굴복하여 가해자가 되고 있는 그들을 일깨워야 된다고 생각한 것입니다. 이렇게 결단하고 나오는데 많은 사람들이 저에게 용기를 주었습니다. 지금도 어디선가 다른 세상을 만들기 위해 뼈를 깎는 고통을 이기고 살아가는 동지들의 삶이 나에게 가장 큰 격려였습니다. 또한 이 사건을 항의하고 자기를 내던지며 싸웠던 많은 사람들 그리고 나에게 위로편지를 보내주신 분들은 저에게 많은 위로가 되었습니다. 결국 아직까지도 아무리 짓밟아도 우리는 살아있으며 꺾이지 않는다, 자기 가족이 아닌 데도 친척이 아닌 데도, 함께 분노를 할 수 있는 것은 서로를 사랑하고 있고 서로에게 관심을 보이고, 불의를 보고 참지 않으며 건전한 아름다운 나라를 건설하기 위해 참다운 마음들을 갖고 우리는 살고 있다는 것에 나는 기뻤습니다.

인천지검 검사들, 저 검사들은 엄청난 위력을 가진 사람들입니다. 나는 법을 잘 모릅니다. 그러나 교도소에서, 아주머니 할머니 아가씨들을 볼 때 판·검사들은 그들의 인생을 좌지우지하고 있다는 것을 새삼 알았습니다. 판·검사들은 그들을 웃기기도 하고, 울리기도 하며, 그들 가정의 운명을 좌우하는 사람들입니다. 그러나 그들은 빽 있는 자는 살인을 해도 죄인이 되지 않는다는 것을 모두 알고 있습니다. 그것은 소위 운동권 학생들의 주입식 논리가 아니라, 그들 스스로 경험하고 체득한 논리입니다. 한 인간이 한 인간이라고 말할 수 없는 그들의 운명을 매일같이 감방에서 기도합니다. 하나님에게 기도하는 것이 아니라 판·검사에게 기도하는 그들의 모습을 볼 때, 운명을 좌우하는 판·검사들의 저 더러운 위력을 보면서 낮은 자리에 앉아 허름하게 죄수복을 입은 나의 처지가 훨씬 홀가분하고 떳떳한, 마음 편한 일이라고 생각합니다. 그것은 새삼스레 이유를 말하지 않아도 다 아시리라 믿습니다. 인간의 운명을 좌우하고, 법질서를 유지하기 위해 가장 필수적인 것은 공정성입니다. 그리고 인간애일 것입니다. 그런데 저들은 어떠합니까? 지난번 법정에서 모두진술을 할 때 눈물을 흘린 것을 조작인 것처럼 논고에서 말하는, 저 파렴치한 자들을 볼 때 인간의 탈을 쓴 이리떼와 다를 바가 없다고 생각합니다. 내가 이 자리에 서 있는 것이 극히 마음 편한 일입니다. 이땅에서는 죄수복을 입은 자들만이 죄를 짓지 않았다고 역설적으로 말하고 싶습니다. 돈 백만 원 갚지 못하여 일 년이든 몇 년이든 감옥에 있어야 하는 사람들이 있는데, 온 국민을 분노에 떨게 하고 한 여인과 그 가족을 산산이 짓밟았던 그놈은 세상의 표창장을 많이 탔기 때문에 용서해준다는 있을 수 없는 논리를 전개하는 사법부 앞에서

기가 막혀 말문이 열리지 않습니다. 아까 한 교도관이 "최후진술 준비가
잘 됐느냐"고 물었을 때 농담으로 "잘못했습니다라고 말하죠, 뭐"라고 했
습니다. 그러나 이치를 따질 줄 알고 앞뒤를 잴 줄 아는 사람들은 이 자리
에서 용서를 빌 수가 없습니다.

　변호사님들이 저에게 분에 넘치는 변론을 해주셔서 부끄럽고, 때로는
옛날일이 생각나서, 때로는 너무 분에 넘쳐서 자꾸 눈물이 납니다. 일제시
대부터 엄청난 고문에 의해 낱낱이 찢겼던 우리의 고귀한 선조·선배들에
게 조금이나마, 그것이 아주 작은 위로밖에 될 수 없다 해도 나의 진실의
폭로를 바치고 싶습니다. 그리고 진실을 알기 때문에 진리를 일으켜 세우
려는 많은 사람들에게 조금이나마 보탬이 된다면 그것으로 만족하고 싶습
니다. 그리고 제가 겪었던 여러가지 아픔과 있을 수 없는 일에 함께 동참
하면서, 끔찍한 수렁 속을 딛고 일어나 새로운 각오와 용기를 갖게 했던
감방 안의 동지들 그리고 새로운 경각심을 불러일으키도록 도와주신 변호
사님들 그리고 주변에서 온 몸으로 항의하고 저항하며 외쳤던, 감싸주었
던 많은 민주인사들이 있었기에 나 또한 외칠 수 있었던 것입니다. 그분들
에게도 감사드립니다. 그리고 교도소에서 보호받고 있었던 저보다 오히려
사회의 격류 속에서 낱낱이 파괴되었던 가족들, 단식중에 검사에게 조사
받으러 갔을 때 검찰청으로 달려와 우유 한 모금이라도 애써 먹이려던 어
머니의 모습은 잊을 수가 없습니다. 나보다 몇백 배 고통을 받고 있는 가
족들에게 미안하고 감사드립니다. 이제까지 저에게 역사적 혼을 심어주었
던 많은 동지들, 자기 몸을 불사르면서 이땅에 노동운동이 필요함을 절실
히 외쳤고, 참여하고 있는 그리고 끊임없이 움직이고 있는 이땅의 청년노
동자들에게 감사드립니다. 이렇게 곧게 서서 외칠 수 있는 나를 만들어준
여러분에게 보답하기 위해서 어떤 고난이 온다 해도 이기면서 꿋꿋하게
살겠습니다. 누구에게도 손가락질받지 않는, 나 자신에게도 부끄럼 없는
인간으로 살아갈 것입니다. 그 누가 나의 수족을 묶는다 해도 한 인간의
간절한 마음과 간절한 정신은 결코 묶을 수 없을 것입니다.

부천경찰서 문귀동 형사 가혹행위 사건

이른바 '부천경찰서 성고문 사건'과 관련하여 전직 경찰관인 문귀동이 우여곡절 끝에 결국 인천지방법원의 형사재판에 회부되었다.

서울대학교 제적생인 권인숙은 타인의 주민등록증을 절취, 변조하여 위장취업한 혐의 등으로 부천경찰서에서 조사를 받고 있었다. 그런데 권인숙은 1986년 6월 초순경 경찰서내에서 문귀동 경장으로부터 폭행과 성적 모욕을 당했다며 7월 초순 그를 고소하였다. 또 권인숙의 변호인들도 문경장 및 옥봉환 당시 부천경찰서장 등 6명의 경찰관을 고발하였다. 한편 문귀동은 권인숙을 명예훼손 및 무고로 고소하며 맞섰다.

그런데 이 고소, 고발사건을 담당한 인천지방검찰청 검사는 8월 19일 문귀동에 대하여 기소유예처분을, 옥봉환 경찰서장 등에 대하여는 무혐의 결정을 내렸다. 이에 권인숙 및 그 변호인들이 1986년 9월 재정신청을 하기에 이르렀으나, 서울고등법원은 같은 해 10월 31일 그 신청을 기각하였다(86초 115, 116). 그러나 대법원 제4부(재판장 배 석 대법원판사, 주심 이명희 대법원판사, 이병후 대법원판사)는 1988년 1월 29일 이 재정신청기각결정에 대한 재항고심에서 문귀동에 대하여 원심결정을 파기하고 사건을 다시 서울고등법원으로 환송하였다(88모 58). 다만 대법원은 그 결정에서 문귀동을 제외하고 옥봉환 부천경찰서장 등 5명의 피의자에 대하여는 재항고를 기각하였다.

　사건을 다시 환송받은 서울고등법원 제4형사부(재판장 정귀호 판사)는 1988년 2월 29일 대법원의 위 결정취지에 따라 문귀동에 대하여 부심판결정을 내렸다. 곧이어 인천지방법원 담당재판부에 의하여 조영황 변호사가 이 사건 공소유지 담당변호사로 지정되었다.

　인천지방법원 제2형사부(재판장 이근웅 판사, 김기원, 장달원 판사)는 1988년 7월 23일 원래의 가혹행위 공소사실 이외에 공소유지 담당지정변호사가 제1심 재판과정에서 추가한 준강제추행의 공사사실까지 모두 유죄로 인정하고 문귀동에게 징역 5년 및 자격정지 3년을 선고하였다(88고합112). 제1심 판결에 불복하여 문피고인 및 공소유지 담당지정변호사가 모두 항소하였다.

　피고인의 항소이유의 요지는, 당시 권인숙을 상대로 5·3인천소요사태 관련 수배자들에 대한 조사를 한 일은 있으나 그 조사를 하면서 가혹행위를 하거나 강제추행을 한 일이 전혀 없다는 것이었고, 공소유지 담당지정변호사의 항소이유는 이 사건 범행은 비난가능성이 매우 크고 피해자가 받은 충격과 고통이 생명을 앗아갈 정도로 중대한 것임에 반하여 피고인이 범행을 계속 부인하면서 사건은폐를 위한 알리바이를 조작하고 권인숙을 상대로 명예훼손이나 무고로 고소하는 등 반성의 빛이 없는 점을 고려하면 원심의 형이 너무 낮다는 것이었다. 서울고등법원 제2형사부(재판장 유태현 판사, 박병휴, 이홍기 판사)는 1988년 12월 6일 항소심 선고공판에서 쌍방의 항소를 모두 기각하였다(88노 2334).

　나아가 대법원 세4부(재판장 김상원 대법관, 수심 윤 관 대법관, 김용준 대법관)는 1989년 3월 14일 문피고인의 상고를 기각함으로써 제1심이 선고한 징역 5년 및 자격정지 3년의 형을 그래도 확정하였다(88도 2428). 한편 이 대법원판결에서는 제1심 이래 쟁점으로 떠올라 논란이 있었던 '재정결정에 의한 공판절차에서도 공소장 변경이 가능한지 여부에 관하여' 형사소송법 제262조 제1항 제2호의 심판에 부하는 결정이 있는 때에는 그 사건에 대하여 공소의 제기가 있는 것으로 간주되므로 그후에는 통상의 공판절차와 마찬가지로 기본적인 사실관계가 동일한 한 공소사실 및 적용법조의 변경이 가능하다 할 것이고, 이와 같은 법리는 형사소송법 제260조가 형법 제123조 내지 제125조의 죄에 대하여만 재정신청을 할 수 있는 길을 열어놓았다 하여 그 결론을 달리하는 것이 아니다. 따라서 원심이 이 사건 심판에 부하여진 가혹행위와 상상적 경합관계에 있는 준강제추행의 공소사실 및 적용법조의 추가적 변경을 허가하여 이를 심판의 대상으로 삼은 것은 정당하다고 판시하였다.

— 《법원사》 법원행정처 (1995)

37

변호사의 '범인은닉' 위장 사건

피고인 **이돈명**

'범인은닉' 거짓자백에 넘어간 검찰·법원

한승헌 (변호사)

1986년 10월 29일 서울지검 공안부는 이돈명 변호사를 국가보안법 위반(편의제공 및 범인은닉) 혐의로 구속했다.

혐의내용인즉 5·3 인천사태를 배후조종한 혐의로 수배된 민통련 사무차장 이부영 씨를 자기 집에 5개월간 숨겨주고 도피자금 20만 원까지 주었다는 것이었다. 검찰은 좌경세력을 비호하는 인사에 대해서 엄단한다는 차원에서 현직 변호사를 구속하게 되었다고 밝혔다.

재야운동권과 법조계의 중진인 이변호사의 구속은 매우 충격적이었다. 더욱이 그는 천주교정의평화위원회 회장이자 문익환 목사 사건의 변호인으로 활동중이어서 함부로 구속하기는 어려운 인물이었다.

이변호사는 검찰에서나 법정에서 혐의사실을 순순히 시인했다. 그리고 1986년 12월 3일 1심 결심공판에서 장시간에 걸쳐 최후진술을 하였다. 최후진술이라는 이름을 빌린 호소이자 훈계였다.

그는 우리나라의 기구한 헌정사를 되돌아보면서 법률가의 사명과 고민을 다음과 같이 술회하였다.

"법이 국민을 탄압하는 집권자의 도구가 되어버린 마당에 법률가의 아픔은 어떻겠느냐. 우리가 내 일신의 안위를 위해 법의 이름 아래 탄압받는 국민의 편에 서지 않는다면 어떻게 양심을 지킨다고 감히 말할 수 있겠는

가. 나는 불의에 쫓기는 한 마리 양을 보호했을 뿐, 결코 범인을 은닉했다는 가책을 느끼지는 않는다.

너는 그래도 민주화를 위해서 애 좀 썼다고 하던데 사람을 숨겨줬으니까 3년 징역을 살아야 한다는 검찰의 논리, 이것이 과연 형평에 맞는 것인가. 소가 들어도 웃을 일이다. 바라건대 한 일 없이 부당하게 처벌받는 사람으로는 내가 마지막이 되기를 바란다.”

그는 유죄판결을 받았다. 그러나 이변호사는 그의 ‘자백’과는 달리 이부영 씨를 숨겨준 일이 없었다. 다만 각본에 따라 허위자백을 하고 형벌을 자초한 것이었다.

이씨는 실인즉 고영구 변호사의 집에 숨어 있었다. 그가 검거된 것은 성문감식기聲紋鑑識器를 연결시켜놓은 전화도청에 의해 행방이 포착되었기 때문이다. 사람을 만나러 음식점에 갔다가 미리 알고 대기중이던 안기부 요원에 의해 체포되었던 것이다.

그는 만약 붙잡힐 경우, 고변호사 집이 아닌 이변호사 집에 숨어 있었던 것처럼 말을 맞추기로 미리 각본을 짰다. 이변호사는 당시 천주교정의평화위원회 위원장을 맡고 있었던데다 법조계 안팎의 지명도로 보아 함부로 구속시킬 수는 없을 것으로 믿었기 때문이다.

이씨는 치안본부로 넘겨져 조사를 받는 과정에서 은신처를 추궁받자 각본에 따라 이변호사의 집을 댔다. 그런데 예상과는 달리 이변호사가 덜컥 구속되고 말았다. 괜한 각본으로 환갑이 넘은 노인에게 무고한 옥살이를 떠맡겼으니 얼마나 당혹스러웠겠는가.

자칫 그 각본이 탄로날 뻔한 고비도 있었다. 이변호사 집 2층에 기숙하던 대학생이 이씨를 본 일이 없다고 하자 대질심문하게 되었던 것이다. 이씨는 조사실에서 그 학생을 보자 마자 대뜸 이렇게 소리쳤다.

“내가 그집에 있었다고 해. 그러면 그만이야, 알았어?”

그러고 보니 앞서 인용한 이변호사의 최후진술 가운데 ‘한 일 없이 부당하게’라는 대목에는 ‘실은 숨겨준 일이 없는데……’라는, 아는 사람만이 알아들을 수 있는 비밀과 ‘회심會心’이 함축되어 있지 않았나 하는 느낌을 준다.

　그러나 '진범'을 처벌하지 못하도록 허위진술을 하여 국가형벌권의 행사를 그르쳤다는 점에서 위계에 의한 공무집행방해죄에 해당되지 않겠느냐면서 변호사 몇이 모여 파안대소한 적도 있다.

'한 일이 없는 이 사람'의 숨은 뜻

이돈명 (변호사)

'범인은닉' 구속사건의 전말—이부영의 증언

나는 1986년 10월 29일 국가보안법위반(편의제공) 및 범인은닉죄로 구속
되었다. 혐의내용은 5·3 인천시위사태를 배후조종한 혐의로 수배된 민통
련 전사무차장 이부영 씨를 5개월간 우리집에 숨겨주고 20만 원의 도피자
금까지 주었다는 것이었다. 나는 그런 일을 한 적이 없지만 어떤 사정에
의해서 혐의를 시인하고 유죄판결을 받았다.

이 '범인은닉' 여부의 진상은 이부영 씨(현 민주당 국회의원) 자신의 회고
담을 빌려서 밝혀보는 편이 좋겠다.

1985년의 2·12총선에서 신생 신민당이 제1야당으로 부상함으로써 민
정당은 정치적 패배를 맛보고 정계는 전반적인 개편을 맞이하게 된다. 김
영삼 씨를 비롯한 정치인들에 대한 정치규제가 풀렸고 바야흐로 직선제
개헌논의가 본격화되기 시작하였다.

1985년 말부터 본격화된 직선제 개헌투쟁에서 신민당은 직선제 쟁취,
재야는 민주헌법 쟁취를 각기 내걸었고 양자는 개헌투쟁에서 연대투쟁을
벌여나갔다. 학생운동에서도 개헌투쟁의 방향에 대한 논쟁이 계속되는 가

운데 투쟁의 분위기가 점차 익어가고 있었다.

1986년 5월 3일 이른바 인천사태가 벌어지면서 나는 동료들과 함께 도피생활에 들어가게 되었다. 신민당의 개헌현판식이 열렸던 인천에는 학생운동·노동운동을 비롯한 모든 운동세력이 집결하여 격렬한 시위를 벌였으며, 치밀한 각본을 짠 정부는 이를 과격폭력 시위로 몰아붙이면서 언론의 과장보도를 부추겼다. 정부측의 이러한 대응은 민족민주 세력에 대한 대대적인 탄압의 신호탄이었다.

고영구 변호사 집에 몸을 숨긴 나는 그 상태에서 계속 민통련 활동을 재정적으로 지원해나갈 수 있는 방법들을 찾았으며, 다른 도피자들을 위한 자금마련에 나서기도 하였다. 그러한 방식으로 도피생활을 하던 내가 검거된 것은 5개월 가량이 지난 10월 23일이었다. 아는 사람과의 약속 때문에 음식점에 갔다가 약속을 미리 알고 기다린 안기부 수사관들에게 검거된 것이었다. 이때 나는 성문감식기라는 것이 있다는 사실을 처음으로 알았다. 성문감식기를 도청중인 전화에 연결해놓으면 특정인의 목소리가 전화에 들릴 때 컴퓨터가 작동되어 발신처가 파악되는 것이었다. 그때 내가 검거된 것도 바로 이 성문감식기가 연결된 전화기에 전화를 걸었기 때문이었다.

사전에 짠 '각본'대로 하다가

나를 숨겨주었던 고영구 변호사는 그해 겨울을 냉방에서 지냈는데, 거기에는 특별한 사연이 있었다. 나, 고영구 변호사 그리고 이돈명 변호사는 사전에, 내가 만약 붙잡힐 경우 고영구 변호사가 아닌 이돈명 변호사의 집에 숨어 지낸 것으로 말을 맞추었다. 당시의 판단으로 고영구 변호사와는 달리, 천주교정의평화위원회 위원장을 맡고 있던 이돈명 변호사라면 저들이 함부로 구속시킬 수가 없을 것이라고 생각했기 때문이었다. 나는 붙잡힌 뒤 치안본부로 넘겨져 조사받는 과정에서 은신처를 추궁받았고 사전에 짠 각본대로 이돈명 변호사의 집을 대었다.

그러나 우리의 예상과는 달리 저들은 이돈명 변호사를 전격 구속시켜버렸다. 이돈명 변호사의 그간의 활동에 대한 보복이었던 셈이다. 나와 고영구 변호사로서는 나이 든 분에게 참으로 송구스러운 일이 아닐 수 없었다. 그래서 그해 겨울, 고영구 변호사는 나이 든 분이 감옥에 가시게 되었는데 자기가 따뜻한 방에서 살 수 없다며 냉방에서 겨울을 났다고 한다. 나도 나 자신의 옥살이의 고통을 잠시도 떠올릴 처지가 아니었다. 환갑을 훨씬 넘긴 부친 같은 분을 갇히게 해놓았으니 바늘방석에 앉은 듯한 생활이 될 수밖에 없었다.

한 가지 웃지 못할 얘기가 있다. 나는 이변호사의 아래층은 알아도 위층에는 올라가보지 못했다. 내가 그댁에 거처했다면 당연히 2층에 있어야 했는데, 2층에 기숙하던 이혁이라는 학생은 나를 알지 못했으며 내가 그댁에 머무른 일이 없다고 말했다. 광주의 이강 동지의 동생인 이군은 당시 서울대 의예과 1년생이었는데 영문도 모른 채 무시무시한 남영동 대공분실에 잡혀와 추궁당하자 사실대로 진술했던 것이다. 수사관들은 하는 수 없어 이군과 나를 대질심문시켰다. 나는 이군이 있던 방으로 들어서자 마자 겁에 질려 생면부지의 나를 바라보는 이군에게 소리쳤다.

"내가 그집에 있었다고 해. 그러면 그만이야. 알았어!"

그리고 그방을 돌아서 나왔다. 그러나 이변호사는 끝내 구속당했다.

나의 법정 최후진술

나는 1심 재판에서, 이부영 씨를 숨겨주었다는 공소사실을 부인하지 않은 채 1986년 12월 3일 결심공판에서 다음과 같은 최후진술을 하였다.

며칠 전 황인철 변호사님이 면회왔을 때, "내가 암만 생각해봐도 한 일이 아무 것도 없는데 왜 이렇게 갇혀 있는지 모르겠다"고 말하니까 황변호사 말씀이 "아니, 원래 다 그런 거 아닙니까. 누군 뭐 일해서 갇혔습니까" 하시던데, 지금 생각해보니 사실이 그런 것같아요. 김대중 선생님이 1980

년에 정치권 사람들과 왔다갔다 하다가 느닷없이 잡혀들어가서 국가보안법 위반이라고 사형선고를 받고 대법원까지 가서 형이 확정됐습니다. 아무 한 일이 없는데 붙들려가서 사형선고를 받았어요. 그렇게 따지면 저도 이렇게 들어와서 여기 서 있는 것 자체가 사건화된 것같습니다. 제가 뭐 다섯 달을 숨겨줬네, 도피자금을 제공했네, 어쩌네 하지만 전 실제 아무런 감상이 없었던 것입니다.

그런데 한 일이 없는 이 사람을 계속 붙들고 있는 이 사건에 대한 국민 여러분들의 관심과 격려를 생각해볼 때, 저는 제 일생에 너무도 영광스럽게, 한편 이런 분에 넘치는 영광을 받았기 때문에 어떻게 이 부끄러움을 감당할 수 있는가 하는 것이 지금 제 심정입니다.

오늘 제가 뭔가 최후진술이라도 해야 되겠다 싶어서 조금 생각해왔는데 많은 변호사님들의 변론을 전부 들어보니 제가 할 말이 없습니다. 그래서 인사나 한두어 마디 하면서 최후진술을 마칠까 합니다.

실제로 제가 별로 한 것이 없다고 생각하는 데도 불구하고 대한변호사협회를 비롯하여 여러 인권단체에서 격려의 성명도 내주셨습니다. 또 제가 참으로 신심도 돈독하지 못하고 한 일도 없고, 솔직히 한마디로 날라리 신자입니다. 그런데 지금 우리 김추기경님을 비롯해서 여러 사제들 그리고 여러 교우 자매들께서 열성적으로 기도를 보내주신 것을 생각해볼 때, 제가 어떻게 감사의 말씀을 드리고 어떻게 처신해야 할지 모르겠습니다. 다만 제 남은 생애의 영과 육을 오로지 주님께 바쳐서 찬미와 봉사 속에 살겠다고 다짐해봅니다. 이 말씀 외에는 제가 더 보답할 길이 없는 것으로 생각됩니다.

제가 말하고자 하는 것을 세 가지로 말씀드릴까 합니다.

먼저, 제가 이렇게 된 데 대해 김은호 변호사협회 회장님이 일전에 접견 오셔서 하시는 말씀이 "아무리 자네 주관대로 생각해서 그렇게 됐지만, '이 정부가 그런 짓을 하면 가만히 놔둘 줄 알았나? 자네만 깨끗한가? 나이 먹은 사람이 지각 없이, 이변호사 이번에 잘못한 거야' 이렇게 생각하는 회원들도 많이 있네" 하고 말씀하셨습니다. 제가 생각하기에도 그런 생각이 있을 수 있다고 봅니다. 그래서 그점에 대해 간단히 말씀드릴까 합니다.

제가 아까 반대신문 과정에서 잠깐 언급했는데, 제가 생각하는 변호사의 직업관은 이렇습니다. 변호사는 국가가 제도적으로 보장한 전문직이기 때문에 변호사비나 받아가지고 생활을 유지하는 어떤 특권을 부여받은 것이 아니라, 법이 만민의 행복을 약속하는 규범으로서 존재할 수 있도록 우리가 몸을 바쳐서 일을 해야 할 공적인 의미를 가진 직업이라고 생각하고 있습니다.

제가 1963년 10월에 변호사 개업을 했고, 제가 법조인이 된 뒤 그 동안에 있었던 우리나라의 불행했던 헌정사, 이른바 폭력배를 동원해서 변칙 개헌안을 통과시킨 부산파동, 이승만 박사가 종신대통령을 하기 위한 사사오입 개헌 발의, 모처럼 회복된 민주화에서 민주당 정권이 군사쿠데타로 무참히 무너지는 속에서 겪은 법률가들의 피해 그리고 국회 제3별관에서 박정희 대통령의 3선을 위한 개헌안을 날치기로 통과시킨 사건 등, 이러한 일련의 정치적 사건에 대해 우리 변호사들은 "아, 법이라는 것은 정말 권력 앞에 무력하구나" 하는 것을 느꼈습니다다.

그러나 우리가 참고 견딜 수 있었던 것은 국가의 기본권적인 권리를 박탈한 바는 없었기 때문입니다. 그리고 3선개헌을 했든 종신개헌을 했든 형식은 국민의 심판을 물어서 대통령 허가가 났던 것입니다. 다만 그 선거에 부정이 개입된 것이 문제였지, 그 제도 자체는 고치지 않았습니다. 그랬기 때문에 우리 법률가들은 그러한 속에서도 지탱할 수 있었습니다.

반유신 투쟁의 정당성

제가 지금 이 시간에도 잊어버릴 수 없는 가장 아팠던 일은 유신의 선포입니다. 유신 이후로 어떻게 변명하든 도저히 법률가로서 봉투를 들고 법원에 들어갈 수 없었고, 국민 앞에서 내가 법률가요 하는 말은 정말 할 수가 없었습니다. 그러나 모진 것이 목숨, 또 하던 직업을 그냥 버릴 수가 없어서 그대로 견뎌냈습니다. 드디어 유신을 철폐하자는 운동이 1973년 말부터 일어나자, 박정희 씨는 가차 없이 긴급조치를 발동해서 제 나라 국민이 제 나라 헌법이 잘못됐다고 고치자고 하는 것을 사형이네, 10년이네, 5년이네 구형을 해서 많은 민주인사들을 투옥했습니다.

경제건설이라는 미명 아래 저임금에 시달리는 노동자들이 자연적으로 하는 운동을 근본적으로 긴급조치, 기타명목으로 봉쇄하고 노동운동가들을 구속했습니다. 이런 상황에서 늦으나마 저희들 몇몇 사람이 우리가 뭔가 최소한 법률가로서 사회에 봉사해야 하지 않겠는가 생각하면서 애써왔던 것만은 사실입니다. 그러나 다만 우리가 그들의 고통에 참여했다는 데 뜻이 있었을 뿐, 한 사건도 우리 견해가 관철되지는 못했습니다. 그나마 10·26이 나서 우리들의 투쟁이 옳고 정당했다는 것이 역사적으로 증명됐습니다.

그러나 또다시 5·17 계엄확대 조치와 더불어 영원히 잊을 수 없는 광주사태가 일어났습니다. 정부는 '이것은 간첩의 소행이다, 공비의 폭동이다' 라고 뒤집어씌워 광주시민들을 대상으로 무참한 공격을 벌였고 수많은 사람들이 죽고 다쳤습니다. 그리고 유신헌법과 실질적으로 별로 다를 것이 없는 현행헌법이 통과되고, 언제 우리가 뽑았는지도 모르게 현대통령이 당선이 되어서 오늘의 정국을 유도한 이래, 전 법률가로서 오늘의 현실에서 가장 가슴 아프게 생각하는 것이 있습니다.

길거리를 보십시오. 지금도 지하철, 전철, 지하도 등 전국 어디나 경찰차를 세워놓고 오가는 우리 젊은이들의 책가방을 뒤지고 있습니다. 무슨 근거로 책가방을 뒤진단 말입니까? 여기에 항의하는 시민도, 여기에 항의하는 법률가도 저는 보지 못했습니다. 저도 물론 마찬가지입니다.

법원 주위는 전부 경찰이 지키고 있고 심지어 민정당사까지도 경찰이 지키고 있어야만 된단 말입니까? 아무 일도 안했는데 민주인사가 그냥 영문도 모르게 연금을 당해야 합니다. 공당인 신민당이 무슨 대회를 한다고 유인물을 인쇄하면 그것을 위법이라고 경찰이 막고 빼앗아갑니다. 나중에는 그것이 비난이 되니까 법관이 현장에 나와서 보통으로 수색을 합니다. 법원에서 압수·수색영장을 발부받아 수색을 하는 것입니다. 출판의 자유, 학문의 자유가 엄연히 보장되어 있음에도 불구하고 영장 하나로 서적이 판금되고 혹은 출판인·문인들이 형사책임을 당해야 하는 이러한 난맥상…….

그런데도 이 정부는 법을 지키라고 합니다. 정말 법이 어떻게 하면 이렇게 되는지 모르겠습니다. 법으로 인해 고유한 국민의 권리가 좁아져가고, 법이 국민을 엄청나게 탄압하는 한 도구로 전락해버렸습니다. 우리 법률가들은 이런 법 아래에서 직업을 가지고 있는 불행한 현실에 처해 있는 것입니다. 집권자가 국민을 탄압하는 도구가 되어버린 그법을 위해 법률가가 일하고 있을 때, 그 법률가의 아픔은 어디로 가겠습니까?

우리가 법 안에서 자식을 낳아 기르고 살림살이를 해나가고 또 지금까지 먹고 살아왔는데 우리가 내 일신의 안위를 위해 법이라는 이름으로 탄압받고 시달림받는 국민들 편에 서지 않는다면, 어떻게 생을 부지하고 양심을 지킨다고 감히 말할 수 있겠습니까? 제가 이번에 한 일에 대해서 아까 변호사님들이 세밀하게 너무도 충분히 말씀해주셨기 때문에 다시 되풀이해서 말씀드리지 않겠습니다만, 정말 저는 법이라는 이름으로 불의에 쫓기는 한 마리 양을 보호했을 뿐, 결코 범인을 은닉하고 법을 위반했다는 가책을 갖고 있지 않습니다. 제가 오늘 법정에 서게 된 동기는 오직 이러한 일에 연유한 것이지 다른 이유는 아무 것도 없습니다. 그렇기 때문에 저를 아끼는 의미에서 나잇살이나 먹은 사람이 왜 그런 일을 했을까 하고 염려해주신 분들께서는 이런 제 심정을 이해해주시면 감사하겠습니다.

하느님이 주신 자유의 소중함

둘째, 제가 이제 구속된 지 30여 일밖에 되지 않았기 때문에 구속된 데 대한 무슨 경험을 이야기하기에는 너무 시간이 이릅니다. 그러나 저는 이번 일로 많은 것을 배우고 느꼈습니다.

사람의 자유라는 것이 얼마나 귀중한 가치를 지니고 있는가를 처음 알았습니다. 저는 수없이 전국의 교도소와 구치소로 접견다녔습니다. 부산, 대구, 광주, 전주 등 제가 안 간 데가 없습니다. 그런데 변호사 접견실에서 접견하는 것은 이제 생각해보니까 구치소도 형무소도 아무 것도 아닙니다. 진짜 그문을 넘어봐야 '아하! 인간의 자유라는 것이 얼마나 소중한 것인가'를 깨닫게 됩니다. 이것은 제가 며칠을 살지 않았다 해도, 짧은 경험과 시간에도 불구하고 충분히 말할 수 있다고 생각합니다. 구속은 아주 고통스럽고 자유는 고결한 것입니다. 우리 천주교회에서는 '하느님의 모양대로 사람을 만드셨다'고 가르치고 있습니다. 사람의 모상이 하느님의 모상대로 만들어졌다는 것이 바로 우리에게 하느님이 부여하신 자유라는 것을 저는 실감있게 느꼈습니다.

남의 자유를 빼앗는 것은 바로 고통을 가하는 것이며 반인간적인 것입니다. 하물며 그 고귀한 자유를 빼앗는 것이 부당할 때, 빼앗길 만한 아무런 이유도 없는 이웃이 자유를 빼앗길 때, 그것을 모른 체하고 방관한다면 이 사회의 윤리질서는 파괴되고야 말 것이라고 저는 생각합니다.

그래서 우리 교회에서 네 이웃을 네 몸같이 사랑하라고 한 뜻도, 바로 네 이웃이 자유를 부당하게 침범당할 때, 네 자유도 침범당하는 것과 똑같이 받아들이고 네 이웃을 돌보아라 하는 뜻이라는 것을 이번 체험으로 깨달았습니다. 이와 같이 사람의 자유를 빼앗는다는 것은 고통스러운 것이고 또 그렇기 때문에 상당한 그럴 만한 이유와 명분이 있어야 합니다.

저는 그 체험을 느낌과 동시에, 제가 구치소에 있다보니 이미 옥고를 치르고 나오신 분들을 비롯해서 여러 민주인사들의 경우를 생각하게 됩니다. 문익환 목사님은 제가 계속 변론을 해왔습니다. 그런데 내가 과연 그분을 위해서 최선의 변론을 했는가? 저보다 4살 위이신데, 그 어른은 지금 3년형이 확정되어서 형무소에 계십니다.

제가 가만히 생각해보니까 우리 한 명을 수용하는 데 상당한 경비가 들어갑니다. 목욕·이발·운동·접견 등 움직일 때마다 전부 교도관이 따라다니는 엄중한 감시를 받고 있는데, 우리가 그렇게 국가의 돈을 쓰면서 그 안에 있으면 이 사회에 무슨 보탬이 되는지, 오히려 민주화가 되는 것인지, 국법질서가 확립되는 것인지 아무리 생각해도 이해가 안 갑니다.

1980년에 제 손으로 변론을 맡아 3심까지 가서 유죄판결이 확정되었습니다만, 전민노련·전민학련 사건이라고 있습니다. 그때 약 30여 명이 붙들렸습니다. 그중에 이태복이라는 사람이 오로지 민주노동운동을 하기 위해 "각 공장에 민주노동운동 단체를 만들어야겠다. 그래야 우리가 민주화를 이룩할 수 있겠다." 이렇게밖에 말한 사실이 없는데, 이 사람이 국가보안법으로 소추되어 사형을 구형받고 무기징역이 확정됐습니다. 그는 30여 세에 피고인의 몸이었는데 지금은 마흔이 채 못되었는 데도 머리가 허옇게 되었습니다. 전 그런 이야기를 듣고 정말 그 사람을 위해서 무엇을 했는지, 내가 그 사람을 변론해서 무엇을 얻으려고 한 것인지 가슴이 아픕니다.

한 일 없이 처벌받는 마지막 사람이기를

군산에 가면 제일고등학교라고 있습니다. 여기에서 학생들에게 올바른 것을 하나라도 심어주기 위해 노력한 선생들이 "올해도 4·19는 빨간 글씨가 아니구나. 공휴일이 아니구나" 이렇게 탄식을 하였답니다. 그리하여 그해 4월 19일 "우리가 오늘 수업이 들었지만 어떻게 이 4월 19일을 그냥 넘길 수가 있겠는가" 해서 뜻을 같이하는 선생 몇 명이 막걸리 몇 되를 받아 뒷동산에 올라가서 4·19 영령들에게 술잔에 술을 부어놓고 명패 하나 놓고 제사를 드렸습니다. 그 부근에 다섯 그루의 소나무가 있었다나요? 그래서 오송회사건이라고 일컬어졌는데, 그 사람들이 엄청난 형을 받고 두 사람이 지금까지 옥고를 치르고 있습니다. 내가 그 사람들을 위해서 정말 난 무엇을 했는가? 그 사람들의 얼굴이 한없이 떠올랐습니다.

근래에 들어와 서울대 김민석, 고려대 허인회, 연세대 정태근, 성균관대 오수진, 이 학생들이 이른바 삼민투사건으로 잡혀온 사람들입니다. 전에 모두 집회시위법 위반이니 해서 1년 또는 1년 반 선고를 받은 학생들인데, 삼민투라고 국가보안법상 이적단체를 구성했다고 하여 소추되어서 바로 저희들이 그 변론을 담당하고, 이 사건은 바로 지금의 고검사님과 같이 만났습니다.

저는 분명히 확신하노니, 그 사건에 아무런 국가보안법상의 증거가 없을 뿐만 아니라, 그 학생들이야말로 우리 학생들을 바로 이끌어나갈 수 있는 진정한 민주투사요, 역군이었습니다. 그런 많은 학생, 많은 양심적인 사람들이 그 좋은 머리로 이 국가의 장래를 위해 공부를 하고, 새로운 아이디어를 개발해서 앞으로 국회의사당을 이끌어나갈 수 있는데, 그 아까운 청년들을 전부 교도소에 집어넣고, 우리는 명색이 변론을 한답시고 그들에게 별 도움도 못 주고 옥고를 치르게 했습니다. 제가 겨우 30여 일간 이 옥에서 이렇게 고통을 느끼는데, 그들의 암담한 장래를 생각할 때 정말 몸둘 바를 모르겠습니다.

저는 이렇게 구속이 되고 검찰은 저에게 3년을 구형했습니다. 보십시오! 그 가혹한 방법으로 그 수치스러운 방법으로, 고문역사상 유례없는 고문을 당했다는 권인숙 양. 고문을 가했다고 하는 문귀동 순경은 국가에 공로가 있다고 하여 소추하지 않고, 너는 그래도 민주화를 위해서 애 좀 썼다고 하던데 사람을 숨겨줬으니까 3년 징역을 살아야 한다는 검찰의 논리, 이것이 과연 형벌의 균형을 이루고 있는 것입니까? 나는 소가 들어도 웃으리라고 확신합니다. 누누이 간청하건대 제가 한 일 없이 부당하게 처벌을 받는 사람으로서는 마지막이 되게 해주시기를 법원에 간절히 바랍니다.

국가보안법의 남용

마지막으로 사안이 너무 중요하기 때문에 국가보안법이 남발되는 문제에 대해 아까 변호사님들이 변론을 하시는 과정에서 충분히 이야기가 됐습니다만, 몇 가지 첨가해서 말씀드리겠습니다.

분명히 민주주의가 있는 곳에 공산주의는 자랄 수가 없습니다. 유신때의 박정희 대통령이나, 제가 이번에 남영동에서 수사를 받을 때도 책임검사가 나와서 "변호사님, 베트남이 그렇게 대학생들이 떠들고 재야세력이 나서서 떠들다가 공산국이 되지 않았습니까? 그점에 대해서 어떻게 생각하십니까?" 하고 물었습니다.

만일 그때 베트남의 티우가 민주주의를 하고 부패하지 않았다면 월맹에 의해 공산화되지 않았을 것입니다. 요는 민주주의를 안했기 때문에 공산주의 혁명이 되어버린 것입니다. 지금 남미를 보십시오. 나치 치하의 프랑스를 보십시오. 프랑코 치하의 스페인을 보십시오. 이런 독재가 성행할 때는 공산당이 앞장서서 국민들의 절대적인 지지를 받고 싸웁니다. 하지만 회복이 되어 민주주의가 제대로 실행되면 공산당은 발붙일 곳이 없습니다. 우리가 반공하자는 것은 진짜 민주주의를 하자는 데 뜻이 있는 것이지, 반공 그 자체를 목적으로 하자는 데 뜻이 있는 것은 결코 아니지 않습니까?

그렇기 때문에 이 국가보안법은 결국은 언젠가는 이땅에서 없어져야 할 법률입니다. 저도 어언 헌정 36년을 경험했기 때문에 그 동안에 이러한 불장난을 하지 않고 똑바로 민주주의를 실행했더라면, "조선공산당 서울지구당 간판을 붙여놓고 마음대로 공산당 활동 해봐라" 하고 자신있게 말할 수 있었을 것입니다. 우리가 진정 자신있는 민주주의를 할 수 있지 않았겠는가 이 말씀입니다.

아까 변호인단에서 지적하신 것처럼 오늘날 학생들이 과격화되고 있다고 우려했습니다. 저도 그것을 매우 걱정스럽게 생각합니다. 일전에 김수환 추기경님께서 "왜 오늘날 학생들이 그렇게 하지 않으면 안되게 되었는가? 여기에 대해서 생각을 좀 해봅시다. 왜 이 정권은 그렇게 나무라기에 앞서서 왜 이렇게 됐는가를 반성하지는 않는가?" 하고 말씀하신 적이 있습니다. 정부에서 가장 심하다는 학생들의 변론을 직접 담당해본 우리들의 경험에 따르면 학생들이 결국은 접견과정에서 우리들과의 이야기를 통해 절충되고, 법정에서 하는 얘기를 들어보면 우리들과 공감하게 됩니다.

국민회의 시절 3 · 1구국선언사건 때 김대중 선생님이 이런 지적을 하셨습니다. "아니, 공산주의 생각을 갖고 있는 사람도, 다시 말해 국가보안법을 위반할 생각을 갖고 있는 사람도 설득하고 포섭해서 내 사람을 만들어야 하거늘, 왜 '나는 공산주의자가 아니오. 국가보안법 위반자가 아니오'

하는 사람을 붙들어다가 국가보안법 위반이라는 굴레를 씌우는지 모르겠다" 이런 말씀을 하셨는데, 그 이야기를 듣고 모두 공감했습니다.

제가 아까 예를 든 이태복사건이라든가 오송회사건, 삼민투사건 등에서 이러한 사람들, 이러한 학생들은 유죄판결이 확정되면 전향서를 요구합니다. 우리 김승훈 신부님은 이 전향서 때문에 안타까워하셨습니다. 어떻든 지간에 사람을 꺼내야 되겠는데 전향서를 써내지 않으면 절대 내주지를 않습니다. 그러니까 이 사람들은 "신부님, 제가 전향서를 쓰면 공산주의자가 아닌데 진짜 공산주의자가 되지 않습니까? 제가 과거에 공산주의자가 아닌데 제가 못 나가면 못 나갔지, 어떻게 전향서를 씁니까" 하며 못 나오고 있습니다.

이것은 정말 죄악입니다. 엄청난 죄를 우리는 범하고 있는 것입니다. 바로 크리스찬 아카데미 사건에서도 그런 일이 있었습니다만, 대구 같은 곳에서는 시민폭동사건때 공산당의 피해가 얼마나 컸습니까? 빨갱이라면 지금도 손을 듭니다. 국가보안법뿐이 아닙니다. 지금 사회안전법이라는 법이 있습니다. 그법은 법률가가 아니면 잘 모르지요. 국가보안법이 확정되어 형을 살다 나오든 집행유예로 나오든, 나오는 사람들에 대해서는 모두 신고를 하고, 또 한 달인가 일 년에 몇 번인가를 신고해서 체크하게 되어 있습니다. 잘못하면 다시 보호감호처분을 받게 됩니다.

제가 달고 있는 빨간 딱지, 이것이 국가보안법 위반의 표시입니다. 이것을 붙이고 있으면 접견하는 것도 다릅니다. 접견하는 사람도 직계가족에 한할 뿐 아니라 신고를 해서 사진을 붙여옵니다. 참 여러가지 통제를 받습니다. 살고 나가면 사회안전법에 의해 또 통제를 받습니다. 다시 말하면 국가보안법은 우리를 더불어 같은 땅에 살 수 없는 사람들로 완전히 제도적으로 몰고 있는 것입니다. 우리는 분열이 있는 곳에 일치를 찾고 미움이 있는 곳에 사랑을 찾아야 함에도 불구하고, 왜 분열을 조장하고 미움을 심어서 멀리 떼어내 다른 쪽으로, 적으로 되돌려보내야 한단 말입니까? 왜 우리나라가 그래야 된단 말입니까?

고문은 반드시 폐지되어야

이부영 군의 경우도 그렇듯이 아까 변호인단에서도 여러가지로 지적하셨지만, 국가의 수사권이 자주 왔다갔다 합니다. 어떤 때는 이렇게 됐다가 또 저렇게 됐다가 하니까 '내가 수배가 되더라도 숨어볼까? 좀 지나면 풀려서 괜찮은 게 아닌가' 하는 생각이 드는 것입니다.

아까 변호인단에서 고문사례도 많이 지적하셨는데, 이것도 매우 중대합니다. 변론에서 지적 안된 부분이 있기에 첨가해서 말씀드리겠는데, 어떤 사실의 인정 여부를 묻기 위해 고문을 가하는 것이 아니라, "누가 어디 있느냐? 관련자를 찾아내라. 그 사람의 행방을 대라" 이런 식입니다. 허인회 군이 고문당한 것도 그것입니다. 김근태 군이 고문당한 것도 바로 그 이유 때문입니다. "너의 배후가 누구냐? 사람을 대라!" 이말입니다. 정말 죽을 지경입니다.

어떤 사실을 했냐 안했냐에 대해 두드려맞고 시인하는 것은 쉬운데, 다른 사람을 물고 들어와라 이것입니다. 이러한 고문을 당했다고 하는 사례를 법정에서 호소해도 무시됩니다. 그러니까 "아이고, 잡히면 난 또 맞는구나." 맞는 것은 무섭습니다. 그러니까 피하게 된다 이말입니다. 안 보이는 가운데 사람을 고문하는 이러한 실정이 참으로 무서운 일입니다. 왜 우리나라가 이렇게 되었단 말입니까? 저는 제가 국가보안법이 억울하게 적용되는 마지막 사건의 주인공이었으면 하는 간절한 소망을 갖고 있습니다. 억울하게 국가보안법이 적용되는 것도, 죄 없이 3년형을 다 살아도 제가 감당할 터이니 이후 이런 일이 다시는 없도록 해주십시오. 이 다음부터는 이런 일이 다시는 없도록, 그리고 양심수가 하루빨리 석방되었으면 하는 것이 제 소원입니다. 제가 한 일도 없는데 이렇게 나오셔서 격려해주시고 저를 위로해주신 데 대해 다시 한번 감사드립니다.

변 론 요 지 서

사건번호   서울형사지방법원 86고단 7988호
사 건 명   국가보안법위반(범인은닉). 범인은닉
피 고 인   이돈명 변호사(1922. 8. 21.생)
변 호 인   김제형 변호사 등 288인의 변호인단

제1장 총 론

(1) 1986년의 한 해가 저무는 오늘, 우리 변호인단은 가장 존경받는 원로 법조인 중의 한 분인 이돈명 변호사가 구속, 피고인으로서 징역형을 구형받은 이 자리에서 실로 어깨를 내려누르는 듯한 고통과 슬픔을 절감합니다.

이변호사께서는 구치소에 수감되면서 "이 민족이 모두 당하는 수난인데 나만이 예외일 수 없다"고 하였습니다. 이 변호사의 변호인단으로 우리 사법사상 최대의 변호사가 동참한 것은, 이 시대의 아픔에 동참하고 있는 이변호사의 아픔을 조금씩이라도 나누어 지고 싶은 심정에서 비롯된 것입니다.

돌이켜보건대, 민주화개헌운동으로 시작된 1986년은 실정법을 내세운

법의 남용과 오용, 곧 법률적인 불법과 공권력에 의한 불법적 폭력의 돌이킬 수 없는 고질화 현상 속에서 마감하고 있는 느낌입니다.

서울고등법원 판사를 마지막으로 한 10여 년간의 법관직과 20여 년간의 변호사 활동을 통하여 인권의 옹호와 사회정의의 실현에 헌신하여온 이돈명 변호사를 가리켜 당대의 지도적인 인권변호사라 일컬음에 있어 우리 사회는 일치된 의견을 가집니다. 이 나라의 행동하는 양심의 한 구심체인 한국 천주교정의평화위원회 회장으로서 이돈명 변호사는 이 시대의 존경받는 재야 지도자 중의 한 분이심을 천하가 알고 있습니다.
이변호사는 바로 1년간 월간《신동아》85년 10월호에 게재된 '최일남이 만난 사람' 인터뷰에서 이른바 운동과 변론의 변으로서 소탈한 어조로 다음과 같이 말했습니다.
"아이들이 도그마에 빠질 수도 있는 것을 염려하는 한편으로 우리가 그것을 나무랄 수만은 없다고 봅니다. 자칫 여기서 세대의 단절이 이루어질지도 모른다고 나는 봅니다. 할아버지가 아버지에게, 아버지가 자식에게 좋은 전통을 물려주어야 하는데 말입니다.…… 나는 명색이 변론이랍시고 법정에 섭니다만, 그런다고 형량이 줄어드는 것도 아니고 다만 너희들 편에 서는 기성세대도 있다는 것을 보여줌으로써 자위를 얻자는 것뿐입니다. 그런 내가 무어 대단한 일 했다고 내 얘기를 들으러 왔는지, 허허……."

그러한 이돈명 변호사가 지금 '범인'의 은닉비호자로서, 국가보안법위반의 국사범으로서 기소되어 수감중에 있으며, 우리들은 그분, 존경받는 원로법조인을 변론하고자 여기 서 있는 것입니다.

(2) 우리는 우선 이 사건의 절차적 측면에서 다음 두 가지를 강력하게 항의합니다.

첫째, 사회적 존경과 신뢰를 한 몸에 받고 있는 원로법조인이요, 재야지도자이신 이돈명 변호사에 대하여 왜, 어떠한 법률적 근거에서 '도주와 증거인멸의 우려'가 있다고 보아 검사가 구속영장을 청구하고 법관은 이를 발부하여, 그래서 연로한 일신이 수갑을 차고 혹한의 계절에 영어의 몸이 되어야만 했는가 묻습니다. 도대체 왜 당 재판부는 필요적 보석사건인 본건에서 보석허가청구를 받아들이지 않는가 비판합니다.

인신구속적 무차별 남용되고 있는 우리 형사사법의 병폐가 골수에 스며들기 전에 현검찰권과 사법부는 뼈아픈 자기성찰을 하여야 할 것입니다.

둘째. 법무부장관이 하등 불가피하고도 정당한 근거 없이 단지 공판절차 계속중에 있는 이돈명 변호사에 대하여 서둘러 변호사업무정지 명령을 발한 것에 대하여 항의합니다 변호사법에 의하여 법무부장관에게 부여된 그 권한은 그 재량권 행사에 있어서 반드시 정당성이 확보되지 않으면 아니되는 것일 뿐 아니라, 그 법적인 근거된 변호사법의 해당조항은 그후에 전면 개정된 현행헌법상의 무죄추정 규정, 즉 유죄의 확정 판결시까지는 공소제기되었다는 사실 때문에 하등의 불이익도 입어서는 아니된다는 원칙에 따라 헌법위반이 되었기 때문입니다. 만일 헌법위반이 아니라는 강변을 하는 경우라면, 그 권한발동의 요건으로서 적어도 불가피성의 원칙이 요구되어야 할 것이기 때문입니다.

(3) 그러나 이러한 절차적 위법성과 부당성보다도 더욱 근원적인 문제들을 이 사건은 담고 있습니다. 그러므로 우리는 이 사건에 있어 절차보다 실체에 더욱 중점을 두고자 합니다.

우리는 이 사건의 본질적 성격이 다음과 같다고 판단합니다.

첫째, 이 시대 이 민족이 당면한 최대의 현안문제를 농축하고 있습니다. 이 사건 쟁점의 저류에는 이 시대의 민주·민족·민생운동의 본질과 민주·통일 민중운동연합(민통련)의 단체적 성격 및 이른바 인천사태라고 불리는 5·3 인천개헌 집회에 대한 대립되는 시각이 깔려 있는 것입니다.

둘째, 국가형벌권을 수행함을 목적으로 하되 인권보장의 최후의 보루로

기능하여야 할 형사사법의 현좌표를 실감케 하여주고 있습니다. 이부영 씨는 죄명과 피의사실도 불명한 상태에서 수배받고 도피하였으며, 이돈명 변호사는 그를 보호함으로써 범인은닉죄를 범하였다 하여 기소되기에 이르렀습니다. 범인은닉죄는 국가의 형사사법 기능을 보호법익으로 하는 죄요 ,변호사는 형사사법에 있어서 한 주체인데, 당대의 존경받는 변호사가 범인은닉죄로 기소될지도 모르는 행위를 한 근저에는 우리 형사사법이 파행적으로 운용되어온 잘못이 있기 때문이라는 것을 알아야 할 것입니다.

셋째, 양심의 법과 실정법의 문제입니다. '5·3인천사태'의 수배인물인 민통련 사무처장 이부영 씨를 법조인인 이돈명 변호사가 보호하여준 일은, 우리로 하여금 성직자인 최기식 신부가 4년 전에 부산 미문화원방화 사건의 수배인물이 찾아오자 은신처를 제공하였던 일을 연상시키며, 다시 한번 그 의미를 되새기게 합니다. 그것은 바로 양심의 법과 실정법의 선택의 문제라 하겠습니다.

넷째, 국가보안법의 폐해입니다. 정당하고도 온건한 주장에마저 귀기울이지 아니하고 용공으로 밀어붙이고 기어이는 공산혁명분자로까지 낙인찍고 하는 과정이 반복되면서 우리 헌법의 민주적 기본질서는 내외 양면에서 훼손되고 공격당하는 결과를 가져오고 있습니다. 우리는 그러한 폐해가 누적됨에 따라 우리 체제의 정당성마저 한없이 의심받아 기어이 전복될까 진정 두려워합니다.

따라서 우리들의 변론은 이 사건의 사실 및 법률론으로 넘어가기 전에 먼저 이러한 이 사건의 본질론을 다루고자 합니다.

제2장 사건의 본질론

제1절 '5·3인천사태' 및 민주통일민중운동연합의 성격을 어떻게 보아

야 할 것인가

(1) 이 사건 공소사실을 보면, 검찰은 이돈명 변호사가 보호하여준 이부영 씨가 '1986. 5. 3. 인천에서 신민당개헌추진 대회가 개최됨을 기화로 민통련 및 산하 가맹단체 회원들을 동원, 대규모 시위를 벌여 소요를 야기하는 등의 죄를 벌였다. 2) 같은 해 5. 4. 민통련 중앙위원 김인한 씨의 집에서 민통련 정책실장 장기표 씨 등 과 함께 민통련의 조직정비 및 운동론 심의위원회를 개최하여 민통련의 운용방향을 대규모의 민중봉기로써 현 정부를 타도하고 사유재산제도의 철폐를 기도하는 방향으로 변질시킬 준비를 하는 등 북한괴뢰집단의 대남전술에 부합되는 이적단체 구성을 예비함으로써 국가보안법위반의 죄를 범한 죄' 라고 규정하고 있는 것으로 보입니다.

이러한 검찰의 관점에 따라 현재 민통련의장 문익환 목사를 비롯하여 부의장 이창복 씨, 사무처장 이부영 씨, 정책실장 장기표 씨, 총무국장 장영달 씨 등 민통련의 핵심간부가 거의 전원 소요죄 또는 국가보안법위반 죄로 구속 기소되거나 수사 또는 수배중에 있는데, 그 구속 또는 수배의 계기는 이른바 '5 · 3 인천사태' 에 있었습니다.

(2) 신민당의 5 · 3인천개헌대회는 다수의 재야, 노동 및 청년, 학생단체가 참가한 가운데 더러는 격렬한 구호가 담긴 대량의 유인물이 뿌려지고 결과적으로 일부 폭력적 사태로까지 발전하여 기어이 대회마저 무기연기되었습니다.

이에 대하여 두 개의 시각이 대립되고 있습니다. 치안당국은 '계획적이고 용공적인 폭력소요' 로 단죄하면서 그 주요 배후세력으로 민통련을 지목하였으나, 한편으로 신민당은 오히려 '재야와 노동운동권에 대한 탄압을 노린 조직적 대회방해' 라고 성토하였고, 자체진상조사특위를 통하여 '인천대회의 무산은 현정권의 치밀한 조직공작에 의한 결과' 라고 발표하였습니다.

또 민통련 집행부는 해명하기를, "회원단체의 하나인 인천지역 사회운동연합이 주도한 범국민대회에 참여하였을 뿐이고, 민통련 자체가 인천사태를 배후조종했다는 당국의 주장은 사실을 왜곡한 것"이라면서 "최근 학생들이 극렬, 좌경화되었다는 비난을 받고 있으나 이는 정부의 탄압이 그만큼 강화되고 폭력화됨에 따라 이에 대한 반사작용으로 나타난 현상으로 이해되어야 한다"고 주장하였고, "싸움의 결의가 얼마나 치열한 것인가를 보여주었다"고 평가하였던 것입니다.

결국 제반정황으로 미루어 이른바 '5·3인천사태'에 어떠한 소요적 성격이 있었다고 전제하더라도, 이것이 민통련에 의하여 조직적으로 주도되거나 야기되었다고 단정하는 것은 일방적 주장에 불과할 뿐, 도저히 객관적 사실에 근거하였다고 볼 수 없다 하겠습니다.

(3) 그럼에도 불구하고 정부당국은 한걸음 나아가서, 예컨대 '군사독재 앞장세워 광주민중 학살하고 노동자 농민 피땀 짜는 미국놈들 몰아내자'라고 하는 등의 구호가 나온 것을 들어서 민통련을 비롯한 재야운동단체들에 대하여 급진주의적 성향의 과격폭력집단이라는 비난까지 거세게 가하기 시작했습니다.

이에 대하여는 그 무렵의 김수환 추기경의 다음과 같은 발언이 우리에게 실로 많은 시사를 준다 하겠습니다. 즉, "학생들의 과격한 주장은 이 나라가 너무도 긴 세월 동안 정치·경제·사회적인 비민주를 경험한 데서 비롯된 것이며, 이 때문에 결국 혁명론이 대두된 것이라 하겠는데, 젊은 학생들을 용공으로 잡아넣음으로써 사태를 마무리지으려는 태도는 이 나라를 파국으로 몰아가는 결과를 초래한 것이다.

참으로 시급한 일은 학생들의 이같은 시위가 왜 일어나게 되었는가 하는 원인을 파악하고, 정치의 비민주성, 경제적 부조리, 사회적 불평등을 제거함으로써 농민, 노동자들에게 인간다운 삶을 보장해주는 데 있다"는 것입니다.

한편, 민통련도 최근 1986. 10. 30.자 성명서에서

'이와 같은 현 군사독재정권의 용공좌경놀음은 해방 이후 남북분단 상황을 악용하여 정치적 반대자들을 걸핏하면 용공주의자로 몰아붙여 탄압을 일삼던 역대 독재정권의 상투적인 수법의 일환인바, 이것이야말로 뒤집어보면 국민들에게 공포분위기를 조성하여 민중민주화운동에 대한 탄압의 명분을 삼아 그들의 정치적 의도인 장기집권음모를 폭력적으로 관철하려는 구체적 증거이다' 라고 정부당국을 비판하고 있으므로, 이러한 주장 역시 감안되어야 할 것입니다.

(4) 민주·통일민중운동연합, 즉 민통련은 모두 23개 이상의 재야 가맹단체의 연합단체로서, 각 부문별 운동권과 지역합의체를 망라하고 있습니다. 이들 수많은 재야 민주운동단체들이 민중·민주운동협의회 (공동대표 김승훈 신부, 김동완 목사, 이부영 씨)와 민주통일국민회의 (의장 문익환 목사) 등 두 개의 연합단체로 일단 병립되었다가 2·12총선 직후인 1985. 3. 29.에 오늘의 민통련으로 통합되었습니다.

민통련은 통합선언문에서, '2·12총선 결과는 바로 국민의 준엄한 심판' 이었다고 전제한 후, '지금 제3세계의 독재국가들에서는 민중운동이 치열하게 전개되고 있다…… 한반도는 제3세계의 다른 나라와는 또 달리 민족의 분단, 국론의 분단, 자원의 분단, 이데올로기의 분단이라는 험난한 장벽을 인고 있다' 고 지적하고, 이어서 '지난 40여 년 동안 반민족적 지배세력은 이같은 분단을 이용하여 안보논리를 조작, 민중의 통일운동을 탄압하는 한편, 장기집권의 명분으로 악용하였다' 고 주장하였습니다.

그리하여 '운동의 통일, 통일의 운동을 바라는 민중의 치열한 뜻을 받아들여 하나로 뭉쳤음' 을 강조하고 '각 부분별 단체들이 독자적인 활동을 강화하면서 항구적으로 연대, 민주화와 통일을 이루는 과업에 기여할 수 있도록 디딤돌 역할을 하겠다' 고 선언하였습니다.

통합선언문의 전체취지에 의하면, 이 단체는 '민주화운동과 민족통일운동은 하나이다' 라는 기본인식, 즉 이땅에 살고 있는 민중의 고통은 그 원천이 민족분단에 있다는 기본인식 아래, 분단극복을 위한 민중주체세력을 형성해가는 것이야말로 민주·민권운동의 핵심적 내용이 되어야 한다고 밝히고 있습니다.

민통련의 임원진은 발족 당시 함석헌 씨와 김재준 목사를 고문으로, 문익환 목사를 의장으로, 강희남 목사를 중앙위의장으로 선출하였으며, 현재는 의장에 문익환 목사, 부의장에 계훈제 씨, 김승훈 신부, 이소선 씨, 송건호 씨, 이창복 씨, 백기완 씨 모두가 저명한 종교계 지도자, 언론인, 양심의 인사들임을 우리는 잘 알고 있습니다.

결국 민통련 자신이 밝힌 설립취지와 임원진의 구성 면면 등으로 보아 이 단체는 진정한 민주화와 민족통일 및 민중생존권을 보장하기 위한 민중운동세력의 연합단체라고 할 것이고, 이를 가리켜 용공좌경 성향의 급진단체라고는 결코 볼 수는 없을 것입니다.

(5) 이 사건 공소사실은 이부영 씨, 장기표 씨 등이 민통련 운동론 심의위원회에서 민통련의 운동방향을 민중봉기로써 현정권을 타도하고 사유재산 제도의 철폐를 기도하는 방향으로 변질시킬 준비를 하였다는 것이나, 이는 분명 부정확하거나 왜곡된 기술이라 아니할 수 없습니다.

왜냐하면 이창복 씨 및 장기표 씨에 대한 국가보안법위반사건 공소사실 자체에 의하더라도 당시 논의대상이 된 운동론은 장기표 씨가 일응 만들어본 메모형식의 시안이었고, 당시 그 시안에 대하여 이창복 씨로부터는 "사유재산 철폐나 민중봉기 등의 표현이 과격하다"는 의견이, 이부영 씨로부터는 "민중봉기라는 표현 대신 민중궐기라는 용어로 대체하자"는 의견이 있어 앞으로 다시 검토하여 결정하기로 하였을 뿐 어떤 결론에 도달한 바는 없다는 것이고, 게다가 당시 장기표 씨가 제안 설명한 요지 자체도 '사유재산의 철폐'가 아니라 '사유재산의 제한, 생산수단의 만인공유'에 있다는 것이기 때문입니다.

장기표가 마련했던 운동론 시안에 관하여, 민통련의장 문익환 목사는 법정에서 '생산수단의 만인공유'는 기독교 윤리의 기초로서 신앙으로 신봉해온 것이며 '민중봉기'에 관하여는 그것은 민중 '봉기'가 아니라 '궐기'를 의미하는 것이고, 이것은 현정권이 의회정치를 통해 민주화를 할 의사가 추호도 없기 때문에 민중의 힘으로 압력을 가하여 도도한 민주화의 요구를 받아들이도록 하는 데 그 참뜻이 있을 것이라고 설명하였습니다.

(6) 이와 같은 분석을 통하여 '5·3인천사태'와 민주·통일민중운동연합의 성격이 어느 정도 판명되었다고 한다면, 우리가 그러한 일에 가담한 어느 한 사람의 행위를 가리켜 이를 범법행위라거나 그 사람을 가리켜 범인이라고 규정짓는 것이 얼마나 애매하고 무모한 짓인가가 이미 드러났다고 믿습니다.

제2절 이건의 근원적 이유가 되었다고 보이는 형사사법 운영의 타행성

(1) 범인은닉죄는 국가의 형사사법기능을 보호법익으로 하는 범죄입니다. 우리는 여기서 공개적인 민주·통일·민중운동에 자기를 드러내고 헌신을 하고 있던 이부영 씨가 수배를 받게 되자, 왜 스스로 해명치 아니하고 바로 피신을 하였는가, 원로 법조인인 이돈명 변호사가 왜 그를 보호해 주게 되었는가 하는 원인의 저변을 살펴보고자 합니다.

(2) 돌이켜보건대, 80년대의 민주화운동가에 대한 체포, 연행, 수사, 재판의 모든 절차는 경찰, 검찰, 법원의 중립적인 독자적 판단에 의해서라기보다 정부당국의 정책적 결정에 의하여 좌지우지되어왔다고 하여도 과언이 아닙니다.
헌법상 언론, 출판, 집회, 결사의 기본권과 관련하여, 동질의 행위라도 어떠한 집회는 보장되고 다른 집회는 방해받았습니다. 정부당국의 의도를 반영하는 언론은 합법적이나, 이에 반하는 언론은 범죄로 규정되었습니다. 정부정책에 따라 유화국면에서는 합법적이라고 인정되던 행위가 어느날 갑자기 강경일변도로 선회하여 파괴적 용공적 행위로 매도되고 엄단되었

습니다.

이러한 자의성과 불가예측성은 일반인에게도 능히 감지될 수 있을 정도였으니만큼, 재야운동가나 노동운동, 학생운동활동가에게 있어서는 당연히 더욱 절감되는 문제였습니다.

민통련, 민청련과 같은 공개단체의 자체회합에서는 항상 반정부적 활동의 원칙과 방법이 논의되는 것인데, 이에 대하여 어느 때는 묵인, 허용하여오다가 어떤 때는 이를 가리켜 '현저한 사회적 혼란을 야기할 집회'의 공모 또는 음모로 단죄되었고, 경우에 따라서는 '반국가단체를 이롭게 하는 단체' 구성의 예비음모로 처단되었습니다. 모든 성명은 항상 정부당국의 처사를 비판하고 민주화운동에 대한 동참을 역설하는 것인데, 불시에 특정의 성명이 '유언비어'로 매도되거나 '불법시위의 선동' 또는 '반국가단체의 활동에 대한 찬양동조'로 응징되었습니다.

실로 이 모든 단죄논리에 관하여 명백한 객관적 기준은 전무하다시피 하였고, 따라서 일반인은 물론 법조인으로서도 '귀에 걸면 귀걸이, 코에 걸면 코걸이'로밖에 느껴지지 아니하였습니다. 이러한 자의적 법적용에 대하여 검찰도 법원도 하등의 억제나 통제의 기능을 수행한 적이 없었다 하여도 과언이 아닙니다. 동일한 행위에 대하여 불문에 붙이면 범죄가 아니나, 즉심에 회부하면 '유언비어'로 구류형이고, 공판에 집시법으로 기소하면 범죄요, 국가보안법으로 기소하면 국보법 위반의 범죄가 되어서 징역형입니다. 이 자리에서 묻습니다. 도대체 우리 법원이 이와 같은 자의적 법적용에 대하여 '아니오' 한 적이 손을 꼽아 몇 번이나 된다고 생각합니까? 도무지 제대로 한번이나 있었다고 그 사례를 댈 수 있는 것입니까? 그러면 검찰의 법적용은 신기에 가깝도록 한 번의 예외도 없이 항상 옳아왔다는 것입니까?

결국 '입건'되었다는 것은 정부당국의 방침에 따라 '유죄' 판결을 받는다는 것을 의미하게 되었습니다. '수배'되었다는 것은 '체포', '구속'된다는 것을 의미하게 되었습니다. 헌법의 기본권이론이나 죄형법정주의나 유추해석의 금지원리이니 확대적용의 금지이니 하는 고상한 법이론은 모두

공염불에 불과하고 결론만은 무작정 유죄! 인 것입니다. 해명과 주장은 모두 헛된 것이고 변론은 공허한 메아리일 뿐입니다.

(3) 그러나 민주화운동에 헌신하기로 결단한 이들에게 체포 구속이라든가, 유죄라든가 하는 것들이 그 자체로서 크게 대수로울 것은 없을지 모릅니다. 그들은 이미 자기의 모든 것을 버리기로 다짐하고 그 다짐을 온 몸으로 단련하여왔기 때문입니다.

그런데, 문제는 이 시대에 있어서 '체포' 란 무엇을 의미하는가 하는 점입니다. 체포는 단지 자유의 박탈에 그치지 않는다는 것이 불행한 우리의 현실이고, 체포는 곧 공권력의 조직적 폭력 앞에 외부와 절연당한 채 무방비의 상태로 자기를 알몸으로 내맡겨 한없이 조롱당하고 고문 학대당하는 것을 말합니다.

다른 누구보다도 이부영 씨는 이것을 잘 알고 있는 사람입니다. 무엇보다도 민주화운동의 헌신적인 동지인 김근태 전 민청련의장이 남영동 치안본부 대공분실에서 당한 엄청난 고문의 진상을, 본인의 표현에 의하면 "불고문에 물고문에 영혼까지 바스라져서 기어이 무릎을 꿇고 항복하여 그 인간백정들이 요구하는 모든 범죄와 비행에 대한 자인서를 쓰게 된 야수적인 고문의 참상을 법정에서 묵묵히 서서 이 모든 아픔을 같이하였기 때문입니다 그리고 검찰이, 사법이 하나같이 그 고문을 굳이 외면하면서 국가형벌권이라는 이름으로 엄숙히 중형을 선고하는 것을 내내 지켜보았기 때문입니다 아니, 이부영 씨는 어쩌면 70년대의 유신시대 이래 80년대를 넘어선 지금까지 내내 이러한 사건들을 듣고 보고 당하고만 하여왔는지 모릅니다.

체포는 조롱이요, 능욕이요, 고문이요, 유죄라면, 과연 이 사회의 누구가 수배받고 피신치 않으려 할 수 있겠습니까?

(4) 이돈명 변호사는 동아일보 해직기자요 민통련 사무처장인 이부영 씨에 대한 수배가 무엇을 의미하는지 압니다. 수배의 이유라고 알려진

‘5·3인천사태’의 성격이 무엇인지 알고 있으며, 민통련이 무엇을 하고자 하는 단체인지 알고 있습니다.

‘이부영 씨가 수배되었다, 5·3인천사태 관계로 수배되었다’라고 하는 것은 바로 “아하, 또 무얼 갖다 거는군, 집시법이든 소요죄이든 국가보안법이든 마음대로 갖다 걸겠군, 좌우간 유죄이고 실형이겠군”이 된다는 것을 계속되어온 인권변론의 체험으로 그 누구보다도 확연하게 알고 있습니다.

그리고 이것도 알고 있습니다. 아무리 외형상 유죄가 확정되더라도, 이부영 씨에게는 죄가 없다는 것, 집시법, 소요죄, 국가보안법 어느 법을 갖다 걸더라도 진정으로 그에게는 죄가 없다는 것을, 이부영 씨에게 죄가 있다면 민주·통일민중운동에 헌신하여 풍찬노숙한 죄밖에 없다는 것을 그는 잘 알고 있습니다. 왜냐하면 이부영 씨든, 민통련의 다른 임원들이든, 모두 민주적 기본질서의 신봉자요, 비폭력주의자요, 양심의 법에 따르는 사람들임을 이돈명 변호사는 평소 믿어 의심치 않았기 때문입니다.

(5)우리는 단언하거니와, 적어도 간첩죄가 아닌 공안사범에 있어서 우리의 형사사법은 완전 파탄상태에 빠져버렸습니다. 수사절차의 불법성과 범죄성에 의해서, 사법적 기능의 훼손과 포기에 의해서, 형사사법은 이미 공권력의 정당한 행사가 아니라 실정법을 빙자한 제도적 폭력이라는 비판을 면할 수 없으며, 사법의 기능은 권력의 시녀로 타락되었다는 비판을 면치 못하게 되었다는 것입니다.

검찰은 법조인이 국사범을 비호하였다고 이돈명 변호사를 이자리에서 정죄하고자 합니다. 그러나 우리는 이 자리에서 오히려 검찰관과 사법권을 비판하고자 합니다. 형사사법권을 파탄에 빠지게 한 잘못을 추궁하고자 합니다. 법만능주의에 빠져 법률적 불법을 자행함으로써 우리 체제의 근본인 민주적 기본질서를 훼손시킨 역사적 과오를 묻고자 합니다.

동시에 크게 보아 우리 변호사들도 사법기능의 일환을 담당한다는 점에서, 오늘의 형사사법이 이토록 이지러지고 불행한 모습으로 전락한 데 대하여 그 책임의 일단을 우리 자신 깊이 통감하는 바입니다.

제3절 양심의 법과 실정법의 저촉

(1) 법은 오직 두렵기 때문에 지켜지기보다는 양심과 윤리규범에 따라 자발적으로 지켜지는 것입니다. 법은 법이기 때문에 지켜져야 하는 것이 아니라 정의와 형평의 이념을 구현하고 있으므로 지켜져야 하는 것입니다.

자연법과 실정법의 충돌과 선택에서 법실증주의만이 맹신되었던 나치스 치하에서 '명령은 명령이다' 라는 명제는 정당한 명령만이 복종의무가 있다고 해석된 반면, '법은 법이다' 라는 명제는 한치의 예외도 없이 그 준수가 강요된 데 대하여 모든 문명국가의 법률가들은 역사적인 과오요 수치로 이를 받아들이고 있습니다.

(2) 이돈명 변호사는 이른바 인권변호사의 대부요, 재야지도자의 한 분으로 칭함을 받아 아무래도 정부당국의 주목을 받는 처지인데, 이분이 바로 '5·3인천사태' 의 주요 수배자인 이부영 씨를 숨겨주어 구속까지 되었다는 소식에 접하여, 다른 사람도 아니고 하필이면 이변호사가 뻔히 그렇게 될 것을 알 텐데도 왜 그런 짓을 하였나, 하고 혀를 차는 사람들도 있었을 것입니다.

그러나 짐작하건대, 검찰, 경찰의 실무자들도 이러한 이변호사를 구속시키려고 결정함에 있어서 민망스러움을 금할 수 없었으며, 구속영장을 발부한 법관이나 보석신청을 불허하고 있는 당 재판부 역시 그러한 심징은 마찬가지라고 생각됩니다.

사회는 하나같이 이돈명 변호사에 대하여 동정적이며, 인권단체들과 천주교정의구현전국사제단은 이를 정치보복적인 구속이라고 비판하고 있고, 우리 변호사들은 사법사상 최대인원의 변호인단을 구성하여 이 사건 변론에 임하고 있으며, 내외의 시각이 이 사건에 집중되어 있습니다.

이것은 고령의 이돈명 변호사가 혹한의 계절에 영어의 몸이 된 데 대한 인간적인 동정이거나 동업자적인 편애이거나 사회적 연민 때문이어서가 결코 아닙니다.

이돈명 변호사는 법조인으로서 정치권력에 의하여 고통받는 양심범들을 위하여 법정에서만 변론하여왔을 뿐 아니라 스스로 그들의 무죄를 믿어 의심치 아니하였으며, 실제로도 죄 없이 권력에 쫓겨 오갈 데 없는 형제를 자신의 몸으로 지켜주었기 때문입니다. 양심범의 무죄를 법정에서만 변호한 것이 아니라 생활에서도 변호하여, 끝내 자기 자신까지도 양심범이 되었기 때문입니다.

(3) 이돈명 변호사는 법률가로서 자연법의 신봉자요, 카톨릭 신자로서 하느님의 법, 양심의 법의 명령에 순행하는 형제입니다.

스스로 그가 죄없음을 누구보다도 잘 알고 있으며, 불법하고도 부당한 권력이 그를 뒤쫓아 기어이 잡아채면 온갖 폭력과 고문을 자행할지도 모르는 그 이부영 형제가 쫓기고 쫓겨서 마지막으로 변호사인 자기에게 찾아왔을 때, '당신을 보호하면 범인은닉죄의 실정법에 저촉되니 돌아가라'고 냉정하게 자르는 것이 우리의 법체제가 요구하는 명령이라고 말해야 하는 것입니까? 그렇다면 그 명령은 명백히 하느님의 법, 양심의 법에 어긋나는 것이고, 오히려 불의를 조장하는 처사라 아니할 수 없습니다.

이돈명 변호사는 신앙인으로서의 양심과 사회인으로서의 윤리에 좇아 이에 반하는 세상의 법을 버리고 양심의 법을 지켜 스스로 양심범이 됨으로써, 이 시대의 모든 핍박받는 형제들과 일체가 되었습니다.

이것은 핍박받는 형제들에 대한 위로이며 사회에 대한 감동입니다. 우리는 이 시대의 아픔인 광주사태의 한을 안고 부산 미문화원을 방화한 사건의 수배자 김현장, 문부식 군이 더 이상 도망갈 곳이 없이 지쳐 생의 의욕을 포기한 채 찾아들었을 때, 그들을 거두어 위로와 평안을 주고, 그들을 마침내 자수시킨 사제 최기식 신부의 일을 영원히 기억합니다. 그리고 그 사제의 성역을 법정에서 수호하였던 이돈명 변호사가 이제 유사한 운명에 처하게 된 이 사건을 오래도록 기억할 것입니다.

제4절 국가보안법의 남용문제

(1) 우리는 공개단체인 민통련의 사무처장인 이부영 씨가 민통련의 부의장 이창복 씨, 정책실장 장기표 씨 등과 함께 앞으로의 민통련 정책방향에 관하여 사유재산권의 제한과 생산수단의 공유문제를 논의하고, 현정권의 퇴진방법으로 민중봉기 또는 민중궐기를 거론하였다 하여서, 이것이 곧 민통련을 북한공산집단의 활동에 이로움을 주는 단체로 변질시킬 예비행위를 하였다고는 전혀 생각지 아니합니다.

그러한 논리는 사실관계에 대한 법률판단이 아니라 집권세력의 피해망상적인 편협적 사고이거나 의도적인 용공조작에 불과할 뿐이라고 단언합니다.

더욱이, 민통련의 단체적 성격과 이부영 씨의 개인적 성향에 대하여 그리고 형사사법의 운용에 있어, 이른바 실정법, 특히 국가보안법이 남용, 오용되고 있는 실정을 누구보다도 더 절감하고 있던 이돈명 변호사가 이부영 씨의 국가보안법 위반범죄라는 주장에 대하여 그것이 그럴 법하다고는 추호라도 생각해보지 않았을 것임은 너무나도 명백한 사실입니다.

그런데 검찰은 이돈명 변호사에 대하여 국가보안법상의 편의제공죄로 기소하였고 그러한 데도 세상 누구도 이 사건에 무죄판결이 선고될 것이라고 기대하지 못하고 있습니다. 이것은 참으로 부당하고 불행한 일입니다.

(2) 국가보안법의 남용에 대한 폐단, 용공조작에 대한 비판이 일어온 것은 어제 오늘의 일이 아닙니다. 그 비판의 소리가 아무리 거세어져도 정부비판력은 일고의 가치도 부여하지 않고 있으며, 사법권조차 재고의 기미가 전혀 없는 것으로 보입니다. 우리들은 이점에 관하여 이 자리에서 새로운 단어로 우리들의 주장을 말하기보다 이미 발표된 몇 가지 성명들을 인용함으로써 우리들의 주장을 재확인하고 재강조하고자 합니다.

대한변호사협회는 이돈명 변호사의 국가보안법위반 구속문제에 대하여 1986. 11. 1.자 성명으로 다음과 같이 밝힌 바 있습니다.

국민의 자유와 권리를 제한하는 형벌법규는 그 구성요건을 명확히 규정함으로써 유추해석에 의한 법집행자의 자의가 개입하지 못하도록 막아야 한다.

더욱이 이와 같은 법이 규정자체의 불미로 법집행자의 신중하고 제한적인 해석적용에 의해 치유되지 못하고, 오히려 그 해석적용이 확대됨으로써 법이 가지는 문제점만 더 크게 노정되어왔다.

최근에는 학생들은 물론 여러 단체, 인사에까지 이 법률들이 확대적용되고, 면책특권이 부여된 국회의원까지도 구속되기에 이르렀는바, 우리는 이 법률들이 참다운 민주사회 건설과 국민의 기본권 보장을 저해할 우려가 있다는 깊은 의혹을 가지지 않을 수 없기에 이르렀다.

오늘날 우리 사회가 수용하기 어려운 급진적인 좌경주장이 일부 운동권 학생에 의해 주창되고 있는 것은 사실이다.

그러나 이들 주장의 존재가 다른 모든 비판적인 반정부적 논의를 국가보안법위반으로 몰아 처리할 수 없는 정당성을 부여할 수는 없다.

정부가 만약 그와 같은 현상이 야기된 근본적인 원인을 치유할 생각을 하지 않고 과거의 냉전체제하에서 배태된 이분법적 흑백논리에 의해 모든 사상적 논의를 양분하려는 태도를 지니고 있다면 이는 즉각 시정되어야 할 것이다.

이와 같은 상황하에서 당국의 이돈명 변호사를 단순한 범인은닉죄도 아닌 국가보안법위반죄로 구속한 처사는 국민에게 정치보복이 아니냐 하는 의문만을 안겨줄 뿐이다.

(3) 한편 천주교정의구현전국사제단은 1986. 11. 17.자 '현시국에 대한 우리의 기도와 선언'을 통하여 다음과 같이 예언자적 충고를 하고 있습니다.

"우리 사회는 아시아운동회가 끝나자 마자 잇달아 발생하고 있는 서울대 대자보 사건, 유성환 의원 원내발언 파동, M.L.당 사건, 건국대 농성사건 등 용공좌경 시비에 휘말리고 있습니다.

우리는 먼저 결과적으로 우리의 형제를 국민의 대열로부터 분리·이간
시키는 것으로 될 용공좌경으로의 의도적인 모략과 매도, 허위조작이 있
어서는 안되며 더욱 그것이 정치적으로 이용되어서는 안된다고 확신합니
다. 이돈명 변호사와 민통련간부 구속의 경우에서 보듯이, 우리는 민주인
사에 대한 탄압의 수단으로 국가보안법이 무차별적으로 적용되는 데 대하
여 반대합니다. 이와 같이 독재정권을 지탱하기 위하여 냉전논리와 위기
의식을 강요하고, 이데올로기를 정치적 반대자에 대한 탄압의 명분으로
악용하는 데서 반공이데올로기의 철폐요구가 제기되는 측면이 있다는 것
을 깨달아야 합니다.

가장 최선의 반공은 국민의 민주적 참여의 권리가 보장되고 국민이 인
간다운 준엄을 가지고 살 수 있는 민주주의를 실현하는 일입니다. 민주주
의가 국가적 목표라면 반공은 보족적 수단입니다. 민주주의 사회에서 정
치적 견해를 달리하는 국민성원을 공산혁명분자 또는 용공분자로 재단한
다면, 그것은 그만큼 민주주의가 실현되지 않고 있다는 사실을 스스로 자
인하는 것에 다름아닙니다.

우리는 또한 '반공' '용공' 의 회오리 속에, 민족의 성업이요 소원인 '통
일' 의 실종과 굴절을 안타깝게 생각합니다. 우리는 유성환 의원의 통일문
제 발언 가운데 무엇이 어떻게 잘못된 것인지 도저히 납득할 수 없었습니
다. 따라서 현정권의 통일문제에 대한 솔직한 시각과 입장이 어떤 것인지
우리는 의혹을 갖지 않을 수 없습니다.

'너희를 맞아들이는 것이 나를 맞아들이는 것이요, 나를 맞아들이는 것
이 나를 보내신 이를 맞아들이는 것이다. 예언자를 예언자로 맞아들이는
사람은 예언자의 보상을 받을 것이요, 의인을 의인으로 맞아들이는 사람
은 의인의 보상을 받을 것이다."(마태복음 10:40-41)

평소 이변호사가 즐겨 외던 성경말씀, 이변호사는 그 말씀을 그대로 시
행한 것입니다.

제3장 사실론과 법률

제1절 사실관계

(1) 우리는 이돈명 변호사가 이부영 씨를 '5·3 인천사태' 관련 수배자인 사실을 알면서 1986. 5. 23.경부터 10. 23.까지 자신의 집 2층방에 유숙케 하고 50,000원씩 4회 200,000원을 준 사실은 인정합니다.

이부영 씨는 서울대학교 문리과대학을 졸업한 동아일보의 해직기자로서 민주언론 운동을 전개하여오면서 민중민주운동협의회(민민협)를 발족하여 공동대표로 일하여오다가 1985. 3. 29. 민민협이 민주·통일국민회의(민국통)와 통합하여 민주·통일 민중운동연합으로 연합단체를 구성하면서부터 민생위원장을 거쳐 사무처장직을 수행하여오던 사람으로서, 헌신적이고도 합리적 성품의 민중운동 지도자 중 한 사람입니다.

이돈명 변호사는 이부영 씨와 10년 이상의 교분을 맺어와 그의 성품과 사상을 누구보다도 잘 알고 있으며, 서울대학교 법과대학을 졸업한 이변호사의 장남과 이부영 씨는 죽마고우이기도 합니다.

(2) 그러나 공소사실 중, 이부영 씨가 '1986. 5. 3. 인천에서 민통련 및 23개 산하 가맹단체 회원들을 동원, 대규모 시위를 벌여 소요를 야기하는 등의 죄를 범하였다' 라고 하는 부분을 인정할 수 없으며, 이변호사가 '같은 해 7. 27.경 장기표에 대한 공소장 사본을 받아보아 위 이부영이……민통련의 운동방향을 대규모의 민중봉기로써 현정부를 타도하고 사유재산의 철폐를 기도하는 방향으로 변질시킬 준비를 하는 등 북한괴뢰집단의 대남전략전술에 부합되는 이적단체 구성을 예비함으로써 국가보안법 위반의 죄를 범한 자라는 점을 알게 되었다' 라고 하는 것은 그 전부를 인정할 수 없습니다.

이는 위 부분들이 사실이 아니며, 사실을 왜곡 과장 조작 비방하고 있기 때문입니다. 그 이유는 이미 앞서의 제2장 제1절에서 밝힌 바 있습니다.

(3)게다가 이돈명 변호사는 수개월 동안이나 이부영 씨를 자기 집에 유숙시키면서 그로부터 5·3인천사태의 성격과 그의 역할에 관한 자세한 설명을 들었고, 민통련운동론 논의에 관한 저간의 경위와 그의 입장에 관한 구체적인 해명을 들은 바 있습니다.

따라서 이돈명 변호사는 이부영 씨에게 어떠한 죄가 있다고 믿을 수 없었던 정도가 아니라 그에게 아무런 죄도 없었다는 것을, 그에 대한 수배가 오로지 정치보복적인 탄압에 불과하다는 것을 확신하고 있었던 것입니다.

제2절 범인은닉죄의 성립여부

(1) 범인은닉죄는 '벌금 이상의 형에 해당하는 죄를 범한 자를 은닉 또는 도피하게 한' 것을 구성요건으로 하고 있습니다.

이 '죄를 범한 자'라고 하는 개념에 관하여, 우리 판례는 진범은 한정하지 않고, 범죄의 혐의를 받아 수사 또는 소추되어 있는 자를 포함한다는 견해를 취하고 있습니다. 그러나 이에 대하여는 유력한 반대설이 있어 반드시 진범에 한정되어야 한다는 견해가 있고, 절충적 입장에서 진범이 아니라도, 적어도 객관적 합리적 판단에 의하여 진범이라고 상하게 의심되는 자라면 이를 포함한다는 견해가 있습니다.

(2) 그러나 아무라도 범죄의 혐의를 받아 수사 또는 소추되어 있는 자를 모두 포함한다는 판례의 태도는 다음과 같은 점에서 비판받아야 마땅합니다.

첫째, 범인이 아닌데 단지 그가 피의자나 피고인의 입장에 있다는 이유만으로 그를 비보호해준 것이 바로 범인은닉죄가 성립된다는 것은 비민주적인 관헌주의의 유물로서, 국가권력 작용만을 부당히 과도하게 보호하는 국가권위주의적 사고이기 때문입니다.

둘째, 법조문상 엄연히 '죄를 범한 자' 라고 되어 있음에도 불구하고 이를 무시하고 확장 유추해석을 하는 것이므로 죄형법정주의에 위배됩니다.

셋째, 범인이 아닌 데도 불구하고 수사·소추기관에 쫓기는 사람이라면 사회의 건전한 윤리관념에 비추어 오히려 그를 도와주도록 권장하여야 할 것이고, 그렇지 않더라도 적어도 사회상규에 위배되는 행위라고 보기는 어렵다 할 것이므로, 그를 도와주는 행위에 위법성이 있다고 하기 어렵기 때문입니다. 즉 판례의 견해에 의하면 공동체의 건전한 윤리규범을 파괴시키는 결과를 가져올 우려가 있으므로, 그 견해를 지지할 수 없습니다.

따라서 우리는 '죄를 범한 자' 라는 개념이 바로 진범만을 뜻한다고 보는 견해에 찬동합니다.

물론 이 견해에 대하여는 그렇다면 무죄추정의 원칙상 진범인 여부가 유죄확정 판결로 확인되기 전에는 범인은닉죄가 성립할 수 없게 되는 맹점이 있다는 지적이 있음을 우리는 압니다. 또한 객관적으로 보아 지극히 경솔한 판단탓으로 진범이 아니라고 오인한 결과, 현실적으로 수사와 공판을 현저하게 방해한 경우에도 예외 없이 사실의 착오로써 불가벌이 된다면 국가의 형사사법기능을 보호법익으로 하는 범인은닉죄가 유명무실해질 염려가 있다는 비판이 있는 것도 알고 있습니다.

이것은 물론 법적 가치의 중점을 어디에 두어야 하느냐 하는 선택의 문제일 것입니다. 그러나 여하간 무작정 수사 및 소추의 대상이 되었다는 점만으로 이미 '죄를 범한 자' 라고 해석하여야 한다는 견해가 위법 부당한 것은 재론의 여지가 없습니다. 따라서 범인은닉죄의 보호법익이 국가의 형사사법기능을 보호함에 있다는 점에 주안을 둔다 하더라도, 적어도 앞서 말한 절충적 견해가 아니고는 도저히 합리적 해석이라고 볼 수는 없는 것입니다.

(3) 이러한 법리의 해석기준 문제에 있어서, 우리는 정치적 반대자에 대한 수사기관의 입건과 수배의 남용현실을 직시하여야 할 것입니다.

현재의 치안권력은 자기의 비위에 맞지 아니하거나 상부로부터 지시만 떨어진다면 그 누구도 함부로 아무 죄나 걸어서 입건하여 체포하거나 수 배하거나 합니다. 즉 국가형사사법권의 발동개시가 자의에 의하여 남용되고 있습니다. 그것이 아무리 국가의 형사사법 기능이라는 명색을 갖추고 있더라도 실은 공권력의 위법 부당한 처사에 불과하다면 그러한 처사를 법이 보호하여서는 위법의 조장밖에 되지 아니할 것이며, 법의 목적이 결 코 그런 데 있지는 않을 것입니다.

따라서 모든 수사대상자가 범인은닉죄의 범인에 포함된다는 견해는 결 코 지지될 수 없는 것입니다. 만일 그러한 견해에 입각한다 할지라도, 최 소한 위법 부당한 입건, 수배의 경우에는 범인에 포함되지 않는다는 예외 적 해석론이 확립되어야 할 것입니다.

⑷ 원래 '5·3인천사태'의 성격에 관하여 정부당국의 시각과 신민당의 시각이 정면 상치되고 있습니다.

게다가 민통련의 입장은 이미 명백합니다. 민통련은 거단체적으로 5·3 신민당 개헌대회에 참여한 것이 아니라, 산하가 개별단체인 인천지역 사 회운동연합이 위 개헌대회 후에 진행하려 하였던 범국민대회를 주관하였 던 것이며, 소요사태는 민통련은 물론 인천지역사회운동연합으로서는 전 혀 의도하거나 용인되지 아니한 것으로써 정부당국의 음양의 공작에 의하 여 군중심리를 중농시켜 촉발, 유도한 것이라는 데 있습니다.

이돈명 변호사는 이러한 대립되는 시각과 입장을 알고 있으며, 적어도 민통련의 공개적 주장에 대하여는그 신뢰를 의심할 사례는 경험해보지 못 한 반면 정부당국의 발표에 대하여는 종종 그 왜곡 과장성을 절감한 바 있 습니다. 그가 과연 본인의 객관적이고 합리적 판단에 의하여 이부영 씨를 '5·3소요'의 주동자라고 어떻게 강력하게 의심할 수 있겠습니까.

이것이 우리들의 공개적 질문이자, 범인은닉 운운의 주장에 대한 간명 한 답변입니다.

(1) 국가보안법은 대부분의 구성요건이 개념이 불명확하고 불확정적이어서 그 자체로서 죄형법정주의에 어긋나는 위헌법률이라는 비판이 높거니와 귀걸이 코걸이식의 남용과 오용으로 인하여 정부당국에 대한 일체의 비판저항 활동을 엄단할 수 있는 '반정부활동 탄압 백지형법'으로 전락한 지 이미 오래입니다.

본법인 국가보안법위반 죄의 적용이 그러한데, 여기에 편의제공죄까지 무한히 확대적용하는 남폐가 그 누구도 아닌 당대의 존경받는 법조인에게까지 확산된 것이 바로 이 사건입니다.

(2) 국가보안법상의 편의제공죄는 그 구성요건이 '이 범죄의 죄를 범하거나 범하려는 자라는 점을 알면서 금품, 기타 재산상의 이익을 제공하거나 잠복·회합·통신·연락을 위한 장소를 제공하거나 기타의 방법으로 편의를 제공한 자'로 되어 있습니다.

위 조문의 해석에 관하여, 종전의 대법원 판례는 대체로 국가보안법위반의 죄를 범하는 행위나 범하려는 행위를 하는 데 편의를 제공하는 것을 가리킨다는 입장이었습니다. 즉, 국가보안법위반의 범행 또는 그 예비행위에 대한 편의제공으로서 형법상의 방조범 정도에는 미치지 아니하는 행위를 따로 국가보안법으로 처벌한다는 데 그 입법취지가 있는 것이지, 이미 국가 보안법위반의 범행을 마친 자에 대한 모든 편의제공 행위를 처벌한다는 뜻은 아니라고 보아야 하기 때문입니다.

그러나 위 대법원 판례는 최근에 와서 변경되었는데, 그 요지는 이미 국가보안법위반의 범행을 마친 자에 대한 모든 편의제공 행위를 처벌한다는 결론입니다.

변경된 판례에 따르면, 국가보안법위반죄로 기소된 사람, 즉 이돈명 변호사에게 영치금을 넣어주는 행위, 면회를 가는 행위도 모두 국가보안법상의 편의제공죄에 해당하게 될 것이기 때문입니다. 이미 국가보안법위반죄로 복역까지 마친 사람에 대하여 인정을 베푸는 행위까지도 모두 편의제공죄에 해당한다고 볼 수밖에 없는 법적용이 될 것입니다. 도무지 이러한 행위까지 처벌해야 할 이유가 어디에 있으며, 국가보안법이 이다지도 황당무계한 법률임을 자인해야 하는 것입니다.

(3) 따라서 본건 편의제공죄의 공소사실은 그 공소사실 자체에 의하더라도 죄가 되지 않는 것입니다. 이부영 씨가 이돈명 변호사를 찾아와 은신을 부탁하기 전에 어떠한 행위를 하였든지간에, 이돈명 변호사가 그를 위하여 하여준 일은 자기 집에 유숙케 하고 약간의 용돈을 준 것뿐입니다. 유숙시키고 용돈을 준 것은 다만 인정의 발로였을 뿐, 이로써 이부영 씨가 어떤 새로운 국가보안법위반의 행위를 하거나 하려고 함에 있어 무슨 편의를 제공한 것이라고는 도저히 볼 수 없기 때문입니다.

따라서 범인은닉죄가 아니라 국가보안법상의 편의제공죄로 기소된 부분은 그 자체로서 무죄이며, 하나의 넌센스에 불과합니다.

(4) 시각을 달리하여, 위 부당하게 변경된 대법원 판례에 따른다 할 때에도 과연 본건이 국가보안법상의 편의제공죄에 해당될 것이냐, 즉 이돈명 변호사는 이부영 씨가 공소사실 지적과 같이 반국가단체구성예비죄를 범한 것을 알았느냐 여부를 검토해보고자 합니다.

검찰은 이렇게 말합니다. 적어도 일반사람이 아닌 변호사의 입장에서, 그것도 관련인물인 장기표 씨에 대한 공소장사본을 본 이상, 그때부터는 이부영 씨가 국가보안법위반죄로 입건 수배중인 사실을 알았을 것이므로, 이부영 씨가 국가보안법위반의 죄를 범한 자라는 것을 알았다고 말입니다.

우선 이돈명 변호사는 장기표 씨에 대한 국가보안법위반사건의 변호인이 아니었습니다. 혹 우연한 기회에 그 공소장사본을 받아보게 되었다 할지라도 스스로 변호인도 아니며 변호인인 경우라도 당장 변호활동을 개시하여야 할 계제도 아닌 상태인데, 그 공소사실을 찬찬히 읽어보며 검토하였을 리 만무합니다. 따라서 이돈명 변호사는 이부영 씨가 어떠한 행위를 하여서 무슨 죄목으로 입건수배되었는지 정확하게 알 수 있는 형편조차 아니었습니다.

(5) 혹 알았다고 하여서, 무슨 의미가 있었습니까. 정부당국의 의도에 맞지 않는 언동을 하는 사람들을 어떤 때는 놓아두다가 어떤 때는 이 잡듯이 색출하며, 입건죄명과 기소죄명이 마음대로이고, 형식논리만을 척도로 해서 어떤 때는 경범, 어떤 때는 집시법, 어떤 때는 국가보안법 하는 식으로 마음대로 법적용을 하고, 좌우간 기소만 되면 유죄인데, 도대체 어떠어떠한 사건과 관련되어 수배중에 있다는 사실이 무슨 진정한 법률상의 의미가 있다는 것입니까.

우리는 확신합니다. 민통련운동론을 기초한 장기표 씨가 국가보안법위반죄로 기소되었다 하여 그가 국가보안법위반 범행을 한 자라고 이돈명 변호사가 믿을 수는 없는 것입니다. 장기표 씨가 민통련운동론을 기초하였다 해서 국가보안법위반으로 기소되었다 하더라도, 그 운동논의에 참여한 이창복 씨나 이부영 씨가 반드시 국가보안법으로 기소되리라고 믿을 수도 없는 것입니다. 무슨 죄로 기소하든 그것은 검찰의 자의적인 권한행사의 문제에 불과하기 때문입니다. 민통련운동론 정립을 지시한 문익환 목사에 대하여는 본인이 법정에서의 강경한 요청에도 불구하고 국가보안법위반으로 추가기소조차 되지 아니하였기 때문입니다. 수배중인 이부영 씨를 막상 체포하더라도 무슨 유화국면으로의 정책전환이라도 있는 날이면 그냥 훈방을 할지도 모르고 즉심에만 회부할지도 모르며, 소요죄도 적용치 아니하고 단순 집시 참가자로만 기소할지도 모르는 일이기 때문입니다.

이 모든 것이 부질없는 언어의 유희에 불과할 뿐, 이부영 씨가 아마도 '5·3 인천사태'와 민통련운동론 관계로 수배된 것같다고 하는 사실을 이부영 씨가 과연 무슨 죄를 범하였는지, 무슨 죄로 기소되어 유죄판결을 받게 될는지 하는 문제에 관하여 하등의 법률적 의미를 갖지 못하는 것입니다.

⑹ 여하간, 우리도 같은 견해이거니와, 이돈명 변호사가 아는 이부영 씨는 결코 북한공산집단을 이롭게 하는 단체를 새로 만들거나 기존의 민통련을 그러한 단체로 변질시키는 음모나 예비를 하고 다니는 그러한 인물이 아닙니다. 치안당국이 그를 무슨 죄로 수배하거나 말거나, 무슨 죄로 유죄판결을 받거나 말거나 아무 상관이 없는 일입니다.

민주화와 인간화, 민족문제로서의 통일과 민중의 생존권을 확보하려는 저 전인격적 운동에 헌신하는 중년의 지도적 인물이 고작 북한공산당 집단의 이익이나 꾀할 궁리를 하고 있을 리 만무하기 때문입니다.

따라서 이돈명 변호사 자신에 대한 국가보안법 적용이 본건 기소는 실로 경륜 없는 법기술자의 얕은 꾀는 될지 몰라도, 결코 검찰권의 정당한 행사는 될 수 없는 것입니다.

우리는 격렬하게 본건 국가보안법위반죄의 기소부분을 비판하며, 모든 정열을 다하여 그 무죄를 확신합니다.

제4장 결론

⑴ 우리는 이제 이 장시간의 열변을, 그러나 혹 들어주어야 할 귀가 아직도 완고하게 그대로 닫혀 있지나 않은가 하는 염려를 떨쳐버리지 못한 채, 이제 마칠까 합니다.

이돈명 변호사의 고통은 이 시대의 아픔에 동참한 것입니다. 우리는 전국의 교도소와 구치소, 유치장과 기관건물 지하실에서 나라의 장래를 행동으로 걱정하는 수천 명의 젊은이들이 고통을 당하고 있을 때, 우리 기성세대들이, 모든 중간집단들이 일신의 안일에 연연하여 침묵과 굴종의 행렬을 지어가고 있음을 참으로 부끄럽게 생각하고 있습니다. 우리는 이제 이돈명 변호사 한 분이나마 저 고통받는 젊은이들의 옆으로 가서 노구에 혹한을 견뎌내고 있음을 볼 때, 인간적인 연민보다는 차라리 우리의 짐을 대신 지고 있는 장엄함을 느끼고 있음을 실토하고자 합니다. 우리는 이제 기어드는 목소리로나마 면책의 실마리를 찾을 수 있게 되었다 할 수 있기 때문입니다.

실은 이돈명 변호사의 구속은 오래 전부터 예감하고 자청하였던 것인지도 모릅니다. 이변호사 자신은 《신동아》 최일남 씨와의 인터뷰에서 "그렇게 법만 따지시는 분이니까 앞으로 법을 어기지 않을 자신이 있겠군요"라는 질문에 이렇게 답하였던 것입니다.

"재미있는 질문을 하셨는데, 법은 법이 본래의 모습으로 있을 때 지켜지는 것입니다. 그말은 그 시대 그 사회에 적합치 않은 무리한 법을 세우면 지켜질 수 없다는 것입니다.

유신 이래 법이 될 수 없는 걸 가지고 법이라고 우기고, 그나마 그법을 해석 운영하는 데 있어서도 합리적으로 안한다 말입니다. 그러면 아무리 국가가 지키라고 해도 지켜지지 않습니다. 긴급조치나 집시법 같은 것은 나도 지킬 수 없습니다.

지금 정부가 강조하는 준법은 국민을 돼지로 만드는 것과 다름 없습니다. 왜? 정부 자신이 법을 안 지키니까요. 연금, 연행, 영장 없는 불법구속을 무슨 근거로 하는 겁니까. 그래놓으니 악법일망정 그게 지켜지겠습니까."

(2) 이 시대의 아픔은 저 멀리로는 일본 식민지시대에 이은 남북분단에서 연원하는 것이고 짧게는 1980년의 광주의 비극으로 더욱 심화되었습니다.

이 모든 시대적 비극과 고통 및 염원에도 불구하고 오늘의 정치상황은 민주제 개헌으로의 국민적 열망을 호도하여, 개헌과 민주화의 주체인 민족 · 민주 · 민생의 역량을 용공좌경으로 몰아 처단한 위에 권력에의 기생세력과 야합하여 유사 내각책임제 개헌의 관철을 통하여 기어이 장기집권의 음모를 관철코자 한다는 비판이 정치권과 재야운동권뿐 아니라 종교권으로부터도 나오고 있음을 주목해야 할 것입니다.

우리는 이제 남은 1986년의 마지막과 1987년의 초반이 우리 역사에 있어서 발전이냐 후퇴냐를 판가름짓는 커다란 분기점이 될 것으로 예감합니다. 국민적 화해를 통한 나라의 민주화와 사회의 인간화를 이룩해나가느냐, 아니면 질풍노도와 같은 예측할 수 없는 반역의 시행착오를 거듭하느냐 하는 바로 그것입니다.

이 역사적 고비에서 모든 사건들마다 그 중요성이 적지 않을 것이지만은, 특히 이돈명 변호사의 이 사건은 하나의 중요한 시금석이 될 것입니다. 왜냐하면 이돈명 변호사는 정치권과 양심세력을 기성세대와 운동권을 조화케 하고 화해케 하려고 진력하다가 이 시대의 상징적 의미로써 수감되었기 때문입니다.

(3) 천주교정의구현전국사제단의 1986. 11. 17.자 기도와 결의는 우리가 하고자 하는 말을 진실로 잘 대변하고 있습니다.

"우리는 오늘 이와 같이 참담한 현실이 있게 되기까지에는 우리 자신을 포함하여 사회 각 분야와 중간집단이 스스로의 기능을 먼저 포기 또는 상실한 책임이 크다는 것을 고백하지 않을 수 없습니다.

우리는 특히 '보도지침' 의 꼭두각시가 되어 있는 언론 그리고 이제는 경찰의 영장담당부서로 전락한 사법부의 책임이 더욱 크다는 것을 지적하지 않을 수 없습니다.

검찰과 경찰의 수사편의를 위해 1천2백여 명에 대한 인신구속영장을 남발하고, 증거인멸이나 노주의 우려가 없는 고령의 이돈명 변호사에 대한 정치보복적인 구속에 동의하며, 압수·수색, 구류처분 및 법적 판결 이전의 형벌부과를 경찰의 요구대로 순응 또는 추인할 뿐 아니라 저 무서운 고문사실이 밝혀졌음에도 불구하고 허위자백을 근거로 태연히 유죄를 선고하는 그런 사법부를 가졌다는 것은 우리 시대의 가장 큰 비극입니다.

이제 우리는 독재의 폭력과 주술에 길들여져서 나만의 안전이 최선이라는 이기적인 틀을 깨고 나와 각자 서 있는 분야와 집단에서 '예' 할 것은

'예' 하고 '아니오' 할 것은 '아니오' 할 수 있는 살아 있는 자신, 살아 숨쉬는 사회로 일대변환을 시도해야 할 때입니다.

그것이 나 자신과 이 사회를 구원하는 길입니다. 각계각층, 각 분야에 계신 선의의 모든 형제들에게 삼가 양심으로 깨어 있을 것을 호소하는 바입니다."

⑷ 이돈명 변호사는 바로 이 시대의 양식을 대변하였습니다. 이변호사에게 유죄를 선고함은 곧 시대의 양심에 대하여 정죄하는 것이요, 그래서 자기 자신과 우리 사회 모두를 파멸케 하는 것입니다.

왜냐하면, 이돈명 변호사는 국가의 형사사법기능을 방해한 것이 아니라, 고문과 용공조작을, 법의 이름을 빌린 제도적 폭력을, 양심의 용기에 대한 유죄선고를 방해한 것이기 때문입니다. 이돈명 변호사가 비호한 것은 범인이 아니고, 온정을 베푼 것은 국사범이 아니며, 양심의 행동 때문에 박해받고 쫓기는 인물이었기 때문입니다.

이돈명 변호사는 무죄입니다. 법정의 판결로는 무죄입니다. 시대의 양심으로는 더더욱 무죄입니다. 아니, 법정은 짧으나 그의 무죄는 영원합니다.

1986.　12.

변호인들을 대표하여

재개기일 변론요지

피고인 이돈명

1. 검찰은 이돈명 변호사에 대하여 구속영장을 신청할 때나, 공소를 제기할 때나, 지난 1986. 12. 3.의 결심공판에 있어서의 의견진술 때나 한결같이, 이부영 씨가 국가보안법위반죄로 입건되어 수배받고 있음을 안 때 이후로는 이돈명 변호사가 그에게 침식과 금품을 제공한 행위는 단순한 범인은닉죄가 아니라 국가보안법상의 편의제공죄가 적용되어야 한다는 법이론을 가지고 있었고, 증거도 그 증거만 내었습니다.

이점은 이돈명 변호사의 이부영 씨에 대한 1986. 5. 23.경부터 같은 해 10. 23.까지 계속된 이부영 씨에 대한 일련의 침식제공, 간헐적인 금품제공 행위를 '장기 표시에 대한 공소장시본' 을 받아본 1986. 7. 27.경을 세기로 삼아 그전의 행위는 범인은닉죄로, 그후의 행위는 국가보안법위반죄로 공소를 제기하고 있는 점에서도 명백히 드러나는 것입니다.

이 사건 피고인인 이돈명 변호사 본인이나 우리 변호인단들은 검찰이 법정에서 제출한 모든 증거를 증거로 함에 동의하였습니다. 그리하여 사건은 결심되고 1986. 12. 24.로 선고기일이 지정되었습니다.

그런데 선고기일 직전인 1986. 12. 19. 검찰은 변론재개를 신청하면서 그 이유로써 이부영 씨 활동의 용공성 등에 관한 증거를 제출코자 한다고 내세웠습니다. 이러한 재개신청의 이유는 바로, 검찰이 본건 공소사실 중

적어도 국가보안법위반죄 부분에 관하여 종래 견지하여오던 스스로의 법이론이 무리하였다는 점과 결심당시까지도 유죄가 입증되지 못하였다는 점을 자인하고 있는 것이라 아니할 수 없습니다.

왜냐하면, 우리는 결심당시까지 검찰이 제시한 증거에 대하여는 모두 동의하였는데, 검찰은 그 증거로는 부족하니 새로 입증을 하여야겠다는 것이고, 실제로 오늘 검찰 나름대로의 추가입증을 하고 있기 때문입니다.

2. 따라서, 우리는 우선 절차적 측면에서 다음사항을 강력히 항의합니다.

무릇 피고인의 구속은 공판기일의 출석과 형집행의 확보를 위하여 있는 것인데, 당대의 존경받는 원로법조인의 한 분인 이돈명 변호사가 공판기일에 출석하지 않는 등 도주나 해버릴 분이 아니라는 사실은 천하가 다 아는 사실입니다. 그럼에도 불구하고 이돈명 변호사에 대하여 구속영장이 발부되고, 또 보석신청에 대하여 허가가 되지 아니하였는데, 이제 재판부나 피고인측의 사정이 아니라 소추권자인 검찰측의 사정에 의하여 사건을 재개하고, 재개를 함에 있어서도 보석은 허가하지 아니하여 이돈명 변호사가 계속 수감되어 있는 것을 항의하는 바입니다.

왜냐하면, 첫째 결심까지의 검찰의 전 입증으로써도 증명이 부족하다면 법원으로서는 함부로 사건을 재개할 것이 아니라 유죄의 증명이 충분치 아니한 이상 무죄를 선고하는 것이 헌법 제26조 제3항 소정의 '신속한 재판을 받을 권리'의 기본권상 요구되는 법원의 의무이기 때문입니다. 헌법 제9조 후단은 '국가는 기본적 인권을…… 보장할 의무를 진다'고 명시적으로 선언하고 있는바, 신속한 재판을 받을 국민의 기본권은 외면하고 오로지 국가형벌권의 확보라는 가치를 내세워 검찰의 입장만을 두둔하는 것은 전근대적인 국가우월사상의 발로 외에 다름아니기 때문입니다.

둘째, 만일 법원이 어떠한 사정으로든 검찰의 신청을 받아들여 사건을 재개하는 경우라면, 사건재개결정과 동시에 피고인인 이돈명 변호사에 대하여 직권으로 구속을 취소하거나, 최소한 보석을 허가하는 결정을 하였어야 합니다.

이것은 헌법 제26조 제4항 소정의 무죄추정권, 형사소송법상의 당사자주의 이념과 불구속공판의 원칙에 비추어 당연히 요구되는 것이기 때문입니다. 이 사건의 재개와 그로 인한 소송의 지연에 대하여 피고인측에게는 아무런 귀책사유가 없어 오로지 검찰만이 절대적인 책임이 있기 때문입니다. 검찰은 사건의 입건에서부터 공소제기에 이르기까지, 게다가 그후 결심공판에 이르기까지 유죄의 증거를 수집할 충분한 시간적, 인적, 물적 기회가 있었으며, 또한 반드시 적어도 공소제기 전까지 모든 입증의 준비를 완료해야 하는 것입니다.

만일 그때까지 입증준비가 완료되지 아니하였다면 사건의 기소중지를 결정하고 구속정지를 결정하고 구속된 이돈명 변호사에 대한 구속을 취소하여야 하는 것입니다.

그런데도 결심 후에 새로운 증거를 내겠다 하여 사건의 재개를 신청해오는 경우라면, 법원으로서는 적어도 이로 인한 소송지연에 하등의 책임도 없는 피고인을 마땅히 즉시 석방하여 이후의 소송진행을 불구속사건으로 진행하는 것이 마땅한 도리이고 법원의 법률상 의무인 데도, 만연히 고령의 이돈명 변호사를 계속 수감시키는 치명적 잘못을 범하고 있음을 항의합니다.

3, 이미 우리 변호인단의 의견을 지난번 변론에서 자세히 말씀드린 바 있어, 사건의 실제적 측면에 관하여 이 자리에시는 사건의 재개와 관련된 부분, 즉 국가보안법상의 편의제공죄의 법리에 대하여서만 간단히 언급하고자 합니다.

검사는 '편의제공' 죄에 관하여, 그 편의를 제공받은 사람이 단지 국가보안법 위반죄로 입건되어 수배중인 사람이면 족하다는 견해에 입각하였다가 금일에 이르러 수배중인 정도로는 부족하나 적어도 공소제기는 되어야 한다는 견해로 바뀐 것으로 보입니다.

그러나, '편의제공' 죄가 성립하려면 국가보안법 제9조 소정의 구성요건 그대로 '이법의 죄를 범하거나 범하려는 자라는 점을 알면서' 편의를 제공하는 행위여야 하며, 죄형법정주의의 원칙상 이 구성요건의 확장해석, 유추해석은 불법입니다.

결국 국가보안법위반의 죄를 범하고 있거나 범하려고 하는 자에게, 즉 국가보안법위반의 죄를 범하거나 범하려고 하는 행위에 대하여 편의를 제공하는 행위만이 편의제공죄에 해당하고, 그러한 사실에 관한 인식을 요한다고 해석하여야 할 것입니다.

예컨대, 이미 과거에 국가보안법위반죄를 범한 적이 있는 자라고 해서 그에 대한 모든 편의제공이 편의제공죄가 된다고 한다면, 예컨대 자수간첩이나 복역을 마치고 출감한 국가보안법위반자에 대한 생계대책, 기타 생활보조조차 편의제공죄가 된다는 기이한 결론이 되기 때문입니다.

이돈명 변호사는 이부영 씨가 수배인물인 사실, 혹 수사기관에서 자의적으로 입건죄명에 국가보안법위반까지 포함시켰을지도 모른다는 사실 정도만을 인식한 상태에서 그에게 침식을 제공하고 약간의 용돈을 주었을 뿐입니다.

따라서, 예컨대 이부영 씨가 종래 위와 같이 침식과 금품을 제공받기 훨씬 이전의 행위에 대하여 국가보안법위반죄로 기소되었다거나 유죄판결이 내려진다 한들, 이돈명 변호사의 위 행위가 새삼스레 국가보안법상의 편의제공죄에 해당하게 되는 것은 결코 아닙니다.

4. 이돈명 변호사의 구속과 국가보안법위반죄로 공소제기는 법의 남용과 오용에 의한 것이니만큼 우리는 이 자리에서 다시 한번 이돈명 변호사에 대한 즉각적인 석방과 무죄의 판결을 주장하는 바입니다.

끝.

(유현석 변호사 의견)

이 사건에서 이돈명 변호사는 이부영이 국가보안법위반이라는 죄명으로 수배를 받고 있는 사람이라는 점을 알고도 그에게 침식과 금품을 제공하였다는 사실을 시인하고 있습니다. 그러나 그는 이부영이 진실로 국가보안법을 위반했으리라고는 추호도 생각한 바가 없으며 이 정권이 민통련을 탄압하는 수단으로 '또 국가보안법을 갖다 붙이는구나!' 하고 생각했을 뿐입니다. 그는 이 정권하에서 무고하게 국가보안법으로 처벌되는 예를 수도 없이 많이 보아왔기 때문입니다.

변호인들은 국가보안법 제9조의 편의제공죄가 성립하려면 그 편의의 제공을 받은 자가 진실로 국가보안법을 위반하고 있거나 위반하려는 데 있어서 그 행위에 필요한 편의를 제공하여야 되고, 또 진실로 국가보안법을 위반하고 있거나 위반하려는 자라는 것을 인식함을 요한다고 주장하였으며, 검사는 그 편의의 제공을 받은 자가 진실한 범인이라는 인식도 필요한 것이 아니며 다만 국가보안법위반혐의로 추적되고 있는 자임을 인식함으로써 족하다는 견해를 가지고 그에 필요한 입증만을 한 채 이 사건을 결심하였습니다.

그런데 검사는 민통련의 성격, 민통련의 운동론 및 이부영의 활동의 용공성에 관한 증거를 새로 제출코자 한다는 이유를 내세워 변론의 재개를 신청하고 법원은 이를 받아들였습니다. 이것은 바꾸어 말하면, 이부영이 국가보안법을 위반한 자라는 사실을 입증하겠다는 것이며 진실한 범인임을 요하지 않는다고 하던 종전의 견해를 바꾼 것입니다. 여기서 간과하여서는 아니될 점은, 이와 같이 검사가 견해를 바꾸고 이에 따른 입증을 하는 데 필요한 기간 동안 피고인은 구속된 상태에서 이를 기다려주어야 한다는 것은 불구속의 원칙, 당사자주의 및 형평의 원리에 이긋난다는 점입니다. 그럼에도 불구하고 법원이 보석신청에 대한 결정을 하지 않고 변론만을 재개하여 구속을 계속하고 있다는 것은 대단히 유감스러운 일입니다. 검사가 이와 같이 견해를 바꾸고 오늘 그 증거를 제출하였지만 그 새로 제출된 증거라는 것을 가지고도 이부영이 국가보안법을 위반하고 있었다는 사실이 입증되지 못할 뿐만 아니라 피고인이 이부영에게 편의를 제공할 당시 그가 진실로 국가보안법을 위반하고 있는 자라는 것을 인식하였다는 증거는 전혀 없으므로 변론재개와 추가입증에도 불구하고 피고인은 여전히 무죄입니다.

　다른 점의 변론은 종전변론을 그대로 유지하고 중복을 피하거니와 다만 다시 한번 강조할 것은 편의제공을 국가보안법을 위반하고 있거나 위반하려는 자가 그 행위를 함에 필요한 편의를 제공한 경우에 성립되는 것이지 과거에 국가보안법을 위반한 일이 있던 자에게 그 위반행위에 필요한 것이 아닌 편의를 제공하는 행위는 이에 해당하지 않는다는 점입니다. 자수한 간첩이나 형을 마치고 나온 자에게 그가 과거에 국가보안법을 위반한 일이 있었다는 이유로 생활보조를 하는 것까지 처벌대상이 되는 일이 있어서는 아니되지 않습니까? 이부영은 설사 이적단체구성을 예비한 일이 있다고 하더라도 그 범행을 끝내고 도피중이었던 자로서 그 국가보안법위반행위에 필요한 편의를 제공한 것이 아니기 때문에 이돈명 변호사는 편의제공죄를 범한 일이 없는 것입니다.

서 울 형 사 지 방 법 원

판 결

사   건   86 고단 7988 국가보안법위반, 범인은닉

피 고 인   이돈명李敦明 변호사
            주거   서울 종로구 창성동 98의 5
            본적   △△△△△△
검   사   고영주
변 호 인   변호사 별지목록 기재와 같다.

주   문   피고인을 징역 8월 및 자격정지 1년에 처한다.
            판결선고 전 구금일수 중 100일을 피고인에 대한
            위 징역형에 산입한다.

이   유

범죄시실   피고인은 시울 중구 무교동 7의 1 소새 무교빌닝 502호실
에서 변호사업에 종사하고 있는 자인바,

1. 민주통일민중운동연합(이하 민통련이라 약칭한다) 사무처장 이부영이
1986. 5. 3. 인천에서 신한민주당개헌추진 인천경기지부 결성 및 현판식이
개최됨을 기화로 민통련 및 23개 산하가맹단체 회원들을 동원, 대규모시
위를 벌어 소요를 야기하는 등의 죄를 범하고 도피중에 있음을 알면서도
동인의 체포를 면하게 할 생각으로 1986. 5. 23.경부터 같은 해 7. 26.경까

지 종로구 창성동 98의 5 소재 피고인의 집 2층 방에 유숙하게 함으로써 벌금 이상의 형에 해당하는 죄를 범한 자를 은닉하고

2. 같은 해 7. 27. 경 위 변호사 사무실에서 공소 외 장기표에 대한 공소장 사본을 받아보아, 위 이부영이 같은 해 5. 4. 민통련 중앙위원인 김인한의 집에서 장기표 등과 함께 민통련조직정비 및 운동론심의위원회를 개최하여 민통련의 운동방향을 대규모의 민중봉기로써 현정부를 타도하고 사유재산제도의 철폐를 기도하는 방향으로 변질시킬 준비를 하는 등 북한괴뢰집단의 대남전략전술에 부합되는 이적단체구성을 예비함으로써 국가보안법위반의 죄를 범한 자라는 점을 알게 되었으면서도 그때부터 같은 해 10. 23.까지 위 2층 방을 동인의 잠복을 위한 장소로 제공하고 또한 같은 해 8. 20.경과 같은 해 9. 20.경 2회에 걸쳐 같은 집 1층 안방에서 동인에게 돈 50,000원씩 도합 100,000원을 제공하여서, 국가보안법위반의 죄를 범한 자에게 편의를 제공한 것이다.

증거의 요지
1. 피고인의 법정에서의 판시사실에 부합하는 진술
1. 검사(1, 2회) 작성의 피고인에 대한 피의자 신문조서 중 판시사실에 부합하는 진술 기재
1. 사법경찰관 사무취급 손종기가 작성한 사법경찰관 사무취급 작성의 이부영에 대한 피의자 신문조서 사본 중 판시사실에 부합하는 진술 기재
1. 검사작성의 이부영, 이윤에 대한 각 진술조서 중 판시사실에 부합하는 각 진술 기재
1. 사법경찰관 사무취급 작성의 피고인 및 이윤에 대한 각 진술조서 중 판시사실에 부합하는 각 진술 기재
1. 피고인 및 이윤 작성의 각 자술서 중 판시사실에 부합하는 각 진술 기재
1. 서울지방검찰청 검찰주사보 송완용, 안용옥 및 사법경찰관 사무취급 손종기가 작성한 이부영 작성의 각 자술서 사본 중 판시사실에 부합하거

나 부합하는 취지의 각 진술 기재

1. 서울지방검찰청 검찰주사보 송완용이 작성한 김인한 작성의 진술서 등본 중 판시사실에 부합하는 취지의 진술 기재

1. 서울지방검찰청 검찰주사보 송완용이 작성한 장기표에 대한 공소장 요지가 게재된 신문사본 중 판시사실에 부합하는 취지의 기재

1. 서울지방검찰청 검찰주사보 송완용이 작성한 유승준 작성의 감정서 등본 중 판시사실에 부합하는 취지의 감정결과 기재

법령의 적용

국가보안법 제9조 제2항, 제14조.

형법 제151조 제1항(징역형선택).

형법 제37조전단, 제38조 제1항 제2호, 제50조(형이 중한 국가보안법위반죄 의 정한 형에 경합범가중), (징역형에 한하여) 형법 제57조.

1987.　2.　9.

판 사　정연욱

변호사 명단

이재인	김제형	유현석	이건호	김기진	이용식	김종선
하일부	이기홍	홍남순	고재혁	황인철	한승헌	고영구
홍성우	박원순	이상수	조준희	김상철	박성민	박승서
한경국	문인구	이세중	노재필	홍건필	박 철	박인제
정주식	노영록	장봉선	정성광	김응조	박성귀	김광일
김길준	김명윤	김 수	김은집	목요상	박병일	박한상
신기하	용남진	이관형	이원형	이택돈	이흥록	장기욱
정기호	조승형	조주형	태윤기	허경만	홍영기	장재형
이원영	신기남	박연철	유선호	원강희	박봉규	이경신
양승찬	현종찬	오시열	윤종현	이봉구	석진강	송영욱
이유영	진중한	이재성	오상걸	김성엽	최승민	주수창
진효근	임채홍	조기항	김무식	노재승	박윤근	손우영
손태봉	김장수	정용근	양영태	이경량	이형년	김용은
권진옥	강창원	김용채	허봉희	김용근	이금원	강신영
고재량	정응태	이덕수	오수원	김창욱	하민호	이정호
김승묵	이기문	이탁규	김종세	황기환	최락구	김동현
김형태	조경근	정병희	장한각	안동수	김기천	박원철
박영립	홍이석	박재승	신형조	최병영	배혜용	백석기
김익상	이경택	이경우	천정배	조창영	김원중	백승헌
박재명	최창귀	오정현	김경천	하죽봉	신영무	이정훈
허창복	송응순	박용석	홍세열	김성근	김영삼	노무현
노익래	문재인	문종술	박경구	박영도	박윤성	박재봉
박준석	서윤학	석춘재	심연택	오장희	유정동	이근성
이형규	장문호	장두경	정차두	정철섭	조석조	조성래
최번영	경수근	최명규	안영도	김춘호	염동호	신경훈
김찬영	신인수	정광진	이종순	이돈희	정연조	황계룡

인정헌	김교창	문진탁	김상형	한춘희	배병근	장석화
이응복	홍기중	이상원	안명기	오연근	백일성	함정호
박승호	조규대	최영도	김준수	박두환	조영일	서철모
강신옥	조영황	주진학	임규오	함영업	강봉제	김경철
신진근	손 양	하경철	김항석	한기찬	김동정	이병용
채원식	이수상	민동식	변정수	정춘용	최석봉	김춘봉
김성기	양 헌	우영제	이석조	한정진	채훈천	정보성
한윤수	윤의준	방예원	이상혁	김공식	최종백	심훈종
임동진	박충순	강수림	이세작	박일재	곽동헌	김원갑
현규병	정성철	강순원	황인만	황석연	김정환	강철선
최병모	김강영	이재후	차형근	최영철	이범열	민병훈
황공열	안범수	이종관	김문희	김기열	조영래	장경찬
안동일	백형구	이택규	윤희경	문영극	김양남	김이조
김수룡	김주원	김광정	조태연	박용일	정해덕	임재연
우수영	백창은	김신재	박 진	박연오	백락민	김충진
이해진	김윤도					

인권변호사의 비범한 삶

김숙현 (시사법률 취재부장)

인권변호사의 1세대라 불리는 이들 중에 범하 이돈명 변호사가 있다. 그의 아호 '범하'는 말 그대로 '평범함보다도 더 낮다'는 의미를 지닌다. 한 마디로 수준 이하라는 뜻이다. 어떻게 이런 아호를 생각했냐는 질문에 "그냥 혼자 생각했다" 답하며 허허 웃었다. 최근 출간된 이변호사의 평전 《돈명이 할아버지》의 편집후기에서 김정남 씨는 그의 아호에 대해 스스로를 낮추고 있지만 대단한 자부심이 아니면 쓰기 어려운 아호라 설명한다. 자신의 원칙에서 단 한 번도 어긋남이 없었던 이변호사의 팔십 생애는 인간에 대한 사랑과 자유민주주의에의 헌신이었다.

1970, 80년대 독재정권과 싸우면서 수많은 시국사건을 맡아 변론했던 인권변호사의 대표적 인물인 이돈명 변호사를 두고 위대한 사람이라고 말하는 사람은 많지 않다. 명성이나 권위로 따지자면 그를 능가하는 사람은 얼마든지 많을 것이다. 하지만 그는 소박하고 평범하되 또한 위대하다. 그의 팔십 생애는 인간에 대한 사랑과 자유민주주의에의 헌신이었다. 그리고 단 한 순간도 자신의 원칙으로부터 벗어나지 않는 길을 걸어왔다.

주변의 사람들은 저마다 자신의 잣대로 이돈명을 좋아하고 존경한다. 어떤 이는 소박함을, 어떤 이는 강직함을, 또 어떤 이는 타인에 대한 깊은 배려를 그의 참다움이라 꼽는다. 그러나 뭐니뭐니 해도 그의 가장 큰 장점은 열린 사고일 것이다.

이돈명 변호사의 평전이 발간된 후 이루어진 이번 인터뷰는 실물 '돈명이 할아버지'를 만나서 치열했던 민주화 항쟁의 증언을 직접 듣고 싶은 이유도 있었지만, 지금 개혁의 문턱을 넘는 우리 사회 과도기적 현상에 대한 혜안을 구하고 싶은 마음도 컸다. 우리 사회는 지금 제도개혁에서 일대변혁을 겪고 있다 해도 과언이 아니다. 최근 사법개혁으로 배심제·참심제가 우선적으로 거론되고 있고, 국가보안법과 사형제도 존폐논의도 다른 어느 때보다 뜨겁다. 이변호사에게 먼저 최근 헌재의 합헌판결에도 불구하고 지속적인 논란을 가져오고 있는 국가보안법 폐지논의에 대한 의견을 구해봤다.

그는 자신이 이법의 폐지를 주장한 지가 10년이 넘었고, 김대중 정권 때는 직접 제안한 일도 있지만, "이법은 모든 국민의 자유를 전제로 해서 사회를 발전시켜나가는 것에 있어 걸림돌이 될 뿐"이라 말했다. "존치론자 혹은 개정론자들은 북한에도 이와 상응하는 법이 있고, 그래서 국가보안상 필요한 법이라 주장하지만 그것이 무슨 상관이 있느냐"며, "올바른 민주주의로 발전하기 위해서는 반드시 없어져야 할 법"이라고 강력히 주장했다.

과거에는 수많은 민주인사에게 구형되기도 했던, 최근 연쇄살인범이 구속되면서 또 다시 불붙기 시작한 사형제 존폐논의에 있어서 그는 이렇게 답했다. "내가 법관을 십수 년 하기도 했지만, 많은 범죄자들 중에는 이 세상에는 정말 있어서는 안될 것같은 혹독한 인간이 있다. 하지만 사람이란 어느 순간 한번 깨달음이 오면 전혀 달라지는 법으로 이런 사람에게도 그런 깨달음이 한번도 오지 않는다 보장할 수 없는 일이라 말한다. 물론 사형제도가 인류역사와 함께 했다 할 만큼 오래된 제도인 것은 분명하지만, 형법에도 두 가지 조류가 있어 객관주의와 주관주의가 있는데, 객관주의에 의해서 생긴 '응보'형 사상이 사형제도를 만들었다면, '교화'로 가는 주관주의는 행형제도의 반작용으로 일어난 것으로 세상을 융화적으로 만드는 훨씬 진보적인 것이라는 설명이다. 따라서 사형제도는 우리가 이를 악물고라도 바른 사회를 만들기 위해 폐지해야 할 제도라는 것이다.

더불어 이변호사는 우리의 세상을 보는 혜안에 대해 한 가지 덧붙여 제시했다. "사회주의는 이를 70년 동안 시행해본 소련에서 실패로 규명이 났고, 역시 인간의 모든 행위는 자유를 기본바탕으로 해야 그 문명도 꽃피울 수 있을 것"이라 전제한 뒤, 하지만 "이런 자유를 전제로 해서 민주주의를 발전시켜나간다면 마르크스의 유토피아도 실현 가능할 것"이라 말했다. 실제로 마르크스는 자본주의 사회의 복지제도, 노동제도, 주식회사 등에 영향을 주었고, 역설적이게도 자본주의를 더욱 건실하게 해주었다고 평가되기도 한다.

"지금 유럽 대부분의 국가들은 사회당이 집권해왔고, 그들은 자유체제를 옹호하고 자유를 키워나가면서, 사회주의의 모순을 하나씩 제거해나가면서 정책을 발전시키고 있다. 우리도 이런 움직임을 주의깊게 볼 필요가 있으며, 우리의 실정에 맞게 제도를 보완해가면서, 자유를 바탕으로 우리 사회의 불평등을 없애가는 것이 순리가 아닐까" 하는 의견을 밝혔다.

노동자 변론활동으로 함께한 70년대 민중투쟁

1952년 제3회 고등고시 사법과에 합격해 판사로 임관, 63년 1월 서울지방법원 합의부 재판장이 되었고, 그해 4월 김제형, 유현석, 이동신과 제일합동법률사무소를 연다. 74년 4월에 발생한 '전국민주청년학생총연맹(민청학련)' 사건을 시발점으로 황인철 변호사 등과 함께 인권옹호 활동과 반독재 운동에 전념하면서 한울회, 전민학련, 전민노련 사건, 김재규 사건 등 크고 작은 사건들에서 인권변호사로 활동해온 이돈명 변호사의 일대기를 그린 평전이 《돈명이 할아버지》란 제목으로 발간됐다.

대부분 이돈명 변호사의 직접증언과 동시대를 겪은 동료들의 증언내용으로 구성된 평전 편찬작업은 2년여에 걸쳐 진행되었다 한다. 이돈명 변호사는 처음 천주교 교우이자 천주교정의평화위원회에서 활동하는 김정남, 문국주 씨의 평전출간 권유를 받았을 때 "내가 한 일이 뭐가 있냐"며

몇 번을 거절했다는데, 하지만 개인의 역사이기보다는 우리 민주항쟁사를 정리해보자는 완강한 설득에 결국 평전출간을 허락했다 한다.

그는 "유신정권부터 전두환 정권까지 군부독재 시절 반독재투쟁사에 대한 완전한 기록이 아직 없다" 말하면서, "다소 불완전해도 우리 민중들이 어떻게 민주주의를 위해 싸워왔고, 그런 투쟁 위에 오늘날의 민주주의가 이루어진 것을 기록으로 남겨 현재 민주주의가 후퇴하는 일이 없이 더 발전하기를 바라는 마음에서"라고 출간이유를 밝혔다.

이돈명 변호사의 평전에는 전남 나주에서 소작농의 늦둥이로 태어난 그의 어린 시절부터 조선대 제1회 졸업생에서 법관으로, 또 변호사로 개업한 후 독재와의 항쟁과 인권변호사로 일관된 현재진행의 그의 삶이 소상히 기록되어 있다. 책에서 많은 이야기들이 다뤄지고 있지만 그중에서도 거듭 강조하고 싶은 이야기를 묻자 그는 "그 동안 수많은 사건들을 변론했고 변론한 사람의 입장에서 어느 한 사건에만 비중을 두고 말할 수 없지만, 그래도 굳이 말하라면 70년대 노동자 투쟁의 대표격인 전태일의 사망사건을 얘기하고 싶다"고 했다.

"이제는 '민중'이란 용어도 자신있게 쓰지만, 전태일 사건부터 광주사태까지 당시에는 '민중'이란 말조차 못했다"며, "당시의 민중투쟁은 결국 생존의 운동이었다" 말한다. 인간의 삶의 기본인 식·의·주도 보장되지 않는, 국민생활을 탄압하는 정권에 대한 항거였다. 온 몸이 숯이 되어 "내 죽음을 헛되이 하지 말라"고 외친 전태일의 유지는 청계피복노조라는 결실을 맺었고, 전태일의 죽음으로 노동문제에 눈을 뜬 학생들의 노력과 사회적인 관심을 등에 업고 노동자들은 자신들의 생존권 투쟁을 시작한 것이다. 이때 '창동 어머니'로 불리던 전태일의 어머니인 이소선 여사도 아들의 유언을 가슴에 품고 평화시장 노동자들의 어머니 노릇을 하면서 근로자의 인권을 찾기 위한 노동교실을 운영하고, 노동자들이 인간다운 삶을 찾기 위해 싸우는 곳이라면 어디든지 달려갔다. 당연히 당국에 눈엣가시 같은 존재였던 이소선 여사가 연행되었을 때, 이변호사는 그녀의 변론을 혼자서 도맡아 함께 투쟁한다. 이변호사는 "당시 청계피복노조 사건은 아주 보잘것없는 사람들의 얘기지만 이일은 다른 어떤 위대한 지도자의 얘기보다도 훨씬 큰 뜻을 가지고 있다” 설명했다.

70년대의 고도성장은 농민과 노동자의 희생을 딛고 이룬 것이었다. 당시의 경제개발전략에 의한 성장제일주의는 산업간·계층간의 심각한 소득격차와 불균형을 야기했고, 노동자들의 장시간 노동과 최저생계비에도 못 미치는 저임금, 그나마도 미루는 임금체불, 생명을 위협하는 열악한 노동환경 등으로 짐승만도 못하는 생활고에 시달려야 했다.

그 가운데에서도 특히 평화시장의 노동자들이 겪는 노동환경은 참혹했다. 약 8백여 개의 소규모 피복공장이 운집해 있는 평화시장은 대다수의 어린 여공들 손에 유지되고 있었다. 13~17세의 소녀들이 8평 정도의 허리도 제대로 펼 수 없는 다락방에 30여 명씩 갇혀서 아침 8시부터 밤 11시까지 재봉틀 소음에 시달리면서도 한 달 평균 3만 원에도 못 미치는 임금을 받고 있었다.

1979년 3월 ‘크리스찬 아카데미’의 여성사회 간사인 한명숙 씨의 연행으로 시작된 일명 ‘크리스찬 아카데미 사건’도 수출지상주의의 그늘에서 소외된 이들의 인권회복을 위한 투쟁이었다. 다른 6명의 변호사들과 함께 변론을 맡았던 이변호사는 이 사건에 대해 “유신 말기의 반공법 남용의 대표적 사건으로, 그들의 정권을 유지하기 위해 무고한 이들을 잡아 고문과 협박으로 용공분자 내지 용공조직으로 날조하고 반공법위반 혐의를 씌웠다” 설명한다.

1956년에 발족한 ‘크리스찬 아카데미’는 일류학교를 졸업하고 미래가 촉망되는 젊은이들이 국가의 장래를 생각하여 고민하며 설립한 단체로 이른바 ‘중간집단’ 육성을 위한 교육활동과 대화모임 등을 주도했다. 즉 교육을 통해 소외된 농민, 노동자, 여성들에게 자신의 권익을 되찾게 함으로써 인간다운 삶을 살도록 하는 의식화 교육을 한 단체인 것이다. 이변호사는 이 사건에서 현재 이화여대총장으로 있는 신인령 씨를 변호했다.

민주주의는 피를 먹고 자란다

1979년에 발생한 10·26사건으로 유신정권도 막을 내렸다. 반유신 운동에 관한 사건이라면 도맡아 하던 이변호사에게 운명적으로 김재규 변론 요청이 왔다. 평소 존경하던 강봉재 변호사의 청으로 이루어진 것이다. 사건이 일어난 처음부터 "김재규가 정권을 잡으려고 한 일이라면 대통령까지 죽인 사람이 그렇게 쉽게 전두환에게 잡혔을까 의혹을 느꼈다" 말하는 그는 당시 변론을 맡았던 일을 "유신의 우두머리만 없애면 민주주의를 이룰 수 있다는 소박한 믿음에서 박정희를 살해했다는 김재규의 순진한 마음은 나도 박정희 죽음을 들었을 때 유신독재도 끝났다고 생각했기 때문에 충분히 이해할 수 있었다"는 말로 회상한다. 당시의 변론은 실패했지만, 그는 이 사건과 관련해 김대중 전대통령이 유감을 표시하며 언급했던 말을 얘기해주었다.

김 전대통령은 "당시 박정희는 김재규가 죽이지 않았어도 민중이 일어나서 끌어내릴 시점이 머지 않았는데, 정치적으로 대단히 아쉬운 사건"이라 말했다 한다. 이변호사는 "결국 이 사건이 별 일이 아니라는 의미도 되는데, 김 전대통령의 말이 정치적으로는 이치에 맞는 말이겠지만, 법률가의 입장에서는 그렇지 않다" 했다. 법률은 어떤 사람이 죄를 지었을 때 그 동기를 가장 중요시한다. 무슨 생각을 하고 죽였는가가 판단에서 꽤 중요한 열쇠가 되는 것이다. 김재규의 변론을 맡기 전에도 무수히 고민했고 결국 맡아 진행하면서도 많이도 골몰하고 여러 확인을 기쳤지만, 한국에 박정희 씨를 놔두고는 민주주의가 될 수 없다는 것을 뼈저리게 느꼈다는 점에서는 공감했다는 것이다.

유신이 끝나면 독재도 끝나는 줄 알았다. 1980년 5월 '광주의 피'로 시작한 5공화국 시절의 처절한 투쟁에 대해 이변호사는 "그때는 학생들이 줄줄이 감옥으로 걸어갔다"고 표현했다. 82년 3월 18일 발생한 '부산 미문화원 방화사건' 등 80년대 들어 반미항쟁이 연이어 발생한 것은 5·18 민중항쟁에서 촉발된 것이었다. 당시 광주사태를 진압할 목적으로 4개 대대의 한국군을 미군의 통제하에서 풀어달라는 한국정부의 요청에 동의한 일련의 과정은 한국민으로 하여금 미국이 더 이상 민주주의의 편이 아니라, 누가 되었든 친미반공정책을 추구하기만 하면 되다는 사실을 냉정하게 깨닫게 만들었고, 5·18 광주민주화운동 과정에서 자행된 계엄군의 만행은 전정권뿐만 아니라 병력사용에 동의한 미국도 그 책임을 져야 한다고 생각한 것이다.

부산 미문화원 방화사건이 있기 전에, 사실은 광주에서 미문화원 습격사건이 있었다. 미국의 반성을 촉구하기 위한 것이었다. 당시 전두환 정권은 이일에 대해 발표도 못하게 하면서 사건을 은폐시켰다. 시민들의 가슴에 생긴 응어리는 더 커져만 갔고, 결국 부산 미문화원 방화사건으로 이어졌다. 그런데 이 사건에서 불행히 사람이 죽었다. 사실 예상 밖의 일이었지만, 정부에서는 이일이 마치 북한의 지령을 받아서 한 것처럼 발표했고, 이것 역시 역사의 왜곡이었다.

당시 이변호사는 황인철, 홍성우 변호사와 함께 변론을 위해 부산에서 살다시피 하면서 변론준비를 했다. 중간에 김광일, 이흥록 변호사의 노력으로 부산 현지 변호사 3, 4명이 변론에 가담해 변호인단은 총 10명으로 늘어났다. 당시 피고인 중 한 명으로 사형을 언도받았던 문부식 씨는《당대비평》에 기고한 글에서 다음과 같이 진술했다.

나는 최소한 그들이(수사기관) 나에게 왜 미문화원에 불을 질렀는지에 대해 물어보리라 생각하고 있었다. 그러나 나를 포함한 사건 관련자 어느 누구도 그와 비슷한 질문조차 받지 못했다. 광주학살에 대한 미국의 책임을 묻기 위해 방화했다는 말은 그들에게 전혀 '필요 없는 말'이었고, 그건 '너희들의 사정'일 뿐인 것이었다. 우리를 기소한 이유를 밝힌 공소장 어디에도 '광주'라는 단어는 없었다.

이후에도 이변호사는 86년 6월부터 권인숙 성고문 사건을 맡아 변론 준비를 하다가 그 해 10월 말 국가보안법 위반혐의로 수배중인 이부영을 도와준 혐의로 안기부에 연행되었다가 구속되어 실형을 언도받았고, 8개월 간의 수감생활을 하기도 했다. 그때 지병인 심장병을 얻게 된다.

지혜와 양심, 용기있는 삶으로

미문화원 방화사건 이후 이변호사 등 인권변호사들은 '반미' 라는 변화된 민주화 운동의 방향에 따라 끊임없이 용공좌경 시비를 낳은 정권에 맞서게 된다. 이후 폭발적으로 늘어난 학생운동과 노동운동에 대해 투쟁의 정당성을 옹호하면서, 정권의 용공좌경 논리와도 싸워나간 것이다.

이변호사는 요즘 국민들의 반미 분위기가 고조되고 있는 데 있어 당부의 말을 했다. "그 동안 한국의 민주주의가 발전하는 데 음으로 양으로 미국의 영향을 받아온 것도 사실이어서, 지금 미국을 비판적으로 보는 시각이 자연스럽게 생겨왔지만, 그러나 지나친 것은 약소국으로서 바람직하지 않다. 단, 모든 역사적 사실을 고려하면서 반미운동을 민족자주 운동으로 발전시키는 것이 더 좋겠다"고 말했다.

이변호사는 인터뷰 처음과 중간에 전두환 정권이 대통령직선제를 수용하는 6·29 선언 이후에도 양 김의 후보단일화가 이루어지지 않아 완전한 민주화를 이루지 못한 일을 가슴 아픈 일로 회상했다. 이변호사는 6월 이후 민주진영의 후보단일화를 위해 부단히 노력했다. 그러나 '군정종식 단일화 쟁취 국민협의회'와 '김대중 선생 단일후보 범국민추진위원회'가 잇달아 결성되면서 민주진영이 완전히 분열되자, 그는 그 시점부터 정치적으로 관여되는 활동은 중지한다.

이변호사는 88년 9월 조선대 총장으로 취임한다. 그간 관선이사진으로 운영되던 조선대학교의 총장직을 요청받고 고심끝에 수락해 맡은 것이나. 하지만 총장취임 후 직면한 이철규 변사사건과 관련해 어려움을 겪기도 했으며, 학교예산으로 확보되어 있는 '학생지도비'로 운동권 학생들에게 빵과 우유를 공급하거나, 농성중에 다친 학생의 치료비를 물어줘 '공금 유용 및 횡령' 죄로 재판정에 서기도 했다. 당시 이변호사의 전임 총장들은 그 예산을 운동권 학생들을 회유하는 데 써왔던 것이다.

공금유용과 공금횡령으로 기소까지 되었지만, 당시 그를 아는 사람들은 입을 모아 이변호사의 조선대총장 재임시절에 대해 청렴결백을 말한다. 총장으로 있으면서 판공비를 절약해 수억 원대를 남겨놓은 이는 전무후무하다는 것이다. 한편 이변호사는 조선대학교에서의 경험을 살려 2002년 1월부터 강원도 원주에 있는 상지대학교에서 관선이사장으로 일하고 있다.

조선대 총장을 그만두고 광주에서 올라온 이변호사는 덕수합동법률사무소에 적을 두게 된다. 70년도 말, 황인철, 고영구, 고재호, 석은만, 송영규 변호사 등이 개설한 덕수는 70년대 고영구, 황인철 변호사가 본격적으로 인권변론에 나서면서부터 지금까지 인권변론의 보루와도 같은 곳이다.

덕수합동법률사무소가 처음 문을 열 때부터 소속 변호사 모두 인권변론에 대한 공통의 뜻을 두고 개설된 것은 아니었지만, 국가배상법 위헌판결로 군사정권의 눈에 나 대법원 판사직을 그만둔 유재방 변호사와 시국사건에 대해 직권보석과 무죄판결을 많이 한 것으로 알려진 최병모 변호사, 민변 총무간사를 지낸 김창국 변호사가 합류하면서 덕수는 명실상부한 인권변론의 요람이 되었고, 후에도 89년에 이석태, 김형태, 조용환 변호사가 합류하고, 뒤를 이어 김기중, 도재형 변호사 등이 들어오면서 지금의 규모로 거듭났다.

이변호사는 덕수합동법률사무소에 적을 두면서 사회활동에 더욱 전념했다. 95년부터 96년까지 민족문제연구소 이사장, 2001년부터 2003년까지 민족화해협력범국민협의회(민화협)의 상임이사장을 맡았으며, 2003년 6월26일 발족한 6월민주항쟁 계승사업회의 공동대표로 활동하는 등 아직까지도 인권운동의 큰 어른으로서 든든한 정신적 지주의 역할을 계속 수행하고 있다.

이변호사는 법관의 덕목으로 지혜, 양심, 용기를 꼽는다. 이는 인간으로서 갖추어야 할 최고의 덕목이기도 하다. 법조 후배들에게는 법률에 종사하는 이는 그 자리가 재조든 재야든 국민의 사표師表가 되어야 함을 명심할 것을 당부했다. "자신의 삶이 다른 사람으로 하여금 본받을 수 있도록 하는 것은 법률가의 권리이자 의무이다. 이점을 의식 못하면 부정에 빠지기도 쉽다." 그는 법률가뿐 아니라 모든 자본가, 모든 노동자, 우리나라의 모든 국민들이 참된 도덕성의 구현으로 지구촌에서 앞장서 나갈 수 있기를 염원했다.

38

목요기도회 설교 사건 등

피고인 고영근

반정부 설교에 씌워진 갖가지 죄명

한승헌 (변호사)

한국목민선교회장 고영근高永根 목사는 젊어서부터 많은 부흥집회를 인도해온 전도목사였다. 그러나 시국기도회도 아닌 부흥집회에서 불의한 집권자를 공격하는 '정치적' 설교를 했다고 해서 그는 몇 번이고 구속당하는 수난을 겪는다.

고목사만큼 유신 군사독재에 정면으로 맞서 싸운 성직자도 드물다. 연행투옥 26회, 공판횟수 50회, 옥중생활 4년 2개월, 실로 놀라운 박해이자 투쟁이었다.

고목사는 일찍이 1976년 3월 12일 충북 단양의 한 교회에서 부흥집회를 인도하던 도중 경찰에 연행되어 긴급조치위반으로 구속된 바 있다. 그의 첫 번째 수난이었다. 사복경찰이 부흥집회장에 들어와 설교내용을 몰래 녹음하여 증거를 확보해놓고는 경찰서에 가서 교양강좌 좀 해달라고 모셔다가 유치장에 가둔 것이었다.

그때를 시발로 해서 고목사는 20여 년 동안 전국의 여러 수사정보기관에 본의 아니게 '교양강좌'를 하러다니는 관록을 쌓았다.

당시 문제가 된 설교내용은 "박정희가 헌법을 고치고 한 사람의 무덤을 2평으로 제한해놓고도 자기 부인이 죽으니 1천 평이란 엄청난 땅에 무덤을 만들게 하였으니…… 이것은 민주국가에서 있을 수 없는 개인숭배가 아닌가"라는 내용의 박정희 비판이었다.

그 다음해인 1977년 11월 26일 그는 전남 강진경찰서에 또다시 연행당한다. 그의 두 번째 구속사건은 강진읍교회의 심령대부흥회에 이어 같은 교회에서 열린 '농민을 위한기도회'에서의 설교를 문제삼은 것이었다. 그는 박정권의 쿠데타 집권, 인권침해, 영구집권 기도, 부정부패 등을 직설적으로 공격하였던 것이다.

장흥지원에서 재판이 열렸을 때 광주지역의 홍남순, 윤철하, 이기홍 등 세 분의 변호사가 고목사의 변호를 맡았는데, 이는 서울 이외의 지역에서 변호사들이 유신반대 시국사건 변론에 참여한 첫 번째 실례로 기억된다.

고목사는 "한국교회 목사들은 불의에 항거하여 예언자로서 회개를 외쳐야 함에도 불구하고 오히려 불의한 권세자에게 아첨하니 통탄을 금할 수 없다. 아무개 목사 같은 이는 일정시대에는 친일파, 박정권 때는 3선개헌 지지, 유신헌법 지지, 전두환 때는 학원안정법을 지지하는 등 집권자에게 아첨해왔다……"고 질타했다. 구구절절 너무나 옳은 말이었지만 법정에서는 언제나 유죄판결만 나왔다.

나는 고목사의 수많은 구속사건 중에서 세 건의 사건을 변호했다.

첫 번째는 1985년 9월 한국기독교교회협의회 주최 '고난받는 이와 함께 하는 예배' 설교사건.

이때에도 유신정권에 아부하는 목사를 비판했다고 명예훼손죄로 유죄판결을 받았다.

두 번째는 1986년 10월 목요기도회 설교사건. 전두환 정권을 신랄하게 비난했다 하여 유언비어 날조 유포죄로 기소되었다.

목요예배 설교사건 공판때 변호인인 나와 그분은 다음과 같은 법정문답을 주고 받았다.

한승헌 : 목사로서 복음만 설교하지 않고 정치적 발언까지 한다고 정부
당국이 법정에 세웠는데 어떻게 생각하십니까?
고영근 : 기독교의 세 가지 중요한 교리는, 첫째 하나님의 영광을 위하여

예배드리는 일, 둘째 구원받기 위하여 성령으로 거듭나서 새 인격을 이루는 일, 셋째 인류에 봉사하기 위하여 불의를 정복하고 사랑과 정의를 실천하는 일 등으로, 그 세 번째 항목인 하나님의 정의를 구현하려고 정치적 발언을 했던 것입니다.

세 번째로 내가 맡은 고목사 변호는 1992년 11월에 있었던 유인물사건이었다.

그는 민자당 김영삼 대통령후보의 무능과 부도덕을 지탄하는 유인물을 배포했다고 해서 구속기소되었다. 죄명은 대통령선거법 위반.

그는 노태우 대통령에게 보낸 공개 권고문에서 '김영삼 씨의 무능과 부도덕한 처사를 누구보다도 더 잘 알고 있는 노태우 대통령이 그런 사람을 대통령 후보자로 지명한 것'을 지탄했다.

그가 감히 그렇게 말한 근거는 무엇이었을까. 나는 법정에서 물었다.

한승헌 : 김영삼 후보를 무능하다고 표현한 이유는 무엇인가요.

고영근 : 나는 김영삼 후보가 원고 없이 즉석연설하는 것을 몇 차례 들은 적이 있는데, 그 내용이 빈약하여 듣기가 민망할 정도였습니다. 북한의 노련한 김일성을 상대하여 그를 압도해야 할 실력자가 대통령후보로 출마해야만 할 터인데 너무나 그 수준에 미치지 못하기 때문에 무능하다고 표현했습니다.

한승헌 : 김영삼 후보를 부도덕하다고 밀한 이유는 무엇인가요.

고영근 : 정치인의 생명은 신의입니다. 김씨는 국민이 군사정권을 견제하라고 야당의원으로 뽑아 국회에 보냈는데 노태우, 김종필과 함께 밀실에서 야합하여 국민의 여망을 저버린 점, 3당이 합당할 때 내각제를 하기로 각서까지 써놓고서도 절대로 그런 일이 없다고 거짓말을 한 점, 신문에 합의각서가 공개되자 부끄러워하기는커녕 어떤 자가 합의각서를 공개했느냐고 분노하는 모습

을 보고 저는 아연실색하여 그를 부도덕하다고 표현했습니다.

1심에서는 징역 10월의 실형이 떨어졌고 2심에 가서야 겨우 집행유예
가 되었다.

그러나 1992년 대통령선거 때 야당의 김대중 후보를 용공주의자로 몰
아붙인 사람들은 누구 한 사람 선거법위반으로 처벌받은 일이 없었다.

세 번의 재판, 세 번의 변호

고영근 (목사)

명예훼손 사건에 대한 변호

1985년 9월 2일 종로5가 기독교회관에서 한교협(KNCC)이 주최하는 '고난받는 이와 함께하는 예배' 때 설교한 내용이 박병훈 목사에 의해 명예훼손으로 고소를 당하여 법정에 서게 되었다. 고소당한 설교내용은 다음과 같다.

"한국교회 목사들은 불의에 항거하여 예언자로서 회개를 외쳐야 함에도 불구하고 오히려 불의한 권세자에게 아첨하니 통탄을 금할 수 없다. 박병훈 목사 같은 이는 일정시대에는 친일파, 박정권 때는 3선개헌 지지, 유신헌법 지지, 전두환 때는 학원안정법을 지지하는 등 집권자에게 아첨해왔다. 목사 가운데에는 6·25 때 인민군 환영대회를 주도한 목사도 있으니, 이런 자들은 항상 아첨만 할 뿐이다."

이상과 같은 내용에 대해 박병훈 목사가 명예훼손으로 고소함에 따라 1985년 10월 25일 불구속 기소되어 법정에 서게 되었다. 한승헌 변호사님을 찾아가 어려운 사정을 말씀드렸더니 한변호사님은 쾌히 변호를 맡아주겠다고 약속하였다. 한승헌 변호사님은 재판때마다 정성을 다한 많은 자료를 준비해 반대신문과 변론을 펼치셨다.

"고영근 피고인이 박병훈 목사를 지칭한 것은 개인의 명예를 훼손하려는 목적이 아니라 권력에 아첨하는 목사들을 질타하고 회개를 촉구하기 위하여 한 가지 예를 들어 거론한 것이기 때문에 명예를 훼손할 의도가 없었다"고 설득력있게 변호하였다. 재판장은 검사가 1년 6개월의 징역을 구형했음에도 불구하고 징역 6개월 집행유예 1년을 선고, 나를 구속하려는 당국의 공작정치는 실패로 돌아가고 말았다.

전두환 정권은 보안법이나 반공법으로 구속할 수 없어 박병훈 목사를 사주하여 나를 명예훼손으로 고소, 구속함으로써 나의 활동을 제약하려고 한 것이다. 이 사건이 정부 어느 기관의 공작정치였음은 뒤에 확실한 증거를 얻어 알게 되었다.

한승헌 변호사님의 성의있는 변론과 활동으로 집행유예 선고를 받은 나는 더욱 용기를 내어 민주화운동을 계속할 수 있었다.

경범죄처벌법 위반사건에 대한 변호

나는 1986년 10월 30일 종로5가 기독교회관 대강당에서 한교협(KNCC)이 주최하는 '고난받는 이와 함께하는 목요예배'의 설교사건으로 불구속 입건되었다. 그때에도 한승헌 변호사를 찾아가 의논드렸더니 또 흔쾌히 허락하면서 무료변론을 맡아주셨다. 당시는 많은 변호사들이 정치적 사건에 대한 변론은 기피하던 때였는데 조금도 주저하지 않고 맡아주신 용기와 고마움에 감사드릴 따름이다.

그때 기소된 설교내용은 "전두환 정권은 빈부격차, 부정부패, 독재통치를 자행하여 자생 공산주의를 생산하고 있다" 그리고 "민정당의 내각제안은 공산당식 내각제를 방불케 한다"는 것이었다.

나는 1987년 3월 30일 서울지법 남부지원에서 재판장 구욱서, 검사 김윤성, 변호사 한승헌, 방청인 70여 명이 지켜보는 가운데 재판을 받게 되었다.

재판장의 인정심문이 끝나고 한변호사의 반대신문이 시작되었는데, 나의 소견을 충분히 개진할 수 있도록 유도하는 신문이었다.

한승헌　피고인이 재직하고 있는 한국목민선교회는 무슨 일을 하는 단
　　　체입니까?

고영근　피고인은 그리스도의 복음을 선교하는 목사로서 7천만 민족 모
　　　두에게 복음을 전파하고 겨레를 사랑하며 섬기는 민족목회를
　　　하기 위한 단체입니다. 특별히 하나님의 정의를 우리 조국에 실
　　　현하기 위하여 불의에 대해 회개를 촉구하고 정의를 선포하며
　　　사랑의 실천운동을 전개하고 있습니다.

한　피고인은 1986년 10월 30일 종로5가 기독교회관에서 KNCC가
　　주최하는 목요예배때 설교한 일이 있습니까?

고　예, 설교한 일이 있습니다.

한　피고인은 설교내용 가운데 전두환 정권은 빈부격차, 부정부패,
　　독재통치를 자행하여 자생공산주의를 생산하고 있다 그리고 민
　　정당의 내각제안은 공산당식 내각제를 방불케 한다는 내용의
　　발언을 한 일이 있습니까?

고　예, 그렇게 말한 적이 있습니다.

한　피고인의 설교 가운데 전두환 정권에 대한 그러한 비난은 사회
　　를 불안하게 할 우려가 있다고 생각하지 않습니까?

고　전두환 정권이 빈부격차, 부정부폐, 독재통지를 자행하고 있다
　　는 것은 세상이 모두 주지하고 있는 사실이므로 재론할 필요조
　　차 없습니다. 자고로 공산주의이 세 가지 모제는 빈부격차, 부
　　성부패, 독재통치로, 전두환 정권은 겉으로는 반공 운운하지만
　　실제로는 공산주의가 발생하는 세 가지 요인을 모두 조성하여
　　자생공산주의를 창출하고 있음에도 이를 시정하라고 요구하는
　　목사에게 사회를 불안하게 할 우려가 있다고 법정에 세우는 것
　　은 현정권의 실체를 드러내는 파렴치한 작태가 아닐 수 없습니
　　다. 사회를 불안케 하는 자는 바로 독재통치를 자행하고 있는

전두환 집단인 것입니다.

한 정부당국이 목사로서 복음만 설교하지 않고 정치적 발언까지 한다고 법정에 세웠는데 어떻게 생각하십니까?

고 기독교의 세 가지 중요한 교리는, 첫째 하나님의 영광을 위하여 예배드리는 일, 둘째 구원받기 위하여 성령으로 거듭나서 새 인격을 이루는 일, 셋째 인류에게 봉사하기 위하여 불의를 정복하고 사랑과 정의를 실천하는 일 등으로, 그 세 번째 항목인 하나님의 정의를 구현하려고 정치악의 회개를 촉구한 정치적 발언을 했던 것입니다.

한 피고인이 민정당의 내각제를 반대한 이유는 무엇입니까?

고 민정당은 박정희 정권의 18년간 장기집권에 이어서 또다시 내각제 개헌을 하여 장기집권을 도모하려고 획책하기 때문에 이를 저지하고 민주화를 성취하기 위하여 내각제 개헌을 반대했던 것입니다.

한 피고인은 민정당의 내각제안이 공산당식 내각제안과 방불하다고 표현함으로써 현정부를 공산당과 같다고 몰아붙였는데 너무 과격하다고 생각하지 않습니까?

고 사실이 공산당과 같기 때문에 과격하다고 생각하지 않습니다.

한 민정당의 내각제안이 공산당식 내각제와 방불하다고 한 구체적인 근거를 제시할 수 있습니까?

고 민정당의 내각제가 공산당과 방불한 점은 세 가지입니다. 첫째, 정치인과 재야인의 정치참여를 '정치정화법'으로 억제, 500여 명이나 정치에 참여하지 못하게 해놓고 선거를 실시하려는 작태는 공산당들이 당원만 출마하고 비당원은 출마할 수 없도록 한 것과 같기 때문입니다. 둘째, 국민의 의사에 어긋나는 인물도 당선되게 되어 있는 선거법입니다. 북한은 노동당이 추천하는 1명의 후보만이 당선되게 하여 국민이 반대하는 자도 당선되는 것처럼 우리나라는 한 선거구에서 두 사람이 당선되게 되어 있고,

거기에 이른바 전국구 의원은 민정당이 67%를 차지하고 있습니다. 이렇게 되면 국민이 반대하여도 민정당 후보자는 3분의 2를 차지하게 되므로 바로 이점이 공산당과 방불한 점입니다.

셋째, 자유세계의 내각제는 당총재가 총리(수상)직을 겸직하므로 총리가 소신껏 일할 수 있으나 공산당식 내각제는 당총재(주석)가 총리(수상)를 임명하기 때문에 총재만이 권한이 강하고 총리는 허수아비에 불과합니다. 민정당의 내각제는 전두환 총재가 2000년대에도 계속해서 총재직을 유지하고 충성하는 심복에게 총리직을 임명할 계획을 수립하고 있습니다.

이상과 같이 세 가지 점으로 미루어보아 민정당의 내각제안은 공산당식 내각제안과 방불하다고 한 것입니다.

한 피고인의 진술 중에 전두환 민정당총재가 2000년대에 계속해서 당총재를 고수하고 충성을 맹세하는 심복을 총리로 임명할 계획을 수립했다고 했는데, 무슨 근거로 그런 진술을 했습니까?

고 청와대에서 극비리에 작성된 장기집권 계획에 대한 유인물을 보면 장기집권을 위한 자세한 계획서가 있습니다. 본피고인이 변호사님께 제출한 청와대 비밀계획서에 분명하게 명시되어 있습니다.

한 전두환 대통령이 누차에 걸쳐 공언하기를 자신은 대통령 임기에서 하루를 덜하거나 더하지 않고 1988년 2월 24일에는 반드시 퇴임한다고 했는데 장기집권 운운하는 것은 무슨 근거에서입니까?

고 전두환 씨가 내각제 헌법을 통과시켜 내각제를 실시하여 총리를 임명하고 대통령직에서 물러나면 모든 정치권한은 총재에게로 이관되게 됩니다. 회사체제를 예로 들면, 사장이 회장으로 승진되는 것과 같은 이치입니다. 북한에서는 정치를 정무원 총리가 하지만 총리는 김일성 주석의 지시를 받는 것처럼 전두환 씨는 총재로서 총리를 지배하게 되니 북한의 공산독재와 쌍벽을 이루는 독재국가가 될 것입니다.

한 피고인이 이와 같은 내용으로 설교하고 또 유인물을 배포한 이
　유는 무엇입니까?

고 우리나라의 비민주적 장기집권을 방지하고 참된 민주주의 조국
　을 건설하려는 사명감에서 설교했고 또 유인물을 배포했습니다.

한 청와대에서 작성한 이 비밀계획서를 어떻게 입수했습니까?

고 본인이 그 비밀계획서를 입수할 때 절대로 비밀을 지키겠다고
　성직자의 명예를 걸고 약속했습니다. 본피고인은 나에게 어떠
　한 불이익이 와도 비밀계획서를 입수한 경로나 전달자의 이름
　은 말할 수 없습니다.

한 피고인은 우리나라가 어떻게 해야 진정한 민주화가 이루어진다
　고 생각합니까?

고 우리나라가 민주화되려면, 첫째 정치군인이 국방의 사명으로 돌
　아가고 국민의 기본적인 자유가 보장되어야 합니다. 둘째, 언론
　의 공정보도로 국민의식이 바로서야 합니다. 셋째, 선거제도를
　민주적인 선거법으로 고치고 공명선거가 이루어져야 합니다. 이
　상의 세 가지 요건이 이루어져야 참된 민주주의가 실현될 것입
　니다.

한 선거법은 어떻게 고쳐야 한다고 생각합니까?

고 국회의원 선거는 한 선거구에서 한 사람만 뽑는 소선거구제를
　택해야 하며, 전국구 의원은 각 정당의 득표율에 따라 공정하게
　배분되어야 합니다. 그리고 대통령선거는 지방자치제가 정착될
　때까지 직선제로 선거하고 투표와 개표관리가 공정하도록 제도
　적 장치가 마련되어야 합니다.

한 피고인은 성직자로서 법정에 나와 재판받는 것을 수치로 생각
　합니까, 아니면 영광으로 생각합니까?

고 제가 민주주의 법을 어겼거나 파렴치한 죄를 범하여 법정에
　섰다면 수치스럽기 그지 없겠지만, 우리나라의 민주헌정을 파

멸시키고 독재통치를 자행하는 불의를 꾸짖고 회개를 촉구하
다가 법정에서 선한 싸움을 싸우게 되어, 사도 바울처럼 영광
스럽게 생각합니다. 추호도 후회가 없습니다.

한 피고인은 앞으로 적당한 기회가 오면 정치에 입문하여 직접 바
른 정치를 실현할 용의가 있습니까?

고 나는 다시 한번 이 세상에 태어난다 해도 목사직을 할 것이며
정치인이 될 마음은 전혀 없습니다. 하나님께서 나를 정의의 파
수꾼으로 세워주셨는데 내가 어찌 이 영광스러운 성직을 버리
고 정치에 입문하겠습니까? 나는 정치인이나 다른 직업으로 전
직할 생각은 조금도 없습니다.

이와 같은 재판이 진행될 때 검사와 판사의 얼굴이 굳어졌고 재판장은
검사에게 더 신문할 말이 있느냐고 물었다. 검사가 묻기를 피고인은 그와
같은 설교를 하고 강사 사례비로는 얼마를 받았냐기에 1만 5,000원 받았
다고 하니 방청인들이 와— 하고 웃었다. 검사가 오죽 질문할 것이 없으면
사례비가 얼마였는가를 물었나 싶어 방청온 민주투사들이 승리의 웃음을
웃었던 것이다.

한승헌 변호사님은 마지막으로 다음과 같은 변론을 하였다.

"피고인 고영근 목사는 성직자로서 정치에 참어할 욕심이나 의사가 전
혀 없고 다만 하나님의 정의를 우리 조국에 실현하려는 사명감을 가지고
한평생 일해왔습니다. 고영근 목사가 발표하는 매년의 사입보고서를 보면
그는 공명정대하게 살아왔고 수많은 사재를 바쳐 수십만 권의 책을 출간
하고 기증함으로써 국민계몽에 노력하였으며 고난받는 겨레와 감옥에서
고생하는 양심수에게 관심과 사랑을 베풀고 있는 사랑의 실천자임은 많은
사람들이 알고 있는 그의 삶입니다.

고영근 목사는 북한 공산치하에서 쓰라린 경험을 한 바 있어 우리나라
정치에서 공산주의가 자생하려는 바를 우려하여 독재통치를 견제하고 민

주화를 성취하려는 구국일념에서였을 뿐 사회를 불안하게 할 목적이나 정치적 욕심은 추호도 없다고 본변호인은 확신합니다. 더구나 청와대에서 작성한 비밀계획서에도 전두환 총재의 장기집권 계획이 명백한바, 유언비어라고 정죄하기 어렵습니다.

민정당의 내각제는 공산당식 내각제와 방불하다고 한 부분에 대한 설명은 삼척동자도 이해하고 수긍할 정도로 논리가 명백하여, 피고인에게는 마땅히 무죄가 선고되어야 할 것이라 사료되오니, 재판장님의 현명한 판결을 기대합니다."

무거운 표정의 구욱서 재판장이 "피고인에 대하여 형을 면제한다"는 판결을 내림으로써 재판은 끝났다.

재판정에 오신 이해학 목사, 정동수 목사, 박정동 장로, 유중남 선생 등 많은 민주인사들이 "민주주의 만세!"를 부르며 승리의 박수와 함께 환호를 올렸다. 한승헌 변호사님도 특유의 잔잔한 웃음으로 기뻐하셨다. 정치사건에 대한 재판에서는 "형을 면제한다"는 판결은 대단히 어려운 일이었고 희귀한 일이었기 때문이었다.

대통령선거법 위반사건에 대한 변호

나는 1992년 11월 23일 이른바 대통령선거법 위반으로 구속됨으로써 불구속으로 기소되었던 국회의원선거법과 병합하여 1심 재판에서 10개월의 징역을 선고받았다. 당국은 민자당이 선거법을 위반하면 모두 무혐의로 처리하고 국민당의 선거법위반 사건은 모두 집행유예로 풀어주면서도 유독 나에게만 10개월의 실형을 선고하였다.

나는 즉시 고법에 항소하였다. 한승헌 변호사님은 내가 실형을 받았다는 소식을 듣고 격분하여 변호를 자청해주시고 변호사선임계를 제출하셨다. 그리고 바쁜 일정에도 불구하고 영등포구치소에 자주자주 면회를 오셔서 격려해주고 밖의 소식도 전해주는 등 큰 위로와 격려를 주셨다. 그때의 한변호사님의 따뜻한 배려는 잊을 수가 없다.

다음은 대통령선거법 위반으로 구속기소된 내용이다.

내가 1992년 10월 1일자 노태우 대통령에게 보내는 공개권고문 가운데 '김영삼 씨의 무능과 부도덕한 처사를 누구보다도 더 잘 알고 있는 노태우 대통령이 군벌의 영구집권을 위하여 그를 민자당 대통령후보로 내세웠다고 판단됩니다. 노대통령은 겉으로만 중립을 표방하고 이면으로는 그가 당선되도록 지원한다면 국가와 민족에게 이중으로 죄를 범하는 결과가 될 것입니다. 그리고 진정으로 공명선거를 실시하려 한다면 김대중 씨를 공산주의자로 매도한 잘못을 해명하고 그의 명예를 회복시킨 후에 선거를 실시해야만이 공명선거가 이뤄집니다' 라고 한 내용이 특정후보를 비판하거나 또는 특정후보를 지지하지 못하도록 금지된 선거법(159조 1항, 162조 1항 1호)을 위반했기 때문에 기소했다는 것이다.

1993년 4월 6일 서초동 소재 고등법원에서 항소심재판이 진행되었는데 한승헌 변호사, 강철선 변호사 등 17명의 변호사가 선임계를 제출하였고, 재판때 반대신문과 변론은 많은 부분을 준비해오신 한승헌 변호사가 담당하셨다. 재판장의 인정심문을 마친 뒤 한변호사님의 반대신문은 다음과 같이 진행되었다.

한승헌 피고인은 성직자로서 선거에 관계되는 유인물을 배포한 이유가 무엇입니까?

고영근 본인은 하나님의 정의를 실현하기 위해서는 우리나라가 민주화 되어야 하며 민주화가 성취되려면 선거를 바르게 하여 국민이 민주정권을 창출해야만 한다고 판단했습니다. 때문에 노태우 대통령에게 공명선거를 실시하는 방안을 제안했고 국민에게는 선거를 바르게 하자는 글을 배포했습니다. 나는 노태우 대통령 에게 내용증명으로 제안문을 보냈으나 아무런 반응이 없기에 공개권고문을 언론인과 재야지도자 2,000여 명에게 공개했던 것입니다.

한 피고인이 김영삼 후보를 지칭하여 무능하다고 표현한 이유는 무엇입니까?

고 나는 김영삼 후보가 원고 없이 즉석 연설하는 것을 몇 차례 들은 적이 있는데, 너무 내용이 빈약하여 듣기가 민망할 정도였습니다. 그리고 야당총재 시절 그에게서 국가를 이끌고 나아갈 정치적 경륜을 한번도 발견하지 못했습니다. 북한의 흉악하고 노련한 김일성을 상대해서 그를 압도해야 할 실력자가 대통령후보로 출마해야만 할 터인데, 너무나 그 수준에 미치지 못하기 때문에 무능하다고 표현했습니다.

한 피고인은 또 김영삼 후보를 부도덕하다고 표현하였는데 그 이유가 무엇입니까?

고 정치인의 생명은 신의信義입니다. 국민이 군사정권을 견제하라고 야당의원으로 당선시켜서 국회로 보냈는데, 김영삼 씨는 노태우·김종필과 함께 밀실에서 야합하여 국민의 여망을 저버린 점, 3당이 합당할 때 각서에 내각제를 실시하기로 합의하고는 자기는 절대로 합의각서에 서명한 일도 없고 할 수도 없는 일이라고 공언한 점, 신문지상에 합의각서가 공개되자 부끄러워하기는커녕 오히려 어떤 자가 합의각서를 공개했는가 하고 분노하는 모습을 보고 저는 아연실색하여 그를 부도덕하다고 표현했습니다.

한 피고인이 노태우 대통령에게 보내는 공개 권고문에서 김대중 후보를 공산주의자로 매도한 것을 해명하여 그 명예를 회복하고 선거를 실시하라고 권고한 이유는 무엇입니까?

고 1979년 12월 12일 전두환 집단이 군사반란을 일으킨 뒤, 날이면 날마다 김대중 씨를 공산주의자로 매도했고 TV·신문·잡지와 조직을 총동원하여 그를 공산주의자로 매도한 것은 누구나 다 아는 사실입니다. 야당후보를 그처럼 매장시켜놓고 공명선거 운운하는 것은 국민을 기만하는 가증스러운 짓이며 김대중 씨의 명예를 먼저 회복시켜놓고 선거를 실시하는 것이 공명한 선거가 될 것이라 판단하여 그와 같은 제안을 했던 것입니다.

한 고영근 목사는 김대중 팬이어서 김대중만을 지지한다고 비난하는 데 대해 어떻게 생각합니까?

고 나는 평안도 출신으로 김대중 씨와 고향도 다르고, 그는 천주교 신자로서 종교도 다르며, 그는 정치인인 고로 나와는 직업도 달라 아무런 이해관계가 없습니다. 다만, 김대중 씨는 정치인으로서 북한의 김일성을 압도할 정치실력을 가진 분이며 미국·일본·러시아·중국 등 4대강국과의 외교를 능숙하게 할 수 있는 유능한 정치인이라 판단했습니다. 또한 군사독재자가 너무도 그를 압박하기에 눌린 자를 돕는 의협심으로 그를 지지한 것입니다. 나는 아무런 이해관계 없이 인재를 아끼는 마음으로 그를 지원했습니다. 그러므로 천만 인이 비방해도 나는 조금도 동요하지 않고 정도만을 걸어갈 뿐입니다.

한 피고인은 특정후보를 지지하거나 비판하면 대통령선거법에 위반된다는 사실을 알고 있습니까?

고 나는 1992년 10월 1일 제안문을 우송하고 그 유인물을 배포할 당시에는 그 법조항을 알지 못했습니다. 특정후보를 지지하거나 비판하지 못한다는 법조항이 선거법에 있으리라고는 전혀 생각지 못했습니다. 민주국가의 첫째 기본요소가 '자유'인데, 그 선거법은 대한민국의 국시인 민주주의 원칙에 어긋나는 반민주·반국가적 악법이 분명하기에 고려할 가치도 없다고 생각합니다.

한 피고인은 선거법 위반사건으로 1심에서 유죄판결을 받고 다시 고등법원에서 재판을 받고 있는데 감회가 어떻습니까?

고 민주주의를 국시로 한 우리나라에서 헌법정신에 위배되는 선거법을 만들어놓고 후보자에 대한 찬성과 비판의 표현을 했다고 하여 유죄판결을 내리는 사법부에 대해 실망을 금할 수 없습니다. 본피고인이 비록 유죄판결을 받았지만 조금도 두려워하지 않습니다. 민자당 정권 아래서 유죄판결을 받지만 하나님의 심판때에는 반드시 무죄판결을 받으리라 확신합니다.

이러한 요지로 반대신문을 마치고 다음과 같은 변호사님의 변론이 있었다.

"피고인 고영근 목사는 1976년 유신정권에 항거하다가 긴급조치 위반 혐의로 구속되어 3년 4개월 복역하였고, 그후에도 군사정권을 향하여 회개를 촉구하다가 많은 고초를 겪었습니다. 고영근 목사는 종교인으로서 정치에 대한 이해관계가 전혀 없고, 다만 우리나라에서 민자당 정권을 종식시키고 민주화를 성취하려는 애국일념에서 노태우 대통령에게 제안문을 발송했다고 판단됩니다.

그리고 1심에서는 선거법을 위반했다 하여 10개월 징역의 실형을 선고했으나 이는 잘못된 판결입니다. 헌법에 명시한 국민의 기본권이 침해됨이 없도록 공명정대하게 판결해주시기 바랍니다. 더구나 민자당측에서 선거법을 위반한 사건은 검찰이 무혐의로 처리했고 기타 선거법위반은 1심에서 모두 석방시켰는데, 유독 정치인도 아니고 성직자인 고영근 피고인에게 실형을 선고한 1심판결은 형평성에도 어긋난다고 생각됩니다."

변론공판 마치고 폐정한 뒤, 4월 27일 열린 선고공판에서 징역 10개월 집행유예 2년이 선고되어 그날 밤 출감, 귀가했다.

한승헌 변호사는 나의 기소사건에 대한 세 차례의 변호에 사례비도 받지 않고 많은 자료를 준비하여 정성을 다해 변론해주셨고, 법률상담을 할 때마다 친절하게 지도해주신 인자하고 지혜로운 스승이며 외유내강한 법조인이시다.

서 울 고 등 법 원
제3형사부

판 결

사 건   93노652 가. 국회의원선거법위반
                    나. 대통령선거법위반

피 고 인   고영근 목사 △△△△△△-△△△△△△△
                주거   서울 강서구 화곡1동 344의 7
                본적   △△△△△△
항 소 인   피고인 및 검사
검 사   진용치
변 호 인   변호사 한승헌, 강철선, 강수림, 강명준, 노무현, 박상천,
                이원형, 장기욱, 장석화, 정기호, 허경만, 홍영기
원심판결   서울지방법원 남부지원 1993. 1. 29. 선고, 92고합475,
                803(병합) 판결

주   문

원심판결을 파기한다.

피고인을 징역 10월에 처한다.

원심판결 선고 전의 구금일수 중 65일을 위 형에 산입한다. 그러나 이
판결 확정일로부터 2년간 위 형의 집행을 유예한다.

이   유

1. 피고인 및 그 변호인들의 항소이유의 요지

가. 위헌주장

원심이 피고인의 행위에 대하여 적용한 국회의원선거법 제179조 제2
호, 제61조와 대통령선거법 제159조 제1항, 제162조 제1항 제1호, 제34조
의 규정들은, 언론출판의 자유를 보장한 헌법 제21조 제1항, 선거권을 보
장한 헌법 제24조, 기본권 제한의 한계를 규정한 헌법 제37조 제2항의 규
정의 정신에 어긋나는 위헌적인 규정인 데도 원심이 이를 그대로 적용하였
으나 원심판결에는 헌법에 위반함으로써 판결에 영향을 미친 위법이 있다.

나. 사실오인 및 법리오해 주장

(1) 국회의원선거법 제61조는 특정정당이 아닌 특정후보자 개인의 당락
에 영향을 미치기 위하여 인쇄물을 제작, 배포하였을 경우에만 적용되는
것인 데도 원심은 특정후보자 개인에 대하여는 아무런 언급이 없는 판시
제1범죄사실의 인쇄물을 제작, 배포한 피고인을 유죄로 인정하였으나 원
심판결에는 위 법조의 법리를 오해하여 판결에 영향을 미친 위법이 있고,

(2) 가사, 대통령선거법이 위헌이 아니더라도 선거를 전후한 시기에는
국민의 올바른 투표권행사를 위해서라도 후보자에 대한 비판은 평소보다
더 넓게 인정되어야 하므로 위 법률의 각 금지조항은 엄격하게 해석하여
야 할 필요성에 비추어, 피고인의 원심판시 제2의, 가. 내지 다.의 행위 중
인쇄물 또는 배포행위를 선거운동이라고 볼 수 없고(특히, '검찰총장과 검찰
에게 보내는 공개 권고문'과 '당국은 국가안보를 정권연장에 악용하지 말라'에는 특
정후보에 대한 지지여부와는 전혀 상관없는 국정에 대한 비판이 주된 내용을 이루고
있었다),

또한 원심판시 제2의 가. 나.의 행위 중 인쇄물 또는 책에 의하여 김영
삼 민자당후보자에 대하여 언급한 부분은 사실의 적시가 아닌 피고인 개
인의 주관적인 단순한 의견표명이라고 보아야 하며, 가사 사실의 적시라
고 하더라도, 이는 공지의 사실로서 사실을 왜곡하여 공표한 것은 아니므

로, 어느 모로 보나 피고인의 위 각 행위는 위 대통령선거법의 조항에 위반된다고 볼 수 없는 데도 원심이 이를 유죄로 인정하였으니, 원심판결에는 사실을 오인하거나 또는 위 법조의 법리를 오해함으로써 판결에 영향을 미친 위법이 있으며,

(3) 피고인은 이미 오래 전부터 종교인의 신앙적 사명감에서 민주주의의 발전과 국민계몽을 위하여 《올바른 선거를 위하여》 동 15종류의 책을 계속적으로 제작 배포하여왔고 이 사건 유인물, 책도 위와 같은 목적을 위하여 배포한 것일 뿐 정치적인 목적하에 특정 정당, 후보를 당선시키거나 당선시키지 않게 하려고 한 행위는 아니므로, 피고인에 대하여 위 선거법의 조항들을 적용할 수 없다.

다. 양형부당 주장

피고인은 현재 59세로서 당뇨병에 시달리고 있고 약 5개월 동안 구금생활을 해오고 있는 점 등에 비추어 원심이 피고인에게 선고한 형의 양정은 너무 무거워서 부당하다.

2. 검사의 항소이유의 요지

피고인은 목사의 신분으로 평소 종교활동보다는 정치문제에 깊숙이 개입을 하여오면서 이전에도 대통령선거법위반 등으로 여러 번 입건 또는 처벌된 전력이 있고, 지난 14대 국회의원선거 기간중 특정정당을 지지하는 내용의 인쇄물을 제작 배포를 하여 국회의원선거법위반으로 불구속 기소된 상태인 데도 전혀 반성을 하지 않고 다시 대통령선거에 즈음하여 특정후보에 대한 사실을 왜곡하는 내용의 유인물 등을 제작 배포를 하는 등 대통령선거법에 위반되는 행동을 함으로써 공명선거를 해쳤으며 앞으로도 선거관련 범죄를 계속할 위험이 있는 점 등에 비추어보면 원심이 피고인에게 선고한 형의 양정은 너무 가벼워서 부당하다.

3. 판단

가. 위헌주장에 대하여

언론·출판의 자유 등 헌법에서 보장된 기본권이라도 절대 무제한으로 보장되는 것은 아니고 자유와 권리의 본질적인 내용을 침해하지 않는 한 공공복리를 위하여 필요한 경우에는 법률로 제한할 수 있음은 헌법 제37조 제2항에 의하여 명백한 것인바, 국민의 자유의사에 의하여 대통령을 공정히 선거함으로써 민주정치의 발전에 기여함을 목적으로 제정된 대통령선거법이 제162조 제1항 제1호, 제34조에서 사전 선거운동을 금지하고, 같은 법 제159조 제1항에서 허위사실 공표행위를 금지하며, 국민의 자유의사에 의하여 국회의원을 공정히 선거함으로써 민주정치의 발전에 기여함을 목적으로 제정된 국회의원선거법이 제179조 제2호, 제61조에서 법률에 규정된 방법 이외의 시설물설치 등을 금지하고 있는 취지는, 사전 선거운동을 허용하거나 선거에 있어 후보자에 관련된 사실을 무제한적으로 공표하게 허용하거나 인쇄물의 무제한적인 배포를 허용하면 선거운동에 부당한 경쟁을 초래하여 이것이 도리어 선거의 자유와 공정, 선거에 있어서의 균등한 기회의 보장을 해하고 그 공명을 보장하기 어려운 결과를 가져올 염려가 있으므로 이러한 폐해를 방지하기 위하여 위 각 선거법에서 그 소정의 행위를 금지하는 것이고, 그 정도의 규제는 공공복리를 위하여 헌법상 허용되는 필요하고도 합리적인 제한이라고 할 것이어서 위 각 선거법 조항들이 헌법 제21조 제1항, 제24조, 제37조 제2항의 규정에 위반되는 것이라고 할 수 없다.

따라서 이점에 대한 항소논지는 이유 없다.

나. 사실오인 또는 법리오해 주장에 대하여

(1) 국회의원선거법 위반의 점에 대하여 보건대,

국회의원선거법 제61조에서 금지하고 있는 선거운동 기간중 선거에 영향을 미치게 하기 위한 인쇄물의 제작·배포행위는, 그 인쇄물의 내용이 선거에 영향을 미치게 하는 것인 이상 특정후보 개인에 대한 것이든 특정 정당에 대한 것이든 불문한다고 할 것이고, 압수된 인쇄물 '국민에게 드리는 글'의 기재에 의하면 그 인쇄물의 내용은 국회의원선거에 있어서 민자당후보를 지지하지 말고 제1야당후보를 지지하자는 것으로서 선거에 영향을 미치게 하기 위한 것임을 쉽사리 인정할 수 있으므로, 피고인의 원심 판시 제1의 행위를 유죄로 인정한 원심판결에는 위 국회의원선거법 조항의 법리를 오해한 위법이 있다고 할 수 없어 피고인의 이점에 대한 항소논지는 이유 없다.

(2) 대통령선거법 위반의 점에 대하여 보건대,

기록에 첨부된 인쇄물 '노태우 대통령에게 드리는 공개권고문' '동포에게 드리는 글'과 압수된 책 《나라와 겨레를 내 몸과 같이》의 각 기재와 원심에서 적법하게 조사 채택한 여러 증거들에 의하면, 피고인은 선거운동기간 전에 위 인쇄물들과 책을 배포하였고 위 인쇄물들과 책의 내용 중에는 원심판시와 같이 민자당의 김영삼 대통령후보 개인에 대한 도덕적, 인격적인 비판 또는 다가오는 대통령선거에서 민자당을 지지하지 말고 제1야당을 지지하는 내용이 포함되어 있음을 인정할 수 있으므로 피고인이 대통령선거에서 특정후보를 당선되게 하거나 되지 못하게 하기 위하여 위 인쇄물 등을 배포한 것이라고 할 것이어서 이를 사전 선거운동이라고 볼 수밖에 없고,

또한 나머지 인쇄물인 '검찰총장과 검찰에게 보내는 공개 권고문'과 '당국은 국가안보를 정권연장에 악용하지 말라'에서도 검찰을 다가오는 대통령선거에서 패배할 민자당의 사병 등이라고 표현하거나 현정권을 대통령선거에서 패배시켜 정권을 교체하자는 등, 그 내용이 대통령선거와 연관된 관점에서 검찰과 정부를 비판을 하고 있는 점, 위 인쇄물이 대통령선거에 즈음하여 선거운동기간 전에 배포된 점과 앞에서 본 인쇄물들과 책의 내용 등을 전체적으로 종합하여보면, 위 인쇄물들 역시 피고인이 특정정당의 대통령후보를 당선되게 하거나 되지 못하게 하기 위하여 배포한 것이라고 할 것이어서 이를 사전 선거운동이라고 보지 않을 수 없으며,

한편, 대통령선거법 제159조에서 허위사실 또는 왜곡사실의 공표를 금지하고 있는 취지는 선거에 있어서의 과열되고 불공정한 경쟁을 규제함과 동시에 후보자의 인격을 보호하는 데 있다는 점과 위 규정에서는 공표금지가 되는 사실의 범위에 대하여 소속, 사상, 행위, 신분, 직업 또는 경력 등 모든 사항에 관한 것이라고 하여 광범위하게 인정하고 있음을 아울러 고려해볼 때, 위 규정에서의 사실은 후보자의 사회적 가치평가를 저하시킬 수 있는 사실로서 후보자의 당선을 방해할 염려가 있으면 족하다고 보여지는바, 피고인이 위 인쇄물 등에서 민자당 김영삼 대통령후보에 대하여 부도덕하고 변절자이며 무능하고 사이비 정치인이라는 등으로 표현한 것은, 위 후보자의 인격적, 도덕적 사항에 대하여 결함이 있다는 사실을 나타내어 위 후보자의 당선을 방해할 염려가 있는 것이므로, 이를 선거에 관한 단순한 의견의 표명, 개진이라고는 볼 수 없고 사실을 왜곡한 것이라고 할 것이어서 피고인의 위와 같은 행위에 대하여 위 법조를 적용한 원심의 조치에 사실오인 또는 법리오해의 어떤 잘못이 있다고도 할 수 없어 이 점에 대한 항소논지도 이유 없다.

(3) 또한, 피고인의 행위가 앞서 본 바와 같이 각 선거법에 위반되는 행위인 이상 피고인이 그 주장과 같이 종교인으로서의 신앙적 양심에 따라 원심판시의 행위를 하였다고 하더라도 범죄의 성립에 하등 영향이 없으므로 이점에 대한 항소논지 역시 이유 없다.

다. 직권판단

피고인 및 검사의 양형부당의 점에 대한 항소이유에 대한 판단에 앞서 직권으로 살피건대, 원심은 피고인의 판시 제2의 가.와 판시 제2의 나. 각 범행에 대하여 대통령선거법 제159조 제1항, 같은 법 제162조 제1항 제1호, 제34조를 각 적용하였으나, 판시 각 범행은 위 법률이 1992. 11. 11. 법률 제4495호로 개정되기 이전에 행해진 것이고 판시 각 범행에 대한 법정형도 개정 전의 위 법률이 가벼울 뿐만 아니라 개정법률의 부칙 제3조에는 위 개정법률 시행 전의 행위에 대한 벌칙의 적용에 있어서는 구법의 규정에 의한다라고 규정되어 있으므로, 피고인의 판시 각 범행에 대하여는 1992. 11. 11. 법률 제4495호로 개정되기 전의 대통령선거법의 각 조항을 적용하여야 하는 것인데도 원심이 위에서와 같이 현행법률의 각 조항으로 잘못 적용을 하였으니, 원심판결에는 판결에 영향을 미친 위법이 있다고 할 것이어서 이점에서 그대로 유지될 수 없다.

4. 결론

따라서, 형사소송법 제364조 제2항, 제6항에 의하여 직권으로 원심판결을 파기하고 이 법원의 변론을 거쳐 다시 다음과 같이 판결한다.

범죄사실 및 증거의 요지

이 법원이 인정하는 피고인의 범죄사실과 이에 대한 증거의 요지는 증거의 요지란에 '노태우 대통령에게 보내는 공개권고문, 검찰총장과 검찰에게 보내는 공개권고문, 당국은 국가안보를 정권연장에 악용하지 말자, 동포에게 드리는 글 중 각 기재(대통령선거법위반에 대한 수사기록 75면 내지 79면)'를 추가하는 외에는 원심판결의 각 해당란에 기재되어 있는 바와 같으므로 형사소송법 제369조에 의하여 이를 모두 그대로 인용한다.

법령의 적용

1. 범죄사실에 대한 해당법조

국회의원선거법 제179조 제2호, 제61조(인쇄물제작 등의 금지위반의 점), 1992. 11. 11. 법률 제4495호로 개정되기 전의 대통령선거법 제159조 제1항(판시 제2의 가. 기재의 사실왜곡 공표의 점), 같은 법 제162조 제1항 제1호, 제34조(판시 제2의 가. 나. 기재의 각 사전선거운동의 점), 대통령선거법 제159조 제1항(판시 제2의 다. 기재의 사실왜곡 공표의 점), 대통령선거법 제162조 제1항

제1호, 제34조(판시 제2의 다. 기재의 사전 선거운동의 점)

　2. 상상적 경합

　형법 제40조, 제50조(판시 제2의 가. 다. 기재의 각 사실왜곡 공표에 의한 대통령선거법 위반죄와 각 사전 선거운동에 의한 대통령선거법위반죄와의 사이, 각 형이 더 중한 전자의 죄에 정한 형으로 처벌)

　3. 형종의 선택

　판시 국회의원선거법 위반죄, 판시 각 사실왜곡 공표에 의한 대통령선거법 위반죄, 판시 사전선거운동에 의한 대통령선거법 위반죄(각 징역형 선택)

　4. 경합범 가중

　형법 제37조 전단, 제38조 제1항 제2호, 제50조(형이 가장 중한 판시 제2의 다. 기재의 사실왜곡 공표에 의한 대통령선거법 위반죄에 정한 형의 가중)

　5. 미결구금일수 산입

　형법 제57조

　6. 집행유예

　형법 제62조 제1항(59세의 나이, 당뇨병의 지병이 있는 점 등의 정상 참작)

　이상의 이유로 주문과 같이 판결한다.

1993.　4.　27.

재 판 장　　판 사　이순영

판 사　김선중

판 사　조한중

서 울 형 사 지 방 법 원

판 결

사   건   88고단 1017   가. 명예훼손
                          나. 출판물에 의한 명예훼손

피 고 인   1. 가. 고영근高永根 목사   1933. 11. 18. 생
            주거   서울 강서구 화곡동 344의 6
            본적   △△△△△△
            2. 나. 이해학李海學 목사   1945. 3. 5. 생
            주거   성남시 태평동 3309의 487
            본적   △△△△△△

검   사   조기선

주   문   피고인들을 각 징역 6월에 처한다.
            다만 이 판결이 확정되는 날부터 각 1년간 위 각 형의 집
            행을 유예한다.

이   유

범죄사실   1. 피고인 고영근은,
            1985. 9. 2. 18:16경부터 19:40경까지 사이에 서울 종로구
연지동 136의36 소재 기독교회관 2층 대강당에서 청중 약 150명이 참석한
가운데 '느헤미야 구국운동' 제하의 강연을 하면서 구국운동을 함에 있어

서 아부하는 종교인, 언론인, 대학교수 등이 중요한 장애요인이 된다는 취지의 전제를 내세우고 "박병훈 목사라는 사람은 삼선개헌을 지지했지요. 유신도 지지했지요. 안정법도 지지했지요. 항상 지지만 합니다. 권력에 아부하는 박병훈 목사 이게 목사입니까? 이렇게 박목사는 항상 아부만 하고 있어요. 하기야 6 · 25 당시 남침하던 인민군 목사였으니 이렇게 밤낮 아부만 하는 것이겠지요"라고 말하여 공연히 사실을 적시하여 피해자 박병훈의 명예를 훼손하고

　2. 피고인 이해학은,

　공소 외 한완수, 같은 김해성(피고인 교회의 전도사) 등과 공모 공동하여 피해자 박병훈을 비방할 목적으로 위 한완수는 1985. 9. 5. 위와 같이 피해자를 비방하는 내용이 담긴 상피고인 고영근의 위 강연 녹음테이프를 피고인에게 교부하고 피고인은 이를 위 김해성에게 교부하여 녹취를 하게 하여 같은 달 6. 위 김해성이 전항 기재와 같이 피해자를 비방하는 내용이 담긴 위 녹음테이프 녹취서를 완성한 다음, 같은 달 6. 서울 을지로 번지미상 소재 고려인쇄소에서 위 녹취서를 '느헤미야 구국운동' 제목으로 2,000부를 인쇄하여 같은 달 9. 18:05부터 19:50까지 사이에 위 기독교회관 2층 대강당에서 열린 '고영근 목사를 위한 기도회'에서 참석자 약 200명에게 배포하여 공연히 사실을 적시하여 피해자의 명예를 훼손하였다.

　증거의 요지
　1. 피고인들의 법정에서의 판시사실에 부합하는 각 일부 진술
　1. 검사작성의 피고인들 및 한완수, 김해성에 대한 각 피의자 신문조서 중 판시사실에 부합하는 각 진술 기재
　1. 검사 작성의 박병훈에 대한, 사법경찰관 사무취급 작성의 박병훈, 김해성, 박점동에 대한 각 진술조서중 판시사실에 부합하는 각 진술기재
　1. 압수된 테이프 1개, 녹취서 초안 17매, 《느헤미야 구국운동》이라는 책자 1권의 각 현존

법령의 적용

피고인 고영근 : 형법 제307조 제1항(징역형선택), 제62조 제1항

피고인 이해학 : 형법 제309조 제1항, 제307조 제1항 제30조(징역형선택),
　　　　　　　제62조 제1항

1988. 6. 1.

판 사 　송승찬

서 울 지 방 법 원 남 부 지 원
제2형사부

판 결

사 건   92고합 475   국회의원선거법위반
         92고합 803(병합) 대통령선거법위반

피 고 인   고영근 목사
          주거   서울 강서구 화곡1동 344의 6
검 사   문규상
변 호 인   변호사 강철선, 강명준, 강수림, 김동현, 노무현, 박명수, 박상천, 박원철, 박형상, 신기하, 심규철, 안동수, 오정현, 오탄, 용남진, 윤학, 이상수, 이원형, 장기옥, 장석화, 정기호, 조승형, 조소현, 조찬형, 최경원, 허경만, 홍영기

주 문   피고인을 징역 10월에 처한다.
          이 판결 선고 전의 구금일수 중 65일을 위 형에 산입한다.

이 유
범죄사실   피고인은,
          1. 선거기간중인 1992. 3. 13.경 선거에 영향을 미치게 하기 위하여 서울 중구 을지로3가에 있는 고려인쇄사에서 피고인이 직접 작성한 '국민에게 드리는 글' 이라는 제하의 글에 '군사통치 청산하자, 애국심이 있는 국민이라면 민자당 후보를 지지하지 아니할 것이다. 올바른 판단력이 있

는 유권자는 군소전당이나 무소속 출마자를 지지하지 않을 것이다. 슬기있는 유권자는 제일야당을 성원하여 문민정치를 실현하자' 는 등 특정정당에 대한 반대 및 지지내용의 불법유인물 1,500부를 제작하여 그 무렵 그중 900매는 재야지도자, 언론계인사 등에게 우송하고, 나머지 600매와 같은 달 18.경 추가로 제작한 500매를 같은 달 22. 12:00경 민주당 강서갑·을, 양천갑·을지구당에 분배하여 동지구당 소속 선거운동원들이 선거구민들에게 배포하도록 하고,

2. 선거운동은 후보자의 등록이 끝난 때로부터 선거일 전일까지 한하여 이를 할 수 있음에도 민자당의 대통령후보자로 내정된 김영삼 후보를 당선되지 못하게 하고 민주당의 대통령후보자로 내정된 김대중 후보를 당선되게 할 목적으로,

가. 1992. 10. 1. 오전 시간불상경 서울 중구 을지로 4가에 있는 상호불상의 인쇄소에서 피고인이 직접 작성한 것으로 '노태우 대통령은 가장 부도덕하고 변절자이며 무능한 김영삼을 민자당 대통령후보가 되도록 방조하였고 또한 그가 당선될 수 있는 여건을 조성하였습니다. 만일 오는 12월 대통령선거에서 부도덕한 사이비 정치인 김영삼 씨가 대통령으로 당선된다면 우리나라의 정치, 경제, 문화, 사회는 총체적 파국이 초래되어 누란의 위기로 전락할 것은 너무나 자명합니다. 역대 군사정권은 야당지도자 김대중 씨를 공산주의자로 매도하였는데 국민이 오해를 풀어주고 김대중 씨의 명예를 회복시킨 후에 선거를 실시하여야만 합니다' 라는 내용의 기재된 '노태우 대통령에게 드리는 공개권고문' 이라는 제하의 유인물 2,000장을 인쇄하여 그시경부터 같은 달 3.까지 사이에 서울 강서구 화곡1동 344의 6에 있는 피고인의 집에서 공소 외 이돈명 변호사 등 재야 언론계 주요인사 및 재경지역 검찰청 간부 등에게 이를 우송하는 등으로 선거운동을 함과 동시에 김영삼 후보에 대한 사실을 왜곡하여 공표하고,

나. 같은 달 8. 오전 시간불상경 위 인쇄소에서 피고인이 직접 작성한 것으로 '민자당 정권은 야당후보자를 공권력과 매스컴을 총동원하여 공산

주의자로 매도하고, 그 반면 여당후보자는 위대한 양 최대한 부각시켜 불공평한 상태에서 선거를 실시해왔습니다. 온국민은 민자당 정권에게 속아 계속 맹종하는 태도를 취하지 말고 오는 대통령선거에서 민자당을 심판해야 할 것입니다. 사이비 민주주의의 민자당 정권을 무너뜨리고 자유민주주의 정부를 창출하는 길이 우리 민족이 살 길임을 절감하고 투표행사를 바르게 하여 이번 대선에서 기필코 정권교체를 단행합시다. 그리고 군사독재 정권에 대한 강한 반동작용으로 좌경에 치우친 진보세력은 잘못된 노선을 수정하고 제1야당을 조건 없이 성원하여 민주화에 협조하기 바랍니다' 라는 내용이 기재된 '동포에게 드리는 글' 이라는 제하의 유인물 2,000장과 검찰을 비난하는 내용이 기재된 '검찰총장과 검찰에게 보내는 공개 권고문' 및 간첩사건을 비난하는 내용이 기재된 '당국은 국가안보를 정권연장에 악용하지 말라' 는 제하의 유인물 각 2,000장을 인쇄하여 그시경부터 같은 달 11.까지 사이에 각 언론사 간부 등에게 우송하는 등으로 선거운동을 하고,

다. 같은 해 11. 10. 오전 시간불상경 위 인쇄소에서 피고인이 직접 작성한 것으로 위 각 유인물의 기재내용이 담긴 '나라와 겨레를 내 몸과 같이' 라는 제하의 123페이지짜리 책자 3,000권을 인쇄하여 같은 달 15.경부터 일자불상경까지 사이에 각 언론사 간부 등에게 우송하는 등으로 선거운동을 함과 동시에 김영삼 후보에 대한 사실을 왜곡하여 공표한 것이다.

증거의 요지
판시 제1의 사실은,
1. 피고인의 이 법정에서의 판시사실에 부합하는 진술
1. 사법경찰리 작성의 안복실, 박연숙, 문학순, 선부덕, 임옥순, 김병남, 김미영, 유순만, 박경숙, 김영택, 김옥근에 대한 각 진술조서 중 판시사실에 부합하는 각 진술 기재
1. 압수된 '국민에게 드리는 글' 이라는 유인물 320매(서울지방검찰청 남부지청 92년 압제1418호의 증제1호 내지 증제5호)의 각 현존사실 등을 종합하여 이

를 인정할 수 있고,

판시 제2의 각 사실은,

1. 피고인의 이 법정에서의 판시사실에 부합하는 진술

1. 검사작성의 피고인에 대한 피의자신문조서 중 판시사실에 부합하는 진술 기재

1. 사법경찰리 작성의 이명덕, 정주진에 대한 각 진술조서 중 판시사실에 부합하는 각 진술 기재

1. 서울지방검찰청 남부지청 검찰주사보 김건성 작성의 진술서 중 판시사실에 부합하는 기재

1. 압수된 《나라와 겨레를 내 몸과 같이》라는 책 1권(서울지방검찰청 남부지청 92년 압제3009호의 증제1호)의 현존사실 등을 종합하여 이를 인정할 수 있으므로, 판시 각 사실은 모두 그 증명이 있다.

법령의 적용

1. 범죄사실에 대한 해당법조 : 국회의원선거법 제179조 제2호, 제61조(인쇄물제작 등의 금지위반의 점), 각 대통령선거법 제159조 제1항(각 사실왜곡 공표의 점), 각 같은 법 제162조 제1항 제1호, 제34조(각 사전선거운동의 점)

2. 상상적 경합 : 형법 제40조, 제50조(판시 제2의 가. 다.항 기재의 각 사실왜곡 공표에 의한 대통령선거법 위반죄와 각 사전선거운동에 의한 대통령선거법 위반죄 상호간, 각 형이 더 중한 전자의 죄에 정한 형으로 각 처벌)

3. 형종의 선택 : 판시 국회의원선거법 위반죄, 판시 각 사실왜곡 공표에 의한 대통령선거법 위반죄, 판시 사전 선거운동에 의한 대통령선거법 위반죄(각 징역형 선택)

4. 경합범 가중 : 형법 제37조 전단, 제38조 제1항 제2호, 제50조(형과 범정이 가장 무거운 판시 제2의 다.항 기재의 사실왜곡 공표에 의한 대통령 선거법 위반죄에 정한 형에 가중)

5. 미결구금일수 산입 : 각 형법 제57조

1993. 1. 29.

재 판 장　판 사　김학대

판 사　여훈구

판 사　이은경

39

정부 보도지침 폭로 사건

피고인 <u>김태홍</u>, <u>신홍범</u>, 김주언

정부 '보도지침' 폭로를
'기밀누설·국가모독'으로

한승헌 (변호사)

5공 치하의 한국언론은 '보도지침'에 의해 조종당하는 '관제언론'으로 정평이 나 있었다. 보도지침이란 전두환 정권의 문공부 홍보조정실에서 날마다 언론사 편집국(또는 보도국)에 은밀하게 시달하는 보도통제의 지침이었다.

1986년 9월 당시 민주언론운동협의회(민언협) 기관지였던 《말》지에 바로 이 보도지침의 구체적 내용이 폭로되어 세상을 들끓게 하였다. 그 사건으로 한국일보 김주언金周彦 기자, 민언협 사무국장 김태홍金泰弘, 실행위원 신홍범愼洪範 등 세 사람이 구속되었다.

《말》지에는 1985년 10월부터 1986년 8월끼지 악 10개월 동안의 보도지침이 닐짜별로 자세히 수록되어 있어 정부로서도 달리 발뺌할 여지가 없었다. 그런데도 전두환 정권은 도리어 그 폭로자를 구속했으니 완전히 적반하장격이었다. 죄명도 걸작이었다. 국가보안법·집시법 위반에다 외교상 기밀누설죄와 국가모독죄까지 첨가되었다.

공소사실인즉 ① F—16기 도입 등의 외교상 기밀 누설 ② 국가기관인 정부 비방(국가모독) ③ 《역사와 계급의식》 등 이적표현물의 소지 ④ 광주 민중항쟁 5돌 기념식을 거행한 집시법 위반 등 여러가지였다.

그 보도지침의 내용을 보면, 예컨대 부천서 성고문사건에 관해서는 "기사를 사회면에 싣되 기자들의 독자적인 취재내용은 싣지 말고 검찰이 발표한 내용만 보도하며 사건의 명칭을 '성추행'이라 하지 말고 '성모욕행위'로 표현하라"고 되어 있다. 나아가 "공안당국이 배포한 분석자료 중 '사건의 성격' 부분에서 제목('혁명 위해 성까지 도구화')을 뽑아주고 검찰 발표내용은 반드시 전문을 그대로 싣되 시중에 나도는 반체제측의 고소장(변호인단의 고발장) 내용이나 한국기독교교회협의회(KNCC), 여성단체 등의 사건 관련 성명은 일절 보도하지 말 것" 따위로 가득 차 있다.

검찰은 그것이 보도지침이 아니라 단순한 보도협조 요청이라고 우겼다. 그러나 거기에는 보도의 '가' '불가' '절대불가'라는 지시가 명시되어 있고 '1단으로 써라' '1면 톱으로 써라' '사진 쓰지 말 것' 등의 세부적 명령까지 나와 있다.

보도지침 중에는 '김대중 씨에 관한 기사에서 사진을 쓰지 말 것'도 들어 있었다. 그래서 나는 변론때 한마디 했다. "……그렇다면 김대중 씨의 얼굴도 국가기밀이란 말인가."

외교상 기밀누설죄의 적용은 더욱 희극적이었다. 변호인단에서는 "보도통제의 대상이 된 내용이 외교상 기밀인지, 아니면 그러한 내용에 대한 통제가 있었다는 사실이 기밀이란 말인지 밝히라"고 요구하기도 했다.

재판 초기 변호인단에서 문공부 홍보정책실장과 재경 유력일간지 편집국장 및 부장급 그리고 외신기자 등 24명을 증인으로 신청하였던 바 재판부가 놀랍게도(?) 그 전원을 증인으로 채택하였으므로 우리는 무척 고무되었다. 그러나 얼마 후, 재판부는 이미 채택한 증인 전원에 대한 결정을 취소해버렸다. 변호인단에서는 그 이유를 밝히라고 대들었으나 판사는 함구로 일관했다.

그런데 뜻밖에도 재판부의 증인취소 사유를 검사가 설명(?)해서 모두를 놀라게 하였다. 재판장이 기록을 검토하기 전에 증인을 채택했는데, 사건기록을 검토한 결과 증인신문이 불필요함을 알게되어 취소한 것으로 안다는 것이었다. 재판장도 말 못하는 증인취소 사유를 검사가 말할 수 있을 만큼 재판은 흔들렸다.

1심에서는 전원 유죄가 되었고 항소심은 지루하리만큼 미루고 또 미루다가 1994년 7월 5일 마침내 피고인 전원에 대하여 무죄판결을 선고하였다. 정권이 두 차례나 바뀐 뒤의 역전극이었다.

서울형사지방법원(재판장 성기창 부장판사, 주심 윤성원 판사)이 내린 이 무죄판결을 놓고 일부 언론은 세상의 변화와 연관지어 논평하기도 했다. 즉 '이번 판결은 8년여 세월에 씻겨 3천여 쪽의 공판기록이 모가 닳고 빛이 바래는 사이에 엄혹했던 군사정권이 문민정부로 바뀌는 시대상황 변화에 힘입은 바 크기 때문이다……'

그 8년 동안엔 법률의 변화도 있었다. 즉 피고인들이 외신기자들에게 보도지침에 관한 기자회견을 했다고 적용된 '국가모독죄'는 (75년에 제정되었다가) 87년에 폐지되었다.

또한 김주언 씨 등이 가진 광주민중항쟁 5돌 기념식에 대해 적용된 집회 및 시위에 관한 법률상의 옥내집회 처벌규정도 폐지되었다.

재판부는 신씨가 가지고 있던 《역사와 계급》 등 서적은 '이적표현물'이 아니며 외교상 기밀누설 혐의에 대해서도 '이미 외국에 알려져 있는 사항은 기밀에 해당되지 않는다'고 판시했다.

하지만 8년 만의 무죄판결인 데도 기쁨은 금방 서글픔으로 바뀌었다. '문민정부'의 검사가 이 무죄판결에 불복하여 상고를 했기 때문이다. 그후 거의 1년반이 지난 1995년 12월 5일에야 대법원은 검사의 상고를 기각함으로써, 석 달 모자라는 10년 만에야 이 사건의 무죄가 겨우 확정되었다.

5공의 언론통제에 대한 일격

김태홍 · 신홍범 · 김주언

지난 1986년 전두환 정권하에서 발생한 보도지침 사건은 정권이 두 차례나 바뀐 뒤인 1995년 말에 이르러서야 마무리됐다. 1986년 9월 9일 당시 민주언론운동협의회(언협)의 기관지였던 《말》지를 통해 전두환 군사정권의 언론통제 실상이 폭로된 지 9년 3개월여 만인 1995년 12월 5일 대법원에서 무죄확정 판결을 받은 것이다.

보도지침 사건은 재판계류 기간에서뿐만 아니라 국내의 유수한 인권변호사들이 총동원되었다는 점에서도 기록될 만하다. 이 사건으로 김태홍(당시 언협 사무국장), 신홍범(당시 언협 실행위원), 김주언(당시 〈한국일보〉 기자) 등 3명이 구속된 직후, 유명한 인권변호사들인 고영구, 김상철, 박원순, 신기하, 이상수, 조영래, 조준희, 한승헌, 함정호, 홍성우, 황인철 등 11명의 변호사들이 변론을 자청하고 나섰다. 9년여에 걸쳐 재판이 진행되는 동안 조영래, 황인철, 신기하 등 세 분의 변호사가 타계하시고 말았다. 세 분 변호사는 재판관의 '무죄'라는 반가운 판결도 듣지 못한 채 세상을 떠나고 말았던 것이다.

보도지침 사건과 관련하여 또 기억되어야 할 사람은 김도연이다. 맨 처음 보도지침을 전달받고 이를 언협에서 폭로할 수 있도록 다리를 놓은 인물이 바로 그이다. 김도연은 그뒤 민주당 부대변인으로 활동하다가 1993

년 불의의 교통사고로 한 많은 세상을 마감했다.

보도지침이란 1980년 5월의 광주학살로 집권한 전두환 정권이 만들어 낸 언론통제의 수단이었다. 정권의 정통성이 없는 전두환 정권은 '언론을 잡아야 정권이 산다' 며 언론을 장악하기 위해 온갖 수단을 동원했다. 1980 년에 단행된 언론인 강제해직, 언론사 통폐합, 언론기본법 제정 등 일련의 조치가 바로 그것이다.

언론에 재갈을 물리는 일련의 조치가 성공을 거두고 언론이 정권에 순치된 이후, 전두환 정권은 세계에서 유례를 찾아보기 힘든 보도지침을 시달했다. 보도지침은 말 그대로 정권이 언론에 내려보낸 지침으로, 당시 문공부 홍보조정실에서 매일 언론사 편집국(보도국)에 은밀하게 시달하는 보도통제 가이드라인이었다.

홍보조정실(이후 홍보정책실로 개편)은 이 '보도지침' 속에서 '가(可), 불가(不可), 절대(일체) 불가' 라는 전단적 지시용어를 구사하면서 사건이나 상황, 사태의 보도 여부는 물론, 보도방향과 보도의 내용 및 형식까지 구체적으로 결정, 시달한다. 또 이 지침을 충실하게 따르는 제도언론(신문)은 취재한 뉴스의 비중이나 보도가치에 구애됨이 없이 '절대불가' 면 기사를 주저없이 빼고 '불가' 면 조금 미련을 갖다가 버리며 '가' 면 안심하고 서둘러 싣는다. 이같은 빈틈없는 지시와 충실한 이행과정 속에서 우리 주변은 '있는 것이 없는 것으로, 없는 것이 있는 것으로' 둔갑하는가 하면 '작은 것이 큰 것으로, 큰 것이 작은 것으로' 뒤바뀌는 이이없는 대중조작이 끊임없이 되풀이되는 것이다.

보도지침 사건은 지난 1986년 9월 6일 해직기자들을 중심으로 구성된 언협의 기관지였던 《말》지 특집호에 '권력과 언론의 음모-권력이 언론에 보내는 비밀통신문' 이라는 제목으로 보도지침을 세상에 폭로하면서 비롯됐다.

동아투위와 조선투위, 1980년해직언론인협의회, 진보적 출판인들이 언론민주화를 기치로 내걸고 1984년 12월 민주언론운동협의회(언협)를 발족시켰다. 《말》지는 바로 언협의 기관지로 1985년 6월 '민중 민족 민주언론

의 디딤돌'이라는 부제를 달고 창간된 매체였다. 《말》이라는 제호는 신홍
범이 작명했고 초대 편집장은 김도연이었다. 《말》은 발행될 때마다 압수
수색을 당해야 했고 편집인이 번갈아 연행돼 1주일씩 구류를 살아야 했
다. 언협은 구류를 번갈아 나누어 살기 위해 구류담당 편집인의 순서를 미
리 짜놓기까지 했다. 그 순서에 따라 성유보, 신홍범, 최장학, 김태홍이 차
례로 구류를 살았다.

보도지침 사건은 사회적으로 커다란 반향을 불러일으켰다. 전두환 정권
의 실체를 그대로 보여주는 내용들이 실려 있었기 때문이다. 《말》지에는
1985년 10월 19일부터 1986년 8월 8일까지 약 10개월분의 보도지침이 수
록되어 있다.

이 가운데 부천경찰서 성고문사건의 보도지침을 보면 전두환 정권의 비
민주성과 언론의 무기력함이 그대로 드러난다. 부천서 성고문사건의 보도
지침은 우선 기사를 사회면에 싣되, 기자들의 독자적인 취재내용은 싣지
말고 검찰이 발표한 내용만을 보도하며, 사건의 명칭을 '성추행'이라고
하지 말고 '성모욕행위'라고 표현하라고 지시한다. 또 공안당국이 배포한
분석자료 중 '사건의 성격' 부분에서 제목('혁명 위해 性까지 도구화')을 뽑아
주고 검찰의 발표내용은 반드시 전문을 그대로 싣되 시중에 나도는 반체
제측의 고소장(변호인단의 고발장) 내용이나 NCC, 여성단체 등의 사건 관련
성명은 일절 보도하지 말라고 시달한다.

보도지침이 시달되고 있다는 사실은 공공연한 비밀이었지만, 실체는 좀
처럼 세상에 그 모습을 드러내지 않았다. 일찍부터 권력에 길들여진 언론
사가 철저하게 은폐했기 때문이다. 그러나 기자들은 1986년 4월과 5월에
걸쳐 각 신문사별로 '우리의 결의'를 발표하면서 보도지침의 존재가 확인
됐다. 기자들은 '기관원 출입과 홍보지침 등 일체의 외부간섭을 거부한
다'(4월 18일 〈한국일보〉) '언론조정과 협조라는 이름 아래 계속되고 있는 정
부기관의 부당한 언론간섭은…… 즉각 중단되어야 한다'(5월 15일 〈중앙일
보〉)는 결의를 연쇄적으로 주장하기에 이른다.

보도지침은 당시 신문사 편집국 간부를 비롯해 일부 편집부 기자들 사

이에서는 잘 알려져 있었다. 한국일보사내에서는 많은 기자들이 이른바 '홍보조정'이라고 불리는 보도지침 사본을 본 적이 있었다. 한국일보 기자들은 언젠가 보도지침을 공개해 전두환 정권의 언론통제 실상을 세상에 알려야 한다며 편집국에 나도는 보도지침 사본을 모았다. 그러나 보도지침 전부를 수집할 수는 없었다. 당시 편집부 기자였던 김주언은 보도지침 사본이 편집국 서무 책상 위에 검정색 표지로 철해져 있다는 사실을 알게 되었고, 이를 세상에 알리게 된 것이다. 훗날 알려진 얘기지만 이 보도지침철은 당시 장강재 한국일보 회장의 지시로 보관하게 됐다고 한다.

김주언은 편집국에 있던 보도지침철을 보고 깜짝 놀랐으나 순간 이를 혼자 볼 수는 없다고 생각했다. 그는 이를 가지고 나가 평소 친한 친구였던 김도연(당시 민주통일운동연합 홍보기획실장)에게 보여주었다. 김도연은 이를 민통련에 가지고 가 민통련 간부들과 회람한 뒤 매우 중요한 문건이라는 판단을 내렸으나, 이를 민통련에서 폭로하기보다는 언협에서 자료로 발간하는 것이 좋다고 결론을 내렸다.

김도연은 언협 사무차장이던 친구 이석원과 상의했다. 언협에서는 보도지침 복사본을 놓고 이의 처리를 둘러싼 열띤 토론을 벌였다. 보도지침을 《말》지 특집호로 발간하는 데는 일단 합의했으나, 이를 세상에 내놓는 방식을 둘러싸고 여러가지 의견이 제시됐다. 편집과정에서도 많은 의견이 나왔다. 이 자리에는 이석원, 김태홍을 비롯하여 언협 간부였던 신홍범, 백기범, 홍수원, 박우정 등이 참석했다.

《말》지의 편집책임을 맡고 있던 홍수원과 박우정이 책임을 맡고 박성득, 이석원, 최민희, 김태광, 정의길, 김기석, 권형철 등이 '아랫다방'이라고 불리던 언협의 비밀편집실에서 편집작업에 들어갔다. 이들은 창고를 사무실로 개조한 좁고 답답한 공간에서 그해 무덥던 여름 3개월을 688건의 보도지침을 항목에 따라 분류하고 해설을 붙여 편집을 끝냈다. 《말》지 특집호는 극비리에 인쇄를 끝내고 마침내 1986년 9월 6일 발간되어 대학가와 재야 및 종교단체 등에 배포되었다.

한편 김도연과 이석원은 자료의 출처인 현직기자 김주언을 보호하기 위한 여러가지 방안을 강구했다. 당시 재야출신 국회의원으로 명망이 있던 이철 의원(이의원은 서울대 문리대 선배)과 상의, 현직기자가 우편으로 보도지침철을 우송한 것으로 각본을 만들자는 안이 처음 거론됐다. 그러나 이의원을 활용하는 방안은 당시 평민당측의 사정으로 무산됐다.

김태홍은 이와 별도로 보도지침 공개 기자회견을 준비하고 있었다. 김태홍은 당시 민주화운동의 보루로 널리 인식됐던 천주교정의구현사제단과 함께 공동으로 기자회견을 하기 위해 천주교쪽 인사들과 접촉했다. 특히 김태홍은 서울 문리대 선배로 이름이 높았던 김정남(전 청와대 교육문화수석비서관)과 만나 어떻게 보도지침을 압수나 수색당하지 않고 공개효과를 극대화할지, 그리고 어떻게 현역기자인 김주언과 인쇄업소의 안전을 보호할 수 있을지를 놓고 고민했다.

고심끝에 내놓은 결론은 김주언이 양심선언과 함께 보도지침 자료를 천주교 정의구현사제단 앞으로 보내고 사제단이 이를 다시 언협에 비밀리에 전달한 것으로 하자는 것이었다. 지금도 마찬가지이지만 당시 사제단은 민주화운동에 있어 가장 강력하고 신뢰할 수 있는 모임이었다. 김정남은 함세웅, 김승훈 신부와 상의했고 그들은 흔쾌히 동의했다. 김주언은 사전에 사제단 앞으로 경위를 담은 양심선언을 썼다. 이 각본은 결국 남영동 치안본부 대공분실에서 단숨에 무너져버렸지만, 그때만 해도 가장 그럴 듯한 방법으로 채택되었다. 사제단은 보도지침의 제작, 배포와 그 이후의 구명운동에도 개입하게 되었다. 실제로 제작비의 상당부분을 감당했고, 배포과정에도 주도적 역할을 했다.

《말》지 특집호도 잘 준비되어갔다. '보도지침이란 어떤 것인가' 라는 전문을 붙이고 일반인들을 위해 용어해설을 곁들였으며, 보도지침 내용을 실은 뒤 옆부분에 이에 대한 해설도 곁들였다. 또 '제도언론 극복이 민주화의 선결문제' 라는 해설도 썼다. 표지그림은 민족미술협의회 회원이던 박불똥이 그렸다.

보도지침 공개기자회견이 있기 며칠 전, 김정남과 김태홍, 김주언은 명동의 한 다방에서 만나 각본을 실행에 옮기기로 했다. 명동성당에 들러 양심선언을 작성한 뒤, 김승훈 신부를 찾아가 의례적인 절차를 마쳤다. 김승훈 신부는 이들의 제의를 흔쾌하게 받아들였을 뿐만 아니라 오히려 격려해주기까지 했다.

드디어 1986년 9월 9일 오전 10시 명동성당 소강당(사도회관)에서 천주교정의구현사제단과 민주언론운동협의회 공동으로 보도지침 공개 기자회견이 열렸다. 이 자리에는 송건호 언협의장, 최장학 조선투위 위원장, 김인한 동아투위 위원장, 사제단에서 김승훈, 함세웅, 정호경, 김택암 신부가 참석했다. 송건호 의장이 읽은 '보도지침 자료공개 기자회견을 하면서'라는 성명 초안은 김정남이 작성했다. 15장 분량의 다른 성명은 신홍범이 썼다. 앞의 성명은 발표경위를, 뒤의 성명은 보도지침의 성격과 본질을 밝히는 명문이었다.

'이 보도지침 자료집은 현정권의 언론정책은 물론 현정권의 도덕성을 가늠해주는 귀중한 현대사 자료로서 그리고 자유언론 쟁취를 위한 획기적인 기원으로서 기억되고 평가될 것임을 믿어 의심치 않는다.'

그날의 보도지침은 '보도지침 공개 기자회견 보도불가'였다. 그래도 몇몇 신문에서는 사회면 귀퉁이에 1단짜리로나마 지면을 차지했다. 김주언은 보도지침이 공개되고 난 뒤에도 시치미를 뗀 채 신문사에서 근무했다. 신문사 후배들한테 당시 기자회견 내용을 묻기도 했으며 보도지침을 폭로한 산 큰 기자가 누구냐고 관심을 기울이기도 했다. 김태홍 등 언협 회원들은 사무실을 폐쇄한 채 모두 도피했다. 《말》지 특집호는 불티 난 듯 팔려나갔으며 복사본까지 나돌았다. 《말》 특집호는 2만5,000부를 찍어 국내외에 배포됐다.

보도지침 폭로로 그 동안 소문으로만 나돌던 권력의 언론통제 실상과 제도언론의 가면이 여지없이 벗겨지게 되었다. 전두환 정권은 권력탈취 이후 최대의 타격을 입었으며 제도언론에 대한 국민의 불신은 더욱 깊어졌다. 당시 문공부장관이던 이원홍은 보도지침이란 있어서도 안되고 있을 수도 없다는 상투적인 강변을 늘어놓았지만, 이말을 믿을 국민은 아무도 없었다. 보도지침이 세상에 그 모습을 드러내자 국민은 '어찌 이럴 수가……' 하는 충격과 놀라움을 금치 못했다. 보도지침이 실린 《말》 특집호를 처음부터 끝까지 훑어보는 것만으로도 언론통제의 실상을 그대로 통절히 깨닫게 되었다.

보도지침이 공개되자 권력당국은 《말》 특집호의 발행 및 배포와 관련하여 김태홍을 전국에 지명수배하고, 보도지침의 내용이 더 이상 국민에게 알려지지 않게 하기 위하여 곳곳에서 압수수색을 더욱 강화했다. 또한 정보수사능력을 총동원하여 보도지침이 어떠한 경로로 누출되었는지를 탐지하는 데 혈안이 되었다.

그때부터 3개월여가 지난 12월 10일. 그 동안 도피중이던 김태홍이 체포되어 남영동 치안본부 대공분실로 연행됐고, 그의 진술에 따라 12일에는 신홍범, 15일에는 김주언이 연행돼 구속됐다. 보도지침의 공개로 만천하에 웃음거리가 된 데 대한 정치보복으로 권력당국은 이들에게 비열하게 국가보안법을 적용했다. 국가보안법상의 국가기밀누설죄(국가기밀누설죄는 기소과정에서 법리상 적용이 어려워 삭제됨)와 외교상기밀누설죄, 그리고 집에서 찾아낸 영문서적을 걸고 넘어져 이적표현물 소지죄가 뒤집어씌워졌다. 여기에 집회 및 시위에 관한 법률 위반과 외신기자들과 회견을 했다는 이유로 국가모독죄가 추가됐다. 이들은 연말에 서대문구치소로 송치되었다.

공소장에 적시된 바에 따르면 F-16기 1차분 7일 인수식, 국방부 발표 때까지 보도하지 말 것(1986. 3. 5.) 미국방성 '핵무기 적재 전투기 각국 배치'에서 우리나라는 빼고 보도할 것(1986. 7. 10.) F-15기 구매와 관련, 뇌물 공여 조사차 내한하는 미 하원 전문위원 3명 관련기사 보도억제(1985. 11. 20.) 미 FBI 국장 방한사실 일체 보도억제(1986. 1. 11.) 북한의 국회회담 제의, 당국 발표시까지 보도통제(1985. 10. 20.) 등 11개항을 공개한 것이 외교상 기밀누설과 국가보안법 위반이라는 것이다.

이들 3명이 구속되자 언협은 물론이려니와 신구교 종교단체를 비롯해서 재야단체, 문화단체, 지식인단체들과 신민당, 민추협 등 정치단체에서

도 항의성명, 연대농성, 공개 기자회견, 구속자 석방 서명운동 등을 전개
했다. 김주언이 근무하던 〈한국일보〉에서는 약간의 해프닝이 있었다. 〈한
국일보〉 기자들은 모임을 갖고 논란을 벌였으나 결론을 내리지 못했다. 당
시 한 젊은 기자의 넋두리.

"하오 9시40분경부터 회의懷疑 개최. 40~50명 참석(들락날락). 이때 차
장 3명 등 4명의 선배가 들어와 그중 2명이 수첩 꺼내놓고 개개의 발언을
일일이 메모. 총 들고 지키는 것보다 더 무섭더라. 과연 'The pen is
mightier than the sword.' 기자로서 전혀 엉뚱한 곳에서 그 격언을 실감
하다니."

보도지침 소식과 이들 구속언론인에 대한 석방촉구 운동은 국외에까지
파급되어 앰네스티 인터내셔널, 언론인 보호위원회, 미국과 캐나다의 언
론단체들에서 석방을 촉구하는 항의서한이 전두환 대통령을 비롯한 정부
인사들에게 전달되었다. 1987년 1월 5일 앰네스티 인터내셔널이 《말》지사
건으로 구속된 3명의 언론인 즉각석방을 촉구한 것을 시작으로 1987년 1
월 9일에는 미국 언론인보호위원회가, 1월 12일에는 국제자유출판위훤회,
1월 14일 미국과 캐나다 신문협회, 1월 22일 국제기자연맹(IFJ) 등에서 한
국의 언론현실을 비난하는 성명서를 발표하고 구속자 석방을 촉구하는 공
한을 보내거나 운동을 벌이자고 촉구했다. 특히 미국 상원은 3월 18일 한
국관계 청문회를 개최하고 '보도지침' 사건을 자세히 청취했다.

이듬해 4월 1일부터 시작된 보도지침 사건의 재판은 내외의 비상한 관
심 속에 진행됐다.

변호인단은 한승헌, 고영구, 조준희, 홍성우, 황인철, 이상수, 조영래,
김상철, 박원순, 신기하, 함정호 등으로 구성되어 시국관련재판의 인권변
호사들이 총출동한 듯했다. 검찰측은 서울지검 공안부의 안왕선 검사, 재
판장은 박태범 판사였다. 피고인들의 모두진술로 재판이 시작됐다. "보도
지침을 폭로한 사실에 대해 그것을 '사건'이라고 칭하고 또 그것을 이유
로 법정에 서 있다는 사실에 아연할 따름이다"(김태홍) "지금 우리가 이 자
리에 서 있지만 이 법정에는 우리가 고발한 이땅의 언론현실이 서 있는

것"(신홍범) "보도지침은 언론통제의 산 증거이다. 보도지침을 공개한 것은 정당한 행위였음을 자부한다"(김주언)라는 당당한 진술이었다.

모두진술을 끝내고 변호인들은 검찰이 기소한 사실 가운데 불분명한 부분에 대한 석명釋明을 요구했다. 조영래 변호사는 "문화공보부 홍보정책실이 통상 국가적 기밀사항에 해당되는 내용이라 판단하여 언론보도에 신중을 기해줄 것을 언론사에 협조요청할 경우 그 요청을 받은 언론사는 독자적으로 판단하여 사실보도에 참고해오는 것이 '국내외 언론계의 관행'이라고 썼는데, 여기에서 '국내외 언론계의 관행'이라는 말은 '국내의 언론계의 관행'이 잘못 타자된 것 아니냐"라고 물어 방청객의 웃음을 사기도 했다.

2차 공판에서도 변호인단의 날카로운 공격이 이어졌다. 변호인단은 외교상 기밀누설에 관한 공소사실 중 모호한 부분에 대해 집중추궁하며 "보도통제의 대상이 된 내용이 외교상 기밀인지 아니면 그러한 내용사실에 대한 보도통제가 있었다는 사실이 기밀인지"를 밝히라고 요구했다. 이에 대해 검사는 머뭇거리다가 말을 더듬으며 "우리는 보도를 통제한 사실이 없다. 그런데 어떻게 보도통제 사실이 기밀이 되겠느냐"고 답변했다. 변호인단은 또 정부에서 언론에 대해 "보도해달라"고 요청한 부분이 어떻게 공소사실에 해당되느냐며 공소장 변경을 요구하기도 했다.

3차 공판에서는 검찰이 이례적으로 11개항의 공소사실 가운데 4개항을 자진 철회했다. 이날 공판에서는 변호인 반대신문이 이루어졌는데, 김태홍이 신문중에 "현정권은 이 나라 최고의 범죄자다"라고 말하자, 검사가 '국가원수 모독 발언'이라고 이의를 제기하고 나섰다. 김태홍은 "지금 검사가 하신 주문이 개인의견인가, 아니면 보도지침인가"라고 되받아서 방청석에서는 웃음이 터져나왔다.

2주일 간격으로 열린 공판은 흥미의 연속이었다. 변호인단의 날카로운 질문과 이에 대한 검사의 우둔하면서도 쇼맨십적 자질이 농후한 태도는 가끔 재판정을 웃음바다로 만들곤 했다. 8차공판까지 진행된 보도지침 재판은 리영희 교수, 송건호 언협의장 등이 첫 공판부터 마지막까지 지켜보았으며, 당시 김영삼 신민당총재가 다녀가기도 했다.

공판은 언론계 원로인 송건호 선생과 박권상 선생의 증언으로 이어지면서 차츰 열기를 더해갔다. 송건호 선생과 박권상 선생은 "보도지침은 민주주의 국가에서는 있을 수 없는 강제 언론통제 지침"일 뿐이라고 증언하면서, "저들 피고인들의 용기에 경의를 표한다"고 말했다.

4차 공판에서는 변호인단이 증인으로 신청한 문공부 홍보정책실장과 〈동아일보〉, 〈조선일보〉, 〈중앙일보〉, 〈한국일보〉의 편집국장, 편집부장, 정치부장, 사회부장, 외신부장 등을 무더기로 증인으로 받아들여 바야흐로 한국의 언론현실이 법정에서 적나라하게 드러날 것이라는 기대를 갖게 했다.

그러나 6차 공판에 들어서 난관에 부닥쳤다. 변호인단의 증인신청을 이례적으로 받아들였던 재판부가 증인소환장까지 발부했다가 다음날 돌연 취소해버린 것이다. 재판부의 증인 취소결정은 엉뚱하게도 변호인단과 검사의 논쟁으로 비화되었다.

변호인단　　과연 이것이 법원의 독자적인 판단인지 심히 의심스럽다.
검사　　　　변호인들이 증인을 20여 명이나 신청한 것은 당초부터 납득이 안 갔는데 재판부가 이를 취소한 것은 잘한 일이라고 생각한다. 어떻게 외부의 입김이 있을 수 있겠는가.
변호인단　　이 재판에는 오늘날의 언론자유, 사법부의 독립, 자유와 인권뿐 아니라 후손들의 삶까지 모든 것이 걸려 있다. 이제라도 재판장은 용기를 내달라. 어떤 압력이 있었는지 양심선언하는 심정으로 밝혀달라.

검사가 다시 발언에 나설 움직임을 보이자 재판장은 이를 제지하고 고통스러운 표정을 지으며 휴정을 선언했고, 20분 만에 다시 나와 폐정선언을 한 뒤 퇴장해버렸다.

7차 공판. 검찰의 논고가 끝난 뒤 변호인단의 변론이 있었다. 한승헌 변호사의 논리정연하고 낭랑한 목소리가 재판정에 울려퍼졌다.

"이 사건에 대한 재판은 하기 전에 이미 결론이 나 있었다고 본다. 오늘의 보도지침 사건 심판의 대상은 보도지침을 폭로한 세 분의 행동이 아니라 보도지침 그 자체이며, 그것을 고안 활용해온 압제자들이기 때문이다. 아직도 남은 일이 있다면 집권세력이 국민 앞에 당장 그런 괴물을 없애는 결단을 내림으로써 개전의 정을 보여야 한다는 것이다. ……이것은 보도지침을 통한 언론통제 그 자체에 못지 않은 죄악상이다. 비유컨대 이것은 불낸 자는 그냥 두고서 119에 신고한 사람을 잡아간 격이다. 아니, 불을 낸 자가 화재신고자들을 잡아다가 심문한 셈이 되었다. 방화와 소방의 업무를 맡은 자라면 화재신고를 한 사람에게 감사하고 뒤늦게나마 진화작업을 하고 화인을 규명하여 범인을 처벌했어야 한다. 그런 데도 이 경우에는 외친 자를 구속하는 데만 급급했지 민주언론과 나라의 근본기틀을 불태우고 있는 악의 불길은 그대로 방치하고 있으니 개탄을 금할 수가 없다."

변호인단은 검찰의 논리를 조목조목 반박했다. 보도지침이 아니라 어디까지나 보도협조사항이라고 내세우면서, 통상 국가적 기밀사항에 대해 언론보도를 신중히 해줄 것을 요청하면 언론사가 독자적으로 판단해 참고한다는 검찰의 주장에 대해, "김대중의 사진을 싣지 말라고 시달했는데(1986. 5. 27.) 그렇다면 김대중의 얼굴이 기밀사항인가. 노태우 민정당대표의 회견기사를 꼭 1면 머릿기사로 하라는 것(1986. 1. 22.)이 신중을 기해달라는 것인가. 독자적으로 판단하라고 했다면서 그것을 어긴 언론인은 왜 정보기관에 끌고 가는가"를 신랄하게 지적했다.

피고인들은 최후진술에서 "언론은 캄캄한 밤중을 달리는 자동차의 전조등과 같다. ……재판장과 우리는 이 법정에서 자동차의 전조등을 밝혀야 한다고 용감하게 말해야 한다"라고 말했다. 재판중 김주언의 첫딸이 돌을 맞이했는데, 회사동료들이 돌잔치에 참석해 아빠를 대신해주었다. 선고를 며칠 앞둔 5월 31일, 이들은 천주교 서울대교구가 제정한 가톨릭자유언론상을 수상했다. 시상식에는 옥중의 남편을 대신해 부인들이 참석했다. "이들이야말로 시대의 고난 속에서도 참언론인상을 구현한 사람들"이었다고 김수환 추기경은 시상이유를 밝혔다.

1986년 6월 3일 상오 10시 113호 법정. 선고공판이 있던 날이었다. 박태범 재판장은 일부 무죄부분을 말한 뒤, 3명 모두에게 유죄를 선고했다. 김태홍 징역 10월에 집행유예 2년, 신홍범 선고유예, 김주언 징역 8개월 자격정지 1년 집행유예 1년이었다. 재판장의 판결은 '갈등 끝의 타협의 산물'로 받아들여졌다. 피고인들의 몸은 일단 풀려났다. 피고인들은 항소했다. 그리고 6. 10. 시민항쟁이 일어났다. 보도지침사건은 6월시민항쟁을 예고하는 전조등이었던 것이다. (김정남 《진실, 광장에 서다》 552쪽)

재판과정을 줄곧 지켜보았던 류숙렬(당시 뉴욕 〈조선일보〉 기자, 현방송위원)은 방청기를 통해 "특기할 것은 세 사람의 인적 구성 자체가 70년대와 80년대 한국의 언론현실을 그대로 보여주고 있다는 사실이었다"고 밝혔다. "신홍범 씨는 유신치하에서 언론자유운동을 하다가 160명의 기자들이 대거 쫓겨난 75년 해직기자로 '조선투위' 소속이고 김태홍 씨는 680여 명의 언론인이 해직되고 언론사가 통폐합된 80년 해직기자로 당시 기자협회 회장이었다. 김주언 씨는 현역기자로 이번 구속으로 인하여 선배들의 언론투쟁에 맥을 잇는 역할을 한 것이다."

1심재판은 이렇게 해서 일단 마무리되었다. 그러나 지방법원 합의부 항소심은 세월 가는 줄 모르고 늘어지기만 했다. 그동안 세상노 많이 변했다. 정권이 두 차례나 바뀌었다. 전두환 정권이 물러난 뒤 노태우 대통령의 뒤를 이어 김영삼 정부가 탄생했다. 그래도 재판은 종결될 줄 몰랐다. 항소심 결심공판이 끝난 뒤에도 재판부가 변경되어 다시 재판을 열었다. 그 동안 재판부는 네 번이나 변경됐다. 검사도 세 번이나 바뀌었다.

항소심 재판에서는 몇 차례 증인신문이 있었다. 증인으로는 이효성 교수와 주한 외국인특파원 등이 참석해 보도지침이 국내외의 관행이라는 검찰측 주장을 반박했다. 그러나 언론의 주목을 끌지 못했으며 세간의 관심도 끌지 못했다. 박원순 변호사가 공판때마다 참석해 변론에 나섰다.

재판이 진행되는 동안 변호인단에도 우여곡절이 있었다. 무엇보다도 가슴아픈 일은 조영래 변호사와 황인철 변호사 그리고 국회의원이었던 신기하 변호사의 갑작스런 타계였다. 조영래 변호사는 1990년 12월 12일 폐암으로 타계했다. 43세였다. 황인철 변호사는1993년 53세의 나이로 세상을 떠났다. 신기하 변호사도 유명을 달리했다.

한승헌 변호사는 국민의 정부 시절 감사원장을 지냈고 참여정부 들어서는 사법개혁추진위원장을 맡고 있다. 고영구 변호사는 노무현 정부 들어 국정원장을 역임했으며, 조준희 변호사는 노무현 정부 들어 언론중재위원장을 맡고 있다. 김상철 변호사는 김영삼 정부 시절 서울시장에 임명되었다가 재산공개파동으로 물러나기도 했다. 김변호사는 극우보수주의자로 변신했다. 보도지침 공개의 주역을 맡았던 김정남은 청와대 교육문화수석 비서관으로 발탁됐다가 〈조선일보〉의 사상검증에 걸려 중도하차했다. 김도연은 갑작스러운 교통사고로 부인과 아들, 딸을 남겨둔 채 세상을 하직하고 말았다.

사건발생 7년 10개월 만인 1994년 7월 5일. 1심재판이 끝난 지 7년여 만에 항소심 선고공판이 열렸다. 서울형사지법 항소4부(재판장 성기창)는 "피고인들이 《말》지를 통해 공개한 F16기 인수식 및 미 FBI국장 방한 등 7개항은 이미 외국의 언론을 통해 보도된 것들로, 현대 정보사회의 급속한 발전과 정보교환의 원활성 등을 감안할 때 외교상 기밀로 볼 수 없다"며 전원에 대해 무죄판결을 내렸다. 그밖의 죄목들도 모두 무죄였다. 그러나 검찰은 재판부의 판결에 불복, 대법원에 상고했다.

항소심 재판이 끝난 지 1년 2개월이 흐른 1995년 12월 5일. '보도지침 삼총사'(언론계에서는 세 피고인들을 이렇게 불렀다)가 오랜 만에 한자리에 모였다. 대법원 법정이었다. 천경송 재판장은 "상고를 기각한다"고 짧게 선고했다. 9년여에 걸친 보도지침사건 재판이 무죄로 확정되는 순간이었다. 대법원은 천경송 재판장, 신성택 주심, 지창권 판사 등 관여법관의 일치된 의견으로 검찰의 상고를 기각했다.(판결문 참조) 그러나 당시 언론은 크게 관심을 갖지 않았다. 당시 〈기자협회보〉 이창섭 기자(현 청와대 행정관)만이 현장에 동행해 사진과 함께 1면 머릿기사로 보도했다. 〈기자협회보〉(주간)의 보도 이후, 선고 후 일 주일이 지난 12월 12일에야 신문들이 일제히 보도했다.

서 울 지 방 검 찰 청

87 형 제   503 호   1989 . 5. 11.

　수 신　서울형사지방법원   발 신　서울지방검찰청

                                        검 사　안왕선

　제 목　공소장

　　　　　아래와 같이 공소를 제기합니다.

피고인	① 본　　　　적	별지와 같음
	② 주　　　　거	
	③ 직　　　　업	
	④ 주민등록번호	
	⑤ 성　　　　명	
	⑥ 생 년 월 일	

⑦ 죄　명	가. 국가보안법위반　　나. 외교상 기밀 누설 다. 국가모독　　　　　라. 집회 및 시위에 관한 법률 위반
⑧ 적　용 　법　조	
⑨ 신　병	구속
⑩ 변호인	변호사　한승헌

　첨　부 :　1. 구속영장 1통　　　3. 피의자 수용증명 4통

　　　　　　　2. 변호인 선임계 1통　　4. 구속기간 연장결정서 1통

(별지)

1. 나.다.라 김태홍 한겨레신문사이사
주거   서울 서초구 서초동 삼호가든 3차 아파트
본적   △△△△△△△

2. 가.나.다. 신홍범 두레출판사 대표
주거   서울 서초구 서초1동 1641의 12
본적   △△△△△△△

3. 가.나. 김주언金周彦 한국일보기자
주거   서울 강남구 일원동 615 개포7차 우성아파트 114-605
본적   △△△△△△△

공 소 사 실

피고인 김태홍은 1966. 2.경 서울대학교 문리대 사학과를 졸업한 후, 군산 멤볼딘 여자고등학교와 광주 사레지오고등학교 교사를 역임하고, 1970. 12.경부터는 한국일보 외신부 기자로, 1975. 7. 16.경부터는 합동통신 기자로, 1980. 4. 1.부터 동년 5. 17.까지 한국기자협회장으로 각 종사한 후, 1984. 3. 24.경 80년 해직언론인협의회 회장으로 선임되어 활동중, 동년 12. 19.경 소위 '민주언론운동협의회'(이하 '민언협'이라 한다) 공동대표로, 1985. 12. 19.경부터는 '민언협' 공동대표와 사무국장을 겸임하면서 동 협의회 기관지인 《말》의 제작, 배포 등의 업무를 관장하여오던 자로서, 1981. 6. 9.경 서울고등법원에서 반공법 위반 및 포고령 위반으로 징역 1년 6월을 선고받고 광주교도소에서 복역중 동년 12. 25.경 형 집행정지로 출소하였고, 1986. 4. 26.경까지 간에 위 《말》지 편집과 관련하여 3회에 걸쳐 구류처분을 받은 사실이 있고,

피고인 신홍범은 1964. 2.경 서울대학교 문리과대학 외교학과를 졸업하고, 1965. 12.경부터 조선일보 문화부 기자로, 1969. 5.경부터 동양통신사 외신부 기자로, 1970. 9.경부터 조선일보 외신부 기자로 각 종사한 후, 1975. 3.경 조선일보사를 퇴사한 후, 동년 4월경 결성된 소위 '조선자유언론수호투쟁위원회' 회원으로 가입하였고, 1983. 3.경 두레출판사를 설립, 출판업무에 종사하고, 1984. 12. 12.경 '민언협' 결성과 동시 실행위원에 선임되어 동 협회지 《말》지의 제작에 관여하여오고 있고, 1970. 11. 4.경 서울형사지방법원에서 국가보안법 위반으로 선고유예를, 1985. 10. 15.경 같은 법원에서 경범죄처벌법 위반(《말》 2호 편집 관련)으로 구류 7일을 각 선고받은 사실이 있는 자이고,

피고인 김주언은 1979. 8.경 서울대학교 자연대학 화학과를 졸업한 후, 동년 12월경 도서출판 동평사 사원으로 종사하다가 1980. 4.경 한국일보사에 입사하여 일간스포츠 체육부, 편집국 문화부, 특집부를 거쳐 1985. 11.경부터 편집국 편집부 기자로 종사하여오던 자로서, 1974. 4. 3.경 서울지방검찰청에서 대통령 긴급조치 1, 4호 위반(민청학련사건 관련 유인물 살포)으로 기소유예 처분을 받았고, 1979. 11. 26.경 서울형사지방법원에서 포고령 위반(YWCA위장결혼식 참석 혐의)으로 구류 10일을 각 선고받은 사실이 있는 자인바,

1. 피고인 김태홍, 동 신홍범 등은 이른바 해직기자들로 정부에 대하여 강한 비판적 견해를 갖고서, 현재의 언론을 '제도언론' 이라 규정짓고, 제도언론에서 수렴할 수 없는 것들을 해직 언론인들이 주체가 되어 '새 언론 창달' 이란 목표 아래 '민언협' 의 기관지 《말》에 게재 · 보도함으로써, 이 나라 국민들의 알 권리를 충족시켜주겠다는 취지하에 '민언협' 에 가입, 활동하여왔고, 동 김주언은 위 '민언협' 요원들과 긴밀한 접촉을 하면서 동인들의 활동에 공감을 표명하여오던 중,

피고인 김주언은 1986. 3. 말 일자미상 23:00경 서울 종로구 중학동 14 소재 한국일보사 편집국 편집부 사무실에서 야근근무중, 문공부 홍보정책실로부터 동 신문사에 보도협조사항이 전달되자 그같은 언론 협조사항은 문화공보부 홍보정책실이 통상 국가적 기밀사항에 해당되는 내용이라고 판단하여 언론보도에 신중을 기해줄 것을 언론사에 협조요청할 경우 그 요청을 받은 언론사는 독자적으로 판단하여 사실보도에 참고해오는 것이 국내외 언론계의 관행으로 되어 있음에도 피고인은 이를 마치 정부가 언론을 통제하기 위하여 시달하는 소위 '홍보지침' 이라고 오해하고, 동년 5월 초순경 종로구 중학동 소재 '한마당' 레스토랑에서 피고인의 친구인 공동체출판사 대표인 공소 외 김도연(민통련 홍보기획실장-수배중)을 만나 동인에게 위 사실을 알려준바, 동인으로부터 동 협조사항을 빼내어달라는요구를 받고 승락을 한 후, 동년 6월 하순경 한국일보 편집국내에서 동 협조

사항을 모아 관리하는 동 편집국 서무담당 김정일(여)로부터 '85. 10.~86. 6.' 까지의 동 협조사항 150여 매가 철해져 책상 위에 꽂혀 있는 것을 빌려 7층 복사실에서 복사한 후, 그 무렵 위 한마당 레스토랑에서, 위 김도연이 보낸 '민언협' 실행위원이며 간사인 공소 외 이석원에게 교부하면서 동인 으로부터 이를 '민언협' 기관지 《말》지에 게재하겠다는 말을 듣고, 계속하 여 1986. 8. 초순경 같은 방법으로 '86. 6. 중순~8. 초순' 까지의 동 협조 사항을 위 이석원에게 교부하고,

피고인 김태홍은 동년 7. 5. 11:00경 서울 마포구 공덕동 105의 94 소재 '민언협' 사무실에서, 위 이석원으로부터 위 협조사항 자료 8개월분을 입 수하였다는 보고를 받고, 동일 11:30경 위 '민언협' 비밀 편집실에서 동 협회 기관지 《말》지의 편집장인 공소 외 홍수원, 동 차장 박우정, 동 박성 득, 위 이석원 등과 같이 모여, 동 협조사항 자료 150여 매를 분석검토한 끝에 이를 《말》의 특집호로 발행하기로 결정하고, 그 실행방법으로 위 홍 수원의 책임하에 《말》지 기자 최민희, 동 김태광, 동 정의길, 동 김기석, 동 권형철 등이 협조하기로 하는 편집진을 구성하여 그때부터 위 비밀 편 집실에서 피고인의 감독하에 위 《말》 특집호의 편집에 착수하고,

피고인 신홍범은 동년 8. 7. 16:30경 위 '민언협' 사무실에서 피고인 김 태홍으로부터 위 협조사항의 입수경위와 이를 자료로 《말》 특집호의 발간 계획 등을 설명듣고서 이에 적극 찬동을 하고, 피고인 김태홍은 동년 8. 10.경 위 이석원으로부터 '86년 6월 중순부터 8월 초' 까지의 동 협조사항 2개월분을 추가입수하여 편집을 하던 중, 동년 8. 15. 12:00경 서울 종로 구 신문로 소재 한밭식당에서, 피고인 김태홍, 동 신홍범 등이 위 홍수원, 박우정, 이석원 등과 만나 《말》 특집호에 대한 편집을 하는 등으로 피고인 등은 위 협조사항을 자료로 하여 《말》 특집호를 제작하기로 순차 공모한 다음,

1985. 8. 하순경 서울 중구 을지로 3가 소재 삼원인쇄소에서, 위와 같이 홍보지침을 기초로 하여 보도지침란과 해설란으로 구분하고, 책의 제목은 《말》 특집호, 부제: 보도지침, '권력과 언론의 음모' ― 권력이 언론에 보내

는 비밀 통신문—으로 정하는 등으로 편집을 완료하여 제작의뢰를 하였는
바, 그 주요 내용으로는,

  * 외교 군사상의 기밀에 관한 사항
—F-16기 1차분 7일(워싱턴 시간) 인수식, 국방부 발표시까지 보도하지 말 것
  (86. 3. 5.). p.33
—미국방성 '핵 적재 전투기 각국 배치' 에서 한국은 빼고 보도할 것 (86. 7.
  10.). p.55
—일본 〈산께이〉 신문이 보도한, '한·베트남 무역거래 활발' 은 보도 불가 (86.
  7. 30.). p.60
  (예) 선경, 베트남에 합판공장 설립. 한국은 석탄수입 등.
—한·중공 합작회사 설립은 기사화하지 말 것 (85. 6. 30.). p.10
—중공 어선 망명 당국 발표때까지 보도 금지 (86. 6. 17.). p.51

  * 국가안보에 관한 사항
—F-15 기 구매와 관련, 뇌물공여 조사 청문차 내한하는 미하원 소속 전문위
  원 3명 관련기사 보도 억제 (85. 11. 20.). p.15
—미국 FBI국장 방한(1. 12~16.) 사실 일체 보도 억제 (86. 1. 11.). p.22

  * 남북대화 관련사항
— '북한 국회회담(11월초) 제의' 당국 발표시까지 보도 통제(85. 10. 20.). p.6
—안기부 연락: 북한의 85. 11. 1. 국회회담 제의에 우리측 12. 8. 이후 수정 제
  의에 즈음하여 내외통신에 '북괴의 최고인민회의(소위 국회)는 허구' 라는
  해설기사를 실었으니 인용보도(85. 10. 30.). p.10

  * 북괴 등 대공산권 관련 사항
—북괴 선전매체들의 보도내용은 내외통신 보도만 싣고 외신을 간접적으로 인
  용하지 않는다 (86. 3. 21.). p.38

— 산께이 신문 보도(30일자 조간), '남북정상회담 아시안게임 전 평양서 열릴
  듯' 은 전재하지 말 것 (86. 5. 30.). p.49

등으로 되어 있어, 대한민국이 외국과의 관계에 있어서 한국의 이익과
국제간의 신용을 위하여 보지하여야 할 사항과, 대북한 간의 관계에 있어
서 국가안전 보장상 중대한 결과를 초래할 우려가 있는 사항이 포함된 것
을 3회에 걸쳐 22,000여 부 제작하여 그 무렵 명동성당에 3,000부, 민주통
일민중운동연합에 100부, 민주화운동청년연합에 50부, 민중불교운동연합
에 50부, 기독교회관에 100부, 자유실천문인협의회에 50부, 민중문화운동
협의회에 100부, 한국출판문화운동협의회에 30부, 여성평우회에 30부 그
리고 이돈명 변호사 등 재야인사들에게 배포하는 등으로 전량 배포함으로
써 외교상의 기밀을 누설하고,

  2. 피고인 김태홍, 동 신홍범 등은 공모하여 1986. 9. 1. 10:00경 서울
중구 명동 2가 1번지 소재 명동성당내 천주교 서울대교구 홍보국장실 (함
세웅 신부 방)에서 공소 외 김승훈, 정호경, 신현봉 신부 등과 만나 《말》특집
호 제작과 관련, 자료의 출처 및 인쇄업소를 천주교측의 비호하에 보호한
다는 취지의 대책을 협의하면서
  피고인 김태홍은 "'민언협'에서 편집중인 《말》특집호의 자료인 소위
'보도지침'은 모 신문사 기자로부터 입수하였는데 '민언협'은 힘이 약하
고 외로운 단체이므로 사제단과 공동으로 발행하여 출처를 보호하도록 도
와달라"고 제안하고,
  이에 대하여 김승훈은 "동 특집호 자료 출처 및 인쇄소에 대한 보호대
책으로 사제단이 특집호 제작에 깊이 관여한 것으로 위장하기 위하여 동
책자표지에 그 내용을 싣도록 하자, '민언협'과 사제단이 동 특집호를 제
작한 것으로 널리 알리고 소위 '보도지침'의 실체를 폭로하기 위하여 내
외신 기자회견을 통하여 발표하자"라고 그 방법을 제시하고
  피고인 김태홍은 "기자회견시 발표할 성명서는 '민언협'에서 사제단과

공동명의로 작성하여드리겠으니 보신 후 첨삭부분이 있으면 수정토록 하자"라고 제의하자 피고인 신홍범 등 참석자 전원이 이에 동의하고, 그 구체적 계획을 협의한 결과

＊ 일시, 장소 : 9. 9. 10 : 00, 명동성당 소강당 (사도회관)
＊ 참석범위는 '민언협'에서 송건호, 김인한, 최장학, 사제단에서 김승훈, 김택암, 함세웅, 정호경 등으로
＊ 기자연락은 명동성당 청년연합에서 전담
＊ 성명서 낭독 및 《말》특집호 등 인쇄물의 배포는 '민언협'에서 분담하기로
구체적 사항을 결의하는 등으로 내·외신 기자회견을 통해 정부를 비난하기로 결의를 한 다음, 피고인 신홍범은 동월 6일 10 : OO ~ 18 : 00시에 서울 강남구 서초동 112 한일아파트 나동 405호 소재 피고인 집에서

— 오늘의 언론을 마음대로 조작하고 있는 정부 당국의 이른바 '보도지침' 외 세부내용이 밝혀짐으로써 현언론의 정체가 남김없이 드러나게 되었다.
— 이 '보도지침' 자료집은 문화공보부 홍보정책실이 매일같이 각 신문사에 내려보내는 보도통제 지시를 모은 것으로 오늘의 제도언론의 정체와 본질을 드러내는 데 있어서, 그리고 권력과 언론의 관계를 밝히는 데 있어서 움직일 수 없는 결정적 증거가 되는 것이다.
— 사실과 진실의 은폐, 왜곡이라는 정치기능을 담당하는 권력의 일부로 완벽하게 제도언론을 구현하고 있는 나라가 우리 말고 또 어디 있을까?
— 이제 이땅에는 언론탄압이 아니라 언론과 권력의 일체화가 있을 뿐이다.
— 언론통제 본부라 할 수 있는 문공부 홍보정책실은 모든 중요사건에 대해 보도가, 불가, 절대불가의 판정을 내리고 보도방향, 내용, 기사의 크기, 위치 등에 이르기까지 세밀히 지시를 내리고 있음이 거듭 확인되었다.
— '보도지침'은 어떤 기사를 어떤 내용으로 어느 면 어느 위치에 몇 단으로 싣고 제목도 어떤 표현을 사용해야 하며, 사진을 사용해서는 안되고 또는 사용해야 하고, 당국의 분석자료를 어떻게 처리하라는 등 세부사항까지 구체적으로 지시하고 있다.

라는 등의 요지로 된 '민언협', '천주교정의구현전국사제단' 공동명의의 성명서 초안을 200자 원고지 약 15매에 작성하여, 동월 7일 10:00경 위 '민언협' 사무실에서 피고인 김태홍에 교부하고, 동 김태홍은 동 원고를 위 김승훈에게 제작의뢰를 한 후, 동월 8일 12:00~14:00 사이 위 송건호, 최장학, 김인한 등을 동인의 집으로 방문하여 위 기자회견 계획을 알리는 등으로 기자회견 계획을 마친 다음

동년 9. 9. 10:00~10:30 사이 위 명동성당 소강당(사도회관)에서 위 송건호, 최장학, 김인한, 김승훈, 정호경, 김택암 등이 동아일보 사회부 윤승용 기자 등 국내기자 10명, AFP통신 임희순 등 외신기자 4명 등을 상대로 동소에 참석한 위 최장학, 김인한, 김승훈, 함세웅, 정호경, 김택암 등을 대표한 송건호로 하여금 "'보도지침' 자료 공개 기자회견을 하면서" 제하의 유인물을 낭독하게 함으로써, 헌법에 의하여 설치된 국가기관을 비방하고,

3. 피고인 김태홍은 1986. 5. 22. 19:00~5. 29. 19:00경까지 7일간 '민언협' 사무실에서, 동월 중순경 위 '민언협' 사무실에서, 자유실천문인협의회(이하 '자실'이라 한다) 사무국장 김정환, 민중문화운동협의회 (이하 '민문협'이라 한다) 사무국장 황선진, '민언협' 사무국장 피고인 김태홍 등 문화 3단체 사무국장 모임에서 광주민중항쟁 3주년 기념행사를 동 문화 3단체가 공동으로 주최하기로 한 결정에 따라 공소 외의 송건호('민언협' 의장), 동 김인한, 동 최장학(각 '민언협' 공동대표), 동 홍수원, 동 이원섭, 동 윤활식, 동 최민희 등 '민언협' 임·회원과 황선진, 정희석 등 '민문협' 임·회원 6명, 김정환, 강태행 등 '자실' 임·회원 13명 등 약 34명과 함께 모여, '문익환 의장을 즉각 석방하라'는 내용의 플래카드를 제작, 사무실 외벽에 설치하고,

위 김정환의 사회로 "광주민중항쟁 정신을 계승, 민주화운동에 배전의 노력을 하자"는 요지의 인사를 하고,

피고인 김태홍은 '5월항쟁 계승하여 저들의 탄압에 맞서 싸우자' 제하

로 작성한 유인물을 통해 "민통련의 지도자 문익환을 저들 3반三反정권이 체포한 것은 우리들 민중, 민주운동단체 전체 아니 전체민중을 또다시 압살하겠다는 의도와 다름 아니다", "5월항쟁의 실천적 의미 또한 반제, 반파쇼 민중주체사회의 건설과 민주, 자주, 통일에 있다", "민주화운동을 탄압하는 현 폭력살인정권은 물러가라"는 요지의 성명서를 낭독하고,

초청연사인 천주교사회운동협의회(이하 '천사협') 사무국장 이명준은 '필리핀 마르코스 정권 붕괴 후 아키노 정부와 군부의 관계 및 정세 전망' 제하 강연을 통하여, "현 아키노 정부는 대중적 지지기반은 넓으나 그힘이 조직화되어 있지 않아 언제라도 군부의 집권 가능성을 배제할 수 없는 실정이다"는 요지의 필리핀 방문담을 말하고, '민문협'에서 준비한 비디오를 통하여 광주사태와 관련된 필름을 상영하고,

"노동자, 학생에 대한 고문수사를 중지하고 이들을 석방하라", "민족 자주 짓밟는 외세를 몰아내자", "민주화운동을 탄압하는 현 폭력살인정권은 물러가라"는 등의 구호와 투사의 노래, 해방가, 5월의 노래를 수시로 합창하는 등으로 현저히 사회적 불안을 야기시킬 우려가 있는 불법집회를 주관하고,

4. 북한공산집단은 정부를 참칭하고 국가를 변란할 목적으로 불법 조직된 반국가단체로서, 마르크스와 레닌의 사상 및 전략, 전술을 근간으로 하여 소위 인민민주주의 혁명전략과 통일전선전술 등을 구사하면서 대남 적화 통일을 기본목표로 삼고 있음을 잘 알면서도,

가. 피고인 신홍범은 1984. 12. 일자미상경 서울 영등포구 여의도 소재 국회도서관내에서 《혁명 영화의 창조》(산지네스 저, 일어판) 1권을 대여받아, 동 도서관복사실에서 3,000원을 지불하고 복사하였는바, 그 내용이 볼리비아의 반미, 프롤레타리아적 영화제작 집단인 '우카마우단'이 편집한 이론으로, '제국주의는 선수를 쳐서 토착민을 용병으로 쓰기 위해 무대에 올려놓고 공연활동을 시키고 있다.' '인민의 혁명투쟁을 이끌어내는 매개자

로서의 혁명영화는 노동자, 농민, 지식인들로 하여금 많은 사고방식을 배우고 그 행동에서 배우는 것이 필요하다는 점을 강조하고 있다' 라는 내용으로 부르조아 영화를 반대하고, 민중혁명에 도움이 되는 영화를 제작하는 데 있어서 필요한 착안점을 중심으로 논한 것으로, 반미적이고, 프롤레타리아혁명 지향적인 혁명 매개체로서의 영화를 제작하는 데 필요한 지침서로서, 노동자들이 중심이 된 혁명을 하여야 한다는 것으로 북괴의 대남적화혁명 노선과 궤를 같이하는 불온한 책자를 그때부터 1986. 12.경까지 위 피고인의 주거지에 보관하여 반국가단체를 이롭게 할 목적으로 표현물을 소지하고

나. 피고인 김주언은
(1) 1974. 10. 일자미상경 서울 종로구 종로 1가 소재 컨콜디아 센터에서 신좌파 사상 이념도서인 《현대 사실주의》(Realism in our time: 게오르그 루카치 저—영문판) 1권을 매입하였는바, 그 내용이 '자본주의 사회를 타도하려는 공산주의자에게 있어서 사회혁명의 기본조건으로 되어 있는 계급투쟁을 선동하기 위해서는 계급의식의 고취가 필수불가결하므로 문학은 이러한 계급의식을 포지하게 만드는 방법으로 활용되어야 한다' 라고 되어 있어, 북괴의 공산혁명 노선과 궤를 같이하는 불온한 책자를 그때부터 1986. 12. 경까지 서울 성동구 행당 2동 336-10 소재 피고인 집에 보관하고
(2) 1977. 3. 중순 일자미상경 서울 종로구 신문로(광화문) 소재 진흥문화사에서 《역사와 계급의식》(History and Class Consciousness, 게오르그 루카치 저—영문판), 《사회학과 발전》(Sociology and Development, 임마누엘 데 캇트 저—영문판) 등 2권을 구입하였는바, 그 내용이 《역사와 계급의식》은 공산주의 이론가인 마르크스, 엥겔스, 레닌 등의 유물변증법, 변증법적 유물론, 유물사관을 기초로 작성된 논문집으로서, '프롤레타리아 계급이 계급의식을 포지하게 될 때 비로소 계급혁명이 가능하며, 프롤레타리아 계급으로 하여금 계급의식을 포지하게 만들고 계급혁명의 행동화를 하게 만드는 것이 바로 공산당 임무다' 라고 교시한 마르크스의 혁명운동의 기본원

칙 등 공산주의 이념서이고, 《사회학과 발전》은 영국의 사회학협회 회원
인 마르크스주의 이론가 15명의 논문집으로 레닌, 모택동 등 네오 마르크
스주의자들의 사회발전론, 계급론, 종속이론, 자본주의적 제국의 종식 등
의 이론을 전개한 공산주의운동 이념도서로서, 각 그 내용이 북괴의 공산
주의 혁명노선과 궤를 같이하는 불온한 책자를 그때부터 1986. 12.경까지
위 피고인의 주거지에 보관하여 반국가단체를 이롭게 할 목적으로 표현물
을 각 소지한 것이다.

1987년 4월 1일 제1차 공판에서

모 두 진 술

현정권은 군부독재 소수인을 위한 정권이다-김태홍

민주언론운동협의회에서 '보도지침'을 폭로한 것은 당연하고 정당한 일이었다. 내가 기자회견 직후 피신한 것은 '보도지침' 폭로가 국가권력에 의해 상당한 탄압을 겪으리라고 예상했기 때문이었다. 나의 도피는 어쩌면 국가기구가 거대한 폭력조직임을 반증하는 것인지도 모른다.

오늘날 우리 사회에서 남영동, 서빙고, 장안평, 남산, 송파라고 불리는 지명들은 군사독재 권력기구가 이 시대의 가장 양심적이고 자기희생적인 민주인사·학생·노동자들을 밀폐된 방에 가두고 모든 악행을 자행하는 소름 끼치는 추상명사로 변해 있다.

'보도지침'을 폭로한 사실에 대해 그것을 '사건'이라고 칭하고 또 그것을 이유로 법정에 서 있다는 사실에 아연할 따름이다.

공소장 3페이지에 보면 '국가적 기밀사항에 해당하는 것'이라는 표현이 나오고 '언론에 협조요청'이라는 말이 나온다.

나는 여기에서 말하는 국가를 인정할 수가 없다. 80년 당시 국민의 지지기반 없이 들어선 현정권은 군부독재의 소수인을 위한 정권이지 국민의 이익을 위한 정권이 아닐 뿐 아니라 국민의 이익에 반反하는 정권이다.

이승만 정권, 박정희 정권, 현정권 등 독재정권의 권력기구가 일반시민에게 요구하는 '협조'라는 말은 바로 국민의 목을 조르는 것을 의미한다.

국민의 한 사람의 목을 새끼줄로 묶고서 그 한 끝을 기관원이 잡고 다른 한 끝을 묶여 있는 사람이 스스로 잡아당기는 데 '협조'하라는 뜻이다.

정부기관이 언론기관에 대해 이같은 '협조'를 요청한다는 것은 말도 안 되 는 소리이다.

프랑스 〈르 몽드〉지에 관해 살펴보자.

대통령이 있는 엘리제궁 소속 경찰 두 사람이 〈르 몽드〉지가 제작되어 나오기를 신문사 정문에서 기다리다가 신문이 나오면 이것을 받아들고 오토바이를 타고 궁으로 돌아가서 대통령에게 전달한다는 것이다.

언론기관에 '협조'를 요청한다거나 압력을 가한다는 것은 상상도 할 수 없는 것이다. 내가 재직할 당시(나는 70년도에 신문기자가 되어 80년 기자협회 회장을 하다가 해직되었다) 정권의 언론사에 대한 통제의 실상을 수없이 목격해왔다. 때로는 전화를 통해 '협조'를 요구하기도 했는데 이는 문명사회에서 상상도 할 수 없는 일이며 자유민주주의 사회에서는 도저히 용납될 수 없는 일이다.

10년 이상 악폐로 내려온 이러한 악습을 없애고 민주언론을 실현하는 것은 양심적 언론인들의 숙원이었다.

우리가 이것을 알 수 있게 된 것은 86년, 가장 양심적이며 훌륭한 현직 언론인을 만날 수 있었기 때문이다.

우리는 민주언론운동협의회에서 '보도지침'을 폭로하게 된 것에 대해 만세를 부르고 싶은 심정이다.

한 가지 아쉬운 것은 우리가 숨어서 인쇄하고 제작하는 어려움 속에서 '보도지침'을 만들어야 했기 때문에 22만 부를 찍지 못하고 2만 2천 부밖에 배포하지 못한 게 한이다.…… (이하 생략)

재판을 받아야 할 것은 이땅의 언론현실이다—신홍범

앞서 우리 민주언론운동협의회의 김태홍 사무국장이 좋은 말씀을 해주셨는데, 김국장의 발언에 대해 전폭적인 지지를 표시하면서 이에 덧붙여 이 사건의 기본적인 성격에 대해 본인의 견해를 진술하고자 한다.

우선 이 재판은 기본적으로 이땅의 언론현실에 대한 재판이며, 따라서 앞으로 한국의 언론과 민주주의의 장래에 커다란 영향을 미칠 중대한 의미를 갖는 재판이라고 본인은 생각한다. 이 재판이 갖는 이같은 의미를 고려할 때 본인은 이 재판이 처음부터 끝까지 민주주의와 정의의 정신에 따라 공정하게 진행되어야 한다고 강조하고 싶다.

우리를 오늘 이 자리에 서게 만든 이른바 '보도지침'은 세계적으로 유례를 보기 힘든 언론탄압의 본본기이다. 우리가 폭로한 '보도지침'은 권력이 어떻게 언론을 통제하고 있는가를 구체적으로 보여주는 결정적인 증거를 제공해주는 것이다.

권력의 언론통제 본부인 문화공보부 홍보정책실은 거의 매일같이 국내외의 주요 사건에 대해 자의적으로 보도 '절대 불가不可' '불가' '가可'의 판정을 내리면서 보도기관에 대해 '보도지침'을 시달하고 있다. 이 자리에는 이 '보도지침'을 읽어보신 분들이 적지 않으리라고 생각하는데, 예컨대 '농촌이 파멸직전'이라는 기사는 보도 절대불가라고 지시하고 있다. '개헌 특위' 기사는 '개헌'이라는 말을 빼고 '특위'라고만 보도할 것, 필리핀 민주화운동에 관한 기사는 작게 보도하고 미국쪽 시각에서는 보도하지 말 것, 전기·통신·우편요금 인상을 보도할 때는 제목에 몇 % 올랐다고 하지 말고, 예컨대 10원에서 20원으로 올랐다고 보도할 것, 대법원장 탄핵안은 제안설명 요지 등을 별도기사로 싣지 말 것, 부천서 성고문 사건은 '성고문'이란 말을 빼고 '부천서 사건'으로 쓸 것, 한미 통상협상 기사는 '미국압력에 굴복' 대신 '우리의 능동적 대처'로 쓸 것 등 국내외의 주요 사건에 대해 아주 상세하게 보도통제를 하고 있는 것이다. 어떤 사건은 어떠어떠한 방향으로 어떤 내용으로 보도하라, 또는 보도하지 말라, 1면 톱으로 보도 하라, 1단으로 작게 보도하라 제목은 어떻게 뽑아라, 해설기사를 실어라 또는 실어서는 안된다, 박스기사를 다루라, 다루지 말라, 사진을 써서는 안된다, 또는 써야 한다는 등 기사의 방향, 내용, 위치, 크기에 이르기까지 일일이 지시하고 있는 것이 바로 '보도지침'이다.

언론이란 인간이 사회적으로 나누는 말이다. 사회의 집단적 사고는 언론의 매개 없이는 이루어질 수 없다. 사회적 현실과 민중의 의사는 언론 없이는 표현될 수 없다. 신체의 자유를 비롯한 인간의 기본적 권리와 자유 또한 언론의 자유 없이는 확보될 수 없다. 얼마 전 박종철군이 경찰조사과 정에서 고문을 당하고 사망했는데, 이같은 사건마저도 언론이 제대로 보도하지 않는다면 소수의 사람 외에 대다수 국민에게는 알려지지 않는 사건이 되어버리고 말며, 따라서 결국은 없었던 사건이 되어버리고 말 것이다. 그렇기 때문에 우리는 언론의 자유를 가리켜 인간의 기본적인 자유와 권리를 획득하는 데 있어서의 열쇠가 되는 자유라고 부르는 것이다.

언론의 자유는 또한 사회적 이성理性이다. 언론자유가 없다면 무엇이 선善이고 무엇이 악惡인지, 무엇이 정의이고 불의인지, 무엇이 민주적인 것이며 무엇이 반민주적인 것인지 가치판단의 기준이 없어져버리게 되어 사회는 암흑 속에 떨어져버리게 될 것이다. 그리하여 결국엔 우리 모두가 공동의 파멸에 이르게 될 것이다.

한 나라의 민주주의가 어떤 상태에 있는가를 보려면 그 나라의 언론을 보라는 말이 있다. 이는 언론이 그 나라 민주주의의 척도가 된다는 말이다. 그러므로 언론의 자유를 탄압하면서 민주주의를 말하는 것이야말로 가장 명백한 거짓말이다.

이같이 언론이 지니고 있는 막중한 역할과 기능으로 볼 때 일시적이고도 잠정적일 뿐인 권력의 이해관계에 의해 언론이 좌지우지되어서는 안된다는 것은 너무나도 자명한 것이다.

인간의 고귀한 사회적 공동선共同善이며 공통의 언어인 언론이 권력의 도구로 전락되어 있는 것이 오늘의 언론현실이다. 우리의 언론현실을 그 구체적 증거를 가지고 고발한 것이 바로 이 '보도지침' 사건이다. 오늘의 언론현실을 고발하여 이를 바로잡자는 동기 외에 우리들의 행동에는 어떤 동기도 없었고 있을 수도 없다. 우리를 기소한 국가모독이니 외교상 기밀 누설이니 하는 것들은 당국에 의해 '만들어진 동기'일 뿐이다. 그런 점에서 우리들을 이 법정에 세운 것은 '보도지침'을 폭로한 데 대한 정치적 보복이라고 생각한다.

앞으로 10년 후면 서재필 선생이 〈독립신문〉을 창간한 지 100년이 된다. 서재필 선생은 1896년 〈독립신문〉의 한 사설에서 언론이란 자기 집안 일들을 소상히 알리듯 나라와 세계의 일들을 공평무사하게 있는 그대로 알리지 않으면 안된다고 말했다. 그리고 비겁하고 비루하며 노예와 같은 언론이나 신문기자는 차라리 없느니만 못하다고도 말했다. 그로부터 1백년이라는 세월이 흘렀는 데도 우리의 언론현실은 우리가 이 법정에서 재판을 받고 있는 것이 보여주듯이 참담한 상태에 놓여 있다. 우리의 이 재판은 이땅의 언론이 연속적인 탄압을 받고 있음을 보여주는 것이다. 권력이 '보도지침'을 통해 언론을 탄압하는가 하면 언론을 탄압하고 있는 그 사실을 폭로했다 하여 우리를 구속하여 이 법정에 세워놓고 있는 것이다.

지금 본인이 이 자리에 서 있지만 이 법정에는 우리가 고발한 이땅의 언론현실이 서 있는 것이다. 그러므로 이 재판은 앞으로의 한국 언론과 민주화의 장래에 있어서 커다란 중요성을 갖는 재판이라고 생각한다. 이같은 중요성에 비추어 본인은 이 법정이 심리로부터 판결에 이르기까지 자유와 정의와 민주주의의 정신에 의해 시종일관 지배되기를 희망한다.

이 재판은 정치적 보복이다 ―김주언

나는 앞서 말한 두 선배님의 언론자유에 관한 고견에 절대적으로 공감한다. 오늘날의 언론이 '사회의 정화'라는 제 기능을 다하지 못하고 권력과 유착되어 그 의무를 망각하고 있다는 사실이 현직기자로서 뼈아프게 느껴질 따름이다. '보도지침' 또는 '홍보지침'이란 바로 권력과 언론이 유착돼 있다는 사실을 웅변으로 증명해 주고 있는 것이다. 권력 내부의 부패와 치부를 은폐하기 위해서, 또는 현정권의 반대세력에 대한 탄압을 정당화시키고 민주세력의 대항을 오도하기 위한 대중조작으로서의 치졸함을 '보도지침'은 그대로 보여주고 있기 때문이다.

이러한 '보도지침'은 과연 누구를 위한 것인가. 현정부측의 견해대로 국가의 이익을 위한 것인가, 아니면 정권, 또는 특정집단의 이익을 위한 것인가. '보도지침'이 국가의 이익을 위한 것인지, 현정권의 이익을 위한 것인지는 재판이 진행되면서 판가름날 것이라고 생각한다.

재판에 들어가기에 앞서 본사건에 적용된 '외교상의 기밀누설'이란 죄목은 적용될 수 없다는 사실을 지적하고 싶다. 왜냐하면 이미 외국 신문과 통신을 통해 보도되었던 내용 등을 외교상의 기밀이라는 억지주장으로 견강부회했다는 생각이 들기 때문이다. 외국 신문이나 통신에 보도되었던 내용이 다만 국내 독자들에게만 알려지지 않았을 뿐, 이미 보도기관을 통해 공개된 사실을 어떻게 비밀이라고 할 수 있는가. 외국 신문이나 통신에 보도되었던 사실을 국내 독자에게 알린 것을 문제로 삼는다면 이 사건의 재판 자체는 무의미한 것이다.

더구나 '보도지침'을 한번 읽어 본 사람이라면 누구나 알 수 있듯이 대부분이 반정부활동 사실을 축소하거나 왜곡시키는 것일 뿐이고, 경찰에서 주장하는 대로 외교상 기밀이라고 갖다붙일 수 있는 사실도 얼마 되지 않는다.

'보도지침'은 현정권의 언론통제 사실에 대한 산 증거이다. 현행 헌법상에도 언론의 자유는 명시돼 있다. 어떤 법에도 언론을 통제할 수 있다는 근거는 없다. 따라서 언론통제 자체가 명백한 불법일 수밖에 없다 그럼에도 불구하고 현정권은 자신들이 만들어놓은 헌법을 무시하면서까지도 언론통제를 자행하고 있다. 그러면서 언론통제 사실을 보도협조라는 명목으로 위장하고 있는 것이다.

현정권의 불법적이고 초헌법석인 언론통제 사실에 대한 산 증거라 할 수 있는 '보도지침'을 공개한 것에 대해 이처럼 구속하여 재판을 강행하는 처사는 단순한 정치직 보복이라고 생각할 수밖에 없다. 현정권의 불법적이고 위헌적인 처사를 국민에게 알린 것이 어떻게 재판을 받아야 할 죄라고 할 수 있는가.

우리들이 '보도지침'을 공개한 것은 정당한 행위였음을 자부한다 본인은 이 재판이 정치적 보복이 아닌, 공정하고 자유로운, 그래서 역사에 길이 남을 재판이 되기를 바라는 마음 간절하다.

87 고단 503호

변 론 요 지 서

피고인 김태홍 신홍범

위 사람들에 대한 외교상 기밀 누설, 국가모독, 집회 및 시위에 관한 법률 위반 및 국가보안법 위반 등 피고 사건에 관하여 변호인단은 다음과 같이 변론한다.

다 음

1. 본건 기소는 '적반하장' 이다

이 사건에 대한 재판은 시작도 하기 전에 이미 결론이 나 있었다고 본다. 오늘의 '보도지침' 사건 심판의 대상은 '보도지침' 을 폭로한 세 분의 행동이 아니라 '보도지침' 그 자체이며, 그것을 고안 · 활용해온 압제자들이기 때문이다.

아직도 남은 일이 있다면 집권세력이 국민 앞에 사죄하고 당장 그런 괴물을 없애는 결단을 내림으로써 '개전의 정' 을 보여야 한다는 것이다.

그러나 사리는 뒤집혀서 이 사건 재판의 보도 자체가 여전한 '보도지침' 에 걸려서 1단으로 깔리는 상황 속에서 이 공판이 진행되어왔다. 돌이켜보건대, 이 나라의 언론상황은 정치권력의 부도덕하고 위법한 통제, 조작, 위협 그리고 박해에 의하여 이미 입헌민주국가로서의 국시와 체통까지도 말살시켜버린 지 오래이다. 언론자유를 비롯한 국민의 헌법상 기본권은 한낱 허울좋은 인쇄문자로 화했으며 국민의 알 권리는 강학講學상의 장식에 불과한 실정이다.

이와 같은 비극적 현실은 역대 정권의 비민주적 내지 반민주적 성격에서 유래되는 것이었지만 1970년대 중반의 소위 유신정권 이후에 노골화된 언론탄압에서 그 심도가 깊어졌고 5·17이후에 권좌를 차지한 현정권에 이르러서는 참으로 말로 다 못할 침해행위가 공공연한 비밀로 자행되었다.

소위 언론사 통폐합조치와 언론기본법 제정에 의한 구조적 유린에서부터 기자들에 대한 집단해고, 연행, 위협, 박해에 이르기까지 그 양상은 반민주 독재정권의 면모를 너무도 대담하게 드러내기에 유감이 없었다.

집권세력이 왜 이런 짓을 계속적으로 감행해야 하는지, 그 구체적 수법이 어느 정도인지는 이제 국민들이 더 잘 알고 있다. 언론통제의 실상에 대해서는 정부측의 판에 박은 부인에도 불구하고 신문의 지면과 방송의 화면이 스스로 편향과 엄폐를 자백하고 있으며. 권력은 이에 대한 비판·규탄을 수용하는 대신 온갖 법조문을 동원하여 가히 희극적인 탄압을 가해온 것도 천하가 다 아는 사실이다.

다만 권력과 제도언론 간의 공생적 유착으로 말미암아 구체적 통제에 관한 구체적 증거 포착이 쉽지 않았고 바로 이런 난점을 기화로 언론자유에 대한 구조적인 침해는 일상화되었던 것이다. 그러나 부정한 음모와 비밀은 언젠가 드러나기 마련이어서 마침내 이 사건에서 다루는 바와 같은 '보도지침'이 의롭고 용감한 전·현직 언론인에 의하여 국민 앞에 폭로되기에 이르렀다.

우리 국민은 민주언론운동협의회가 발행한 특집호를 통하여 누구도 잡아뗄 수 없는 구체적 실상을 알고 나서 놀라움과 통분을 가눌 길이 없었다.

그러나 정부당국은 그처럼 엄청난 죄악상이 백일하에 드러났음에도 불구하고 국민 앞에 단 한 마디의 사죄도 하지 않았을 뿐 아니라 적반하장이란 말 그대로 양심과 용기를 다하여 그 죄상을 폭로한 의로운 언론인들을 구속 기소하는 파렴치성을 보였다.

　이것은 '보도지침'을 통한 언론통제 그 자체에 못지 않은 죄악상이다. 비유컨대, 이것은 마치 불낸 자는 그냥 두고서 119에 신고한 사람을 잡아간 격이다. 아니, 불을 낸 자가 화재신고자를 잡아다가 신문한 셈이 되었다. 방화와 소방의 업무를 맡은 자라면 화재신고를 한 사람에게 감사하고 뒤늦게나마 진화작업을 하고 화인을 규명하여 범인을 처벌했어야 한다. 그런 데도 이 경우에는 외친 자를 구속하는 데만 급급했지 민주언론과 나라의 근본기틀을 불태우고 있는 악의 불길은 그대로 방치하고 있으니 개탄을 금할 수가 없 다.

　이 사건으로 구속된 사람들에 대한 법률적용에서 권력의 파렴치성은 더욱 적나라하게 실증되었다. 엄연한 진실폭로인지라 전가의 보도처럼 흔히 내밀던 허위사실유포죄는 꺼내지 못한 대신 난데없는 외교상 기밀누설죄와 국가모독죄 따위를 견강부회식으로 갖다붙였다.

　법률적으로는 말할 나위도 없고 민주주의의 '민'자만 알고 있는 사람이라면 그 기발한 반논리反論理에 실소를 금치 못할 일이었다.

　춘향전에 보면, 변사또의 수청강요를 거부하면서 관가비판을 하는 춘향이에게 모반대역죄와 관장조롱죄를 둘러씌워서 태형을 가하는 대목이 나온다. 라 퐁텐의 우화에도 괜한 트집으로 식욕을 채우려던 늑대가 사리분별의 논쟁에서 말문이 막히자 "좌우간 너는 잡아먹어야겠다"면서 어린 양을 잡아먹는 이야기가 있다.

　21세기를 바라보는 오늘의 이 시점에서 이른바 '세계 속의 한국'을 내세우는 바로 이땅에서, 위와 같은 희극적 비극은 결코 용납되어서는 안된다.

　심판받아야 할 쪽은 춘향이나 어린 양이 아니라 변학도와 늑대이듯이 이 사건 재판에서도 심판받아야 할 대상은 '보도지침' 그 자체와 그런 망국적 수법을 개발, 존속시켜온 정치권력이지 결코 여기 묶여 나와 있는 언론인들이 아니다.

　우리는 이 사건의 공소제기를 통해서 정부 스스로가 이중 삼중의 망신을 자초한 데 대하여 무한한 연민을 품지 않을 수 없다. 또한 나라의 체통을 생각하면 착잡한 심경을 가눌 길이 없다.

그러나 이왕에 공판에 회부된 이상은 '보도지침'으로 실증된 언론탄압의 죄상을 만천하에 밝히고, 진정 벌을 받아야 될 사람들은 누구인가를 가려낼 좋은 기회라고 믿고 법정에 나오게 되었던 것이다.

그리고 정부의 '보도지침'과 언론통제의 위법 부당함이 법의 이름으로 선언됨으로써 이 나라의 언론자유와 민주주의가 되살아날 수 있는 계기가 마련되었으면 하는 일말의 기대를 갖고 재판에 임했던 것이다.

2. 기대와 반전反轉 속의 의문들

그러나 우리 변호인단의 한 가닥 기대는 바로 이 법정에서 피어나는 듯하다 어느날 갑자기 거품이 되어버렸다. 아니, 허위의 성을 격파하기 위해서 피고의 몸이 되면서까지 불굴의 의지로 싸워온 세 분의 언론인들 그리고 이 사건의 재판추이를 지켜보고 있는 국민들에게도 새로운 충격을 안겨주었다.

사실, 이 사건의 재판을 앞두고 세인들은 반드시 밝은 예측만을 품었던 것은 아니다. 사법재판에 거는 소망보다는 재판의 독립성에 대한 의문과 불안을 버릴 수가 없었다. 이것은 괜한 억측이 아니라 지금까지의 소위 시국사건 재판에서 우리 사법부가 보여준 일련의 판결이 심어준 실망에 근거하는 것이었다.

이 사건 재판의 초반에 재판부가 보여준 진지하고 공정한 노력에 대하여 많은 사람들이 경의를 표했나. 바람직한 사법의 명맥이 되살아나서 좌절의 어둠에 둘러싸여 있는 국민들의 마음에 반가운 등불이 되어주기를 바랐던 것이다. 그러면서 한편으로 우리는 재판부의 전례 없이 의연한 심리자세에 혹시라도 어떤 검은 그림자가 드리워지는 일이 있을 것을 염려했던 것도 사실이다.

과연 불길한 예감은 너무도 정직한 모습으로 우리 앞에 현실화되었고 그것은 '보도지침'의 논란 이상의 격분을 안겨주었다.

재판부가 이미 채택한 24명의 증인을 하룻밤 사이에 취소해버린 것은 충격 바로 그것이었고, 의구심과 비난으로 끝날 수 없는 흑막을 실감케 했다.

지난 5월 13일에서 15일까지 3일 동안에 있었던 일련의 변화—그 불가사의한 증거취소 결정의 부당성과 그에 이르기까지의 의문점에 관해서는 지난번 공판때에 변호인단에서 언급한 바를 원용하겠다.

다만 우리가 참으로 답답하게 여기는 바는 재판부가 끝내 증거취소 결정의 이유를 밝히지 않고 있다는 점이며, 이것은 그 동안 의연하게 공판진행을 해오던 재판부가 갑자기 침울하고 고민스러운 표정을 감추지 못하는 점과 아울러서 우리에게 여러가지 추론의 여지를 남겨주고 있다.

재판부의 돌변한 결정에는 필시 검찰이나 그밖의 국가권력의 입김이 작용했을 것이라는 심증을 우리 변호인단은 지울 수가 없다.

그 이유는 첫째로 저 1971년에 있었던 사법파동 당시 재경 법관일동이 낸 성명서를 기억하고 있기 때문이다. 거기에는 특정 사건의 영장발부나 재판에 관하여 행정부측의 간섭이 자행되어왔음을 규탄하는 대목이 있었다. 그로부터 10년이 훨씬 넘은 오늘에 있어서 유신치하의 당시보다 사법의 현실이 얼마나 나아졌는지에 대해서 우리는 아무런 긍정도 할 수가 없다.

두 번째로 검찰과 변호인측 쌍방이 신청한 증거방법을 모조리 취소 또는 기각한 결정에 대해서 검찰측이 놀라거나 불만을 갖거나 하는 대신 오히려 그 취소의 정당함을 재판장보다도 더 자세하게 설명했다는 사실이다. 쌍방 신청의 증인신문을 취소하게 되면, 실인즉 변호인측보다도 검찰관측이 당황해야 마땅하다. 검찰관은 형사소추의 원고관인 이상 공소사실에 대한 입증책임을 지는 터이므로, 그 입증의 길을 막아버리는 증거취소 결정은 검찰에 불리할 수밖에 없고, 따라서 변호인측보다 검찰측이 더 강한 이의를 제기했어야 논리에 맞는다.

그런데 지난번 공판에서 검찰측이 보인 언동은 그와 정반대였다. 검찰측은 재판장에 대한 이의 대신 변명을 서슴지 않았다. 이것은 재판부의 증거취소 결정이 검찰측에서 바라는 대로 되었다는 저간의 사정을 실증해 준 것이다.

그전까지 검찰은 재판부의 증거결정에 대하여 되풀이해서 불만을 표시해왔고 일단 채택되어 환문절차만 남아 있는 증인에 대해서까지도 강경하게 취소를 요구해왔다. 그와 같은 강한 반발이 거듭된 끝에 증거취소 결정이 나오고 보니, 지난번 공판에서 지적한 대로 "공판정 아닌 곳에서 보이지 않는 손에 의한 압력"이 작용했으리라는 의구심을 갖기에 충분하다.

검찰측이 재판장보다 더 자세히 증거취소 결정의 타당성을 역설하는 것을—가령 재판장이 사건기록을 검토하기 전에 채택한 증인이라 사건기록 검토 후에 신문이 불필요함를 알고 취소했다는 말을—들으면서 우리 변호인단은 며칠 사이에 급변할 수밖에 없었던 사정 아닌 사정을 실감할 수가 있었다. 검찰관측은 공판정에서 자기측 주장을 입증할 아무런 증거조사(증인신문)를 할 수 없게 되었는 데도 안심하고 유죄판결을 확신하는 것 같으니 참으로 역설적이라 하겠다.

3. 이제 이 재판은 '중간이 온통 잘려나간 필름' 처럼 맥락을 잃고 말았다.

그리고 더 이상 진행할 것도 없게 되었다. 우리 변호인단은 오늘 이 공판에 다시 나오는 것이 과연 무슨 의미가 있을까 하는 의문에 젖어 있었다. 검찰을 앞세운 익명의 손에 지배당하는 듯한 이 법정, 이 재판을 개탄하며 여기서 우리 변호인들이 벌이는 변호활동이 장식적인 요식행위 이상의 무슨 실효가 있을까 하는 자괴심도 느꼈다.

그럼에도 불구하고 우리는 오늘 이 자리에 다시 나와서 검찰관측의 의견진술까지도 인내심을 갖고 들어가며 변호인석을 지키기로 하였다.

저기 피고인의 몸이 되어 끌려나와 있는 김태홍, 신홍범 그리고 김주언—이 세 사람들 곁에 잠시라도 더 함께 앉아 있기로 하였다. 그들만을 위해서가 아니라 이 나라의 관제언론을 개탄하고 민주언론의 소생을 바라는 많은 국민들을 위해서 한마디의 말이라도 해야겠기 때문이다. 아니 그보다도 이 사건의 법정은 앞서 말한 대로 바로 '보도지침' 을 통해서 민주주의를 짓밟은 반민주적 정치권력이 피고가 된 자리라고 믿는 이상, 실질적으로는 오히려 우리가 원고관이라는 확신 때문에 이 자리를 떠날 수가 없는 것이다.

이 재판의 소송적인 결론은 이제 우리의 관심 속에서 그리 큰 비중을 차지하지는 않는다. 그러나 지난번 재판에서도 촉구했듯이 재판장께서 다시 용기를 내시어 이 나라의 언론과 사법의 붕괴를 떠받쳐주시기를 간절히 소망한다. 만일 우리의 기대가 무너지더라도 우리는 낙심하지 않고 언제까지고 이 나라의 법정에 민주사법의 파종을 계속해나갈 것이다.

우리는 오늘날 비록 판결문상으로는 연패를 당하는 것같지만 역사의 이정표상으로는 분명히 진리편에 선 승자의 길을 가고 있다고 믿는다.

우리 변호인단은 이 사건의 재판을 차라리 거부하는 것이 논리에 맞는 귀결이라는 데 다수의견이 모아졌음에도 불구하고 끝내 이 법정을 지키는 인내심쪽을 택한 것도 그 때문이다. 저 자리에 앉아 있는 세 분의 언론인이 몸소 겪는 고통의 백의 하나, 만의 하나라도 함께 겪는 심정으로 이 숨막히는 공간에서 잠시나마 함께 숨쉬기로 하였다.

우리들 각자의 이 작은 마음들이 대한민국 사법부의 흐린 유리창을 한 장씩이라도 닦아나간다면 분명코 이 법정에서 민주사법의 이름에 값하는 정의로운 판결이 나오는 날이 올 것이라고 확신한다.

4. '보도협조사항'과 '보도지침' 사이

공소장에 보면, 문화공보부 홍보정책실에서 본건과 같은 '보도지침'을 각 언론사에 시달한 사실은 자인하고 있다. 그러면서도 그것은 '보도지침'이 아니라 '보도협조사항'이라고 강변한다. 그렇게 정부가 정당하게 내보낼 수 있는 보도협조사항이었다면 그것을 세상에 좀 알렸다고 해서 그토록 공권력이 깜짝 놀라서 그 간행물을 압수하고 관련된 사람을 구속 기소까지 할 이유는 없었을 것이다.

이제 공소장에서, 문공부의 시달이 끝내 '보도협조사항'이라고 내세운 이유를 검토해보겠다.

(1) '통상 국가적 기밀사항에 해당하는 내용이라고 판단'되는 것이 보도협조사항으로 나간다고 주장한다.

그러나 문공부장관의 지방연극제 치사는 무슨 종류의 국가기밀이며, 그것이 기밀사항이라면 왜 1면에 실으라고까지 요청했는지 알 수 없다. (1986. 5. 24.자) 김대중 씨의 사진을 싣지 말라고 시달했는데 (1986. 5. 27.자) 그렇다면 김대중 씨의 얼굴이 국가기밀이란 말인가? 그리고 국가기밀을 홍보정책실이 마음대로 판단, 분류할 수 있는 근거는 무엇인지 알 수 없고, 만일 공소장대로라면 문공부는 국가기밀사항을 매일같이 언론사에 알려주는 셈이 되는데, 그렇다면 이것이야말로 '기밀누설'이 아닌지 묻고 싶다.

언론사에서 시달을 받는 사람이 법에 의한 비밀취급인가를 받았는지도 알고 싶다. 뒤에도 말하겠지만 보도금지 일색의 지시를 해서 기밀사항의 누설을 막자는 것이 아니라 각 언론사의 '독자적 판단에 맡기는 참고사항'이었다니, 그렇다면 더구나 문공부는 매일같이 상습적으로 기밀누설을 해온 것이 아닌가. 흔히 들어온 말 그대로 미필적 고의만은 분명하기 때문이다.

(2) '언론보도에 신중을 기해줄 것을 언론사에 협조 요청할 경우'에 소위 협조사항이 시달된다고 하였다.

국가기밀로 판단되는 사항이면 보도금지를 시키지 않고 왜 보도에 신중만 기하라고 했는가. 협조요청만 했다가 불응하면 국가기밀은 국내외 온 천하의 독자에게 알려지는 것이 아닌가.

'신중을 기해줄 것을 요청'했다면서, 노태우 대표 회견 관계를 ① 꼭 1면 톱기사로 쓸 것, ② 컷에는 '88년 후까지 징쟁 지양' 등으로 크게 뽑을 것 이라고 시달한 것(1985. 1. 22.)은 또 무엇인가?

'협조요청'이라고 했지만 그에 불응한 경우에 아무런 불이익도 준 일이 없는가. 언론기본법을 위시한 여러 규제, 처벌법규가 구비되어 있고 언론사에 대한 기관원 출입, 언론인의 연행, 폭행 등의 구체적 사례가 일반인에게도 알려지고 있는 판국에 홍보정책실의 요청이 순전한 협조요구일 수는 없다. 이점은 당시의 송건호 증인의 증언으로 그 실상이 밝혀진 바와 같다.

협조사항이라면 어떻게 보도의 가, 불가, 절대(일체)불가라는 전단적 지시용어를 쓸 수 있으며 보도의 방향, 내용, 형식은 물론이고 1단으로 써라, 1면 톱으로 써라, 사진 쓰지 말 것 등으로 세부적인 명령을 할 수 있는가. '한국은 필리핀과 다르다'는 기사는 1면에 4단 이상으로 쓸 것(1986. 3. 6.)까지 일러놓았으니 각 언론사의 편집국장이나 편집부장은 실직의 위기에 놓이는 것이 아닌가.

(3) "그 요청을 받은 언론사는 독자적으로 판단, 사실보도에 참고"하게 되어 있다고 한다.

앞서 본 대로 정부의 협조요청이 실질적으로 명령으로 받아들여질 수밖에 없는 상황 속에서 언론사의 '독자적 판단'은 가능할 수가 없다. 설령, 언론사측에서 문책이나 불이익을 각오하고 일부 복종하지 않은 사항이 간혹 있다고 해도, 그로써 '보도치침'을 협조요청사항이라고 우길 근거는 되지 못한다.

국가기밀사항만 시달한다면서 '독자적 판단'과 '참고사항'으로 맡겼다는 말 자체가 어불성설이듯이 '독자적 판단'과 '참고사항'으로 시달한다면서 굳이 그것을 '국가기밀사항'이라고 내세우는 것 또한 엄청난 모순이다.

요컨대 '독자적 판단'과 '참고사항'이라는 말은 그 동안에 속출된 신문사나 언론인에 대한 각양각색의 탄압에 비추어보더라도 거짓말일 수밖에 없다.

본건 '보도지침'과 같은 시달이 마치 국내외의 관행인 듯이 주장하고 있는 것은 놀랍기 짝이 없다. 과연 외국에도 한국정부의 '보도지침'과 같은 것이 관행으로 존재하는지에 관해서는 당시의 박권상 증인께서 확실하게 증언한 바 있으므로 재론하지 않겠다. 한 마디로 프랑코 치하의 스페인에서나 있었다는 것이고 아마도 공산국가에서나 그런 유례를 찾아볼 수 있을지 모르겠다.

이러한 '보도지침'이 외국에서도 관행으로 되어 있는 보도협조요청이라면 정부는 그 동안 왜 그런 관행적인 요청, 다시 말해서 '보도지침'의 존재마저 극구 부인하면서 "있어서도 안되고 있을 수도 없는 일"이라고 은폐하기에 급급했는지를 설명해주어야 한다. 특히 '관행'이라는 말에서 정부의 일상적인 언론간섭의 고백을 듣는 것같아 개탄스럽다 이 사건 '보도지침'에는 1985년 10월 19일부터 1986년 8월 8일까지의 시달사항이 584개로 나타나 있다. 그런데 검찰이 무슨 국가기밀이 된다고 기소한 것은 그중 11개 항에 불과하고 공판 도중 공소장 변경에 의하여 철회된 4건을 빼면 7개 항목만이 '국가기밀'이라는 결론이 나온다. 그렇다면 이 7개 항목을 제외한 577개 항은 기밀시항이 아님을 자인한 셈인데, 이 숫자풀이로만 보더라도 본건 '보도지침'이 국가기밀사항의 보도협조요청이라는 공소장의 기재는 거짓말임이 드러나 있다. 요컨대, '보도지침'은 진실을 은폐하고 국민을 속이기 위해서 고안된 이 정권의 독재장치의 중요부분에 다름 아니다.

5. '외교상 기밀 누설'이 되는가

'보도지침'의 공표 폭로행위가 형법 제113조가 말하는 외교상 기밀누설죄를 구성한다는 검찰의 주장은 다음과 같은 이유에 비추어 허구라고 본다.

(1) '외교군사상의 기밀사항'으로 열거한 각 '보도지침' 항목은 군사상의 기밀과 외교상의 기밀이 구분되어 있지 않아서 결국 공소사실이 특정되지 않은 것이고

(2) 국가안보에 관한 사항, 남북대화 관련 사항, 북괴 등 대공산권 관련 사항 능은 외교상 기밀누설죄로서 보호할 법익이 아니다. 국가기밀 또는 군사상의 기밀은 형법 제98조나 국가보안법으로서 그 누설행위를 처벌할 수 있을지언성 외교상의 기밀과는 그 보호법익부터 다르기 때문이다

(3) 남북대화 등 북한과의 관계는 더욱이나 외교상 기밀의 차원에서 다룰 수 없다. 아직도 한국정부는 북한당국을 반국가단체로 규정하고 있고 그들 구성원과의 회합 통신을 범죄로 보는 이상, 외교상 운운은 앞뒤가 맞지 않는다. 소위 통치행위에 속하는 남북대화 관계라고 할지라도 그것을 국가와 국가와의 관계를 전제로 한 외교상 기밀 문제라고 들이대는 것은—특히 국민을 처벌하기 위해서 그처럼 자기모순의 법적용을 감행하는

것은—용납될 수 없다. 민족통일의 지상과업을 국민적 합의기반 위에서 달성해야 할 이 마당에 남북관계에 관한 정보와 논의를 정부만이 독점하고 국민들의 입과 귀를 막기 위해서 심지어 외교상 기밀누설죄까지 발동하는 것은 수치스러운 일이다.

(4) 공소사실에 열거한 각 사항은 그나마 무슨 '기밀'이라고 볼 수가 없다.

'외교상 기밀'이라 함은 '대한민국이 외국과 비밀조약을 체결한 사실 혹은 체결하려는 사실 등 대한민국과 외국과의 관계에 있어서 국가가 보지保持하여야 할 외교상의 기밀'을 말하는데 공소사실에 열거된 보도지침 항목은 아무리 보아도 외국과의 비밀조약 체결과는 무관한 사항이다.

또한 '기밀'이라 함은 '외국에 알리지 아니하거나 확인되지 아니함을 대한민국의 외교상 이익으로 하는 사항'이기 때문에 국내에서는 알려지지 않았더라도 외국에는 알려져 있으면(알려질 가능성 포함) 이미 기밀은 아니다.

(5) 공소사실에 나타난 '외교군사상의 기밀사항'을 개별적으로 분석해 보면

가. 'F-16기 인수식 국방부 발표시까지 보도 보류' …… 그런 항공기의 도입에 관한 밀약, 기종에 따른 성능, 배치상황 등이 기밀이라면 몰라도 외지에 이미 보도된 F-16기 도입을 가지고 '인수식'이라는 행사만을 기밀이라고 볼 수는 없다.

나. '미국방성 핵전투기 배치에서 한국은 빼고 보도할 것' …… 이미 외국의 언론 통신을 통하여 한국에 핵전투기가 배치되어 있다는 것은 온 세계가 다 알고 있다. 그런데 그 핵전투기 배치로 인하여 가장 큰 이익 또는 위험을 입게 될 한국국민에게만 사실을 숨기는 것은 기밀보호의 입법취지를 거꾸로 왜곡시킨 것이며 그렇게 국민을 속이는 것은 민족적 이익에도 반하는 것이다.

다. '한·베트남 무역거래 활발은 보도불가' …… 양국간의 무역관계 기사는 일본의 산케이産經 신문에 보도된 바 있으므로 우리 국민에게만 비밀로 할 정보는 되지 못한다.

라. '한·중 합작회사 설립은 기사화하지 말 것' …… 한국 정부는 이데

올로기를 달리하는 공산국가에 대해서도 실리를 추구하기 위한 외교를 벌이고 통상을 확대해나가겠다고 누누이 밝혀왔다. 그러므로 한·중 양국만의 무역증진도 정부가 공언하였고 온 세계가 이를 알고 있는 터에 합작회사의 설립을 국민들만 몰라야 될 이유가 없다.

(6) 다시 말해서 여기 열거된 항목은 이미 외국에서 널리 알려진 정보이므로 기밀 운운할 여지가 없다. 설령 '보도지침'을 시달하는 시점에서는 그것들이 기밀사항이었다고 할지라도 한시적인 보도보류 요청이 붙었거나 정보의 성질에 따라서는 시간의 경과에 의하여 기밀성이 상실된다. 그리고 본건에서 '누설행위'를 따지려면, 《말》지 특집호가 발행된 1986년 9월 6일 현재로 위의 열거사항이 여전히 기밀성을 유지하고 있어야 하며 그 점에 관하여 검찰측의 입증이 있어야 하는데 그것이 전혀없다.

뿐만 아니라 실정법으로 보호할 만한 기밀이라면 그것이 무슨 법률에 의해 누가 어떤 절차를 거쳐서 기밀로 판정, 분류되었는지를 구체적으로 밝혀야 하며 단순히 홍보정책실에서 '보도지침'에 포함시켰다는 이유로 기밀이 될 수는 없다.

만일 '보도지침'에 포함시켜 '언론사에 시달한 사실' 자체를 기밀이라고 우긴다면 이것은 넌센스일 뿐이고, 공권력의 언론침해 행위는 혹시 '정부의 비밀'이 될지는 모르나 국가기밀, 그중에도 외교상 기밀이 된다고 우긴다면 그것은 망발이라 할 수밖에 없다.

6. 국가모독죄 적용의 국가모독성

공소장에는 민주언론운동협의회가 본건 '보도지침'을 《말》 특집호에 수록, 발행하면서 기자회견을 한 것을 국가모독죄에 해당된다고 적시했다.

그러나 위의 기자회견에서 '보도지침' 내용으로 확인된 현정부의 반민주적 언론압제를 폭로, 규탄하는 발표문이나 회견문을 낭독한 것은 국민의 당연한 비판권 행사이므로 국가모독 운운할 여지가 없다.

(1) 실인즉 소추측이 발동한 국가모독죄는 그것을 규정하고 있는 형법 제104조의 2 자체가 탄생과정에서부터 날치기 변칙의 산물이었다.

즉, 위의 법조는 1975년 3월 19일 당시의 여당 공화당 의원에 의하여 발의된 지 단 하루 만에, 법사위원회는 국회도서관에서 1분 만에, 본회의는 의원휴게실에서 역시 단 1분 만에 야당의원의 눈을 피하여 여당의원만으로 날치기 처리되었던 것이다. 따라서 법으로서의 정당성을 부여하기 어려운 조항이다.

(2) 그리고 위와 같은 조항을 변칙으로 만든 정치적 저의가 당시 유신정권의 반민주적 탄압, 학정을 세상에 알리고자 한 재야단체의 성명 발표 및 기자회견 등을 봉쇄하려는 데 있었기 때문에 결국 언론의 자유를 침해하는 불순한 계산에서 생긴 규정이었다.

(3) 그렇기 때문에 그 법조의 규정내용 또한 반민주적이고 위헌적이다. 즉, 국가기관의 모욕, 비방, 대한민국의 이익, 위신 등 막연하기 짝이 없는 용어를 사용함으로써 국민의 의사 발표의 자유를 본질적으로 침해하고 있다.

(4)그러한 법조를 이 사건의 '보도지침' 폭로 기자회견에 적용하여 처벌을 구하는 것은 그 자체로서 '국가의 이익과 위신과 체면'을 손상시키는 행위이다

(5) 본건 공소장에는 헌법에 의하여 설치된 국가기관이 과연 어느 기관인지 특정되어 있지 않아서 부적법하다. 변호인측의 석명요구에 대한 답변만으로는 공소사실 특정의 효력이 없다고 보기 때문이다.

결국 이러한 공소제기는 '보도지침'을 관행적으로 시달하여 국가를 모독한 정치권력이 민주국가의 위신을 해치는 방식으로 만든 국가모독죄를 정치적 비판세력을 탄압하기 위해서 발동시킨 것으로서 어느 모로 보나 부당천만이라 할 것이다.

7. 사회적 불안의 요인은 누가 조성했는가

재야 문화 3단체가 개최한 광주민중항쟁 5주년 기념행사는 결코 '현저히 사회불안을 조성할 우려가 없는 집회시위'가 아니었다. 근년에 이 나라에서 만연되고 있는 사회적 불안은 집권자측의 반민주적 학정에 그 원인

이 있을지언정 그것을 비판하고 시정을 요구하는 국민적 비판권의 행사에서 연유하는 것이 아니다.

그리고 사회불안을 야기시킬 '우려'만 있으면 처벌하는 법조항의 위헌성도 재론의 여지가 없다. 여기서 '우려'는 법의 집행자이자 치안당국자인 경찰이나 검찰이 갖는 심리적 반응일 수밖에 없고 보면, 국민의 정당한 행위가 법의 명문이 아닌 당국자의 '우려' 유무에 의하여 적법성이 좌우된다는 기막힌 결과를 낳게 된다. 따라서 죄형법정주의 아닌 '죄형우려'입각주의에는 승복할 수가 없다.

8. 국가보안법은 악용되지 말아야 한다.

신홍범 씨가 《혁명영화의 창조》라는 책의 복사판을 집에 두고 있었던 것을 이적표현물 소지죄로 기소한 것도 잘못된 조처이다.

(1) 우선 그책을 이적표현물로 단정할 근거가 없다.

(2) 그책은 우리나라의 국회도서관에서 일반인에게 대출, 열람 및 복사까지도 허용하는 책이고 실제로 신홍범 씨도 국회도서관에서 정상적인 절차를 거쳐 그책을 복사했다는 점을 보더라도 그 내용의 이적성은 운위할 여지가 없다. 적어도 신홍범 씨로서는 그렇게 믿을 만한 충분한 이유가 있었다.

(3) 이적표현물 소지죄는 목적죄인데 신홍범 씨에게는 반국가단체를 이롭게 하려는 목적이 없었다.

(4) 정부가 미워하는 사람을 벌주기 위해서 이번처럼 일부러 가택수색을 하고 책 몇 권을 뒤져내어 이적표현물이라는 이유를 붙여 기소하는 것은 그 저의나 방법에 있어서는 물론이고 법적으로도 국민의 기본권을 봉쇄하는 침해행위이다.

설령, 그런 책이 좌경적인 내용을 담고 있다고 한들, 그것을 갖고 있거나 읽어보는 것이 어찌하여 범죄를 구성한단 말인가?

미국의 정치학자 조지 케난은 만일 소련의 공산주의를 동경하는 미국인이 있다면 그들에게 《프라우다》나 《이즈베치아》지를 한 달 동안 계속 읽게 하면 문제가 해결된다고 하였다.

김지하 시인도 일찍이 "다락방에서 먼지를 뒤집어쓰고 있는 낡은 책들이 어떻게 북괴를 이롭게 하는가"라고 개탄한 적이 있다. 어느 모로 보나 이적표현물 소지죄는 본건과 같은 경우에까지 악용되지 말아야 하며, 만일 그렇지 않으면 오히려 이적선전의 구실만 제공하게 되지 않을까 두렵다.

9. 불행한 재판을 위대한 계기로

지금까지 공소사실에 대해서 간략한 검토 비판을 가했지만 이러한 실정법 차원의 원론적인 반박이 어느 면에서 보면 무위에 그치고 도로에 그칠지도 모른다.

그럼에도 불구하고 우리 변호인들은 바른 것을 바르다고 말하는 것 못지 않게 잘못을 잘못이라고 지탄해야 할 책무를 버릴 수가 없다. 만일 이 시대의 법정에서 우리의 주장이 판결로 수용되지 않는 한이 있어도, 아니 그러면 그럴수록 우리의 목소리는 더 크고 분명해야 된다고 믿는다.

지금 이 나라에는 정치권력의 행악行惡이 걷잡을 수 없이 드러나고 있다. 박종철 군에 대한 고문치사 사건에서 보듯이 정부는 온갖 만행과 조작, 은폐, 국민기만을 서슴지 않고 있다. 이러한 권력악을 바로잡기 위해서는 무엇보다 먼저 언론의 자유가 되살아나야 한다. 제도언론은 제도언론대로, 제도권 밖의 민중언론은 민중언론대로 이 정권을 감시하고 비판할 사명이 있다. 이런 책무의 수행을 범죄로 몰아치는 사람은 그야말로 국시위반이 아닐 수 없다.

그렇다면 어떻게 여기 나온 세 분의 언론인에게 수갑을 채우고 형사처벌을 가할 수 있단 말인가. 그러므로 우리 변호인단은 경찰관에게 본건 공소를 이제라도 취소하도록 권고한다. 설혹 검찰이 당장은 그런 힘이 없다면, 재판부에 요망한다. 재판부는 오늘날 사법부를 둘러싸고 있는 이 억압된 분위기를 이겨내고 정의와 양심 그리고 이 나라의 헌법이념에 합치되는 판단을 판결로까지 관철해주시기 바란다. 재판부의 고뇌와 아픔을 우리 모두가 함께 나누고 싶을 만큼 잘 이해하면서도 재판관의 책임은 어떤 이유로도 경감되거나 면제될 수 없다는 점을 재삼 유의해주시기 바란다.

어제 동아일보사 기자 124명은 민주화를 위한 자기들의 주장을 발표하였다. 그 발표문의 마지막은 이렇게 매듭지어져 있다.

《말》지 '보도지침' 보도와 관련, 재판계류중인 한국일보 김주언 기자 등 전·현직 언론인 3명의 구속 및 소추는 이 시대를 사는 언론인 전체에 대한 사법적 제재나 다름이 없다. 분명히 현존하는 보도지침을 세상에 드러낸 것은 용기있는 행동일지언정 이에 대한 사법적 소추는 원인무효라고 우리는 믿으며 따라서 이들을 즉각 석방할 것을 요청한다."

아무쪼록 이 사건의 재판을 통해서 이땅의 정치권력은 국민을 압제하기 위하여 언론을 탄압하는 식의 폭정을 반성해야 한다. 그리고 우리 국민은 정치적 억압을 이겨내는 민주시민으로서의 자각을 높여야 한다. 그러한 책무를 용감한 결단으로 수행한 세 분 언론인에게 온 국민이 드리는 경의를 전하면서, 이 불행한 재판이 이 나라 민주회복의 장정길에 종착을 앞당기는 역사적인 계기가 될 것으로 확신한다.

1987.　5.　27.

위 피고인 신홍범, 김태홍의　변호인

변호사　고영구	변호사　소영래
변호사　조준희	변호사　한승헌
변호사　홍성우	변호사　황인철
변호사　김상철	변호사　박원순
변호사　신기하	변호사　이상수

서울형사지방법원 (형사 5 단독) 귀중

87 고단 503호

변 론 요 지 서

피고인 김주언

검찰은 김주언 기자가 정부의 '보도지침'을 폭로한 데 대하여 외교상의 기밀누설죄를 적용하고 학술서적을 소지했던 점에 대하여 국가보안법을 적용, 기소하였다.

본변호인은, 이러한 기소사실에 대하여 결론부터 말하면, 이 사실의 어떠한 점도 죄가 되지 아니함을 확신한다.

1. 외교상의 기밀누설에 대하여

(1) 첫째, 외교상의 기밀누설죄는 우리나라 형법전에 명문으로 규정되어 있으나 지금까지 이러한 죄목으로 우리나라에서 기소된 사례가 없기 때문에 이에 대한 우리나라의 판례는 없는 실정이다. 그러나 학설상 외교상의 기밀은 '우리나라와 외국과의 사이에 알려지지 아니하거나 확인되지 아니함으로써 우리나라에 이익되는 외교관계 사항'을 말하는데, 다시 말하면 외국에 대하여 비밀에 부쳐진 우리나라의 외교사항이 누설됨으로써 외국에 있어서 유리하고 우리나라에 있어서는 외교상 불리한 경우를 말하는 것이다.

둘째로는, 외교상의 기밀누설죄는 이러한 의미에서 이른바 신분범으로 취급되어야 한다. 즉 외교관이나 기타 공무원 또는 이러한 직에 있던 자가 직무상 알게 된 외교상의 기밀을 지킬 의무가 있을 뿐, 이러한 신분관계가 없는 일반시민은 이러한 기밀을 지킬 법적 의무가 없는 것이다. 이와 같이 해석되어야 할 근거로서는 외무공무법 제16조와 재외공무원 복무규정 제3조를 볼 때 명백한바, 위 규정들을 보면 '외교관이 그것도 재외근무중 지득知得한 기밀은 이를 엄수하여야 한다'라고 하고 있으니 직무상 외교기밀에 접촉할 수 있는 자만이 이러한 기밀을 지킬 의무를 부과받고 있음을 쉽게 알 수 있을 것이다.

외교상 기밀은 아니지만 우리 형법에서 보면 공무상 비밀누설죄와 업무상 비밀누설죄가 있고 군사상 기밀누설죄도 있는바, 공무상 비밀누설죄는 '공무원 또는 공무원이었던 자가 법령에 의한 직무상 비밀을 누설한 때'에만 죄가 되고 '의사, 한의사, 치과의사, 약제사, 조산원, 변호사, 변리사, 계리사, 공증인, 대서업자나 그 직무상 보조자 또는 이러한 직에 있던 자가 업무처리중 지득한 타인의 비밀을 누설한 때'에만 죄가 된다고 엄격하게 그 신분 및 직무상의 비밀성을 규정하고 있으며, 한편 형법 제98조 제2항의 '군사상의 기밀누설죄'에 관하여 형법은 '군사상의 기밀을 누설한 죄' 운운 하였을 뿐 형법 제127조, 제317조의 경우와 같이 신분을 확실히 규정하지는 않았지만 우리나라 대법원의 판례는 이러한 경우에도 '직무에 관하여 지득한 군사기밀을 누설한 자'에 한하여 범죄주체가 된다고 해석하고 있으며 1971. 2. 25.이래 1982. 11. 23.에 이르기까지 10여 회에 걸쳐 일관되게 판결하여왔다. 군사기밀에 관한 특별법에 해당하는 '군사기밀 보호법'을 보더라도 탐지, 수집, 누설죄 이외에는 기밀취급을 업무로 하는 자만을 처벌의 대상으로 하고 있고 오스트리아 형법도 '특별히 부여된 법적 의무로 인하여 비밀을 보지해야 할 자' 만이 누설죄의 주체가 된다고 규정하고 있다.

본건에 있어 피고인 김주언은 외교관도 아니거니와 기밀을 취급하는 공무원도 아닌 기자에 불과하고 본건 '보도지침'으로 보도가 통제된 기사를 알게 된 것은 신문사 편집국 서무 책상에서 우연히 보게 되었을 뿐이지 자신의 직무수행과 관련하여 지득한 것도 아니기 때문에 외교상 기밀누설죄의 범죄주체가 될 수 없는 것이다.

(2) 이미 지적한 바와 같이 외교상의 기밀은 외국과의 사이에 아직 알려지지 아니하였을 뿐 아니라 외국에 알려짐으로써 우리나라에 불리한 사항이라야 이를 기밀이라 할 수 있다. 따라서 외국에 이미 알려져 있는 사항은 그것이 비록 국내에서는 보도가 억제되어 있다 하더라도 이미 기밀은 아닌 것이다. 그런데 공소장에 기재되어 있는 사실들은 신문사가 외국통신, 외국 신문, 잡지 등 외신을 통하여 수신한 기사들이므로 이미 전세계가 다 알고 있는 사항들이고 오로지 국내에서만 보도통제된 사항이므로 기밀도 아니거니와 이러한 사실들이 《말》지에 게재되어 폭로됨으로써 우리나라에 어떻게 불리하고 외국에 있어 어떻게 유리하다는 것인지 도저히 이해할 수 없다.

'F-16기 한국 도입' 기사는 1986. 6. 26.자 〈파 이스턴 이코노믹 리뷰(Far Eastern Economic Review)〉지에 이미 자세히 보도되어 있을 뿐 아니라 최근 우리나라 국방부장관 이기백은 제19차 한미안보협의회 참석차 워싱턴을 방문했을 때 "한국은 방공정책의 향상을 위하여 F-16기 36대를 도입 중에 있으며 이러한 기종을 한국내에서 이 업체와 공동생산하는 문제를 추진중에 있다"라고 최신의 기밀까지도 공표하고 있는 실정이며 '핵전투기 한국 배치' 문제는 1986. 7. 10. 미국방성이 한국을 포함한 세계 20개국에 배치하였음을 공표하여 외신에 보도되었고, 1987. 4. 9.자 〈중앙일보〉는 '주한미군이 약 14대의 전술핵무기를 보유하고 있다'는 미국 〈뉴욕타임즈〉지의 보도를 인용보도한 바 있다.

검찰이 뒤늦게 공소장에서 철회한 부분이지만 1986. 6. 17. 문공부 홍보정책실이 보도를 통제한 '중공어선 망명' 기사는 다음날인 6. 18.〈중앙일보〉 사회면에 대서특필된 기사이며 대만정부는 성명을 통하여 자세히 발표하였고 대만 방송국은 19명의 중공인 가운데 4명은 하정병단 소속이라는 사실까지 보도한 기사인 것이다. 그런데 이를 뒤늦게 《말》지에 게재한 것이 어떻게 외교상의 기밀누설이 되겠는가!

1986. 7. 30. '보도지침'의 '한ㆍ베트남 무역거래 활발, 보도 불가' 1986. 10. 30.자 '한ㆍ중공 합작회사 설립 기사, 보도 불가'는 그 이전에

일본 산케이 신문에 보도되어 국내에서만 일부층이 모르고 있는 비밀 아닌 비밀인데 북한과 중공, 베트남도 알고 있는 사실이 어떻게 외교상의 기밀이라 하는지 도저히 이해할 수 없다.

검찰은 기이하게도 'F-16기 구매와 관련, 뇌물공여 조사 청문차 내한하는 미하원 소속 전문위원 3명과 관련된 기사' 와 '미국 FBI 국장이 1986. 1. 12. 방한하는 기사' 를 국가안보에 관한 사항이라 지적하고는 이에 대한 '보도지침' 을 폭로한 것조차 외교상의 기밀누설로 기소하고 있다. F-16기 구매와 관련된 뇌물공여 조사는 이에 관련된 국내인사의 부정을 밝히려는 미의회와 수사기관의 활동인데 이러한 부정사실의 폭로를 두려워하여 보도를 통제한 정부가 이제 와서 이를 외교상의 기밀로 주장함은 실로 넌센스라 아니할 수 없다. 이러한 기사는 이미 미국내에서 발표되었거나 보도되었기 때문에 국내 보도기관이 알고 있는 사실이 아닌가.

검찰은 아주 맹랑한 기소를 하였다가 뒤늦게 철회한 범죄사실도 있다. 즉 남북대화와 관련된 사항이라 해서 '북한 국회회담 제의, 당국 발표시까지 보도통제', '안기부 연락, 북한의 85. 11. 1. 국회회담 제의에 우리측 12. 8. 이후 수정제의' 에 즈음하여 내외통신에 '북괴의 최고인민회의는 허구' 라는 해설기사를 실었으니 '인용보도할 것' 이라고 '보도지침' 을 하달한 사실이 《말》지에 폭로되었다고 해서 이를 외교상의 기밀누설죄로 기소하였다. 85. 10. 20. '보도지침' 에서는 보도하지 말라고 하고 85. 11. 1.에는 내외통신의 해설기사를 인용보도하라고 종용하여놓고는 1년 후인 1986. 9. 6. 《말》지에 이러한 사실을 폭로하였다고 해서 외교상 기밀누설죄가 된다는 논리는 도대체 무엇인지 정말 이해할 수 없다. 결국 문공부의 '보도지침' 이 외교상의 기밀이라는 논리밖에 아무 것도 아니다.

또한 검찰은, 산케이신문 보도: '남북정상회담 아시안게임 전 평양서 열릴 듯' 은 '전재하지 말 것' 이라는 1986. 5. 30.자 '보도지침' 에 대하여도 같은 죄를 주장하고 있다. 일본 산케이신문에 이미 보도된 사실을 검찰 스스로 전제하고는 이를 전재한 것이 외교상의 기밀누설이라는 것이다. 산케이 신문의 남북정상회담에 관한 추측기사가 어떻게 외교상의 기밀이 되겠는가.

2. 국가보안법 위반에 대하여

　김주언 기자는 대학 재학시절 게오르그 루카치의 저서 《현대 사실주의》와 《역사와 계급의식》 그리고 영국의 임마누엘 데 카트의 편저 《사회학과 발전》이라는 3권의 책을 구입하여 다 읽지도 못하고 있었는데 이 사건 때 압수되어 공산계열의 주장과 활동을 찬양·고무하는 불온서적 소지죄로 기소되었다. 이것이 죄가 되려면 첫째 그책의 내용이 반국가단체를 찬양·고무·동조하는 내용이어야 하고, 둘째 반국가단체를 이롭게 할 '목적' 으로 소지하여야 하는 것이다.

　먼저 압수된 서적의 내용을 보면 《현대 사실주의》는 문학평론서로서 '우리 시대가 안고 있는 딜레마는 자본주의와 사회주의의 대립이 아니고 전쟁과 평화의 대립이며 따라서 현대문학은 이런 사상을 떠나 인간의 숙명적인 불안을 배격하여 인간성을 구하는 데 나서야 한다. 그런데 사회주의 리얼리즘이나 모더니즘 문학은 모두가 편견에 치우쳐 이러한 현대 인간의 숙명적인 불안을 해결할 수 없다' 는 요지이며, 《역사와 계급의식》은 마르크스주의의 고전적 변증법과 이에 대한 루카치의 비판을 담고 있으나 사회주의 역사철학에 관한 이론서일 뿐이고 위 두 책은 한양대학교 반성완 교수와 서울대학교 철학과 차인석 교수에 의하여 '반국가단체를 고무·찬양하는 문제와는 전혀 관계가 없다' 라는 감정이 있었다.

　그리고 《현대 사실주의》는 1986. 5.과 1986. 12. 국내 출판사 인간사와 열음사에 의하여 번역출판, 납본까지 하였고 《역사와 계급의식》은 과거 국내에서 3회에 걸쳐 번역출판된 것 이외에도 1986. 12. 거름사가 번역출판하여 대학교수들로 구성된 '오늘의 책 선정위원회' 에서 훌륭한 책으로 추천되고 1987. 3. 18.자 〈동아일보〉는 이를 추천서적으로 보도까지 한 바 있다. 《사회학과 발전》은 영국 사회학회 회원들의 논문 12편을 편집한 것인데 '마르크스주의 발전이론에 의하면 인구, 교육, 농촌개혁이 설명되지 못하고, 비마르크스주의 발전이론에 의하면 국제정치, 경제체제, 계급관계의 중요성이 설명되지 않는다' 라는 요지이며 이책은 미국의 유수대학에서도 학부 및 대학원 수준에서 사회발전론 분야의 참고도서로 광범위하게 쓰이고 있다는 서울대학교 사회과학대학 임현진 부교수의 감정이 있었을 뿐만 아니라 동논문의 발표자 중 한 사람인 영국의 조지 포스터 카터 교수는 1985. 6. 6.～6. 8. 사이에 열린 서울대학교 사회과학연구소가 주최하는 국제학술대회에 초청되어 발표까지 한 사실이 있다.

이와 같이 모두가 순수한 사회과학 서적이고 극히 학술적인 책인 데도 치안본부 산하기관인 내외정책연구소는 이책들을 용공적인 책이며 국가보안법에 저촉된다고 감정하였다. 이들의 감정을 보면, 경찰은 1986. 12. 15. 오전 9시경 김주언 기자를 출근길에 집 앞에서 연행하고 다음날인 12. 16. 오후 3시경 가택을 수색하여 위 3권의 책과 그의 인쇄물, 서적 등을 압수한 후, 12. 16. 당일 6명의 이름으로 감정서가 나왔다. 본변호인은 번역물인 《역사와 계급의식》, 《현대 사실주의》를 한 번씩 읽는 데만 수일이 소요되었는데 이들 6명의 경찰 감정인들은 무슨 재간이 있기에 단 몇 시간만에 원서를 돌아가면서 독파하고 이해해냈다는 것인지 귀신도 놀랄 일이 아닐 수 없다.

여하튼 이책들이 반국가단체의 활동을 고무·찬양하고 동조하는 내용이 아님은 대학교수들의 감정결과에 의하여 너무나 명백하다 아니할 수 없다. 나아가서, 과연 김주언 기자가 이책들을 반국가단체를 이롭게 할 목적으로 소지하였다는 증거가 있는가? 학생시절 탐구욕으로 이를 구입하였다가 다 읽지도 못하고 오랜 세월 집에 방치되었던 것이라는 진술이 경찰 이래 공판정에 이르기까지의 일관된 진술인데 어넌 근서로 반국가단체를 이롭게 할 목적이 있었다는 것인가.

3. 본건의 기소 배경

우리 사회의 지금까지의 언론통제 실상을 보자.

유신정부는 각 신문사에 기관원을 상주시키다시피 하면서 보도를 통제하여왔다, 현정부는 주로 문공부의 '홍보정책실'을 통하여 '보도지침'을 매일같이 보내어 언론을 통제하여왔으며, '보도지침' 사건이 재판받고 있는 현재에도 언론의 통제는 계속되고 있음이 1987. 5. 25.자 〈동아일보〉

기자 120명의 성명서에서 뚜렷이 지적되고 있다.

국가기밀 사항보다는 정부, 정권에 불리한 기사들의 게재를 주로 통제하여오면서 대외적으로나 국회에 대하여는 '보도지침'을 부인하여오던 정부가 본건 《말》지의 '보도지침' 폭로로 당황하고 당혹했던 것은 당연하다 하겠다. 이러한 폭로에 대한 보복으로서의 처벌도 목적이거니와 더 큰 의도는 앞으로 유사한 폭로에 대하여는 구속·엄단하겠다는 언론계에 대한 협박 내지 경고의 의미로서 죄도 되지 아니하는 사항을 억지로 묶어 구속기소한 것이라 보지 않을 수 없다.

검사도 법률전문가인데 본건 공소사실이 과연 외교상의 기밀인지 아닌지, 누설죄가 되는지 아닌지를 그 누구보다도 잘 알면서 상부의 방침에 좇아 무조건 기소하였다고 보여지니, 과연 그렇다면 검찰은 죄 없는 사람에 대한 처벌을 요구한 것이고 무고죄의 책임도 져야 할 것이다.

아니면 검찰은 법에 무지하였음을 스스로 인정해야 할 것이 아닌가! 오늘날 검찰이 검찰사무의 독립성을 지키지 못하고 있어 사법권의 독립도 위협을 받고 있고, 검찰이 권력에 이용당하고 있기 때문에 박종철 군의 고문치사 사건도 일어나고 범인 은폐조작 사건도 대담하게 일어나고 있다.

또한 법원은 본건 심리 도중 납득할 만한 이유 없이 변호인들이 신청하여 채택된 증거를 하루아침에 취소하여버려 이건 심리는 결코 충분하다고 볼 수는 없으나 그래도 몇 번의 공판으로 본건은 모두가 죄가 되지 아니함을 이해했을 것으로 안다.

어쨌든 이건 재판은 역사에 길이 남을 재판이며 언론자유를 쟁취하기 위한 투쟁사鬪爭史인 점, 깊이 통찰하여 공명정대한 무죄판결이 선고되기를 바란다.

1987.   5.   27.

위 피고인 김주언의 변호인

변호사   함정호

서울형사지방법원 귀중

통일을 지향하는 새 언론을 창출하자

김태홍 (민주언론운동협의회 사무국장)

오늘 나는 최후로 진술하는 심정으로 얘기하겠다.—진술에 들어가기 전에 무엇보다도 먼저 이번 사건에서 내가 언론자유를 위해 싸운 김주언 기자를 보호하지 못한 것을 유감스럽게 생각한다.

엊그제 〈동아일보〉 기자들의 용기있는 행동(5월 25일 〈동아일보〉 기자 133명은 '민주화를 위한 우리의 주장' 이란 성명서를 발표했다)을 치하하면서 우리가 제도언론이라고 하는 것이 현직 언론인 전체를 지칭하는 것이 아님을 밝혀두고자 한다. 제도언론이란 현직기자 전체를 가리키는 것이 아니라 언론 그 자체를 말하며 언론사 경영진, 편집국 등의 고위간부 등 실무적 결정권자를 통칭하는 말이다. 젊은 기자들은 불꽃 같은 뜨거운 가슴을 안고 괴롭게, 보이지 않게 언론자유를 위해 싸우고 있다고 본다.

'동아투위' 의 정모 선배가 쓴 월간 《세대》지의 제도언론에 대한 글을 접했을 때 "해직 언론인이 왜 현직 언론인에 대해 따뜻한 격려의 글 한 구절도 써줄 수 없는지 반문하면서 격려의 말을 넣어달라"고 한 적이 있다.

이번 사건만 해도 김주언 기자처럼 현직 언론인의 감투정신이 없었다면 불가능했을 것이다. 현직 언론인들이 더욱 분투해주기를 간구한다.

먼저 진술에 들어가기 전에 대통령에 대한 호칭에 관해 얘기를 좀 하겠다. 나는 외신부 기자를 10년여 했다. AP, UPI 등은 기사 초두에 대통령

닉슨이라고 쓰고 그 이후는 닉슨이라고만 쓴다. 영국은 신사의 나라이기 때문인지 로이터 통신만 미스터(Mr.)를 붙인다. 내가 전두환 씨라 하는 것은 예의를 중시하는 동양이기 때문에, 또 많은 사람이 모인 공공장소이기 때문이다.

'용어' 사용의 문제에 대해 좀더 이야기를 해야겠다. 우리 사회는 어휘 사용의 자유가 없다. 그예로 '조선'이란 말을 보자. 우리는 조선사람이라고 하면 얼굴이 하얗게 되고 설사병 걸린 사람처럼 어쩔 줄을 모른다. 조선무, 조선고추, 조선간장 등 사물에 대해서는 자유롭게 쓰면서 반공법을 의식한 때문인지 사람에 대해서만은 쓸 수가 없다. '계급'이란 말은 사회과학자들조차 '계층'이라고 쓰고 있다. 이는 엄청난 의미의 차이를 낳는다. '인민'이란 말은 영어로 피플(people)이다. 링컨이 "of the people, by the people, for the peopl"이라 했을 때 이를 가장 적절하게 옮긴 말이 '인민'이다.

한 가지 사실이나 사물에 대해 표현할 수 있는 단어는 하나이다. 우리의 현실 속에서는 '혁명' '제국주의' '식민주의' 등의 단어들이 기피되고 있다. 공공연한 자리에서뿐만 아니라 부부의 잠자리에서조차 기피되고 있는 것이다. 그렇지만 나는 이 자리에서 구속되어 있어 오히려 자유로운 상태이기 때문에 가능한 이러한 용어의 제약을 받지 않고 진술하겠다.

인간이 언론자유를 말살당한 현실은 곧 인간이기에 할 수 있는 모든 표현의 권리를 박탈당한 것을 의미한다. 비민주적인 사회, 암흑의 현실은 '언론만의 자유'를 애당초 허용하지 않았고, 지금까지 언론은 극極의 상황으로 치달아왔다. 이 사건만 해도 극히 '희화적인' 일이 벌어졌다. 검찰은 기소를 했고 언론이 이 사건을 보도하자 2만 2천 부 이상의 효과가 즉각 나타났다. '부정의 부정'이랄까, 국민들이 가지고 있는 언론에 대한 불신이 '보도지침'이 폭로된 특집호에 대한 관심으로 나타난 것이다.

나는 이 진술에서 언론자유가 통제된 현실이 어떻게 우리 사회의 모순과 비리를 은폐시키고 유지시켜주는가 하는 사실을 이야기하려 한다. 낮게는 개인의 문제에서부터 크게는 민족분단에 이르기까지 언론의 침묵과 굴종 없이 가능한 것은 아무 것도 없었기 때문이다.

힘에 의한 통치

우리나라 헌법 제1조에 보면 '대한민국은 민주공화국이고 모든 주권은 국민으로부터 나온다' 고 되어 있는데 이것보다 더 큰 거짓말은 없다. 'of the military, by the military, for the military' 라야 현실과 가깝다. 그 결과는 무엇을 말해주는가? '공포의 팽배' 이외엔 아무 것도 없는 것이다.

5·16 이전에도 이승만 정권이 국회의원을 지하실에 가두는 등, 상상도 못할 일들이 벌어졌지만 5·16 이후와는 비교조차 할 수 없다 하겠다. 군대식 관행, 사고방식 …… 등 군대식으로 사회를 지배하게 되었다. '힘' 에 대한 공포가 팽배하기 시작했다.

우리 언협에도 여러 기관의 요원들이 관여하고 있다. 그런데 그중의 한 사람이 이런 충고를 한 일이 있다. "김형, 군 관계 기사는 신경을 좀 써서 쓰십시오"라고. 아시다시피 언협 사무국장은 실무자로서 모든 결과에 책임을 지게 되어 있고, 책이나 문건(성명서 등)이 나올 때마다 5일 내지 10일의 구류를 사는 것이 관행처럼 되어 있다. 일단 경찰서에 들어가면 조사문을 작성하게 되는데, 당연히 나의 진술서는 남영동, 안기부, 보안사 등으로 보고될 것이다. 세 군데 모두 소름끼치는 고문능력이 갖추어진 곳이다. 그런데 그중 한 기관이 다른 기관, 즉 '군' 을 조심하라고 한 것이다.

이 법정에는 지금 200여 명의 방청객들이 앉아 있는데 방청객들이 나소 소란하면 으레 "왜 시끄럽게 구느냐"는 검사의 호통이 뒤따른다. 그러면 금방 장내가 조용해진다. 이 법정에 언론인들이 더러 있음에도 불구하고 나타나는 이 현상은 무엇을 말해주는 것인가?

우리 사회는 온통 '공포' 에 젖어 있는 것이다.

이러한 '공포의 현실' 에 앞장서서 저항하는 곳이 바로 대학이다. 최후의 '공명성' 을 지녀야 할 대학의 현실은 어떠한가. 웃으면서 대학문을 들어선 학생들이 울면서 그문을 나간다. 수백 명은 졸업조차 하지 못하고 이른바 '조기졸업' 을 한다. 이런 현상을 현정권은 '대학내에 좌경·용공세력이 있다'고 치부해버린다. '골방'에서 '모의'를 하면 잡혀가고 일말의 '용공혐의'가 있었다는 명목으로 총학생회장에 당선되자 마자 수배를 당하고 어디론가 끌려간다. 또 다른 학생이 나선다. 재선출된 그도 똑같은 처지에 놓인다. 어디 그뿐인가?

대학생들에 가해지는 폭력은 또 젊은 목숨을 숱하게 앗아갔다. '고문치사' '의문사' 등이 그것이다. 어떻게 보면 이것은 파쇼체제의 말기적 증상이다. 우리가 이해를 해야 한다.(냉소적 어투, 장내웃음)

내가 여기서 들은 두 학생의 죽음, 박종철 군과 김용권 군의 죽음이 어떻게 사건화될 수 있었는지 모르겠다. 두 사람의 죽음이 알려진 것을 '행운'이라고 할까, '불행 중 다행'이라고 할까. 이런 사건은 한두 번이 아니었기에 이말을 하는 것이다. 85년 민주화추진위원회 사건과 관련되어 수배를 받아오던 우종원 군은 온 몸에 멍이 든 채로 철도연변 콩밭에서 변사체로 발견되었다. '추락사'라는 조그마한 기사가 나고 이 사건은 얼버무려졌다. 또 86년 김성수 군이 부산 해안 군사통제지역 안에서 발에 돌이 묶인 채 익사체로 발견되었다.

4·19때는 김주열 군 한 명의 죽음이 정권을 넘어뜨렸다. 그런데 지금은 어떤가. 수많은 젊은이들이 자신을 불살라 죽고 떨어져 죽고 고문당해 죽는 데도 정권은 끄떡하지 않는다. 도대체 얼마나 많은 목숨이 숨져야 이 정권이 넘어가겠는가. 언론이, 언론이 이런 사실의 진상을 국민 앞에 밝히지 않는다면 상상조차 하기 싫은 긴 세월이 소요될 것이다.

학원뿐만이 아니다. 정권의 폭력성은 우리 사회 곳곳에서 벌어지고 있다. 작년에 〈동아일보〉 정치부장, 편집부장이 모기관에서 무작정 두들겨 맞은 일이 있었다. 이모 부장은 얼굴에 멍이 들어 회사에 나오지도 못했다. 가장 자유로워야 할 언론조차 '폭력의 사슬'에 묶여 있는 것이다. 그러니 언론이 열차에서 떨어져 죽은 학생 얘기를 감히 할 수 있겠는가? 84년에 강제징집당한 6명의 학생이 왜 군대에서 죽어갔는지 파헤쳐낼 수 있겠는가? 당연히 국민들에게 알려지지도 않은 채 끔찍한 이 사건들은 묻혀버리고 만다.

한국은 과연 독립국가인가

전 주한 미대사 워커가 우리 국민을 가리켜 "쥐새끼"라 했고, 또 릴리 대사는 미국내 유력지인 〈볼티모어 선〉지와의 인터뷰에서 "한국은 우리 미국의 완전한 식민지"라고 말했다. 그들은 차라리 너무나 솔직하다. 쥐새끼들……, 모욕적인 말이다. (재판정을 둘러보며) 이 법정은 너무도 깨끗하다. 내가 기거하는 방은 0.75평짜리 독방이다. 그런데 그곳에는 변소가 없다. 방구석에 똥통이 있고 그 밑에 오줌통이 있다. 또 그옆에 오물통이 있고 창피스럽게도 식수통이 있다. 똥통은 1주일에 1번 치운다. 지구상에 이런 나라가 어디 있겠는가. 그러니 쥐새끼들이라는 말을 듣고도 성인군자(?)답게 참고 있는 것이다. 말이 조금 빗나갔는데, 지금 내가 이야기하려고 하는 것은 우리의 '식민모국'인 미국에 대한 얘기이다. 바로 그 쥐새끼가 고양이를 향해 발톱을 세우는 이야기라고나 할까?

미국은 우리에게 어떤 나라인가. 나는 이 이야기의 시작을 1940년대 후반에 벌어졌던 슬픈 역사로부터 시작하려 한다. 수많은 생쥐가 죽어간 이야기, 거기에서부터 미국과 우리의 관계가 결정되었기 때문이다.

우리의 현대사는 학살의 역사이다. 동학혁명과 의병봉기의 좌절, 3·1운동, 6·10만세…… 이러한 역사는 바로 죽음이 뒤따른 역사였다. 또 48년 제주에서는 전체주민 23만 중 7만여 명의 양민이 죽은 것으로 알려져 있다. 성인의 남자는 몰살당했다. 제주도, 삼다도라 돌과 여자와 바람이 많다는 곳……. 되씹어 생각할 때, 눈물이 나지 않을 수 없다. 또 거창사건에서는 700명이 죽었다. 그리고 80년 광주에서는 또 수천 명이 죽어갔다. 내가 말하고자 하는 것은 바로 8·15 광복 이후의 죽음이 미국과 관련되지 않은 것이 없다는 것이다. 죽음, 그것과 관련되어 있는 나라, 그 나라는 이 대한민국의 생살여탈권을 쥐고 있다. 우리 사회 구석구석에 미국의 힘이 닿지 않는 곳이 없다. 언론은 이 부분도 철저히 방기했다. 관심있는 사람을 제외하고는 아무도 이런 미국의 실체를 모른다.

우리 사회는 군의 사회이고 모든 영역에서 미국의 지배를 받고 있다. 1945년 8월 15일 미국이 '정복자'로 진주한 이래, 이승만은 미국의 일방적인 지지와 일부세력의 협력으로 정치무대에 등장했다. 이때부터 미국은 전적인 지배력을 갖게 되었다.

'제3세계'에서 "반미" 구호가 외쳐지지 않는 나라는 우리나라밖에 없었다. 85년 미문화원 농성을 계기로 이 금기사항이 깨어졌다. 그때 학생들이 무엇이라고 말했는가. 우리의 국군통수권을 가지고 있는 나라, 수십억 불에 달하는 경제잉여를 앗아가는 나라, 우리의 내정에 일일이 간섭하는 나라…… 이런 것을 '제국주의'라고 한다. 이런 나라가 우리의 어린이들에게는 어떻게 가르쳐지고 있는가.

국민학교 교과과정 중 반드시 넣도록 강요당하는 세 가지 단원이 있다. 첫째는 링컨의 이야기이다. 가난한 오두막집에서 주경야독하여 입신양명해 노예해방의 기수로 자랐다는 얘기이다. 둘째가 조지 워싱턴의 이야기이다.

사과나무를 베어 고민하다가 결국 아버지에게 고백하는 용기있고 정직한 소년의 모습으로 워싱턴은 아이들의 기억에 남는다. 나머지 하나도 비슷한 것이다. 이러한 단원은 1차적으로 아이들에게 '링컨'과 '워싱턴'을 우상으로 생각하게 한다. 그러나 더욱 중요한 의도는 '링컨'과 '워싱턴'의 이미지 뒤에 도사리고 있는 아름다운 '꿈의 나라' 미국의 잔상이다. 유관순의 모습이 삭제된 교과서, 사회주의 세력이 가담했다 하여 6·10만세 사건이 기록되지 않는 교과서가 이렇게 철저히 남의 나라 이야기에 관대한 것이다. 문화적 식민교육, 바로 그것이 아니겠는가?

언론자유를 막는 가장 핵심적인 것이 바로 이 '미국'이다. 언젠가 릴리 대사가 야당 지도자를 만나 폭력은 절대 안되며 언론자유는 88년 이후에 하자고 했다고 한다. '차'치고 '포'치고, 병 주고 약 주고, 릴리는 주한미국 '총독'이다. 언론이 이러한 미국을 옹호하는 현실, 바로 그것이 내 조국의 현실이다.

조작된 남북간의 긴장

다음엔 분단상황과 언론자유와의 상관관계를 살펴보겠다. 사실 통일문제 만큼 언론자유가 철저히 봉쇄된 분야가 없다. 심지어 북한에 관계된 기사자료는 오직 '내외통신'만이 독점하고 있는 실정이다. 안보가 모든 것을 규제하는 명분이 되고 있다. 진정한 '안보'를 위해서는 북한을 잘 알아야 한다고 생각한다. 그런데 언론이 자유롭지 못하기 때문에 우리는 북한의 실정을 전혀 모른다.

1967년 〈동아일보〉에서 '북태평양 원양어선 침몰사건'을 간지에서 특집으로 다뤘다. 북태평양에 명태잡이 나갔던 우리 원양어선단이 태풍을 만나 몇 척이 침몰을 당하고 산 같은 파도가 휘몰아치는 밤바다를 피해 미국의 알류샨 열도의 항구로 대피했으나 그 항구가 군항이라는 이유로 다시 파도치는 밤바다로 쫓겨났으며, 한국으로 돌아오는 길에 만신창이가 되어 일본의 항구에 기항하려 했으나 방역이 안되었다는 이유로 다시 바다로 쫓겨났다.

그때 조그만 박스기사가 옆에 실렸다. 북한은 1만 톤의 모선을 소형선박이 호위하면서 북태평양에서 연어와 송어를 잡고 있다는 내용이었다. 우리 어선은 미·소·일·캐나다 4대국 협약에 의해 연어·송어는 못 잡고 명태 등만 잡는다.

지금 미국 교포사회에서는 《김형욱 회고록》과 《분단을 뛰어넘어》 두 가지 책이 베스트셀러라고 한다.

《분단을 뛰어넘어》에 의하면 국민학교 교육부분에 대한 내용이 있는데, 북한의 국민학생들은 30명~40명 단위로 반편성이 되어 있다고 한다. 그리고 오전수업이 끝난 뒤 2시간 낮잠을 자고 오후에 1시간 수업을 받은 후, 책가방을 사물함에 두고 빈 손으로 하교한다. 또 부부가 맞벌이를 할 경우, 월수입이 50~80원인데, 그반 정도면 의식주가 해결된다고 한다. 74년도엔 세금이 없어졌다고 외신이 보도하고 있다.

여기서 검사의 이의제기가 있었다.

검 사   피고인의 진술이 재판과정에서 빗나가고 있다.

재판장   계속 진행하시오.
            (다시 진술 계속)

재판장님, 나는 진술 서두에서 최후로 말하는 심정으로 한다고 이야기했다. 언론자유가 박탈당한 상황에서 지금 제한된 공간에서나마 내가 하고 있는 북한에 대한 발언은 언론상황을 타개해나가는 데 의의가 있다고 생각한다. 모든 문제가 자유롭게 논의될 수 있어야 한다. 남북의 긴장관계가 연 5조 원의 국방비를 지출하게 한다. 그런데 1918~32년 20년 동안 세계는 평화를 누렸고, 2차대전이 끝난 45년 이후 지금까지 유례 없는 평화가 인류의 공포를 씻어주고 있다, 현재의 남북긴장은 조작된 것이 아니겠는가?

검   사   가장 중요한 남북한 문제를 왜곡하고 있다.
재판장   지금까지 진술한 내용은 피고인 자신의 이익을 위해 진술할 수
            있는 것이라고 생각한다.
            (방청객 박수, 다시 진술 계속)

내 인생을 생각할 때, 이 진술은 나에게 커다란 의미를 준다. 81년 형집행정지로 출소해 84년까지 40대초 인생의 황금기 4년간을 번역으로 생계를 이어온 나는 84년 12월 19일 민주언론운동협의회 회원이 되면서 다시 태어났다. 자유와 평등에 대한 사랑을 펼 수 있는 장場을 얻게 되었다. 언론자유를 조금이라도 되찾을 수 있다면 나는 얼마든지 말을 계속할 것이다.
저산에는 호랑이가 없는 데도 가지 못하게 한다. 인도네시아에는 발리하이 섬에 악마가 있다는 전설이 있는데 미국 해병대가 그 전설을 퍼뜨렸다고 한다. 제도언론은 '없는' 사실을 '있는 것'으로 만든다.
미국의 극우재단인 해리티지 재단이 소련, 미국, 한국, 북한의 군사력에 대한 논문을 발표하면 미국언론들은 항상 (실제와 상관없이) 소련이 미국보다, 북한이 남한보다 군사적으로 우세하다고 보도한다. 또 어느날 갑자기

한국신문은 특파원발 기사로 북한 10개 사단이 휴전선에 전방배치되었다고 발표하고 이것이 활자화되어 보도되면 국민들은 이를 맹신하게 된다. 또 미국 행정부가 국회에 국방예산 증액을 요청할 때 의회에서 이를 반대한 의원은 낙선하고 만다. 모두 언론자유가 없는 데서 오는 결과이다.

우리가 바라는 것은 통일이다. 정권유지를 위한 안보를 우리는 단호히 거부한다. 그리고 수조 원의 국방비가 국민의 복지를 위해 사용되기를 우리는 원한다. 한강에는 유람선이 떠 있고 서대문구치소에는 똥통이 떠 있다. 5조 원의 돈이 문화비, 건설비, 공공투자비로 쓰였을 때 얼마나 좋은 나라가 되겠는가.

일전에 검사가 우리나라 국민소득이 2천 달러라고 했다. 물론 잘 사는 사람들에게는 당연한 얘기겠지만, 대부분의 국민들, 8백만 농민과 2천 4백 만 노동자는 그렇지 않다.

총 GNP가 8백억 달러라고 해도 미국, 일본이 2백억 달러를 가져간다. 차관 원리금상환, 직접투자 이윤 등으로 나가는 것이다. 나머지 중 1백억 달러는 정권유지비로 나가고, 1백 5십억 달러는 재벌, 고급관료에게 돌아간다. 나머지 1백 50억 달러로 4천만이 나누어 먹는다. 빈익빈 부익부 현상이 구조적으로 정착되어 있는 것이다. 2백억 달러는 서비스업 소득이니 실질 GNP에서 제외된다.

또 지역간 격차는 얼마나 극심한가? 거기에 의도적으로 조장된 지역감정이 국민들을 괴롭히고 있다. 박정희 씨와 전두환 씨가 반쪽 남은 민족을 분열시켰다. 도시아이에 비해 시골아이들은 키가 작고 체격이 작다. 경상도와 전라도가 갈라졌다. 서울의 쓰레기 청소부, 똥 치우는 사람, 시장 생선가게 아줌마 등 하층민의 90%가 전라도 사람이다. 나도 고향이 광주이다. 이런 생각을 하면 가슴이 미어진다.

새 언론을 창출하자

나는 이제 우리가 새 언론을 창출해야 할 시점에 서 있다는 것을 말하고자 한다. 이 정권은 언제 무너질지 모른다. 그때까지는 게릴라식으로 숨어서라도 해야 한다. 공개적·비공개적으로 언론자유 투쟁을 전개해야 한다. 어느 한 선배가 나에게 39년을 살았으면 많이 살았다고 한 말이 생각난다. 그후로도 7년을 더 산 나로서는…….

끝으로, 내 처를 존경한다. 가정생계를 꾸려나가야 되는 처지가 안됐다. 처음 〈한국일보〉 기자를 하다가, 이제는 아침마다 남대문시장에 가서 택시를 안 타고 1,000원을 아끼려고 무거운 짐을 들고 버스를 타고 다니며 운 적도 많고 시련도 많고…… 처에게 감사한다.

두 아들이 국민학교를 졸업하고 노동자가 돼도 좋다. 우리나라에서는 노동자로 살거나 다른 무엇을 하고 살거나 인간적 권리나 자유가 없는 나라이다. 이런 나라에서 어떻게 내 아들이 대학을 나오고 미국유학을 가는 것을 바라겠는가?

참된 언론은 어둠 속의 전조등과 같다

신흥범 (두레출판사 대표, 조선투위회원)

본인이 우리나라의 언론자유의 문제에 대해 관심을 갖기 시작한 것은 신문사에 재직하면서부터였다. 재직 당시, 본인은 기자로서의 직업적 사명을 충실하게 해내기 위해 양심에 따라 훌륭한 신문을 만들어보려고 노력하던 평범한 기자들 중의 한 사람이었다.

그러나 이 평범한 기자들은 그후 수많은 난관에 부딪치게 되었다. 언론에 대한 권력의 압력과 탄압에 맞부딪치게 된 것이다. 기관원들이 거의 상주하다시피 신문사에 출입하면서 언론을 통제하는가 하면 보도기사와 관련하여 기자들과 신문사의 간부들이 연행되는 일이 잦아지게 되었다. 숨막힐 것만 같은 억압적인 공포분위기가 신문사의 편집국을 지배하게 되었다.

무슨 기사를 쓸 것인가의 취재대상의 선택에서부터 기사의 내용과 표현에 이르기까지 당국의 금기가 언론을 지배하게 되었다. 기자는 자신의 거의 모든 것을 걸고 신문을 만들지 않으면 안될 상황이 되었다.

이처럼 당국의 금기사항을 피해 기사를 쓰다보니 안개지수가 높은 기사, 신문기자만이 알아볼 수 있는 기사가 시작되었다. 그러나 이 우회기사마저 끝내는 싣지 못하게 되었고 그위에 사실을 왜곡하기에 이르렀다.

본인이 신문사에 재직할 당시, 조선일보는 50만 부의 발행부수를 자처하고 있었다. 신문 한 장을 적어도 두 사람 이상이 보고 또한 그것이 가져올 확산효과를 고려할 때 신문이 사실을 보도하지 않고 은폐하거나 진실을 왜곡한다면 적어도 1백만 명 이상의 사람들에게 무지를 가져다주고 그들을 공공연히 속이는 엄청난 죄를 저지르는 것이 된다. 매일매일 사회와 국민 앞에 죄를 저지르고 있다는 생각에 본인의 하루하루의 생활은 괴롭기만 하였다. 그래서 어떻게든 자기의 양심을 지키고 기자로서의 직업적 책무에 조금이라도 더 충실하고자 결심하게 되었다.

이같은 자책 속에서 드디어 기자들은 언론자유 운동을 벌이게 되었고 그리고는 마침내 무참하게 대량해직되었다. 언론의 생명은 언론의 자유이다. 이같이 언론자유를 외치는 기자들을 언론기업주라는 사람이 언론현장으로부터 내몰았던 것이다. 그들은 그 피 묻은 손으로 권력과 손을 잡고 1975년 3월 이후부터 이땅에 제도언론을 만들어내게 되었던 것이다.

신문사에서 추방된 이후, 우리는 언론계 내부에 있을 때보다 더 제도언론의 정체를 정확하게 볼 수 있게 되었고, 참으로 언론이 무엇이어야 하는가에 대한 진정한 깨달음에 이르게 되었다. 우리는 신문사에서 쫓겨난 이후, 민주주의를 요구하는 수많은 민주인사들의 집회나 주장이, 그리고 똥물을 뒤집어 쓴 채 노동현장에서 쫓겨난 동일방직 노동자들의 울부짖는 소리가 언론에 의해 거의 전적으로 묵살되는 것을 보았다. 오히려 거짓과 왜곡으로 언론이 그들을 박해하는 것을 보았다. 우리는 진실을 담은 단 한 줄의 기사가 얼마나 중요한 것인가를 절실히 알게 되었다. 생존권을 요구하며 절규하는 그들에게 있어 진실의 보도는 마치 생명과도 같다는 것을 알게 되었다. 우리는 그들의 외치는 소리가 허무한 목소리로 끝나는 것을 보았다.

우리는 언론현장에서 추방된 후, 이땅의 언론의 역사를 보다 냉엄한 눈으로 바라보게 되었다. 그리하여 1896년 서재필 선생의 〈독립신문〉이 창간된 이래 1백 년에 이르도록 한 번도 참다운 의미에서의 민주·민족언론이 실현된 적이 없다는 것을 깨닫게 되었다. 일제시대의 언론은 그 출발부터가 일제 식민통치자들에 의해 식민통치의 일환으로 주어진 언론이었으며, 일제가 패망하기까지 그들의 식민통치에 동조·협력하였다.

8·15 해방 후, 우리나라의 언론은 사회의 다른 모든 분야에서와 마찬가지로 일제의 식민주의 유산을 청산·극복하여 민주·민족언론을 건설할 수 있는 좋은 기회를 맞게 되었다. 그러나 우리가 아는 것처럼 일제 식민주의자들에게 협력하여 민족에 반역했던 자들이 그대로 언론계에 남아 언론을 또다시 장악하였다.

4·19 혁명 이후, 한때 이땅의 언론은 잠시나마 언론의 자유를 누린 적이 있었다. 그러나 그것도 짧은 기간이었을 뿐. 5·16군사쿠데타 이후 위축의 길을 걸어오다가, 1971년 유신체제가 성립된 이후엔 사멸의 길을 걷게 되었다. 그리하여 1975년 3월 〈조선일보〉와 〈동아일보〉가 언론의 자유를 외치는 기자들을 대량 추방하는 가운데 이땅의 언론은 죽음을 맞이하게 되었던 것이다. 그리하여 언론기본법이라는 엄청난 제도적 억압장치가 언론의 숨통을 누르고 전화 한 통화로 보도가 통제되는 오늘의 상황에 이르게 된 것이다. 1백 년에 가까운 언론의 역사에도 불구하고 우리는 민주·민족언론을 창달시키기는커녕 그것을 새로이 건설해야 하는 원점에 서 있게 된 것이다.

우리는, 우리가 서 있는 이 법정이 언론의 자유를 획득해낼 수 있느냐 없느냐 하는, 우리 언론의 미래를 열어놓는 데 중대한 의미를 지닌 자리라고 생각한다. 이 재판이 정의와 자유와 민주주의의 편에 선다면, 우리는 민주화를 위한 결정적 무기인 민주언론을 획득해내는 데 커다란 전진을 이룩할 수 있을 것이다.

그러나 만약 그렇지 못한다면, 이 법정은 앞으로 외교기밀의 이름으로, 국가모독의 이름으로, '보도지침'의 이름으로 권력의 언론탄압을 성낭화시켜주는 근거를 마련해주게 될 것이다.

언론은 캄캄한 밤중을 달리는 자동차의 전조등과 같다고 생각한다. 그 자동차엔 이 법정의 검찰관, 변호인, 재판장 그리고 방청해주시기 위해 이 자리에 와주신 여러분들을 포함한 우리 국민 모두가 함께 타고 있다. 전조등 없이 달리는 자동차의 운명이 얼마나 위태로운 것인가는 분명한 것이다. 재판장과 우리는 이 법정에서 자동차의 전조등을 밝혀야 한다고 용감하게 말해야 한다.

재판장의 정의로운 판결은 이 캄캄한 밤중에 절망에 빠져 있는 수많은 국민들에게 희망과 용기를 주는 하나의 소망의 등불을 밝히게 될 것이다. 재판장의 정의로운 판결을 바란다.

끝으로, 허용된다면 본인은 이 자리를 빌려 이땅의 민주화를 위해, 인간의 기본권을 위해 싸워오셨으며 언론의 자유를 위해 이 법정에서 우리와 함께, 아니 우리보다도 더 열렬히 싸워주신 여러 변호사님들께 깊은 감사와 존경을 표시하고자 한다.

이 재판은 정치적 보복이다

김주언 (한국일보 기자)

최후진술을 하기 전에 먼저 〈동아일보〉 동료기자들의 성원과 언론자유 수호투쟁에 감사드린다.

나는 이 재판이 언론의 자유와 학문의 자유에 대한 시금석이 되는 자리라고 생각한다. 이 사건은 공소사실에도 나타나 있듯이 내가 '보도지침'을 폭로한 데서 비롯된 것이다. '보도지침'에 의한 언론통제는 비단 나 혼자만이 아니라 현직 언론인이 다같이 공감하는 부분이다.

〈동아일보〉기자들의 성명서에도 나타나 있듯이 현재의 언론현실을 부끄러워하며 언론탄압에 공분을 느끼고 있는 것이다. 따라서 내가 '보도지침'을 공개하지 않았더라도 이것의 공개는 역사적 필연이라고 할 수 있다.

'보도지침'은 명백한 언론탄압의 수단

'보도지침'은 명백한 언론탄압의 수단이다. 지난해 이맘때쯤 중앙청 건물을 국립박물관으로 개조하는 과정에서 불이 난 적이 있다. 그때 취재기자와 사진기자가 현장에 달려갔는데 그 자리에서 공사책임자였던 당시 문공부장관은 기자들에게 "이 기사는 2단짜리다"라고 소리친 적이 있다. 현장에서 '보도지침'을 내린 실례이다. 이처럼 '보도지침'은 일 개인의 책임을 면하려 하거나 축소시키려는 조작일 뿐, 국가기밀 사항에 관한 것이 아님을 증명하고 있다.

검사는 '보도지침'이 단지 보도협조 사항이라고 주장하고 있지만, 그 협조요청에 강제성·폭력성이 담겨 있다는 것은 나뿐만 아니라 현직기자들도 모두 알고 있는 사실이다. 더구나 언론기본법이라는 제도적 폭력장치에 의해 '보도지침'의 강제성은 더욱 폭력적으로 받아들여지고 있다. 〈동아일보〉기자들의 이번 성명은 이를 다시 한번 증명한 것이다.

실제로 어느 나라에서건 100% 언론자유가 보장돼 있는 나라는 없다고 할 것이다. 많은 매스컴 학자들은 명예훼손 등의 윤리적 문제나 광고주의 압력에 의해 언론이 통제되고 있다고 진단한다. 또 제3세계 국가의 대부분은 국가의 통제를 받고 있는 것이 사실이다.

그래서 학자들은 언론통제에는 세 가지 유형이 있다고 지적한다. 즉, 자유주의적 통제, 권위주의적 통제, 가부장적 통제가 그것이다. 자유주의적 통제는 미국 등 선진국의 경우에서처럼 광고나 명예훼손 등 윤리적인 이유를 내세워 통제하는 것을 말한다. 권위주의적 통제는 제3세계의 언론현실을 지칭하는 것으로 권위주의적인 국가기구에 의해 권위로 통제되는 것을 말한다. 가부장적 통제란 부모가 어린이에게 이래라 저래라 하면서 조그마한 것까지 시시콜콜하게 지시하는 유형의 언론통제를 말하는 것으로 우리나라와 같은 상황이 이에 해당된다.

이러한 가부장적 통제하에서는 언론이 국민들의 불신을 초래하게 되고 각종 유언비어의 발생원인이 된다. 유언비어는 흔히 이야기되듯이 사회불안의 온상이 될 수도 있으나 유신 이후의 사회현실에서 보듯이 어느 정도 진실을 담고 있는 것도 사실이다.

실제로 얼마 전, 남북정상회담에 관한 유언비어가 나돈 적이 있다. 북한의 허담과 남한의 장세동 안기부장이 서로 서울과 평양을 방문, 남북정상회담에 대해 회담했다는 내용이었다. 사실을 어디까지 확인할 수 있을지는 미지수이지만, 이 사실이 일본 신문에서 먼저 보도됐다. 요미우리 신문은 허담이 판문점을 거쳐 서울 워커힐 호텔에 머무르면서 장세동과 회담했다는 사실을 보도했다. 유언비어로 떠돌던 내용이 보도된 셈이다. 이러한 유언비어의 유포는 사실보도에 의해서만 막아질 수 있다. 유언비어의 유포에 의해 갖가지 억측이 난무하여 사실과 동떨어진 내용이 알려질 수도 있기 때문에 사실보도는 국민과 정부 사이의 신뢰를 회복하는 데 중요한 요인이 될 수 있다.

언론의 보도를 믿지 못하고 소위 '유비통신'과 '카더라 방송'에 의존하게 되는 것은 역으로 언론자유의 필요성을 역설하는 것이다. 언론자유가 단순히 언론계의 문제만이 아닌 전사회의 문제로 떠오르는 이유가 여기에 있다.

외교상 기밀의 판정기준은 무엇인가

나는 공소장에 기재된 공소사실들이 비밀이라고 생각해본 적이 한 번도 없다. 공소사실들은 대부분이 외국 신문이나 통신에 모두 보도된 것들이고 일부는 국내 신문에도 보도되었는데 국내 신문에조차 보도된 것을 외교상 기밀이라고 어거지쓰는 검사의 말은 어불성설일 뿐이다.

매스컴 학자들은 현대사회를 정보화사회라고 일컫는다. 그래서 세계는 한 마을처럼 형성돼 '지구촌'이라고 불린다. 통신위성이 지구를 돌며 세계 곳곳에서 일어난 사실을 즉각 알려주고, 지구 반대편에서 일어난 사건도 몇 시간 뒤면 알 수 있게 될 만큼 정보의 전파속도가 크게 진보되었다는 뜻이다. 그렇다면 외국에서 보도된 한국관계 내용은 한국인의 눈과 귀는 가릴 수 있을지언정, 이미 외국에서는 모두 알고 있는 내용이다. 이러한 내용이 어떻게 '외교상 기밀'이라고 할 수 있단 말인가.

외국에 보도된 사실이 기밀이라고 판정되면 외신을 담당하는 외신부 기자들은 신문을 제대로 제작할 수 없을 만큼 위축되고 말 것이다. 신문사의 외신부는 외국의 신문이나 잡지, 통신을 토대로 하여 기사를 작성한다. 그렇다면 외신부 기자들은 외신내용이 기밀인지 아닌지의 여부를 판단하여 신문을 제작해야 하는데 무엇을 근거로 그런 판단을 할 수 있는가. 그렇다면 문공부에서 외신내용을 판별하여 기밀 여부를 판정해주든가, 제작된 신문을 사전검열해야만 안심하고 신문을 제작할 수 있을 것이다. 그렇다고 문공부가 외교상 기밀 여부를 법률적으로 판단할 수는 없을진대, 검찰이 기밀성 여부를 사전에 판단해주든가, 사법부에 기밀 여부를 판정하는 기구를 만들어 외신면에 대한 사전검열을 담당해야 할 것이다.

이처럼 외국 신문에 보도된 것조차 외교상 기밀로 판정하게 된다면, 헌법에 보장된 사전검열 금지조항을 위배하는 위헌이 되고 만다. 따라서 이번 재판은 '보도지침'을 폭로한 데 대한 보복이라는 인상을 감출 수 없다.

학문의 자유는 자유민주주의의 근간이다

다음은 학문의 자유에 대하여 얘기하겠다.

검사는 세 권의 책을 가지고 있었다는 것에 대해 국가보안법으로 기소했다. 국가보안법은 명실공히 국가를 지키려고 제정된 것으로 자유민주주의 체제의 근간이 되는 학문의 자유를 침해해서는 안된다. 국가보안법 자체는 자유민주주의 체제를 부정하는 악법이 될 수밖에 없는 것이다.

더구나 나는 아직 그책들을 완전히 읽어 이해하지 못한 상태이다. 10여 년 동안이나 먼지가 쌓여 책꽂이에 꽂혀 있던 책을 갖고 있었다는 것이 어떻게 '북한을 이롭게 할 목적으로 이적표현물을 소지했다'는 것인지 전혀 이해할 수가 없다.

이 세 가지 책자는 우리나라 강단에서도 강의되고 추천되는 것들이다. 이책의 저자인 게오르그 루카치는 아도르노나 하버마스 등과 같이 신좌파 사상가들로 이들의 이론은 이미 널리 소개되었고, 나는 대학 다닐 때 이들 신좌파의 이론에 대해 강의를 들은 적도 있다. 게다가 이들 책은 국내에서도 번역되어 일반서점에서 시판되고 있으며 문공부에 납본까지 되었다. 이런 책을 국가보안법으로 단죄할 때 학문의 자유는 어디에 설 수 있겠는가.

더욱이 감정인조차 믿을 수가 없다. 서너 명의 감정인이 단 몇 시간 동안 영문책 5권을 돌려가며 읽고 이에 대해 감정서를 작성했다는 것은 편협된 안목으로 죄를 뒤집어씌우기 위한 것일 뿐 공정성을 상실한 것이다. 검사는 이책을 읽어보고 기소한 것인지 묻고 싶다. 언젠가 검사에게 "판사께서 이책의 유죄 여부에 대해 판단하기 위해 번역된 책을 읽고 있다"

고 얘기했을 때 검사는 "번역됐다면 나도 읽어봐야지"라고 한 적이 있다. 이는 바로 검사가 이책들을 읽어보지도 않고 마구잡이로 기소했다는 것을 반증하고 있다. 여기에서 검사의 무책임한 본성이 그대로 드러나고 있는 것이다.

구치소에서도 루카치의 책을 읽을 수 있었다. 법무부 교정국에서는 심지어 고은 씨의 《문학과 민족》이라는 책도 읽지 못하게 감방내의 반입을 금지할 만큼 '불온서적목록'을 제정, 엄격하게 제한하고 있다. 그런데 나는 구치소 안에서 루카치 등이 쓴 《리얼리즘의 미학》을 읽을 수 있었다. 이는 무엇을 의미하는가. 법무부 교정국에서는 루카치의 글을 읽어도 좋다고 하고 검찰에서는 루카치의 책을 가지고 있다는 이유로 법정에 세우고, 이는 바로 행정상의 난맥상을 드러낸 것 이외에 아무 것도 아니다.

이 재판은 정치적 보복

검사에게 다시 한번 묻고 싶다. 보복조치는 아닌지……. 보복이라면 즉각 기소를 철회하고 사과해야 한다.

이제까지 내가 말한 언론의 자유와 학문의 자유는 사람이 공기 없이는 살아갈 수 없듯이 자유민주주의의 근간이 되는 것이다. 재판장의 판결은 자유민주주의 체제를 수호하느냐, 이를 파괴하느냐의 시금석이 될 것이다. 공정한 판결을 바란다.

끝으로 개인적인 얘기를 하겠다. 내가 구치소 안에 있을 때 첫 딸의 돌이 지나갔다. 아빠도 없는데 회사동료들이 돌잔치를 성대하게 베풀어주었다고 들었다. 일생에 한 번 있는 돌잔치에 참석하지 못한 것은 검찰의 강제적인 방해 때문이라고밖에 할 수 없다. 우리 딸이 성장했을 때는 명실공히 민주사회가 이룩되어 이러한 불합리한 재판이 없게 되기를 기원한다.

서 울 형 사 지 방 법 원

판 결

사　　건　　87고단 503
　　　　　　가. 국가보안법위반　　　나. 외교상 기밀누설
　　　　　　다. 국가모독　　　　　　라. 집회 및 시위에 관한 법률위반

피 고 인　　1. 나.다.라. 김태홍金泰弘 민언협 사무국장
　　　　　　 1942. 9. 27.생
　　　　　　주거　서울 은평구 불광 2동 71-10 진성아파트 씨동 105호
　　　　　　본적　△△△△△△
　　　　　　2. 가.나.다. 신홍범愼洪範 두레출판사 대표
　　　　　　민언협실행위원
　　　　　　 1941. 2. 10.생
　　　　　　 주거　서울 강남구 서초동 112 한일아파트 나동 405호
　　　　　　 본적　△△△△△△
　　　　　　3. 가.나.　김주언金周彦 한국일보사 기자
　　　　　　1954. 2. 2.생
　　　　　　주거　서울 성동구 행당2동 336-10
　　　　　　 본적　△△△△△△
검　　사　　안왕선, 김옥철
변 호 인　　변호사　고영구, 신기하 (피고인 김태홍, 신홍범, 김주언
　　　　　　을 위하여)

홍성우, 한승헌, 조준희, 황인철, 김상철, 박원순, 조영래,
이상수 (피고인 김태홍, 신홍범을 위하여)
함정호 (피고인 김주언을 위하여)

주　　문　피고인 김태홍을 징역 10월에, 동 김주언을 징역 8월 및
자격정지 1년에 각 처한다.
이 판결 선고 전의 각 구금일수 중 피고인 김태홍에 대하
여는 170일을, 동 김주언에 대하여는 165일을 위 징역형
에 각 산입한다.
다만, 이 판결 확정일로부터 피고인 김태홍에 대하여는 2
년간, 동 김주언에 대하여는 1년간 위 징역형의 집행을 각
유예한다.
피고인 신홍범에 대한 형의 선고를 유예한다.
압수된 말 특집호 38권(증제43호) 및 성명서 1매(증제44호)
를 피고인 김태홍으로부터, 서적 1권(증제56호)을 동 신홍
범으로부터, 서적 2권(증제 61호, 64호)을 동 김주언으로부
터 각 몰수한다.

이　　유

범죄사실

피고인 김태홍은 1966. 2. 경 서울대학교 문리대 사학과를 졸업한 후,
군산 멤볼딘여자고등학교와 광주 사레지오고등학교 교사를 역임하고,
1970. 12.경부터는 한국일보 외신부기자로, 1975. 7. 16.경부터는 합동통
신기자로, 1980. 4. 1.부터 동년 5. 17.까지 한국기자협회장으로 각 종사한
후, 1984. 3. 24.경 80년 해직 언론인 협의회 회장으로 선임되어 활동중,
동년 12. 19.경 소위 민주언론운동협의회(이하 민언협이라 한다) 공동대표로,
1985. 12. 19.경부터는 민언협 공동대표와 사무국장을 겸임하면서 동 협의
회 기관지인 《말》의 제작, 배포 등의 업무를 관장하여오던 자로서 1981. 6.

9.경 서울고등법원에서 반공법위반 및 포고령위반으로 징역 1년 6월을 선고받고 광주교도소에서 복역중 동년 12. 25.경 형집행정지로 출소하였고, 1986. 4. 26.경부터 동년 8. 20.경까지간에 위 《말》지 편집과 관련하여 3회에 걸쳐 구류처분을 받은 사실이 있고,

피고인 신홍범은 1964. 2.경 서울대학교 문리과대학 외교학과를 졸업하고, 1965. 12.경부터 조선일보 문화부기자로, 1969. 5.경부터 동양통신사 외신부기자로, 1970. 9.경부터 조선일보 외신부기자로 각 종사한 후, 1975. 3.경 조선일보사에서 해직된 후, 동년 4월경 결성된 소위 조선자유언론수호투쟁위원회 회원으로 가입하였고, 1983. 3.경 두레출판사를 설립, 출판업무에 종사하고, 1984. 12. 19.경 민언협 결성과 동시 실행위원에 선임되어 동 협회지 《말》지의 제작에 관여하여오고 있고, 1970. 11. 4.경 서울형사지방법원에서 국가보안법위반으로 선고유예를, 1985. 10. 15.경 같은 법원에서 경범죄처벌법위반(《말》 2호 편집 관련)으로 구류 7일을 각 선고받은 사실이 있는 자이고,

피고인 김주언은 1979. 8.경 서울대학교 자연대학 화학과를 졸업한 후, 동년 12월 경 도서출판 동평사 사원으로 종사하다가 1980. 4.경 한국일보사에 입사하여 일간스포츠 체육부, 편집국 문화부, 특집부를 거쳐 1985. 11.경부터 편집국 편집부기자로 종사하여오던 자로서, 1974. 4. 3.경 서울지방검찰청에서 대통령 긴급조치 1, 4호 위반 (민청학련사건 관련 유인물살포)으로 기소유예처분을 받았고, 1979. 11. 26.경 서울형사지방법원에서 포고령위반(Y.W.C.A. 위장결혼식 참석 혐의)으로 구류 10일을 각 선고받은 사실이 있는 자인바,

1. 피고인 김태홍, 동 신홍범 등은 이른바 해직기자들로 정부에 대하여 강한 비판적 견해를 갖고서, 현재의 언론을 '제도 언론' 이라 규정짓고 제도언론에서 수렴할 수 없는 것들을 해직 언론인들이 주체가 되어 '새 언론 창달' 이란 목표 아래 민언협의 기관지 《말》에 게재 보도함으로써 이 나라 국민들의 알 권리를 충족시켜주겠다는 취지하에 민언협에 가입, 활동하여

왔고, 동 김주언은 위 민언협 요원들과 긴밀한 접촉을 하면서 동인들의 활동에 공감을 표명하여오던 중,

　피고인 김주언은 1986. 3. 말 일자미상 23:00경 서울 종로구 중학동 14 소재 한국일보사 편집국 편집부 사무실에서 야간 근무중, 문공부 홍보정책실로부터 동 신문사에 보도 협조사항이 전달되자 이는 문화공보부 홍보정책실이 국익적 차원에서 발표시기 및 내용 등에 관하여 언론보도에 신중을 가해줄 것을 언론사에 협조요청하는 것임에도 피고인은 이를 마치 정부가 언론을 통제하기 위하여 시달하는 소위 '홍보지침'이라고 오해하고, 동년 5월 초순경 종로구 중학동 소재 '한마당' 레스토랑에서 피고인의 친구인 공동체출판사 대표인 공소 외 김도연(민통련 홍보기획실장─수배중)을 만나 동인에게 위 사실을 알려준 바, 동인으로부터 동 협조사항을 빼내어 달라는 요구를 받고 승낙을 한 후, 동년 6월 하순경 한국일보 편집국내에서 동 협조사항을 모아 관리하는 동 편집국 사무담당 김정일(여)로부터 '85. 10.─86. 6.'까지의 동 협조사항 150여 매가 철해져 책상 위에 꽂혀 있는 것을 빌려 7층 복사실에서 복사한 후, 그 무렵 위 한마당 레스토랑에서, 위 김도연이 보낸 민언협실행위원이며 간사인 공소 외 이석원에게 교부하면서 동인으로부터 이를 민언협 기관지 《말》지에 게재하겠다는 말을 듣고, 계속하여 1986. 8. 초순경 같은 방법으로 '86. 6. 중순─8. 초순'까지의 동 협조사항을 위 이석원에게 교부하고, 피고인 김태홍은 동년 7. 5. 11:00경 서울 마포구 공덕동 105의 94 소재 민언협 사무실에서, 위 이석원으로부터 위 협조사항 자료 8개월분을 입수하였다는 보고를 받고, 동일 11:30경 위 민언협 비밀편집실에서 동 협회 기관지 《말》지의 편집장인 공소 외 홍수원, 동 차장 박우정, 동 박성득, 위 이석원 등과 같이 모여, 동 협조사항 자료 150여 매를 분석 검토한 끝에 이를 《말》의 특집호로 발행하기로 결정하고, 그 실행 방법으로 위 홍수원의 책임하에 《말》지 기자 최민희, 동 김태광, 동 김의길, 동 김기석, 동 권형철 등이 협조하기로 하는 편집진을 구성하여 그때부터 위 비밀편집실에서 피고인의 감독하에 위 《말》 특집호의 편집에 착수하고, 피고인 신홍범은 동년 8. 7. 16:30경 위 민언협

사무실에서 피고인 김태홍으로부터 위 협조사항의 입수경위와 이를 자료로 《말》 특집호의 발간계획 등을 설명듣고서 이에 적극 찬동을 하고, 피고인 김태홍은 동년 8. 10.경 위 이석원으로부터 '86. 6. 중순-8. 초' 까지의 동 협조사항 2개월분을 추가 입수하여 편집을 하던 중, 동년 8. 15. 12:00경 서울 종로구 신문로 소재 한밭식당에서, 피고인 김태홍, 동 신홍범 등이 위 홍수원, 박우정, 이석원 등과 만나 《말》 특집호에 대한 편집을 하는 등으로 피고인 등은 위 협조사항을 자료로 하여 《말》 특집호를 제작하기로 순차 공모한 다음,

1986. 8. 하순경 서울 중구 을지로 3가 소재 삼원인쇄소에서, 위와 같이 홍보지침을 기초로 하여 보도지침란과 해설란으로 구분하고, 책의 제목은 《말》 특집호, 부제: 보도지침 '권력과 언론의 음모' -권력이 언론에 보내는 비밀통신문-으로 정하는 등으로 편집을 완료하여 제작의뢰를 하였는바, 그 내용 중에는

-한, 베트남 무역거래 활발은 보도불가 (86. 7. 30.)
-한, 중공 합작회사 설립은 기사화하지 말 것 (86. 10. 30.)
-F-15기 구매와 관련, 뇌물공여조사 청문차 내한하는 미하원 소속 전
  문위원 3명 관련기사 보도억제 (85. 11. 20.)
-미국 F.B.I. 국장 방한사실 일체 보도억제(86. 1. 11.)
-산께이 신문 보도 : '남북정상회담 아시안게임 전 평양서 열릴 듯' 은
  전재하지 말 것(86. 5. 30.)

등 대한민국이 외국과의 관계에 있어서 대한민국의 이익을 위하여 보지하여야 할 외교상 기밀사항이 포함되어 있는데 이를 다른 협조사항과 함께 편집, 제작하여 그 무렵 명동성당에 3,000부, 민주통일민중운동연합에 100부, 민주화청년연합에 50부, 민중불교운동연합에 50부, 기독교회관에 100부, 자유실천문인협의회에 50부, 민중문화운동협의회에 100부, 민주화운동교사협의회에 100부, 민중미술운동협의회에 50부, 한국출판협회에 30부, 여성평우회에 30부, 그리고 이돈명 변호사 등 재야인사들에게 배포하는 등으로 전량 배포함으로써 외교상의 기밀을 누설하고,

2. 피고인 김태홍, 동 신홍범 등은 공모하여 1986. 9. 1. 10:00경 서울 중구 명동 2가 1 소재 명동성당내 천주교 서울대교구 홍보국장실 (함세웅 신부 방)에서, 공소 외 김승훈, 정호경, 신현봉 신부 등과 만나 《말》 특집호 제작과 관련, 자료의 출처 및 인쇄업소를 천주교측의 비호하에 보호한다는 취지의 대책을 협의하면서

피고인 김태홍은

－"민언협에서 편집중인 《말》 특집호의 자료인 소위 보도지침은 모신문사 기자로부터 입수하였는데 민언협은 힘이 약하고 외로운 단체이므로 사제단과 공동으로 발행하여 출처를 보호하도록 도와달라"고 제안하고, 이에 대해

위 김승훈은

· "동 특집호 자료 출처 및 인쇄업소에 대한 보호대책으로 사제단이 특집호 제작에 깊이 관여한 것으로 위장하기 위하여 동 책자 표시에 그 내용을 싣도록 하자

· 민언협과 사제단이 동 특집호를 제작한 것으로 널리 알리고 소위 보도지침의 실제를 폭로하기 위하여 내·외신기자회견을 통하여 발표하자"라고 그 방법을 제시하고

피고인 김태홍은

－"기자회견시 발표할 성명서는 민언협에서 사제단과 공동명의로 작성하여 드리겠으니 보신 후 첨, 삭 부분이 있으면 수정토록 하자"라고 제의하자, 피고인 신홍범 등 참석자 전원이 이에 동의하고, 그 구체적 계획을 협의한 결과

· 일시, 장소 : 9. 9. 10:00, 명동성당 소강당(사도회관)

· 참석범위는

민언협에서 송건호, 김인한, 최장학, 사제단에서 김승훈, 김택암, 함세웅, 정호경 등으로

· 기자연락은 명동성당 청년연합에서 전담

· 성명서 낭독 및 《말》특집호 등 인쇄물의 배포는 민언협에서 분담하기

로 구체적 사항을 결의하는 등 내·외신기자회견을 통해 정부를 비방하기
로 결의한 다음,

피고인 신홍범은 동월 6일 10:00-19:00 사이 서울 강남구 서초동 112
한일아파트 나동 405호 소재 피고인 집에서

－오늘의 언론을 마음대로 조작하고 있는 정부당국의 이른바 보도지침
의 세부내용이 밝혀짐으로써 현언론의 정체가 남김없이 드러나게 되
었다.

－이 보도지침 자료집은 문화공보부 홍보정책실이 매일같이 각 신문사에
내려보내는 보도통제 지시를 모은 것으로 오늘의 제도언론의 정체와 본
질을 드러내는 데 있어서 그리고 권력과 언론의 관계를 밝히는 데 있어
서 움직일 수 없는 결정적 증거가 되는 것이다.

－사실과 진실의 은폐, 왜곡이라는 정치기능을 담당하는 권력의 일부로
완벽하게 제도언론을 구현하고 있는 나라가 우리 말고 또 어디 있을
까?

－이제 이땅에는 언론탄압이 아니라 언론과 권력의 일체화가 있을 뿐
이다.

－언론통제본부라 할 수 있는 문공부 홍보정책실은 모든 중요사건에 대
하여 보도 가, 불가, 절대불가의 판정을 내리고, 보도방향, 내용, 기사
의 크기, 위치 등에 이르기까지 세밀하게 지시를 내리고 있음이 거듭
확인되었다.

－보도지침은 어떤 기사를 어떤 내용으로 어느 면, 어느 위치에 몇 단으
로 싣고 제목도 어떤 표현을 사용해야 하며, 사진을 사용해서는 안되
고 또는 사용해야 하고, 당국의 분석자료를 어떻게 처리하라는 등 세
부사항까지 구체적으로 지시하고 있다.

라는 등의 요지로 된 민언협, 천주교정의구현전국사제단 공동명의의 성
명서 초안을 200자 원고지 약 15매에 작성하여, 동월 7. 10:00경 위 민언협
사무실에서 피고인 김태홍에게 교부하고, 동 김태홍은 동 원고를 위 김승
훈에게 제작의뢰를 한 후, 동월 8일 12:00-14:00 사이, 위 송건호, 최장학,

김인한 등을 동인의 집으로 방문하여 위 기자회견 계획을 알리는 등으로
기자회견 계획을 마친 다음

동년 9. 9. 10:00-10:30 사이 위 명동성당 소강당(사도회관)에서 위 송건
호, 최장학, 김인한, 김승훈, 함세웅, 정호경, 김택암, 동아일보 사회부 윤
승용 기자 등 국내기자 10명, 에이 에프 피(A.F.P.)통신 임희순 등 외신기자
4명 등을 상대로 동소에 참석한 위 최장학, 김인한, 김승훈, 함세웅, 정호
경, 김택암 등을 대표한 송건호로 하여금 '보도지침 자료 공개 기자회견을
하면서' 제하의 유인물을 낭독하게 함으로써, 헌법에 의하여 설치된 국가
기관인 정부를 비방하고,

3. 피고인 김태홍은

1986. 5. 22. 19:00-5. 29. 19:00경까지 7일간 민언협 사무실에서, 동월
중순경 위 '민언협' 사무실에서, 자유실천문인협의회(이하 자실이라 한다) 사
무국장 김정환, 민중문화운동협의회(이하 민문협이라 한다) 사무국장 황선진,
민언협 사무국장 피고인 김태홍 등 문화 3단체 사무국장 모임에서 광주민
중항쟁 5주년 기념행사를 동 문화3단체가 공동으로 주최하기로 한 결정에
따라 공소 외 송건호(민언협회장), 동 김인한, 동 최장학 (각 민언협 공동대표),
동 홍수원, 동 이원섭, 동 윤활식, 동 최민희 등 '민언협' 임 · 회원과 황선
진, 정희석 등 '민언협' 임 · 회원 6명, 김정환, 강태행 등 '자실' 임 · 회원
13명 등 약 34명과 함께 모여 '문익환 의장을 즉각 석방하라' 는 내용의 플
래카드를 제작, 사무실 외벽에 설치하고,

위 김정환의 사회로

-"광주민중항쟁정신을 계승, 민주화운동에 배전의 노력을 하자"는 요
　지의 인사를 하고,

피고인 김태홍은

- '5월 항쟁 계승하여 저들의 탄압에 맞서 싸우자' 제하로 작성한 유인물
　을 통해

"민통련의 지도자 문의장을 저들 3반三反 정권이 체포한 것은 우리들

민중·민주운동단체 전체, 아니 전체민중을 또 다시 압살하겠다는 의도와 다름이 아니다.”

“5월 항쟁의 실천적 의미 또한 반재, 반파쇼 민중주체 사회의 건설과 민주·자주 통일에 있다.”

“민주화운동을 탄압하는 현 폭력살인정권은 물러가라”는 요지의 성명서를 낭독하고,

－초청연사인 천주교 사회운동협의회 사무국장 이명준은

‘필리핀 마르코스 정권 붕괴 후 아키노 정부와 군부의 관계 및 정세 전망’ 제하 강연을 통하여,

“현 아키노 정부는 대중적 지지기반은 넓으나 그힘이 조직화되어 있지 않아 언제라도 군부의 집권가능성을 배제할 수 없는 실정이다”는 요지의 필리핀 방문담을 말하고, ‘민문협’에서 준비한 비디오를 통하여 광주사태와 관련된 필름을 상영하고,

· “노동자, 학생에 대한 고문수사를 중지하고 이들을 석방하라”
· “민족 자주 짓밟는 외세를 몰아내자”
· “민주화 운동을 탄압하는 현 폭력살인정권은 물러가라”

는 등의 구호와 투사의 노래, 해방가, 5월의 노래를 수시로 합창하는 등으로 현저히 사회적 불안을 야기시킬 우려가 있는 불법집회를 주관하고,

4. 북한공산집단은 정부를 참칭하고 국가를 변란할 목적으로 불법조직된 반국가단체로서, 마르크스와 레닌의 사상 및 전략전술을 근간으로 하여 소위 인민민주주의혁명 전략과 통일전선 전술 등을 구사하면서 대남적화통일을 기본목표로 삼고 있음을 잘 알면서도,

가. 피고인 신홍범은

1984. 12. 일자미상경 서울 영등포구 여의도 소재 국회도서관내에서 《혁명영화의 창조(太田昌國 역, 일어판)》 1권을 대여받아, 동 도서관 복사실에서 3,000원을 지불하고, 복사하였는바, 그 내용이 볼리비아의 반미, 프로레타리아적 영화제작 집단인 ‘우카마우집단’이 편집한 이론으로,

-제국주의는 선수를 쳐서 토착민을 용병으로 쓰기 위해 무대에 올려놓고 공연활동을 시키고 있다.
-인민의 혁명투쟁을 이끌어내는 매개자로서의 혁명영화는 노동자, 농민, 지식인들로 하여금 많은 사고방식을 배우고 그 행동에서 배우는 것이 필요하다.

라는 내용으로 부르조아 영화를 반대하고, 민중혁명에 도움이 되는 영화를 제작하는 데 있어서 필요한 착안점을 중심으로 논한 것으로, 반미적이고, 프로레타리아혁명 지향적인 혁명 매개체로서의 영화를 제작하는 데 필요한 지침서로서, 노동자들이 중심이 된 혁명을 하여야 한다는 것으로 북괴의 대남적화혁명노선과 궤를 같이하는 불온한 책자임을 알면서도 이를 그때부터 1986. 12.경까지 위 피고인의 주거지에 보관하여 반국가단체를 이롭게 할 행위를 할 목적으로 표현물을 소지하고,

나. 피고인 김주언은

1977. 3. 중순 일자미상경 서울 종로구 신문로(광화문) 소재 진흥문화사에서 《역사와 계급의식 (History and Class Consciousness-케오르그 루카치 저-영문판)》《사회학과 발전 (Sociology and Development-임마누엘 데 카트 저-영문판)》 등 2권을 구입하였는바, 그 내용이

-《역사와 계급의식》은

공산주의 이론가인 '마르크스', '엥겔스', '레닌' 등의 유물변증법, 변증법적 유물론, 유물사관을 기초로 작성된 논문집으로서, '프로레타리아 계급이 계급의식을 포지하게 될 때 비로소 계급혁명이 가능하며, 프로레타리아 계급으로 하여금 계급의식을 포지하게 만들고 계급혁명의 행동화를 만들게 하는 것이 바로 공산당의 임무다"라고 교시한 마르크스의 혁명운동의 기본원칙 등 공산주의 이념서이고,

-《사회학과 발전》은

영국의 사회학협회 회원인 '마르크스' 주의 이론가 15명의 논문집으로서 레닌, 모택동 등 네오 마르크스주의자들의 사회발전론, 계급론, 종속이론, 자본주의적 제국의 종식 등의 이론을 전개한 공산주의 운동 이념도서

로서, 각 그 내용이 북괴의 공산주의혁명노선과 궤를 같이하는 불온한 책
자임을 알면서도 이를 그때부터 1986. 12.경까지 위 피고인의 주거지에 보
관하여 반국가단체를 이롭게 할 행위를 할 목적으로 표현물을 각 소지한
것이다.

증거의 요지
1. 피고인들의 법정에서의 판시사실에 전부 또는 일부 부합하는 각 진술
1. 검사 작성의 피고인들에 대한 각 피의자 신문조서 중 판시사실에 전
   부 또는 일부 부합하는 각 진술 기재
1. 사법경찰관 사무취급 작성의 김정일, 김용겸에 대한 각 진술조서 중
   판시사실에 부합하는 각 진술 기재
1. 사법경찰관 사무취급 작성의 각 압수조서 중 판시사실에 부합하는 각
   압수결과의 기재
1. 압수된 말 특집호 38권(증제43호), 성명서 1매(증제44호) 서적 3권(증제
   56호, 61호, 64호) 및 유인물(수사기록 219장)의 각 현존 및 그 기재내용

법령의 적용　　각 : 형법 제113조 제1항 (징역형 선택), 제30조, 제37조,
　　　　　　　　제38조, 제50조, 제48조 제1항.
　　　　　　　　피고인 1 : 형법 제104조의 2 제2항, 제1항 (징역형 선택)
　　　　　　　　집회및시위에관한법률 제14조 제1항 제3조 제1항 제4호
　　　　　　　　(징역형 선택)
　　　　　　　　형법 제57조, 제62조 제1항.
　　　　　　　　동 2 : 형법 제104조의 2 제2항, 제1항 (징역형 선택) 국가
　　　　　　　　보안법 제7조 제5항, 제1항, 제14조, 형법 제57조, 제59
　　　　　　　　조 제1항 (징역 8월 및 자격정지 1년에 처하고 미결구금일수 중
　　　　　　　　170일을 위 징역형에 산입할 것이나 정상참작하여 선고유예)
　　　　　　　　동 3 : 국가보안법 제7조 제5항, 제1항, 제14조 형법 제
　　　　　　　　57조, 제62조 제1항.

(무죄부분) 피고인 김주언에 대한 이 사건 국가보안법위반의 공소
사실 중

"1974. 10. 일자미상경 서울 종로구 종로1가 소재 컨트리아센터에서 신
좌파사상 이념도서인 《현대사실주의 (Realism in our time : 게오르그 루카치 저-
영문판)》 1권을 매입하였는바, 그 내용이
  '자본주의 사회를 타도하려는 공산주의자에게 있어서 사회혁명의 기본
조건으로 되어 있는 계급투쟁을 선동하기 위해서는 계급의식의 고취가 필
수불가결하므로 문학은 이러한 계급의식을 포지하게 만드는 방법으로 활
용되어야 한다' 라고 되어 있어, 북괴의 공산혁명 노선과 궤를 같이하는 불
온한 책자를 그때부터 1986. 12.경까지 서울 성동구 행당2동 336-10 소재
피고인 집에 보관하여 반국가단체를 이롭게 할 목적으로 표현물을 소지한
것이다'
  라는 점에 관하여 살피건대 압수된 동 서적 (증제63호)의 내용 및 그에 대
한 감정인 반성완의 감정의견을 종합하여보면 위 책자는 시민문학의 전통
에 입각한 저자의 사회주의 리얼리즘의 문학이론을 저술해놓은 것으로서
모더니즘에 대한 비판과 함께 고전적 리얼리즘의 수용을 강조한 내용이어
서 이를 단순히 북괴의 공산혁명 노선과 궤를 같이하는 책자라고 볼 수는
없으므로 이 부분 공소사실에 대하여는 범죄로 되지 아니하거나 범죄사실
의 증명이 없는 때에 해당하여 형사소송법 제325조에 의하여 무죄를 선고
하여야 할 것이니 이는 앞서 유죄로 인정한 부분과 포괄적 일죄의 관계에
있으므로 따로 주문에 내세우지는 아니한다.
  이상의 이유로 주문과 같이 판결한다.

1987. 6. 3.

판 사 박태범

88노 781호

항 소 이 유 서

피고인 김태홍 외 2
죄명 국가보안법위반 등

위 사건에 관하여 피고인의 변호인들은 다음과 같이 항소이유의 요지를
진술합니다.

다　　음

1. 서론

(1) 이 사건은 처음부터 기소되어서는 아니될 사건이었습니다. 우리가
아무런 주저 없이 그렇게 단정하는 이유는 먼저 진실로 기소되고 심판받
고 처형되어야 할 자가 이 사건 보도지침을 폭로한 피고인들이 아니라 그
보도지침을 만들고 시달해온 압제자라는 점에 아무런 의문을 갖지 않기
때문입니다. 언론자유의 전면적 유린을 감행해온 자유민주질서의 극악한
파괴범들이 구속되고 기소되는 대신, 그러한 언론의 탄압양상을 용감하게
고발한 자가 오히려 구속되고 기소되는 상황이야말로 바로 정의와 불의가
전도되어 존재해온 정치권력을 극명하게 드러내주고 있는 것입니다.
　우리는 불의한 정치권력의 손발이 되어 선량한 국민들의 정의관념을 송

두리째 뒤흔드는 검찰의 이 사건 기소행위는 검찰 자신의 존립기반을 부정하는 것으로 바난하지 않을 수 없습니다.

우리가 이 사건 기소는 이루어질 수 없고 이루어져서는 아니된다고 생각한 두 번째의 근거는 그 동안 정치권력이 자행해온 언론탄압의 실상이 이미 국내외에 널리 알려져 있었던 마당에 이제 움직일 수 없는 증거로서 폭로된 이 보도지침을 재판에 회부해서 공개적이고도 국제적인 망신을 자초할 리가 있겠는가 하는 점에 이론의 여지가 없었기 때문입니다.

피고인들은 검찰에서 조사를 받는 동안 줄곧 석방의 가능성을 믿고 있었습니다. 그런데 검찰은 용감무쌍하게도 기소를 하고 말았습니다. 그후 이 재판과정에서 국제 인권단체와 언론기관에서 봇물처럼 터져나온 항의와 비난의 성명들은 검찰의 이 사건 기소행위가 얼마나 나라의 체면에 먹칠을 하고 국익을 손상시켰는지 실증해주었습니다.

또한 검찰의 이건 기소행위는, 역설적으로는 이땅의 언론현실을 확연히 드러냄으로써 민주화 운동의 중핵을 이루는 언론자유 투쟁의 기념비적인 전환을 이루어 본의 아니게 민주화에 공헌한 점도 부인할 수 없습니다.

(2) 위와 같이 불법 부당한 기소에 대하여 피고인들의 대응은 재판의 거부로 나타날 것임이 예상되었습니다. 피고인들과 그들이 활동해왔던 민주언론운동협의회에서는 '민주운동의 탄압을 위해 저인망처럼 짜놓은 반민주적 악법들을 들먹이며 그법에 저촉된다 하여 실정법위반을 내세우는 데 있어서 그법의 폐기를 위해 싸움을 하지 않는 한 애초부터 법률투쟁이나 법적 공박이라는 것은 무의미하다' 고 하는 일반적 사법관, 재판관을 가지고 있었기 때문입니다.

그러나 실제에 있어서 피고인들은 재판을 거부하지 않았습니다.

오히려 원심재판의 처음에서부터 끝까지 너무 진지하고도 성실한 자세로 재판진행에 임했습니다. 농간과 전단에 의하여 재판절차를 혼란과 중단으로 치닫게 한 것은 검찰과 재판부쪽이었습니다. 피고인들의 이러한 재판태도는 결코 검찰의 불법 부당한 기소에 대한 묵인의 의사표시도 아니었고, 장차 진행될 재판의 결과에 대한 기대나 신뢰 때문도 아니었습니다. 그것은 '현재의 제도언론이 이미 권력의 중요한 구성부분으로 편입된 참담한 현실을 폭로하고 입증'함과 동시에, '이 사건만은 현정권이 자신들의 그 많은 실정법을 가지고도 사건 관계자에 대한 탄압빌미를 잡을 수 없을 것'이라는 확신 때문이었습니다.

(3) 그런데 당초 지레짐작했던 것보다는 원심 재판장은 비교적 합리적이고 공정한 재판절차를 진행하여 피고인들과 변호인들로부터 혹시나 하는 일말의 기대를 불러일으키게 되었습니다.

종래 사법부는 무기력과 정치적 선입견에 의하여 일방적으로 피고인과 변호인의 주장과 발언을 제지하고 증거신청의 채택을 거부함으로써 재판을 요식행위로 끌고 가던 방식에 비하여는 그것은 신선하기조차 한 작은 충격이 아닐 수 없었습니다.

야유하던 방청객들이 드디어 박수를 쳤고 격려하기 시작했습니다. 구태의연한 사법부는, 이는 몸부림의 시작이라고까지 평가되었습니다.

그런데 어느날 갑자기 이미 채택했던 다수의 증거방법이 모조리 취소되었습니다. 아무런 합당한 이유도 설명되지 않았습니다. 항의하는 변호인들에게 재판장은 고뇌와 갈등의 모습뿐 침묵하고 말았습니다. 그것은 우려했던 '불길한 예감이 너무도 정직한 모습으로 현실화하는' 순간이었습니다. 일말의 기대를 걸었던 사법부의 독립성이 또다시 무너져내리는 아픔이었고 좌절이었습니다.

이렇게 '온통 중간이 잘려나간 필름'이 되고 만 원심판결의 심리과정은 그 자체로서 명백한 절차적 위법이 아닐 수 없었고, 이러한 절차적 위법은 결국 실체적 위법으로 결과되고 말았습니다.

1987. 6. 3. 선고된 원심판결은 김주언 피고인에 대한 이적표현물 소지 부분의 무죄 외에는 모두 유죄로 인정하고 말았습니다.

김태홍 피고인은 징역 10월에 집행유예 2년, 김주언 피고인은 징역 8월에 집행유예 1년, 신홍범 피고인은 형의 선고유예를 각 선고받았던 것입니다.

석방의 '은전'에 고마워할 수만 없는 것은 당초부터 이 사건만은 어떠한 실정법에 의해서도 무죄임을 확신했기 때문이요, 언론자유를 탈취하고 유린해온 압제자를 이 법정에 세우지는 못할망정 피고인들에게 무슨 얼굴로 유죄를 선고할 수 있을 것인가라는 낙관을 가졌기 때문입니다.

이제 우리는 겨우 증거조사에 손을 대다가 만 원심 재판은 지독한 심리미진임을 지적합니다.

헌법과 형사소송법이 규정하고 있는 모든 정당한 절차가 위반되었음을 항의합니다. 그러한 심리미진과 절차적 위법은 증거채부의 과정에서, 실체판단에 있어서 법리오해로 귀결된 점을 확인합니다.

2. 원심 재판의 절차적 위법성

(1) 심리미진의 점

원심은 우선 이 사건의 실체와 내용을 충분히 파악하고 올바른 판단을 할 수 있을 정도의 심리를 진행하지 못하였음이 명백합니다.

우리 형사소송법은 실체적 진실주의를 그 근본이념으로 하고 있고, 공소사실의 존부 및 양형의 정상에 관한 심증을 얻기 위하여 법원은 각종의 증거조사를 하도록 그 형태, 방법, 절차 등을 엄밀하게 규정하고 있습니다.

이러한 증거조사 절차는 공판심리의 본질적 구성 부분이며, 설사 피고인이 공소사실의 전부를 자인하고 있다고 하더라도 그것으로써 바로 유죄의 선고를 할 수 없고 증거조사 절차가 진행되어야 한다는 것은 주지의 사실입니다.

하물며, 이 사건에서 피고인들은 공소사실의 주요사항과 기본전제들을 모두 다투고 있으며, 그 다툼의 방향과 정도는 실로 가위의 양날처럼 벌어져 있었습니다. 이 사건 보도지침 사항의 강제성 여부, 기밀성 여부는 핵심적 쟁점들로서 검찰과 피고인간의 견해는 천양지차가 있었습니다. 그러한 차이를 인식하고 어느 주장과 견해가 진실인지를 판단하기 위해서는 광범한 증거방법에 대한 조사가 필요하였습니다.

재판부의 가치판단에만 맡길 문제가 아니었습니다.

구체적으로 당시 원심 재판부가 공소사실의 진실판단을 위하여 필수적으로 조사했어야 하는 증거방법은 다음과 같은 것들이 있었습니다.

가장 큰 쟁점으로 부각되었던 보도지침의 작성경위와 방법, 기밀성의 분류와 근거, 그 전달과정과 형태 등에 관하여 담무책임자라고 인정되는 문공부 홍보정책실장의 증언은 필수적이었습니다.

또한 공소장에 적시되고 있는 보도지침 사항이 외교, 군사, 국가안보, 남북관계, 대공산권 등 광범한 분야에 걸쳐 있을 뿐 아니라 보도지침의 언론기관에 대한 전달과 수용형태, 영향력의 정도와 반영효과, 엠바고와 오프 더 레코드 등과의 차이 등을 알아보기 위해서는 각 언론사의 편집국장, 편집부장, 정치부장, 외신부장, 사회부장 등의 증언도 불가결하였습니다.

공소장이 적시하고 있듯이 보도지침의 시달이 과연 국내외의 관행인지 여부를 판단하기 위하여는 외국인 언론관계자들, 국가기밀과 언론자유의 상관관계에 대하여는 이 사건이 그점에 대한 중대하고도 초유의 재판으로서 헌법학의 일반적 이론, 외국의 판례와 학설 등을 참고하기 위한 헌법학 교수, 보도지침의 표현형태와 전달방식, 강제력 유무 등을 판단하기 위한 보도지침 원본철의 문서제출명령 등은 모두 이 재판이 객관적이고도 공정한 결론에 이르도록 함에 있어서 필요하고도 유익한 증거방법들임을 아무도 부인할 수 없을 것입니다.

원심재판은 전혀 서두를 이유가 없었던 재판입니다. 구속만기에 쫓기고 있지도 않았고, 피고인들이 신속한 재판을 요구하고 있지도 않았습니다. 더구나 이 사건은 이 나라 민주주의와 언론자유의 장래와 사활이 걸린, 그리고 온 국민과 세계가 주목하고 있는, 재판사에 유례 없는 중요한 재판이었습니다.

원심은 마땅히 모든 사람들이 납득할 정도의 합리적이고도 정당한 증거조사를 시행함으로써 심리과정과 판결에 대한 신뢰를 확보했어야 했던 것입니다.

그러나 원심은 송건호, 박권상 두 증인의 신문만 실시했을 뿐입니다. 나머지 증거방법은 일단 채택했다가 모두 취소되고 말았습니다. 원심 재판부가 일단 채택했다는 사실은 재판부 스스로 증거조사의 필요성을 절감하고 있었던 사실을 보여주고 있습니다.

또한 원심 재판부가 위 증거방법들을 취소한 것이 무죄심증이 확고해졌기 때문이 아님은 유죄의 원심판결을 보아도 알 수 있거니와, 그렇다면 피고인과 변호인들이 그토록 요망하는 증거방법들을 일거에 취소해버린 이유는 무엇인가?

외부압력에 의하여 형사소송법상 보장하고 있는 증거조사의 절차를 생략하고 조속히 재판을 마무리지으려고 했던 것인가, 아니면 미리부터 재판부가 유죄심증을 가지고 그 예단하에 다른 증거방법들은 조사해볼 필요조차 느끼지 않았다는 것인가.

전자라면 사법부와 재판의 독립성을 규정하고 있는 헌법의 유린이요, 후자라면 무죄추정의 원리를 규정하고 있는 헌법과 형사소송법의 원리에 대한 배반이 아닐 수 없습니다.

(2) 형사소송 절차의 원리와 규정 위배의 점

우리는 또한 원심재판부의 증거취소 과정이 명백하게 형사소송법의 절차적 원칙들과 규정을 위배한 것으로 단정하지 않을 수 없습니다.

원심 재판부는 87. 4. 29. 문공부 홍보정책실장, 4대 일간지의 편집국장, 편집부장, 정치부장, 사회부장, 외신부장 그리고 외국인 언론관계자 등을 모두 증인으로 채택하여 같은 해 5. 20. 오후 2시를 증인신문 기일로 지정하였습니다.

최대권, 이영희 교수 두 분의 증인은 채택을 보류하였습니다. 5. 13.의 5차 공판에서는 송건호, 박권상 두 증인의 증언이 있었고, 그날도 지난 기일의 증인채택이 그대로 유지되었을 뿐만 아니라, 5. 20.의 증인신문을 재다짐하였습니다. 그리고 5. 14.자로 그 증인들에 대한 소환장까지 발부되었습니다. 그런데 바로 그 다음날인 5. 15. 느닷없이 이미 채택한 위 23명의 증인은 하나도 남김없이 모조리 취소하고 말았습니다.

이와 같은 취소결정에 대하여 변호인들은 입증취지가 제각기 다른 증인들을 일괄적으로 모두 취소한 점, 재판장 자신이 필요하다고 판단하여 증인소환장까지 발부한 상태에서 취소한 점, 기소자로서 입증책임을 지고 있는 검찰이 오히려 자신이 신청했던 증인조차 취소된 마당에서 재판부의 증인취소 결정을 극력 지지하고 나선 점 등을 들어 재판부가 독립성을 상실한 채 외부의 압력을 받고 있거나, 공정한 결정이 아님을 항의하고 그 조치에 대한 합리적인 설명을 요구하였습니다.

그러나 원심 재판부는 이러한 항의와 요구에 대하여 아무런 설명을 하지 않은 채 퇴정하고 말았던 것입니다.

증거결정을 한 후에 증거조사의 필요성이 없다고 인정되는 경우 또는 그 증거결정이 위법 또는 부당하다고 인정된 경우에 증거결정을 취소할 수 있음은 이론의 여지가 없습니다.

그러나 우리나라 형사소송법은 검사, 피고인 또는 변호인은 증거조사에 관하여 언제나 이의신청을 할 수 있고(제296조 제1항), 이러한 이의신청에 대하여 재판부는 이유 없이 기각할 수는 없는 것으로 해석되고 있습니다.

즉, 당사자의 증거조사에 대한 이의신청권은 재판장 및 소송관계인이 소송법규가 정한 규율을 일탈할 수 없도록 감시하는 역할을 할 뿐만 아니라, 이의신청권은 재판과정에서의 협력과정이고 당사자의 의무로서까지 인식되고 있기 때문입니다.

이러한 해석 및 인식에 따르면 원심의 증거취소 결정과 이에 대한 합리적 이유와 설명의 거부는 바로 절차적 위배가 되는 것입니다.

3. 원심판결의 실체적 위법성

(1) 외교상 기밀누설 부분
① 국가기밀과 언론자유의 상충관계

미국의 수정헌법 제1조는 '의회는 언론의 자유 또는 평화스럽게 집회하고 민원의 구제를 정부에 청원하는 권리를 제한할 수 없다'고 하여 언론의 자유를 절대적 자유권으로 보장하고 있습니다.

그러나 언론자유의 우월적 지위와 지고성至高性에도 불구하고 실제에 있어서 미국법원이 국가의 안전과 공공의 안녕을 위하여 언론자유가 제한될 수 있음을 인정해왔음은 널리 알려진 대로입니다.

언론자유가 무한정의 절대적 자유일 수는 없으며, 모든 국가기밀이 언론자유 앞에 공개되어야 한다고 말할 수도 없습니다. 우리나라 헌법 역시 언론의 자유가 국가의 안전보장, 질서유지, 공공복리를 위해 제한될 수 있음을 규정하고 있는 것은 사실입니다.

그러나 그럼에도 불구하고 우선 언론자유의 제한이론은 제한을 강조하려는 입장에서 발전해온 것이 아니라, 언론자유 제한의 모호성과 불합리성을 제거하려는 방향으로 발전되어온 것을 주목해야 할 것입니다.

미국의 판례법상 발전되어온 사전억제의 원칙, 악의의 취지 또는 위험 경향의 원칙, 명백하고 현존한 위험의 원칙, 우월적 지위의 이론(합헌성 추정 배제의 원칙, 제한입법의 엄격해석주의, 만연성에 의한 무효의 이론, 입증책임의 전환, 고의에 관한 고도의 증거이론) 등이 바로 그러한 현상들입니다.

우리들에게 널리 알려져 있는 명백하고 현존한 위험의 원칙 하나만 보아도 그렇습니다.

브랜다이스 판사의 Whitney v. California 사건에서의 다음과 같은 견해는 언론자유의 모습이 어떠해야 하는지를 웅변하고 있습니다.

"민주정치의 과정에 적용되는 자유롭고 거침없는 논의의 힘을 확신하는 용기와 자신이 있는 사람들에게는 우려되는 해악의 발생이 지극히 절박해 있기 때문에 충분한 논의를 할 만한 여유가 없을 시기에 초래되는 것이 아니라면 언론으로부터 생기는 위험이 명백하고도 현존한다고 생각될 수 없다. 토론에 의하여 허위와 오류를 밝히고 교육에 의하여 해악을 제거할 수 있는 시간적 여유가 있다면 취해야 할 수단은 침묵을 강요하는 것이 아니라 일층 더 언론을 자유롭게 하는 것이다."

언론자유와 국가기밀 사이의 상충관계를 가장 극적으로 표출한 것은 1971년의 뉴욕타임즈지와 워싱톤 포스트지의 '월남전의 정책결정과정사' 공표사건이라고 할 수 있을 것입니다.

이 사건은 위 극비문서가 공표되면 국가안보에 돌이킬 수 없는 위해가 닥쳐올 것이라고 하여 미국정부가 양 신문사에 대하여 보도금지를 명하는 처분을 법원에 요구한 것이었습니다. 미국 대법원은 6:3의 비율로 언론의 우위를 선언하였습니다.

언론우위의 입장에 섰던 블랙 대법원판사는 말하고 있습니다. "국가 안전을 이유로 하여 역사적인 문서인 월남전정책결정과정사를 사전 보도금지할 수는 없다. 표현의 자유에 대한 사전억제는 그것이 어떠한 것이든간에 그 위헌성이 강력하게 추정된다. 국가안전이란 용어는 수정헌법 제1조에 구현되고 있는 근본법을 제한하는 데에는 지나치게 광범하고도 모호하며 일반적 개념이기 때문에 이로써 언론의 자유를 제한할 수는 없다. 국민들에게 알려야 할 것을 알리는 대표민주정치를 희생시키면서까지 군사적 외교적 비밀을 지키는 것은 미국의 진정한 안전보장을 수호하는 것이 아니다."

국가의 안전이 궁극적으로 민주질서를 수호하기 위한 것에 바쳐져야 하는 것이라면 국가기밀과 언론자유가 상충적인 것으로만 파악될 수는 없습니다. 그것은 다같이 민주질서의 발현에 봉사되고 있는 것들이기 때문입니다.

1966. 8. 5.자 독일 헌법재판소의 판결문은 바로 이러한 사실을 설명하고 있습니다.

'국방업무를 포함한 국가사무는 권한있는 국가기관이 담당한다 할지라도 국민의 끊임없는 비판과 평가 아래 있어야 함은 본질적인 것이다. 이러한 관점에서 국가보위의 이익을 위한 군사적 기밀보호의 필요성과 언론의 자유는 결코 배타적인 존재가 아니다. 양자는 오히려 독일연방공화국의 존립을 보장한다는 보다 높은 목표에 의하여 상호 정서된다. 이러한 목표의 관점에서 두 개의 국가적 필요성 사이의 충돌은 해소될 수 있다.'

② 외교상기밀누설죄의 구성요건 해당성

외교상기밀누설죄에서 말하는 외교상의 기밀이라 함은 '대한민국이 외국과 비밀조약을 체결한 사실 혹은 체결하려고 하는 사실 등 대한민국과 외국과의 관계에 있어서 국가가 보지하여야 할 외교상의 기밀'을 의미하고, 기밀이라 함은 '외국에게 알리지 아니하거나 확인되지 아니함이 대한민국의 외교상 이익으로 하는 사항'을 말하는 것으로 일반적 학설, 판례는 해석하고 있습니다.

그런데 이러한 일반적 학설 판례에 의하더라도 외국이 이미 알고 있는 사실인 경우에는 기밀이 될 수 없다는 것이므로 (대법원 1959. 5. 22. 선고 4292형상 62 판결의 반대해석) 본건의 경우는 아무 것도 외교상 기밀이 될 수 없습니다.

즉 원심판결에서 유죄로 인정하고 있는 바 외교상 기밀로 적시된 사항은 모두 외신을 통하여 국내 언론사에 배포된 것들이므로 외국이 알고 있지 않은 사항은 없는 것입니다.

뿐만 아니라 본조에서 예정하고 있는 사항은 외교상의 기밀에 한정하고 있으므로 국가의 기밀 또는 군사상의 기밀은 형법 제98조 해당성은 별론으로 하고 본조에 의하여 처벌할 수 없음이 당연합니다.

그런데 원심판결이 유죄로 단정하고 있는 사항들은 굳이 분류하자면 외교분야라기보다는 군사 또는 일반 국가사무라고 보아야 할 것입니다.

나아가 실질적 내용을 검토해본다 하더라도 외교상의 기밀 또는 기밀에 관한 종래의 학설과 판례에 대하여 우리는 동의할 수 없습니다.

종래의 학설, 판례에 따르면 아무리 사소한 외교상의 기밀이라 할지라도 이를 공표하는 경우, 본죄의 구성요건 해당성을 인정하게 되어 결과적으로 모든 외교상의 기밀을 언론으로부터 차단하여 성역을 만들고 마는 것이기 때문입니다.

가사, 외교상의 공표로 말미암아 사소한 외교상의 불이익이 초래되는 일이 있다고 하더라도, 그 기밀이 불합리하고 부당한 정책결정 사항이라고 한다면, 일반국민에게 공개되어 비판과 여론의 형성자료로 제시되어야만 하는 것입니다.

그러한 경우, 초래되는 외교상의 불이익과 국민 앞에 제시될 필요성과의 상호 이익 교량은 법원이 구체적으로 판단할 수 있어야 합니다.

이 사건에서 외교상 기밀이라고 하여 원심판결에서 유죄를 선고받은 사항은 외교상의 기밀로 보호받아야 한다든가, 공표로 인하여 외교상의 곤란이 초래된다든가 하는 점은 거의 없고, 오히려 국민의 알 권리를 충족시키고 건전한 정책비판과 여론형성에 도움을 주기 위해 당연히 국민 앞에 드러내져야 하는 것들입니다.

예컨대, 'F-15기 구매와 관련 뇌물공여조사 청문차 내한하는 미하원 소속 전문의원 3명 관련기사 보도억제' 라는 사항은 그 기사의 보도로 인하여 초래되는 외교상의 불이익보다는 국민이 알아야 할 필요성이 훨씬 높은 항목이 아닐 수 없습니다.

국민의 막대한 세금으로 사들이는 전투기에 관하여 그 대금을 비싸게 주고 뇌물을 받아먹은 국내 정치인이 있다면 당연히 보도되어 진상이 백일하에 드러나야 합니다.

그것이야말로 일반국민들의 국방의식을 더욱 확보하는 고차원의 국가이익에 부합되는 것이기 때문입니다. 사소한 외교상의 불이익을 빙자하여 권력자의 엄청난 범죄행위를 묻어주고 국방의식을 허물어뜨리는 것이 외교상 비밀 누설죄의 입법취지인가? 결단코 아닙니다.

(2) 국가모독 부분

원심판결은 외신기자 앞에서 피고인들이 이 사건 보도지침을 폭로하는 기자회견을 한 것을 국가모독죄로 처벌하고 있습니다.

이미 원심의 변론요지서에 설명한 바와 같이 이 조문은 그 태생에서부터 언론자유를 유린하기 위한 악마적 모습을 띠고 있었다는 점을 유의하면서 이 부분 역시 무죄임을 다음과 같은 근거에서 주장하고자 합니다.

첫째, 본죄는 대한민국 또는 헌법에 의하여 설치된 국가기관에 대한 모독을 함으로써 성립하는 죄입니다.

원심판결은 헌법에 의하여 설치된 기관인 정부를 모독한 것으로 하여 유죄판결을 선고하고 있으나 피고인들은 정부를 모독한 사실이 없습니다. 피고인들이 언급한 것은 문공부 홍보정책실이었을 뿐 정부가 아니었습니다.

만일 문공부 홍보정책실이 정부의 산하기관이므로 이 홍보정책실을 비난한 것이 정부를 비난한 것과 다름없다는 전제하에서 원심판결이 나왔다면 이것이야말로 형법이 금지하고 있는 유추해석의 극단이 아닐 수 없습니다. 그렇다면 정부 산하에 있는 모든 일선의 말단 행정기관, 그 구성원인 자연인마저 결국 헌법에 의하여 설치된 기관이 되고 마는 것입니다.

둘째, 본죄는 모욕, 비방, 왜곡, 허위사실을 유포하는 등으로 대한민국의 안전, 이익 또는 위신을 해하거나 해할 우려가 있게 한 때에 성립하는 죄입니다.

모욕, 비방, 왜곡, 허위사실 유포 등이 구체적으로 어떠한 행위를 뜻하는 것인지는 그 개념들이 '과학적인 기호가 아니라 심리적인 기호로서 얼마든지 남용될 수 있는 지극히 위험한 기호들'이기 때문에 분명하지는 않습니다.

그러나 피고인들은 이 사건 보도지침이 언론자유를 어떻게 압살하고 있는지 그 참담한 현실에 대한 진실만을 이야기하였을 뿐, 어떠한 허위도 악의적 언어로 말한 바가 없었습니다.

또한 피고인들은 언론자유 침해의 실상을 폭로하고 비판함으로써 대한민국의 안전, 이익 또는 위신을 되살린 것이지, 해한 일은 없었습니다.

이 보도지침을 보고도 그대로 방치, 은폐하였더라면 대한민국의 안전, 이익 또는 위신은 결코 개선되지 않았을 것입니다.

셋째, 피고인들이 비판을 가한 것은 언론자유를 유린, 질식시켜온 범죄자 자연인들이었지 정부기관이 아니었습니다. 국가기관과 그 담당자들은 분명히 구별되어야 합니다. 피고인들의 행위에 대하여 오해하게 된 것은 '국가기구의 객관화가 철저하지 못하여 국가의 행위는 객관적인 기구의 작동이라기보다는 국가권력 담당자의 인격성의 발현으로서 국가기구가 작동되는 현상이 자주 나타난' 때문일 뿐입니다.

　(3) 집회 및 시위에 관한 법률 위반 부분

　김태홍 피고인의 광주민주항쟁 5주년 기념행사에서의 성명서 낭독을 집시법 위반으로 유죄판결을 선고하고 있는 부분 역시 위법 부당한 것입니다.

　'사회적 불안의 우려'는 그 집회의 개최시기, 장소, 집회의 주최자, 토의내용, 진행방식과 청중의 숫자, 해산의 시기와 방법 등이 종합적으로 고려되어 판단될 일입니다.

　그런데 이 사건 집회의 경우, 그러한 사회적 불안의 우려는 전혀 없었습니다.

　피고인 김태홍은 자신이 사무국장으로 근무하는 민주언론운동협의회 사무실내에서 집회를 개최했습니다.

　참여인원 역시 문화 3단체의 한정된 범위내의 사람들이었습니다. 완전한 옥내집회였습니다. 사무실 안에서만 인사하고 성명서 낭독하고 비디오 필름 상영하고 노래합창하였습니다. 아무런 소란도 없었고, 조용히 해산했습니다. 도대체 무엇을 기준으로 현저한 사회적 불안의 우려가 있었다는 것입니까?

　이런 식으로 집시법을 적용해나간다면 집안내에서의 가족모임조차 집시법 위반이 되지 않는다고 누가 장담할 수 있겠습니까?

　(4) 국가보안법 위반 부분

　원심판결은 또한 신홍범 피고인에 대하여는 《혁명영화의 창조》라는 책자, 김주언 피고인에 대하여는 《역사와 계급의식》, 《사회학과 발전》이라는 책자를 이적의 목적으로 각 소지하였다는 부분 역시 유죄로 인정하고 있습니다.

　우선 위 책자들이 북괴의 대남적화 노선과 괘를 같이한다는 전제부터 잘못된 인식입니다.

《혁명영화의 창조》는 서울대 박명진 교수의 소견서처럼 볼리비아 영화인들이 민족주의 영화운동을 벌이면서 성취하였던 영화미학의 창조, 독특한 제작방식 등에 관하여 작성된 논문집입니다.

편집자인 우카마우단은 세계영화사 속에 상당한 분량을 할애받을 정도로 세계적 인정을 받고 있으며 영화사, 영화미학, 영화사회학 등을 공부함에 있어서는 필독서라는 것입니다. 루카치의 《역사와 계급의식》 역시 자연변증법에 입각한 정통 공산주의 이론과는 다르다는 것이고, 《사회학과 발전》 또한 후진국 발전에 대한 마르크스적 이론 전개와 비마르크스적 이론 전개에 모두 일정한 시사점을 주고 있는 것으로 미국의 많은 대학에서 기본 참고서로 활용되고 있다는 것입니다.

위 서적들을 감정했던 전문가들은 모두 해외유학과 박사학위 취득 등의 과정을 거침으로써 우리나라에 있어서 가장 권위가 있는 학자들임에 의문의 여지가 없습니다.

이들은 한결같이 이 서적들이 좌경용공 도서로 분류되는 것은 무리이며, 피상적 관찰이라는 점을 강조하였습니다.

그런데 원심 재판부는 이들의 의견과 감정을 물리치고 위 서적들의 내용이 북괴의 대남적화 노선과 괘를 같이하는 것이라고 단정하였습니다.

원심재판부는 이러한 단정을 함에 있어서 압수된 그 책자 외에는 다른 일체의 증거를 사용하지 않았습니다. 그렇다면 원심 재판장은 압수된 그 책자만 읽고 사계의 가장 권위자인 감정인들의 의견을 배척할 만큼의 지식과 식견을 가지고 있었다고 믿어야 하는 것입니까?

다음으로 지적해야 할 문제는, 이 사건 이적표현물 소지죄는 반국가단체를 이롭게 할 목적으로 소지하여야 하는 목적범이라는 점입니다.

이 목적은 그 서적의 소지경위, 구입처, 소지목적, 열독 여부와 이해정도, 보관방법 등 제한경위를 조합하여 검토함으로써 추단될 수 있는 일입니다.

그런데 피고인 신홍범은 위 책을 국회도서관에서 합법적인 절차에 따라 대출하여왔던 것이고, 피고인 김주언 역시 대학시절 우연히 구입했다가 읽어보지도 않은 채 10년째 서가에 꽂혀 있었다는 것입니다. 그러한 구입경위와 보관방식으로 보아 어떻게 이적의 목적이나 인식이 있었다는 것인지 납득이 가지 않습니다.

4. 결론

'어느날 그 누군가에 의해 소리없이 증발되어 사랑하는 모든 사람들로부터 완전히 격리될지 모르면서' 이 사건 보도지침철을 빼내어 세상에 공개한 김주언 피고인의 용기는 험난한 이땅의 언론수난사에 길이 남을 것입니다.

70년대 후반, 80년대 초에 각각 신문사에서 길거리로 내쫓겨 생계조차 어려웠던 신홍범, 김태홍 두 피고인 역시 그들의 고초로 말미암아 언론자유 운동의 이름과 함께 오래 기억될 것입니다.

이 사건으로 하여 우리는 언론의 자유가 피어린 투쟁에 의해서만이 쟁취될 수 있다는 역사적 교훈을 새삼스러이 확인하게 됩니다. 이땅의 언론현실이 이 사건으로 폭로됨으로써 일시 참담함조차 느꼈으나 언론자유의 불씨는 다시 일어나 타는 불꽃을 예비하고 있습니다.

그러나 지난 시대 언론의 자유를 짓밟았던 정치권력의 부도덕성과 불의는 아직도 치유되지 않았습니다.

그것은 이 사건에 대하여 취하고 있는 검찰의 태도에 의해서도 명백합니다. 검찰은 어떠한 방법으로든 즉각 공소를 취소하여야 합니다. 소위 6·29 선언은 "언론은 장악할 수도, 하려 해서도 아니됩니다"라고 하면서 언론자유 보장을 선언했지만 그것은 아직 실천되고 있지 않습니다.

언론의 자유는 사법부의 독립성과도 무관하지 않습니다. 사법부가 제3부라면 언론은 제4부가 될 것입니다. 사법부의 독립과 언론의 자유가 지켜지는 사회는 자유민주주의가 무너질 수 없는 사회입니다.

원심에서 무너진 사법부의 독립성이 이 재판부에서는 반드시 지켜지고, 그럼으로써 이 재판이 언론자유를 회복하는 대행진의 출발선이 되어야 할 것입니다.

200년도 훨씬 더 전에 선포된 버지니아 권리장전은 말하고 있습니다. '언론출판의 자유는 자유의 유력한 방벽의 하나이고 이를 제한 자는 전제적 정부로 지칭되지 않으면 안된다.'

우리가 민주적 정부를 가지기 위한 노력은 바로 이 재판에서부터 시작하여야 합니다.

1988. 3. 5.

위 피고인들의 변호인
변호사 조영래
변호사 조준희
변호사 홍성우
변호사 한승헌
변호사 황인철
변호사 박원순

서울형사지방법원 항소부 귀중

서 울 형 사 지 방 법 원
제 4부

판 결

사　　　건　　88노 781

　　　　　　가. 국가보안법위반　　나. 외교상기밀누설

　　　　　　다. 국가모독　　　　　　라. 집회및시위에관한법률위반

피 고 인　　1. 나.다.라 김태홍 한겨레신문사이사

　　　　　　주거　서울 서초구 서초동 삼호가든 3차 아파트

　　　　　　본적　△△△△△△△

　　　　　　2. 가.나.다. 신홍범 두레출판사 대표

　　　　　　주거　서울 서초구 서초1동 1641의 12

　　　　　　본적　△△△△△△△

　　　　　　3. 가.나. 김주언金周彦 한국일보기자

　　　　　　주거　서울 강남구 일원동 615 개포7차 우성아파트 114–

　　　　　　　　　605

　　　　　　본적　△△△△△△△

항 소 인　　피고인들 및 검사

검　　　사　　서범정

변 호 인　　변호사 김상철, 박원순, 이상수, 조준희, 한승헌, 홍성우,

　　　　　　고영구(피고인 김태홍, 같은 신홍범을 위하여)

　　　　　　변호사 한승헌, 홍성우, 조준희, 박원순, 함정호

　　　　　　(피고인 김주언을 위하여)

원심판결   서울형사지방법원 1987. 6. 3. 선고 87고단 503 판결

주   문   원심판결을 파기한다.
이 사건 공소사실 중 피고인들에 대한 외교상기밀누설의 점 및 피고인 신홍범, 김주언에 대한 각 국가보안법위반의 점은 각 무죄. 이 사건 공소사실 중 피고인 김태홍, 신홍범에 대한 국가모독의 점 및 피고인 김태홍에 대한 집회및시위에관한법률위반의 점은 각 면소.

이   유   1. 피고인들 및 변호인들의 항소이유의 요지
피고인들 및 변호인들은 다음과 같은 이유로 원심판결은 위법 내지는 부당하여 파기를 면치 못하고 피고인들에 대한 이 사건 공소사실은 모두 무죄라는 취지로 주장을 하고 있으므로 그 주장내용을 차례로 본다.
가. 원심이 절차적 위법을 범하였다는 주장
피고인들 및 변호인들은 이 사건 공소사실 중 외교상 기밀 누설부분과 관련하여, 원심이 보도지침의 작성경위와 방법, 기밀성 분류와 근거, 보도지침의 전달과 수용형태, 영향력의 정도와 반영효과, 보도지침의 국내외의 관행 여부 등에 관한 변호인들의 증거신청을 채택한 후 합리적인 이유의 설명없이 이를 취소하고 변론을 종결한 후 피고인들에 대한 이 사건 공소사실의 대부분을 유죄로 인정한 것은 형사소송법이 보장하고 있는 절차적 원칙과 규정을 위배한 잘못이 있다고 주장하고 있다.
나. 실체법상의 법리오인
① 외교상 기밀누설 부분에 관하여
피고인들 및 그들의 변호인들은 피고인들에 대한 이 사건 공소사실 중 《말》지 특집호에서 공개한 각 사항들은 이미 모두 외신을 통하여 국내 언론사에 배포된 것들이므로 위 사항들은 '외교상 기밀'에 해당되지 않아 외교상 기밀누설죄의 구성요건을 결여하고 있다고 주장하고, 이와 더불어 피고인 김주언의 변호인 함정호는 외교상 기밀누설죄는 법령상 기밀을 보지하여야 할 의무가 있는 자가 누설하여야만 성립하는 신분범이므로 이러

한 신분이 없는 피고인 김주언은 본죄의 주체가 될 수 없다는 취지로 주장하고 있다.

② 국가보안법위반 부분에 관하여

피고인 신홍범, 김주언 및 그들의 변호인들은 원심이 이적 표현물로 인정한 《혁명영화의 창조》, 《역사와 계급의식》, 《사회학과 발전》이라는 책자는 그 내용이 북괴의 대남적화 노선과 궤를 같이하는 이적 표현물이 아니고, 또한 같은 피고인들이 위 책들을 소지하게 된 경위, 구입처, 소지목적, 보관방법 등을 종합적으로 검토해보면 같은 피고인들에게 반국가단체를 이롭게 할 목적이나 인식이 없었다고 주장하고 있다.

③ 국가모독 부분에 관하여

피고인 김태홍, 신홍범 및 그들의 변호인들은 같은 피고인들이 한 행위는 오직 문공부 홍보정책실에 의한 언론통제 실태를 공개한 것에 불과하고 정부를 모독한 것이 아니며, 또한 본죄는 모욕, 비방, 허위사실을 유포하는 등으로 대한민국의 안전 또는 위신을 해할 우려가 있는 경우에 성립하는 것인데 같은 피고인들에 의한 위 행위는 이에 해당하지 않는다고 주장하고 있다.

④ 집회및시위에관한법률위반 부분에 관하여

피고인 김태홍 및 그의 변호인들은 피고인 김태홍이 광주민중항쟁 5주년 기념행사에서 성명서를 낭독하였다 하더라도 그 집회의 개최시기, 장소, 집회의 주최자, 토의 내용, 진행방식과 청중의 숫자, 해산의 시기와 방법 등을 종합해볼 때, 위 집회는 '사회적 불안의 우려'가 전혀 없는 것이라고 주장하고 있다.

2. 검사의 항소이유의 요지

한편, 검사는 원심이 피고인들에 이 사건 공소사실의 대부분을 유죄로 인정하면서 같은 피고인들에게 단기형의 집행유예 또는 선고유예의 형을 선고한 것은 형량이 심히 가벼워 부당하며, 또한 피고인 김주언에 대한 이 사건 공소사실 중 《현대사실주의》라는 책자 소지부분과 관련하여 이를 이적표현물로 볼 수 없다는 이유로 원심이 무죄를 선고한 것은 이적표현물 해당성에 관한 법리를 오해한 잘못이 있다는 취지로 주장하고 있다.

3. 당원의 판단

우선, 피고인들 및 변호인들의 위 항소이유에 관하여 판단한다.

가. 원심이 절차적 위법을 범하였다는 주장에 관하여

피고인들 및 변호인들의 증거신청에 관한 법원의 채택 여부나 증거결정의 취소결정은 판결 전의 소송절차에 관한 결정으로서 이의신청을 하는 이외에 달리 불복할 수 있는 방법이 없고, 다만 그로 말미암아 사실을 오인하여 판결에 영향을 미치게 되는 경우에만 이를 항소이유로 삼을 수 있을 뿐인데, 피고인들의 주장은 위 외교상 기밀누설 부분의 공소사실과 관련하여, 문공부 홍보정책실로부터 한국일보 편집국으로 전달된 사항들을 《말》지 특집호로 공개하게 된 경위, 그 수단과 방법, 공개된 내용 등 그 구체적인 사실 부분에 대하여는 이를 인정하면서도 다만 그에 대한 법적 평가 부분에 있어서 이를 인정하지 못하겠다는 취지임이 명백하고, 이러한 법적 판단은 객관적이고 합리적인 기준에 따라 법원이 전적으로 수행하는 임무이므로 법적 판단이 잘못되었음을 탓하는 것은 별론으로 하고 사실인정과 무관한 법적 판단의 자료에 관한 변호인들의 증거신청을 채택하였다가 원심이 이를 취소하였다 하더라도 그러한 사정만 가지고는 그로 인하여 사실을 오인하여 판결에 영향을 미친 경우에 해당한다 할 수 없어 위 주장은 이유 없다.

나. 실체법상의 법리 오인주장에 관하여

① 외교상 기밀누설 부분

먼저 피고인 김주언의 변호인 함정호의 주장에 관하여 판단하면, 형법 제113조 제1항의 외교상 기밀누설죄의 주체는 그 구성요건의 형식상 일정한 신분을 요하지 않는 비신분범임이 분명하므로 같은 변호인의 위 주장은 이유 없다.

다음으로, 피고인들이 공개한 사항이 외교상의 기밀에 해당하는가의 여부에 관하여 살펴보면, 위 외교상 기밀누설죄에서 말하는 '외교상 기밀' 이란 대한민국과 외국과의 관계에 있어서 국가가 보지하여야 할 외교상의 기밀을 말하고, 또한 '기밀'이라고 함은 그 용어 자체가 함축하고 있다시피 외국에 알리지 아니하거나, 확인되지 아니함을 대한민국의 외교상의 이익으로 하는 사항을 의미한다고 해석함이 타당하고, 따라서 이미 외국에 알려져 외국이 알고 있는 사항은 기밀에 해당한다고 할 수 없을 것이다.

그런데, 변호인들이 제출한 증거자료에 의하면 피고인들이 《말》지 특집호에서 공개한 사항 중 외교상 기밀에 해당한다고 기소된 사항인 ① 한, 중공 합작회사 설립은 기사화하지 말 것, ② F-15기 구매와 관련, 뇌물공여조사 청문차 내한하는 미하원 소속 전문위원 3명 관련기사 보도 억제, ③ 〈산케이 신문〉 보도 '남북정상회담 아시안게임 전 평양서 열릴 듯'은 전재하지 말 것 ④ F-16기 인수식 보도 자제 ⑤ 핵적재 전투기 배치 한국 빼고 보도라는 사항들은 피고인들이 이러한 내용들을 공개하기 이전에 이미 외국언론에 보도된 내용들이고 [위 ①항은 1985. 10. 28.자 〈파이낸셜 타임즈〉지 보도(원심 공판기록 247쪽), ②항은 1986. 4. 19.자 미국 〈퍼시픽 스타 앤드 스트라이프〉지 보도(원심 공판기록 248쪽), ③항은 이미 〈산케이 신문〉 보도를 전제로 한 것이고 당심에 1990. 11. 21. 추송한 수사자료 중 1990. 11. 3. 공보처 공보정책실장으로부터 제출된 〈산케이신문〉 사본, ④ 항은 1986. 6. 26.자 홍콩의 〈화 이스턴 이코노믹 리비유지〉 보도(원심공판 기록 243쪽), ⑤항은 1986. 7. 10.자 일본의 〈일본경제신문〉 보도(원심공판기록 246쪽 다음 페이지의 증제3호)], 나머지 ⑥ 한, 베트남 무역거래활발은 보도 불가와 ⑦ 미국 F. B. I. 국장 방한(1. 12.~16.)사실 일체 보도억제 부분에 관한 사항들은, 외국언론에 그 내용이 보도되었다는 자료는 찾을 수 없으나 그 내용 자체가 위 ①~⑤항의 내용과 같이 외신을 통하지 않고는 얻기 어려운 것인 데다가 한국일보사에서 독자적으로 취재한 기사라면, 문공부 홍보정책실에서 그 기사내용을 사전에 알고 위 사항의 보도에 관하여 비보도 협조를 구하기가 사실상 불가능했을 것임에도 불구하고 문공부 홍보정책실에서 미리 그 기사내용을 알고 비보도 협조를 구한 점에 비추어보면 위 사항도 외신을 통하여 국내언론사에 배포된 것이 아닌가 추단할 수 있다.

그렇다면, 피고인들이 공개한 위 사항들은 공개되기 전에 이미 외국의 언론에 의하여 보도된 사항들이고, 오늘날 각종 언론매체의 성장과 현대의 정보산업의 급속한 발전 및 그에 따른 정보교환의 원활성 등을 감안한다면 이러한 사항들은 보도된 나라 이외의 다른 외국도 그 내용을 쉽게 지득할 수 있고 따라서 외국은 이미 그 내용을 알고 있었다고 봄이 상당하므로 결국 피고인들이 공개한 위 사항들은 '외교상의 기밀'에 해당되지 않는다고 판단함이 타당하다 할 것인바, 이러한 판단과 달리 위 사항들을 외교상의 기밀에 해당한다고 판단한 원심은 '외교상의 기밀'에 관한 법리를 오해한 잘못이 있어 피고인들 및 변호인들의 위 주장은 이유 있다.

② 국가보안법위반 부분

우선, 피고인 신홍범, 김주언이 소지하고 있었던 위 책자들이 구 국가보안법 제7조 제5항 제1항의 소정의 표현물에 해당하는가의 여부에 관하여 먼저 판단한다.

구 국가보안법(1991. 5. 31. 법률 제4373호로 개정되기 전의 법) 제7조 제5항, 제1항에 의하여 위 피고인들을 처벌하기 위하여는, 피고인들이 소지한 위 책자들의 내용이 국가존립, 안전을 위태롭게 하거나 자유민주적 기본질서에 실질적 위해를 줄 것이 명백한 위험성을 지니고 있어야 할 것이고, 여기서 국가의 존립, 안전을 위태롭게 한다 함은 대한민국의 독립을 위협, 침해하고 영토를 침략하며 헌법과 법률의 기능 및 헌법기관을 파괴, 마비시키는 것을 말하고, 자유민주적 기본질서에 위해를 준다 함은 모든 폭력적 지배와 자의적 지배, 즉 반국가단체의 일인독재 내지 일당독재를 배제하고 다수의 의사에 의한 국민의 자치, 자유, 평등의 기본원칙에 의한 법치주의적 통치질서의 유지를 어렵게 만드는 것으로서 구체적으로는 기본적 인권의 존중, 권력분립, 의회제도, 복수정당제도, 선거제도, 사유재산과 시장경제를 골간으로 한 경제질서 및 사법권의 독립 등 우리의 내부체제를 파괴, 변혁시키려는 것을 의미하는 것이라 할 것인바(1990. 4. 2. 89헌가 113 결정 참조), 따라서 그책의 내용이 이와 같은 국가의 존립, 안전이나 자유민주적 기본질서에 실질적 해악이 될 정도가 못되거나 해악이 되는

지 여부가 불분명한 경우에는 이를 처벌할 수 없다 할 것이므로, 과연 피고인들이 소지하고 있던 위 책자들의 내용이 위와 같은 명백한 위험성을 지니고 있는가에 관하여 보면, 서울대학교 박명진 부교수의 소견서(원심공판기록 393쪽 내지 395쪽)에 의하면, 피고인 신홍범이 소지하고 있던 《혁명영화의 창조(太田昌國 역, 일어판)》"는 볼리비아 영화제작 그룹의 대표자인 영화감독 산지네스가 70년대 미국, 유럽, 남미 등지의 영화관계 간행물에 발표했던 글들을 모아 엮은 것으로 이는 남미의 민족문화의 발달과 민족적 정체성을 이루어내는 데 장애가 되는 요인을 찾고 그것을 극복할 수 있는 방법을 모색하면서 영화를 통하여 대중들이 남미의 사회현실을 정확히 파악하도록 도와주고 이를 민족문화 전통에 접맥시키려는 새로운 영상미학의 창조를 위한 제작방식 등에 관한 내용을 주로 취급한 책이라는 것이고, 또 서울대학교 인문대학 차인석 교수의 감정서(원심공판기록 294쪽)에 의하면, 피고인 김주언이 소지하고 있었던 《역사와 계급의식(게오르그 루카치 저, 영문판)》은 1920년대 초의 지배적인 정통 마르크스 이론과 다른 방향에서 유물사관을 해석한 게오르그 루카치의 8편의 논문을 모은 논문집으로 이는 기존의 정통 공산주의 이론을 비판하고 헤겔의 관념철학과 사적 유물론을 연결시켜 역사의 변화를 인간의 힘으로만 이룰 수 있다는 입장을 밝힌 사회주의 역사철학에 관한 순수한 이론서라는 것이고, 마지막으로 서울대학교 사회과학대학 부교수 임현진의 의견서(원심 공판기록 298쪽 내지 301쪽)에 의하면, 피고인 김주언이 소지하고 있던 《사회학과 발전(임마누엘 데 카트 외 수인 공저, 영어판)》은 영국 사회학회 회원들의 논문 12편을 편집한 책으로 이는 마르크스주의자들의 발전이론인 종속과 계급이론만으로는 설명될 수 없는 인구, 교육 그리고 농촌개혁에 대한 것을 주제로 하고 있음과 아울러 비마르크스주의자들의 발전이론에 대하여도 그들이 중요시하고 있지 않는 국제정치, 경제체제, 계급관계의 중요성을 함께 일깨워주는 것을 그 내용으로 하고 있다는 것으로서, 위 《혁명영화의 창조》라는 책자의 내용이 영화를 통한 남미의 현상황에 대한 비판 및 남미의 민족주의 영화운동의 창조에 관한 것을 그 주된 내용으로 하고 있고, 위 《역사와 계급의식》이라는 책은 그 번역판이 국내 대학교수들로 구성된 '오늘의 책' 선정위원회에서 '오늘의 책'으로 선정된 사실(원심 공판기록 181쪽 내지 194쪽)이 있으며, 위 《사회학과 발전》이라는 책은 미국 유수의 대학에서 학부 및 대학원 수준에서 사회발전분야 연구에 있어서 참고도서로 널리 사용되고 있다는 것이므로 결국 위 책들의 내용에 공소장 기재와 같은 각 내용이 들어 있다고 하더라도 그 전체적인 내용에 비추어 앞서 본 바와 같은 '명백한 위험성'이 있다고 단정하기 어렵다 할 것이다.

그렇다면, 피고인 신홍범, 김주언이 소지하고 있던 위 책들은 구 국가보안법 제7조 제5항 제1항 소정의 표현물에 해당한다고 단정하기 어렵고 이외에 이를 인정할 만한 증거가 없어 결국 위 피고인들에 대한 위 국가보안법위반의 점은 그 증명이 없는 경우에 해당한다고 할 것임에도 원심은 이와 달리 위 피고인들에게 이 부분 공소사실을 유죄로 인정한 잘못이 있으므로 이를 탓하는 위 피고인들 및 변호인들의 위 주장은 다른 항소이유에 관하여 나아가 판단할 필요 없이 이유 있다.

③ 국가모독 부분

피고인 김태홍, 신홍범 및 그들의 변호인들의 위 항소이유에 관한 판단에 앞서 직권으로 보건대, 위 피고인들에 대하여 적용된 형법 제104조의 2의 규정은 1988. 12. 31.자로 폐지되었음이 명백하므로 위 피고인들에 대한 이 사건 국가모독 부분은 형사소송법 제326조 제4호에 의하여 면소를 선고하여야 할 것이므로 이를 유죄로 인정한 원심판결은 더 이상 유지될 수 없다 할 것이다.

④ 집회및시위에관한법률위반 부분

피고인 김태홍 및 그의 변호인의 위 항소이유에 관한 판단에 앞서 직권으로 보건대, 위 피고인에 대하여 적용된 집회및시위에관한법률 제14조 제1항 제3조 제1항 제4호의 규정은 동법이 1989. 3. 29. 법률 제4095호로 개정되면서 현저히 사회적 불안을 야기시킬 우려가 있는 집회 및 시위의 금지규정과 위 금지규정 위반행위의 처벌규정인 위 각 조항들은 모두 폐지되었으므로 위 피고인에 대한 위 집회및시위에관한법률위반 부분도 형사소송법 제326조 제4호에 의하여 면소를 선고하여야 할 것이므로 이를 유죄로 인정한 원심판결은 더 이상 유지될 수 없다 할 것이다.

다음으로 검사의 항소이유에 관하여 본다.

피고인 김주언이 소지하고 있던 《현대사실주의》라는 책자가 구 국가보안법 제7조 제5항 제1항 소정의 표현물에 해당하는가에 관하여 보면 감정인 반성완의 소견서(원심 공판기록 288쪽 내지 290쪽)에 의하면, 원심판시와 같이 위 책은 시민문학의 전통에 입각한 저자의 사회주의 리얼리즘의 문학이론을 저술해놓은 것으로 모더니즘에 대한 비판과 함께 고전적 리얼리즘의 수용을 강조한 것으로 그 내용에 위 국가보안법위반 부분에서 본 바와 같은 명백한 위험성이 있다고 단정할 수 없고 달리 이를 인정할 만한 증거자료도 없으므로 이에 대한 원심의 판단은 정당하고 검사의 위 항소논지는 이유 없다.

다음으로 피고인들에 대한 양형부당의 항소이유는 피고인들 및 그들의 변호인들의 위 항소이유에 대한 판단 부분에서 본 바와 같은 이유로 피고인들에 대한 이 사건 공소사실 중 외교상 기밀누설과 국가보안법위반 부분은 무죄의 판결이, 국가모독과 집회및시위에관한법률위반 부분은 면소의 판결이 선고되어야 하므로 이 부분은 더 나아가 판단할 필요가 없게 되었다 할 것이다.

4. 결론

그렇다면, 위에서 본 바와 같은 이유로 본원은 형사소송법 제364조 제2항 제6항에 의하여 원심판결을 파기하고, 변론을 거쳐 다시 다음과 같이 판결한다.

무죄부분에 관한 판단

피고인들에 대한 이 사건 공소사실 중 외교상 기밀 누설부분의 점의 요지는, 피고인들은 공모하여 1986. 8. 하순경 서울 을지로 3가 소재 삼원인쇄소에서, 문공부 홍보정책실로부터 한국일보사에 전달된 사항 중 외교상 기밀에 해당하는 ① 한, 중공 합작회사 설립은 기사화하지 말 것, ② F-15기 구매와 관련, 뇌물공여조사 청문차 내한하는 미하원 소속 전문위원 3

명 관련기사 보도 억제, ③ 산케이 신문 보도 '남북정상회담 아시안게임 전 평양서 열릴 듯' 은 전재하지 말 것 ④ F-16기 인수식 보도 자제 ⑤ 핵 적재 전투기 배치 한국 빼고 보도 ⑥ 한, 베트남 무역거래활발은 보도불가 ⑦ 미국 F. B. I. 국장 방한(1. 12~16.)사실 일체 보도억제'부분 등 7가지 사항을 포함하여 다른 협조사항들이 실린 민언협의 기관지인 《말》지 특집호를 제작하여 이를 명동성당 등에 배포함으로써 외교상의 기밀을 누설하였다라고 함에 있는바, 앞서 본 바와 같은 이유로 위 사항들이 '외교상 기밀' 에 해당된다고 볼 수 없으므로 피고인들에 대한 이 부분 공소사실은 범죄로 되지 아니하는 경우에 해당하여 형사소송법 제325조 전단에 의하여 각 무죄를 선고하고, 다음으로 피고인 신홍범, 김주언에 대한 이 사건 공소사실 중 국가보안법위반의 점의 요지는, 피고인 신홍범은 1984. 12. 일자미상경 서울 영등포구 여의도 소재 국회도서관에서 《혁명영화의 창조》 1권을 대여받아 이를 복사한 후 그때부터 1986. 12.경까지 이를 소지하고, 피고인 김주언은 1977. 3. 중순 일자미상경 서울 종로구 신문로 소재 진흥문화사에서 이적표현물인 《역사와 계급의식》, 《사회학과 발전》이라는 책을 구입한 후 그때부터 1986. 12. 경까지 이를 소지하고 1974. 10. 일자미상경 서울 종로구 종로 1가 소재 컨트리아센터에서 이적표현물인 《현대사실주의》라는 책을 구입한 후 그때부터 1986. 12.까지 이를 소지하였다라고 함에 있는바, 이 부분 공소 역시 앞서 본 바와 같은 이유로 위 책자들이 국가보안법 제7조 제5항 제1항 소정의 표현물에 해당된다고 단정할 수 없고, 달리 이를 인정할 만한 증거도 없으므로 피고인 신홍범, 김주언에 대한 이 부분 공소사실에 대하여는 형사소송법 제325조 후단에 의하여 무죄를 각 선고한다.

면소부분에 대한 판단

피고인 김태홍, 신홍범에 대한 이 사건 공소사실 중 국가모독 부분의 점의 요지는, 피고인 김태홍, 신홍범은 공모하여 문공부 홍보정책실은 모든 중요사건에 대하여 보도가, 불가, 절대불가의 판정을 내리고 보도방향, 내용, 기사의 크기, 위치 등에 이르기까지 세밀하게 지시를 내리고 있다는

등의 내용이 담긴 민언협, 천주교정의구현전국사제단 명의의 성명서를 작
성하고 1986. 9. 9. 10:00~10:30경까지 명동성당 소강당에서 국내기자 및
외신기자들이 모인 가운데 보도지침 자료 공개 기자회견을 하면서 공소
외 송건호로 하여금 '보도지침 자료 공개 기자회견을 하면서'라는 제하의
유인물을 낭독하여 헌법에 의하여 설치된 국가기관인 정부를 비방하였다
라고 함에 있는 바, 앞서 본 바와 같은 이유로 위 피고인들에 대한 이 부분
공소는 형사소송법 제326조 제4호에 의하여 면소를 각 선고하고, 피고인
김태홍에 대한 이 사건 공소사실 중 집회및시위에관한법률위반의 점의 요
지는, 피고인 김태홍은 1986. 5. 22. 19:00~같은 달 29. 19:00경까지 7일
간 민언협사무실에서 자유실천문인협의회 등 문화 3단체가 공동으로 주
최한 광주민중항쟁 5주년 기념행사를 거행함으로써 현저히 사회적 불안
을 야기시킬 우려가 있는 불법집회를 주관하였다라고 함에 있는 바, 앞서
본 바와 같은 이유로 피고인 김태홍에 대한 이 부분 공소도 역시 형사소송
법 제326조 제4호에 의하여 면소를 선고한다.
　이상의 이유로 주문과 같이 판결한다.

1994.　7.　5.

재 판 장　　판 사　　성기창
판 사　　윤성원
판 사　　박재완

대 법 원
제 3부

판 결

사　　건　　94도 2379 외교상기밀누설

피 고 인　　1. 김태홍 한겨레신문사 이사
　　　　　　주거　서울 서초구 서초동 삼호가든 3차아파트 E동 701호
　　　　　　본적　△△△△△△△
　　　　　　2. 신홍범 두레출판사 대표
　　　　　　주거　서울 서초구 서초동 1641의 12 훼밀리궁전빌라 306호
　　　　　　본적　△△△△△△△
　　　　　　3. 김주언 한국일보 기자
　　　　　　주거　서울 강남구 일원동 615 개포7차 우성아파트 114-
　　　　　　　　　605호
　　　　　　본적　△△△△△△△
상 고 인　　검사
원심판결　　서울형사지방법원 1994. 7. 5. 선고, 88노 781판결

주　　문　　상고를 기각한다.

이　　유　　검사의 상고이유를 본다.
　　　　　　형법 제113조 제1항 소정의 외교상의 기밀이라 함은, 외국
과의 관계에서 국가가 보지해야 할 기밀로서, 외교정책상 외국에 대하여

비밀로 하거나 확인되지 아니함이 대한민국의 이익이 되는 모든 정보자료를 말한다.

원심이 적법하게 확정한 사실에 의하면, 이 사건에서 피고인들이 《말》 지 특집호에 공개한 사항 중 외교상의 기밀에 해당한다고 기소된 사항들은 모두 위 공개 전에 이미 외국언론에 보도된 사실이거나 외신을 통하여 국내 언론사에 배포된 것으로 추단된다는 것인바, 사정이 그러하다면 오늘날 각종 언론매체의 성장과 정보산업의 급속한 발전 및 그에 따른 정보교환의 원활성 등을 감안해볼 때 이러한 사항들은 보도된 나라 이외의 다른 외국도 그 내용을 쉽게 지득할 수 있었다고 봄이 상당하고, 이와 같은 경위로 외국에 이미 널리 알려져 있는 사항은 특단의 사정이 없는 한 이를 비밀로 하거나 확인되지 아니함이 외교정책상 이익이 된다고 할 수 없는 것이어서 외교상의 기밀에 해당하지 아니한다 할 것이다.

외국에 널리 알려진 사항이라고 하더라도 대한민국 정부가 외교정책상 그 사항의 존재 또는 진위 여부 등을 외국에 대하여 공식적으로 알리지 아니하거나 확인하지 아니함이 외교정책상의 이익으로 되는 예외적인 경우가 있을 수 있음은 소론이 지적하는 바와 같으나, 피고인들이 공개한 사항들 중 어느 사항이 어떠한 이유로 위와 같은 경우에 해당한다는 점에 관하여 검사의 주장, 입증이 전혀 없을 뿐만 아니라, 가사 피고인들이 공개한 사항 중 일부가 이에 해당한다고 하더라도, 외국에 널리 알려진 사항 그 자체가 외교상의 기밀이 되는 것은 아니고 다만 그러한 사항의 존재나 진위 여부에 대한 대한민국 정부의 공식적인 입장이나 견해가 외교상의 기밀이 될 수 있을 뿐이라고 할 것인데, 기록에 의하면 피고인들은 외교상의 기밀에 해당된다고 기소된 사항 등에 대하여 정부가 국내 언론사에 이른바 '보도지침'을 보내 보도의 자제나 금지를 요청하는 형식으로 언론을 통제하고 있다는 사실을 공개한 것으로 인정될 뿐이고, 나아가 피고인들이 공개한 내용만으로는 위와 같이 보도의 자제나 금지가 요청된 사항에 대한 대한민국 정부의 공식적인 입장이나 견해는 물론 그 사항 자체의 존부나 진위조차 이를 알거나 확인할 수 없으므로, 피고인들의 위 행위가 외교

상의 기밀을 알리거나 확인함으로써 이를 누설한 경우에 해당한다고 볼
수도 없다.

따라서 원심이 피고들에 대한 이 사건 공소사실 중 외교상비밀누설의
점에 관하여 무죄의 선고를 한 조치는 그 이유 설시에 다소 미흡한 점이
없지 아니하나 결과적으로 정당하고, 거기에 판결에 영향을 미친 법리오
해의 위법이 있다 할 수 없다. 논지는 이유 없다.

그러므로 검사의 상고를 기각하기로 하여 관여법관의 일치된 의견으로
주문과 같이 판결한다.

1995.　12.　5.

재 판 장　　대법관　천경송
　　　　　　대법관　지창권
주　　심　　대법관　신성택

보도지침 사건 무죄판결의 의미

김의겸 (한겨레신문 기자)

지난 86년 5공화국의 언론통제 실상을 폭로한 《말》지 '보도지침' 사건에 대해 5일 서울형사지법이 내린 무죄선고는 '역사가 내린 사면'의 성격이 짙다. 이번 판결은 8년여 세월에 씻겨 3천여 쪽의 공판기록이 모가 닳고 빛이 바래는 사이에, 엄혹했던 군사정권이 문민정부로 바뀌는 시대상황 변화에 힘입은 바 크기 때문이다.

우선 김태홍 씨 등에게 적용됐던 네 가지 혐의 가운데 두 가지는 그 동안 법이 폐지돼 면소판결을 받았다.

① 김씨 등이 외신기자들에게 보도지침에 관해 기자회견을 했다 하여 적용된 '국가모독죄'는 75년 제정되었다가 88년 폐지됐다.

② 또 김씨 등이 민주언론운동협의회 사무실에서 가진 광주민중항쟁 5돌 기념식에 대해 적용된 집회 및 시위에 관한 법률은 89년 이전까지는 '옥내집회'까지 처벌할 수 있도록 엄격히 규정했으나 이 조항도 폐지됐다.

신홍범 씨 등이 가지고 있던 책자 《혁명영화의 창조》나 《역사와 계급의식》 등에 대해 적용됐던 국가보안법은 그 내용이 변하지 않았으나 이법에 대한 법원의 태도는 8년이라는 세월의 간극 만큼이나 큰 차이를 보여준다.

87년의 1심판결에서는 이책들이 "반국가단체인 북한을 이롭게 하는 이적표현물"이라고 판단했으나 이번 재판부는 "이책들의 내용이 국가존립·안전을 위태롭게 하거나 자유민주적 기본질서에 실질적으로 위해를 줄 것이 명백한 정도의 위험성이 있다고 단정하기 어렵다”며 무죄를 선고한 것이다.

신씨 등에게 적용된 조항은 1심이나 이번 항소심 모두 행위 당시의 법인 87년 제정된 옛 국가보안법 7조였으나 두 재판부의 인식차이는 이렇게 벌어진 것이다. 더욱이 이번 재판부가 판단의 근거로 삼은 이책들에 대한 외부전문가의 감정결과는 1심때 제출됐던 동일한 소견서에 근거한 것인데도 전혀 다른 결과를 낳았다. 그러나 김씨 등에게 적용된 또 하나의 혐의인 형법상 ‘외교상 기밀누설죄’에 대해서는 재판부가 시대상황의 변화에 기대지 않고 독자적으로 판단한 ‘전향적인 판결’로 받아들여진다.

이 부분에 대한 김씨 등의 공소내용은 《말》지에 보도지침을 폭로하면서 F16기 도입 등 7개항의 외교상 기밀을 누설했다’는 혐의이다. 재판부는 이에 대해 “이미 외국에 알려져 있는 사항은 기밀에 해당한다고 할 수 없다”고 밝혀 ‘기밀로서의 실질적 가치가 있는 정보’에 대해서만 기밀로 인정하는 판단을 내렸다.

이는 “널리 알려진 사항이라도 국가에 불이익을 초래하면 기밀”이라는 지난 5월의 대법원 판례를 뒤집는 것이다. 비록 이번 판결에서 기밀은 형법상의 것이고, 대법원의 기밀은 국가보안법상의 것이지만 같은 기밀의 개념을 다루면서 정반대 취지를 보였다는 점에서 이번 판결은 벌써부터 상급심의 최종판결에 관심이 모아지고 있다.

— 〈한겨레신문〉 1994. 7. 6.

40

백범 시해범 안두희 응징 사건

피고인 **권중희**

김구 선생 암살배후 함구에 각목의 일격

한승헌 (변호사)

남한만의 단독정부가 수립된 다음해인 1949년 6월 9일, 평생을 항일 독립투쟁에 몸바쳐온 민족의 지도자 백범 김구金九 선생이 포병 소위 안두희가 쏜 흉탄에 맞아 서거하셨다.

안두희의 암살범행에 대해서는 정치적 배후설이 압도적이고 설득력도 훨씬 강하다. 당시 정치적으로 극한 대립관계에 있던 이승만 대통령(측)이 사주했을 것이라는 견해가 바로 그것이다.

구속된 안두희는 1년 만에 석방되어 현역장교로 복귀했을 뿐 아니라 승승장구 진급하여 대령으로 제대한 후에는 군납업자로서 특혜를 받기도 했다. 바로 이런 점이 이승만 배후설을 한층 굳혀주기도 했다.

안두희 자신은 끝내 배후를 대지 않은 채 《시역弑逆의 고민》이라는 책(1955년 11월 학예사 발행)에서 마치 백범의 정치노선이 자기와 다르기 때문에 순간적으로 발사한 것처럼 적어놓았다. 그러나 그책은 안두희 아닌 다른 사람에 의해서 씌어진 위작僞作이라는 것이 정설로 되어 있다.

애국자 백범을 살해하고도 응분의 벌을 받지 않고 살아가는 안두희를 두고 분개하는 사람들이 많았다. 그중에는 그를 응징하거나 배후에 관한 자백을 끌어내고자 하는 사람들도 있었다.

1987년 3월 26일 서울 마포구청 앞 버스정류장에서 안두희는 또다시 누군가에 의해 각목으로 얻어맞고 쓰러졌다. 응징에 나선 사람은 권중희權重熙 씨였다.

그는 백범 암살의 진상규명과 안두희 처벌을 정부요로와 언론계에 호소했으나 별다른 반응이 없자 자신이 직접 나서기로 결심하고 안씨의 거처를 확인하는 데 성공했다.

그는 장기전을 각오하고 안씨의 집 가까운 곳에 셋방을 얻어들어 기회를 엿보기로 했다. 흰 머리칼을 염색도 하지 않고 수염도 깎지 않은 꾀죄죄한 차림을 하고 빚쟁이에 쫓겨 숨어든 홀아비로 위장했다.

철저한 연기와 집념의 '성과' 가 나타나 집주인의 소개로 안두희와 인사를 나누는 기회를 갖게 되었고 마침내는 바둑을 함께 두는 사이로 진전되었다. 권씨는 안씨에게 기력棋力을 확실히 알아보기 위해 기원에 나가 급수판정을 받아보자고 했다. 유인을 한 다음 응징하려는 계책이었으나 웬일인지 안씨는 이를 거절했다.

그러던 어느날 안씨가 서울에 가려는 것을 알고 권씨는 아침 7시부터 문틈으로 안씨집 대문을 지켜보고 있다가 낮 12시께가 되어서야 밖으로 나가는 그의 모습을 볼 수 있었다. 그를 뒤따라가서 우연인 것처럼 가장하고 그와 함께 버스에 올랐다. 마포구청 앞에서 안씨가 버스에서 내리자 권씨도 따라 내렸다. 다방에 가서 차라도 한잔 하자고 유혹해보았으나 거절당했다.

권씨는 기회를 놓칠세라 본론을 꺼냈다. 백범 암살에 대해서 이야기 좀 하자는 말이 떨어지기가 바쁘게 그는 튀려고 했다. 순간 권씨는 품 속에 숨겨온 각목을 꺼내서 그의 머리를 내리쳤다. "저자가 바로 백범 살해범이다"라고 외쳤더니 누구도 권씨를 탓하거나 말리지 않았다. 안씨의 온 몸을 실컷 난타한 다음 미리 준비한 '반역자를 응징하면서' 라는 성명서를 그 자리에 남기고 집으로 돌아왔다.

마포경찰서에 가서 권씨를 접견했을 때 그는 아주 당당하면서도 겸손했다. 민족정기란 말조차 잊혀져버린 이 사회에서 권씨의 분노와 결단은 많은 것을 깨닫게 해주었다.

　권씨는 1992년 9월에 또다시 안씨를 납치해다가 백범 암살의 배후에 당
시 이승만 대통령의 총애를 받았던 김창용 특무대장이 있었다는 자백을
받아냈다(그러나 훗날 안씨는 그 자백을 다시 뒤집었다). 동시에 자기 이름으로
출판된 《시역의 고민》에 대해서도 "나는 다 쓴 원고뭉치만 읽어보았을 뿐
쓴 사람은 따로 있다"라고 실토했다는 보도가 나왔다.
　몇 번의 응징에도 용케 살아남아 목숨을 부지해가던 안두희는 1996년
10월 23일 오전 버스운전기사인 박기서 씨의 곤봉에 맞아 숨지고 말았다.
　독실한 천주교인인 박씨는 이땅에 아직도 안씨가 살고 있다는 것이 부
끄러웠으며 역사의 교훈으로 삼기 위해서 응징했다고 말했다. 언론은 '그
의 태도에는 정의를 실천한 확신범으로서 당당함이 배어 있었다'고 보도
했다.

체험기

민족혼을 살리고자

권중희 (무직)

민족정기를 바로잡는 일

1987년 3월 27일 오후 1시쯤 서울 마포구청 앞 버스정류장에서 내가 백범 김구 선생 암살범 안두희를 응징하게 된 것은 나의 개인적 의분이나 용기에서였다기보다는 이 사회가 그렇게 할 수밖에 없도록 만들었다고 봐야 옳을 것같다. 좀더 구체적으로 말한다면 외세의 앞잡이가 되어 민족혼을 좀먹고 있는 역대정권들이 그렇게 만들었던 것이다.

나는 일찍이 박정희·전두환 등 역대 최고집권자들에게 백범 암살 진상 규명과 함께 반역범들을 응징할 것을 촉구한 바 있다. 나는 그들에게 독립투사 암살행위는 한 육신의 생명만을 빼앗은 단순 살인행위가 아니라 곧 이 나라의 민족정기를 파괴한 민족의 공적이기 때문에, 반드시 응징해야 한다고 역설했다. 그리고 흑막에 가려진 역사의 진실은 반드시 사실대로 밝혀내야만 민족의 정기가 바로잡히게 된다는 것도 주장했다.

그러나 그들은 아무런 반응도 보이지 않았다. 별로 기대했던 것은 아니지만, 막상 그런 일을 외면, 기피하는 그들의 본성을 파악하고 나니 분노는 더해졌다. 혹시나 해서 실무자격인 검찰총장 등에게도 검찰권을 발동할 것을 촉구해보기도 했지만, 정권의 시녀나 다름없는 그들 역시 '일사부재리'니 '시효'니 하는 궤변으로 반역을 비호하기만 했다.

할 수 없이 신문, 잡지 등에 호소하면서 언론이 문제를 제기해줄 것을 요청해보기도 했다. 그러나 언론 역시 상업적 이해득실만 헤아려, 외국 저질가수의 애정담이나 되지 못한 배우들의 이혼담 같은 흥미본위의 기사는 다루면서 민족의 얼과 양심과 대의를 일깨우는 문제는 거론조차 하지 않았다. 그렇다면 독립유관단체나 민족의 자주와 통일을 외쳐대는 기타 단체에서라도 발벗고 나서야 할 일인 데도 모두가 잠자코 있었다. 그러면서도 선열들의 얼을 팔아 이권을 챙기는 일이나 허명을 드러내는 일에는 앞을 다투고 있었다.

민족정기란 나무로 말하면 뿌리요, 건물에 비하면 기초와 같은 것으로서 정치 이전의 민족의 얼과 양심이다. 법 이전의 민족의 대의이다. 그런데도 역대 반역정권들은 민족존립의 가장 원초적인 요소마저 저버리고 통일이니 민주이니 하며 정치사기극을 벌여왔으니 어느 것 하나 제대로 되어갈 리 없다.

보라! 해방 후 근 반 세기 동안 극소수 외세주구들을 제외한 우리 모두가 통일과 민주를 얼마나 외치고 갈망해왔는가. 그런 와중에서 희생은 또 얼마나 컸으며, 이 순간에도 얼마나 많은 사람들이 희생되고 있는가. 그토록 오랜 세월 외치고 갈망하며 엄청난 희생마저 치렀건만, 진정한 민주나 자주통일의 길은 보이지 않고 갈수록 사악한 정권의 독재는 더욱 교활해지고 있는가 하면 외세주구들에 의해 예속상태가 더욱 다져지고 있어, 설사 통일이 된다 하더라도 그것은 외세의 군사기지를 더욱 넓혀서 제공하는 상황이 되고 말 것이다.

그러기에 민주도 통일도 반드시 민족정기가 확립된 바탕 위에서만 이룩될 수 있고 민족정기의 확립은 반드시 반역배 소탕을 통해서만 가능한 것이다.

그러나 그런 일에 앞장서야 할 역대정권들의 본질이 반역정권이라서 반역의 편을 들고 있고, 발벗고 나서야 할 유관단체조차 그 모양인 데다 언론마저 그 지경이니, 어디에도 하소연할 곳조차 없는 나는 가는 곳마다 의분에 떨지 않을 수 없었다.

　역사의 진실규명과 반역배 소탕으로 민족정기를 되살려놓아야 할 책임은 이 시대를 살아가는 우리 모두에게 주어져 있기에 언제 어디에서든 또 어느 누구든 할 수 있는 일이지만, 개인적으로 하기보다 정부차원에서 하는 것이 대對국민 교훈면에서 보다 낫지 않을까 하는 생각에서 개인적 응징을 유보하고 정부차원의 조치를 촉구했던 것이다.

진실이 살아있는 역사를 위하여

　영광의 역사든 오욕의 역사든 진실이 살아 있는 역사만이 그 의미와 가치가 있으며 그런 역사 속에서만이 교훈을 얻을 수 있는 것이다. 그런 데도 역대정권들은 반역배를 줄곧 옹호해왔을 뿐 아니라, 역사의 진실마저 사뭇 은폐해왔다. 그들 말대로 백 보를 양보해 반역범에 대한 사법적 형벌은 설사 시효로 얼버무린다 하더라도 역사의 진실을 규명하는 일에는 결코 시효가 있을 수 없는 데도 말이다.

　굳이 외국의 경우를 예거하고 싶지는 않지만, 이스라엘이나 프랑스, 독일 같은 나라만 보아도 그 민족에 해악을 끼친 자는 이 지구상 어디 가 숨어 살든 끝까지 추적하여 시효에 관계없이 초법적 우격다짐으로라도 기어코 끌어다 법정에 세워 낱낱이 죄상을 밝히고 나서는 극형에 처하고 있다. 그들이 우리보다 준법정신이 약하거나 미개한 야만국이라서 그러는 게 아니라면, 진정 본받아야 할 것은 본받지 않고 어째서 흉내조차 내서는 안될 못된 것들만 열심히 본받고 있단 말인가.

　애당초 암살을 조종한 정치집단에 의해 수사와 재판이 원천적으로 축소, 날조된 것이라면 마땅히 재조사해야 할 일인데도, 그러기는커녕 민족정기 파괴범은 끝내 보호하면서 민족정기를 되살리려는 사람은 잡아 가두는 정권이 과연 외세주구들로 구성된 망국배 집단이 아니고, 민족의 양심세력으로 구성된 정권인지 묻고 싶다.

　하기야 해방 후 당연히 처형됐어야 할 친일반역배들이 단 한 사람도 처형당하기는 고사하고 어느새 친미주구로 변신하여 도리어 세습적 득세를 하고 있는 판이니 모든 것이 거꾸로 되어가는 것이 당연한 일인지도 모른다. 얼마나 잘못되었으면 감옥에 가야 할 반역배들은 감옥에 가지 않고, 감옥에 가서는 안될 양심가들이 줄줄이 묶여 투옥되고 있는가. 그리고 정치를 해서는 안될 정상모리배들이 정치의 탈을 쓰고 작당하여 마치 나라 망치는 연습 같은 짓들만 하며, 민족정기 따위는 그저 입으로만 뇌까리는 위선만 떨 뿐 관심조차 전혀 기울이지 않고 있단 말인가.

만약 백범 암살사건 규명과 반역배 응징건이 수서비리나 기타 이권사건처럼 돈이 생기는 일이었다면 여·야가 앞다퉈 벌써 진상을 밝혀냈을 것이며 안두희의 머리통은 쉴 새 없이 몇 번이나 깨지고도 모자랐을 것이다.

애국이란 입이나 구호로 하는 것이 아니라 가슴과 행동으로 하는 것이다. 그런데 이 나라에는 애국을 입에 달고 다니는 사람은 많아도, 진실로 애국의 길을 걷는 자는 드물다. 역대정권이나 여·야 위정자들은 물론, 그래서는 안될 사람들마저 그러고 있으니 말이다. 얼마나 가치관이 허물어져 있으면, 외세나 그 주구들에게 빌붙어 일신의 영달만을 꾀하는 망국배들이 애국자연 하고 있어도 모두가 예사로 여기고 있다.

안두희의 반역행위도 문제이고 그런 반역범을 비호하는 역대정권도 문제이다. 그러나 그보다 진실로 더 큰 문제는 그런 불의를 보고도 의분조차 느끼지 못할 정도로 마비되어버린 이 사회의 민족의식이다. 그래서 만나는 사람에게마다 이러한 울분을 터뜨리는 나에게 어떤 자는 '수신제가치국평천하'의 논리를 들먹이며 자신의 처지와 가족들부터 돌보며 자중자애하라고 했다. 좋게 해석해 나를 위하는 충고로 여겨지지만, 달리 생각하면 셋방살이하면서 자녀들 교육도 제대로 못 시키는 주제에 무슨 국가와 민족을 걱정하느냐는 비웃음일 수도 있다.

수신제가치국평천하는 이기적 영달을 꾀하는 자의 출세논리는 될지 몰라도 자기희생적 애국의 길을 걷는 사람들에겐 해당되지 않는다고 본다. 일제시기 도쿄유학을 거쳐 조선총독부 관리라도 되어 잘 먹고 잘 살지 않고, 불고부모처자식하며 하나밖에 없고 한 번밖에 주어져 있지 않은 자신의 목숨마저 내걸고 싸운 항일독립투사들 역시 수신제가치국평천하를 몰라서 그랬던 게 아니라 자신의 출세보다 나라를 더 중히 여겼기 때문이다.

그런데 오늘날 이 사회는 어찌 이리 나약하면서도 이기적 타산에 약삭빠른 군상들만 득실거리는 데다 어딜 가나 사악과 역리가 판치고 있단 말인가. 사람에 따라 역사적 시각이나 현실파악이 다를 수 있겠지만, 그때나 지금이나 나는 이 나라의 장래를 비관적으로 보고 있다. 무엇보다 민족은 있어도 얼과 양심이 없고, 대의마저 모르고 있는 것만 같다.

안두희를 응징하기로 결심

나는 그런 상황을 그대로 방관만 할 수 없어 나 혼자서라도 민족혼을 일깨워야겠다는 생각에서 안두희를 응징하기로 결심하게 됐던 것이다. 스스로 극히 미약한 존재인 줄 알면서도 한 개비의 성냥이 요원의 불길을 이룰 수 있다는 말을 상기하면서, 다니던 직장마저 그만두고 행동에 들어갔던 것이다.

처음 세운 계획은 안두희가 아무래도 순순히 진상을 실토하지 않을 것 같아, 그를 납치해 진상을 밝히고 나서 응징하기로 한 것이었다. 그러자면 나 혼자서는 불가능하여 미리 물색한 젊은 두 동지들을 동원해야만 했다.

납치에 필요한 장비들을 빌린 차에 싣고 김포에 가 안두희가 운동하러 나오는 길목에 이른 새벽부터 주차시켜놓고 꼬박 사흘을 기다렸다. 절후로는 벌써 입춘 우수도 지났건만, 1987년 그해 따라 몹시도 추웠고 한강 하구 서해쪽에서 불어오는 바람조차 아주 거세고 매서웠다. 그래서인지 안두희는 꼼짝 않고 두문불출했다. 그렇다고 그의 집담을 무작정 뛰어넘어 쳐들어갈 수도 없었다. 궁리끝에 안의 집에 불을 질러 허겁지겁하는 사이 납치해버릴까 하는 생각도 해봤으나 그렇게 하다 잘못되면 바람결에 추녀를 맞대고 있는 선의의 이웃집에 화가 미칠 것같아 아무래도 실행에 옮길 수 없었다.

할 수 없이 두 동지들은 돌려보내고 나 혼자 아예 그곳 김포에 셋방을 얻어놓고 기회를 엿보는 장기전을 할 수밖에 없었다. 그러나 일이 장기화되는 사이, 두 동지들은 피치 못할 사정이 있었는지 아무리 연락해도 만날 수가 없었다. 할 수 없다. 그들이 끝까지 납치에 동참할 수 없는 사정이 생겠다면 나 혼자서 납치까지는 할 수 없다면 그를 모질게 응징이라도 해야겠다고 작정했다. 그렇게 되면 제2, 제3의 응징이 두려워서라도 기자회견을 자청, 모든 것을 실토하게 될지도 모른다는 생각이 들었다. 최선 아니면 차선이라도 택해야지 그대로 포기할 수는 없었다.

그를 응징하려면 무엇보다 그가 경계심을 갖지 않게 해야 한다고 생각했다. 당시 그는 젊은 경호원을 데리고 있었으나 기습적으로 응징하게 되면 그도 당할 수밖에 없겠지만, 그렇게 단순히 응징만 하기보다는 어디론가 유인해 되도록이면 진상을 밝히는 데까지 밝히고 나서 응징해야겠다고 결심했다. 그러자면 우선 그와 자연스럽게 사귀어야만 했다.

나는 흰 머리칼을 염색도 않고 수염도 깎지 않았다. 복장은 일부러 꾀죄죄한 점퍼를 걸치고 언동마저 마치 폐인이 다 된 것처럼 위장하면서, 동네 사람들에게는 사업에 실패해 빚쟁이에 도망다니느라 셋방을 얻어놓고 홀아비 신세로 지내고 있다는 하소연을 해 말 많은 시골동네에 퍼지게 했다. 또한 내 눈이 날카롭다는 말을 평소 주윗사람들로부터 많이 들었기에 표정관리에도 세심한 신경을 써야 했다. 그래서 눈을 일부러 힘없이 아래로 내려뜨려야 했고 고개는 약간 뒤로 제친 채 입은 언제나 얼간이처럼 벌리고 다녔을 뿐 아니라 걸음걸이나 일거일동도 맥빠진 사람처럼 아주 느릿느릿하게 움직였다.

나의 그런 위장술이 완벽해서였는지, 주윗사람들이 순진해서였는지 하루는 그 동네 75세나 되는 노인네가 나를 노인정에 같이 놀러가자고 데리고 갈 정도로 분위기는 익어갔다. 그런 데다 말 많은 시골동네 아줌마들 사이에서는 "늘그막에 사업에 실패해 빚쟁이들 때문에 피신해 있는 내가 불쌍하다"고 떠들어대는 동정론까지 일었다. 소문은 돌고 돌아 자연스럽게 안두희의 귀에 들어가게 되었고, 그래서인지 먼 발치에서 나를 바라보는 안두희의 눈길은 의심하거나 경계하는 것같지 않았다.

내 뜻대로 되어가는 것을 보고 나는 속으로 쾌재를 불렀다. 그러면서 아무에게도 배우지 않은 나의 연기가 이 정도면, 약간의 배우수업만 했다면 천하제일의 명배우가 되지 않았을까 하는 생각이 스치기도 했다. 그러나 태생적으로 쇼맨십이나 배우적 기질이 전무한 나같은 사람은 설사 아무리 연기수업을 한다 하더라도 대성은커녕 소성도 못할 것이다. 그런 내가 한 두 시간 연출하고 끝내는 무대연극도 아니고 꼭 한 달 동안을 한치의 오차도 없는 명연기로 주윗사람들을 실감케 했던 것은 위장술이 뛰어나서가 아니라 집념의 소산이라고 본다. 다시 말해, 무슨 일이든 집념하다보면 여러 가지 묘책이 창출되리라고 본다.

지루한 대국

어쨌든 그런 상황에서 당시 세들어 있던 집주인 성낙순 씨의 소개로 안두희와 자연스레 인사를 나누게 되었고, 그로 인해 바둑을 두게까지 됐다. 급수로 따지면 2급을 두는 나는 겨우 7, 8급에 불과한 그와 상대가 되지 않았으나, 그와의 대국을 위해 급수를 속이고 그와 비슷한 6, 7급 정도라고 했더니 좋은 적수를 만났다며 반가워했다. 나는 짐짓 6, 7급 정도의 실력으로 대국하면서 승부를 마음대로 조종했다. 너무 일방적으로 이기기만 하거나 지게 되면 재미없어 할 것같아 이겼다 졌다 하면서 바둑에 빠져들게 했다. 그는 애첩 김명희로 하여금 커피, 인삼, 두충차 등을 차려오게 하는가 하면 이런저런 부침개와 음식물도 내어오게 했다.

그런 분위기로 대국하던 며칠째 되는 날이었다. 그가 바둑에 미치고 있다는 것과 전혀 나를 경계하지 않는다는 것을 눈치챈 나는 그에게 일부러 세 번을 연거푸 져주었다. 아무리 최선을 다해도 분패만 하는 것같은 인상을 주며 내 기력棋力을 확실히 알아보기 위해 같이 기원에 나가 급수판정을 받아보자고 했다. 내가 그렇게 한 것은 기원에 가자 해 따라나서기만 하면 서울 한복판으로 유인해 응징하겠다는 의도에서였다. 그러나 그는 그 흉칙한 얼굴에 묘한 웃음만 흘릴 뿐, 나의 제의를 얼버무리고 말았다.

그는 나와의 대국이 아주 재미있었겠지만, 나의 입장은 전혀 달랐다. 아무리 작전상 그랬다 하더라도 얼굴조차 상대하기 싫은 반역범과, 그것도 급수를 속이면서까지 그의 실력에 맞춰 대국한다는 것은 참으로 고역이었다. 더구나 바둑알을 두드리는 상대의 오른쪽 인지가 바로 백범을 암살할 때 권총방아쇠를 당긴 손가락이라는 것을 생각하면 피가 솟구치는 것같아 어떤 때는 일부러 져주는 것이 아니라, 실제로 바둑판이 어떻게 돌아가는지 몰라 만방으로 질 때도 있었다.

그런 바둑을 둔 지 나흘째 되는 날, 그는 바둑이 끝나고 저녁 때 헤어질 무렵 내일 서울에 다녀와야겠다는 말을 했다. 나는 그말에 귀가 번쩍 트였으나 겉으론 오히려 아쉬운 듯한 표정을 지었다. 내일은 바둑 둘 상대도 없으니 나 혼자 따분해서 어쩌나 하며 혼잣말처럼 중얼거리면서, 몇 시쯤 돌아오게 되느냐고 물었더니 오후 3시쯤이면 돌아올 거라고 했다.

나는 이제 때가 왔구나 하는 생각이 들어 그의 집을 나오자 마자 얼른 서울집으로 왔다. 그를 응징하고 나면 곧바로 구속될 것이 뻔하기에 내의, 양말 등을 갈아입기 위해서였다. 그리고 꼬박 한 달 동안을 불기 없는 냉방에 세들어 떨었던 몸이라, 하룻밤이라도 따뜻한 방에서 자고 가야겠다는 생각에 3월 26일은 서울집에서 자고 이튿날 새벽 안두희가 사는 김포군 고촌으로 다시 갔다.

이른 아침부터 나오리라고는 생각되지 않았지만 혹시라도 놓칠세라 아침 7시부터 주인집 문틈으로 안두희 집 대문에 눈을 맞추고 있었다. 8시, 9시, 10시, 11시가 되어도 나오지 않았다. 서울 나가는 일이 혹시 취소되지 않았나 조바심이 들었으나 계속 지켜보고 있었다. 나오기만 하면 뒤따라가 요절내야겠다고 단단히 마음먹고 기다리는데 1분, 2분 지나가는 시간은 몹시 지루하기만 했다.

나오지 않으면 어떡하나 하는 염려와 제발 나왔으면 하는 기대 속에서 자꾸 시계를 들여다보고 있는데, 정각 12시가 되자 안두희의 모습이 드러났다. 회색 코트 양쪽 주머니에 두 손을 푹 찌른 채 머리에는 기름까지 바르고 거드름 섞인 걸음걸이로 대문을 나와 동네어귀로 빠져나가고 있었다.

꿈만 같던 응징의 날

나는 그를 기다리며 여러가지 상황에 대처하는 만반의 계획을 세우고 있었다. 애첩 김명희나 경호원을 대동하는 경우에는 어떻게 처리하고 지팡이를 짚고 나오는 경우 등을 상정하며 나름의 작전을 짜두었던 것이다. 그런데 그날은 아무도 대동하지 않았으며 지팡이마저도 갖지 않고 단신으로 외출했다. 동네사람들의 얘기를 엿들어보면 외출시에는 언제나 애첩이나 경호원을 대동한다고 했는데, 그날따라 그는 홀몸이었으니 나로서는 그만큼 부담이 줄어든 셈이라 더욱 좋았다.

아무튼 나는 동네어귀를 빠져나가는 그의 뒤를 약 2, 30m 간격을 두고 미행했다. 거기서 버스 정류장까지는 약 1.5㎞ 정도였는데 계속 뒤따라 붙었다. 그러다가 정류장을 약 4, 500m 앞둔 지점에서 나는 빠른 걸음으로 그의 옆을 지나치면서 우연히 만난 것처럼 힐끗 쳐다보며 인사했다. 반가워하는 그와 함께 버스에 올라탔다. 참으로 꿈만 같았다.

나는 그가 광화문 종점에서 내릴 줄 알았는데 마포구청 앞에서 내려 갈아타고 종로5가에 가야 한다고 했다. 할 수 없이 나도 마포구청 앞에서 같이 내렸다. 마침 부근에 다방도 있고 해서 나는 다방으로 그를 유인해 진상을 실토하게 하고 나서 응징해야겠다는 생각에 차 한잔 하자고 권유했더니, 금방 집에서 마시고 나왔는데 무슨 차냐며 거절했다. 그러면서 그는 갈아탈 버스를 기다리느라 오가는 버스에만 눈길을 주고 있었다.

나는 더이상 시간을 끌 수 없어 본론을 꺼냈다. 차만 마시자는 것이 아니라 백범 암살에 대해 할 말도 있고…… 그는 내 말이 미처 끝나기도 전에 펄쩍 뛰었다. 휘둥그래진 그의 눈은 질겁을 하는 건지, 대들려는 건지 아니면 도망가려는 건지 알 수 없었다. 어쨌든 나로선 더 지체할 수 없는 순간이었다. 길거리에서 더이상 얘기가 진행될 것같지도 않고 우물쭈물하다가 도망치려 소리지르기라도 하면 천재일우의 기회를 놓칠 것만 같았다. 그래서 품 속에 품은 각목을 꺼내 그의 머리 왼쪽부위를 번개같이 내리쳤다.

일격에 고꾸라진 그는 마구 피를 쏟으며 허우적거리고 있었다. 주윗사람들이 혹시나 나를 노상강도나 깡패로 오인해 나의 거사를 가로막아 그를 보호할지도 모른다는 생각이 들었다. 누구라도 개입하지 못하게 하기 위해 그가 백범 암살범이라는 사실을 노출시켰다. 그랬더니 아무도 말리지 않는 것은 물론, "저 ××가 안두희야! 아직 살아 있었구먼!" 하는 등등의 소리가 뒷전에서 들려왔다. 그래서 나는 마음놓고 고꾸라져 허우적거리는 그의 등, 어깨, 허리, 팔 등을 정신없이 난타했다. 그가 축 늘어지는 모습을 보고 나는 미리 준비한 '반역자를 응징하면서' 라는 성명서를 남기고 집으로 왔다.

나라 위한 충정의 변론

내가 양심에 거리끼는 잘못을 저질렀다면 당연히 경찰에 자수했어야 할 일이지만 그때나 지금이나 그를 응징하는 것은 이 시대 민족구성원으로서의 당연한 책무라고만 여겨질 뿐 추호도 잘못된 일이 아니라고 생각한다. 그래서 집에 와 있는데 마포경찰서에서 잡아갔다. 당시 전두환 정권은 무고한 사람들을 걸핏하면 국가보안법이라는 전천후악법으로 잡아 가두는가 하면 심지어는 죄 없는 젊은 학생들을 고문살해까지 하며 발악하고 있을 때라서 나에게도 보안법을 걸어 고문하리라 예상하고 단단히 각오하고 있었다.

그런데 워낙 언론에서 떠들어대고 전국 각지에서 나의 석방서명운동이 일어나서 그런지 보안법위반 트집이나 고문 같은 것은 없었다. 오히려 경찰에서나 검찰에서나 아주 동정적이었고, 교도관들조차 여러가지로 배려해줬다. 나는 형사피의자였고 그들은 나를 다루는 입장이어서 서로의 신분과 처지는 달랐지만, 나라 위한 충정이나 양심은 모두 같다는 것을 느꼈다. 모두가 고마운 분들이었으나 그중에서도 가장 인상에 남아 있는 분이 바로 한승헌 변호사이다.

그는 내가 경찰에 구속되자 마자 곧바로 달려와 누구보다 먼저 무료변론에 나섰던 분이다. 뜻이 같으면 시공을 초월해 서로 잊지 않고 염려하게 마련이지만, 모두가 타산적 이해득실만 따지는 요즘세상에서는 참으로 보기 드문 일일 뿐 아니라 나에게는 과분한 것이었다. 구속사실을 알게 되면 심정적으로야 물론 나를 걱정해주리라 믿었지만, 일부러 그곳까지 찾아와 사건수임을 그렇듯 자청할 줄은 정말 몰랐다. 더구나 가만히 앉아 노는 입장도 아니고, 눈코 뜰 새 없이 바쁜 와중에 소중한 시간을 할애하면서까지 손해보는 줄 뻔히 알면서도 내 사건을 스스로 맡을 줄은 참으로 뜻밖이었다. 일그러진 자본주의의 병폐에 알게 모르게 중독돼 있다보니 그렇기도 하겠지만, 인권옹호의 선봉으로서 뭇사람의 존경과 선망의 대상이 되는 변호사들 가운데 어떤 사람은 물질적 탐욕이 지나쳐 물의를 빚기도 하는 판이다. 좀더 솔직히 말한다면 배금사상과 황금만능 풍조는 재야 법조사회에 더 거세게 불고 있는지도 모른다.

그런 가운데서도 그는 나만이 아닌 이런저런 양심수들을 위해 스스로를 돌보지 않고 무모할 정도로 동분서주하고 있다는 것은 이미 천하가 다 아는 사실이다. 그가 내 사건의 변호를 자청한 것도 태생적으로 이해를 돌보지 않고 언제나 불의와 맞서 싸우는 데 주저 않는 그의 기질 때문이지 결코 내 얼굴이 이뻐서가 아니었을 것이다. 법정에서도 깡마른 체격에 어디서나 그렇듯 당당하고 후련하게 정곡을 찌르는 변론이 거침없이 나와 분위기를 압도하고 숙연케 하는지 '인권옹호의 기수' 니 '정의의 사도' 니 하는 말은 꼭 그에게 어울리리라 믿는다.

그와 내가 알게 된 것은 80년대 초반부터였다. 당시 신문, 잡지 등에 기고한 그의 글은 당시로서는 감히 하기 어려운 바른 소리로 일관한 것이었다. 그리하여 나는 그에게 찬사와 격려를 보내게 되었고, 그것이 인연이 되어 서로 알게는 되었으나 서로 바쁜 일 때문에 조용한 대화를 가져본 적은 없다.

단지 그런 사이인 데도 구속됐다니까 마치 내가 그의 죽마고우나 혈맹의 동지인 양 부리나케 쫓아왔던 것은, 그와 나의 개인적 정분보다는 그의 나라 위한 충정이 더 크고 강했기 때문이라 믿는다.

서 울 지 방 검 찰 청

87 형 제 20943 호   1987. 4. 17.

　수 신　서울형사지방법원   발 신　서울지방검찰청

                                            검 사　조규정

　제 목　공소장

아래와 같이 공소를 제기합니다.

피 고 인	① 본　　　적	△△△△△△
	② 주　　　거	서울 마포구 도화 1동 363의 339
	③ 직　　　업	무직
	④ 주민등록번호	△△△△△△ - △△△△△△△
	⑤ 성　　　명	권중희 (權重熙)
	⑥ 생 년 월 일	1936. 2. 25. 생 (51 세)
⑦ 죄　　　명		폭력행위 등 처벌에 관한 법률 위반
⑧ 적　　용 법　　조		폭력행위 등 처벌에 관한 법률 제3조 제1항 형법 제257조 제1항.
⑨ 신　　병		1987. 3. 28.　　　구속
⑩ 변호인		변호사 한승헌, 김진우, 박홍우, 조승형, 목요상, 장기욱 김명윤, 용남진, 태윤기, 정해원, 홍영기

첨　부 :　1. 구속영장 1통　　　　　　2. 피의자 수용증명 1통

　　　　　3. 변호인 선임계 1통　　　4. 구속기간 연장 결정서 1통

공 소 사 실

　피고인은 1985. 12. 26. 서울지방법원 동부지원에서 폭력행위 등 처벌에 관한 법률 위반죄로 벌금 100,000원의 형을 선고받은 외 폭력전과 1범인 자로서, 정직 없는 자인바, 백범 김구를 살해한 피해자 안두희(70세)가 아무런 죄의식 없이 자유롭게 살아가고 있는 데 대하여 상처를 입혀 응징함으로써 자기의 잘못을 뉘우치게 한다는 의도하에 동인을 구타할 것을 결심하고,

　1987. 3. 26. 13:00경 서울 마포구 성산동 227 소재 마포구청 앞에서 버스를 기다리던 위 피해자에게 커피 한잔 나누며 이야기를 하자고 말을 건넨 다음 이에 동인이 멈칫하는 사이 기히 준비하여 소지하고 있던 위험한 물건인 박달나무 각목(길이 52센티, 넓이 3센티, 둘레 7센티미터)으로 동인의 이마를 1회 강타하여 쓰러뜨리고, 이어서 등·팔·다리 등 전신을 6, 7회 구타하여 동인에게 요치 약 3주간의 전두부 두피열창 및 좌상 등의 상해를 가한 것이다.

서 울 형 사 지 방 법 원

판　결

사　　건　　87고단 2373　폭력행위 등 처벌에 관한 법률위반

피 고 인　　권중희權重熙 무직
　　　　　　1936. 2. 25. 생
　　　　　　주거　서울 마포구 도화1동 363의 339
검　　사　　차동민
변 호 인　　변호사 한승헌, 김진우, 박홍우, 정해원, 조승형, 목요상,
　　　　　　장기욱, 김명윤, 용남진, 태윤기, 홍영기

주　　문　　피고인을 징역 1년에 처한다.
　　　　　　이 판결 선고 전의 구금일수 중 30일을 위 형에 산입한다.
　　　　　　다만 이 판결 확정일로부터 2년간 위 형의 집행을 유예한
　　　　　　다. 압수된 각목 1개(증제1호)를 몰수한다.

이　　유
범죄사실　　피고인은, 백범 김구를 살해한 피해자 안두희(70세)가 아무
　　　　　　런 죄의식 없이 자유롭게 살아가고 있는 데 대하여 상처를
입혀 응징함으로써 자기의 잘못을 뉘우치게 한다는 의도하에 동인을 구타
할 것을 결심하고,
　1987. 3. 27. 13:00경 서울시 마포구 성산동 227 소재 마포구청 앞에서

버스를 기다리던 위 피해자에게 커피 한잔 나누며 이야기를 하자고 말을
건넨 다음 이에 동인이 멈칫하는 사이 기히 준비하여 소지하고 있던 위험
한 물건인 박달나무 각목(길이 52센티, 넓이 3센티, 둘레 7센티미터)으로 동인의
이마를 1회 강타하여 쓰러뜨리고, 이어서 등, 팔, 다리 등 전신을 6, 7회
구타하여 동인에게 요치 약 3주간의 전두부 두피열창 및 좌상 등의 상해를
가한 것이다.

증거의 요지
1. 피고인의 법정에서의 판시사실에 부합하는 진술,
1. 증인 안두희의 법정에서의 판시사실에 부합하는 진술.
1. 검사 및 사법경찰관 사무취급 작성의 피고인에 대한 각 피의자 신문
조서 중 판시사실에 부합하는 각 진술 기재.
1. 검사 및 사법경찰관 사무취급 작성의 안두희에 대한 각 진술로서, 사
법경찰관 사무취급 작성의 성낙순, 김화진, 김영경, 백동호에 대한 각 진
술조서 중 판시사실에 부합하는 각 진술 기재.
1. 압수된 각목 1개(증제1호)의 현존.

법령의 적용
판시 소위는 폭력행위 등 처벌에 관한 법률 제3조 제1항, 제2조 제1항,
형법제257조 제1항에 해당하는 바, 피고인이 본건 범행을 오래 전부터 계
획하여왔고, 피해자가 사는 곳 근처로 이사까지 가서 본건에 이른 점은 그
비난 가능성이 적다고 할 수는 없으나 본건에 이르게 된 동기가 개인적인
감정에 기한 것이 아니고 피고인이 느끼는 피해자의 과거행위에 대한 울
분에서 기인한 것이고 또한 피고인이 그러한 울분을 느꼈다고 막바로 본
건에 이른 것이 아니라 본건 이전에 수 차례 관계기관에 피해자의 처벌을
호소하였던 점 등 그 정상에 참작할 만한 사유가 있으므로 형법 제53조,
제55조 제1항 제3호에 의하여 작량감경한 형기범위내에서 피고인을 징역
1년에 처하고, 형법 제57조를 적용하고 이 판결선고 전 구금일수 중 30일

을 위 형에 산입하며 다만 피고인에게는 앞서 본 바와 같은 정상에 참작할 사유가 있으므로 형법 제62조 제1항에 의하여 이 판결확정일로부터 2년간 위 형의 집행을 유예하고, 압수된 각목 1개(증제1호)는 이 사건 범행에 제공된 물건으로 범인 이외의 소유에 속하지 아니하므로 형법 제48조 제1항 제1호에 의하여 이를 몰수한다.

변호인의 주장에 대한 판단

변호인은, 피고인은 백범 김구 선생을 시해한 피해자 안두희를 응징함으로써 민족적 정의를 실현하고 민족정기를 되살리기 위하여 본건에 이르게 된 것이므로 피해자가 저지른 소행에 비교하면 피고인의 본건 범행은 극히 경미한 것으로 피고인의 본건행위는 사회 상규에 위배되지 아니하는 행위로서 위법성이 없다고 주장하므로 살피건대 피고인이 본건에 이르게 된 동기가 위와 같다 하더라도 타인에게 상해를 가한 피고인의 본건행위가 형법 제20조 소정의 사회상규에 위배되지 아니하는 행위로는 볼 수 없어 위 주장은 받아들이지 아니한다.

1987.   8.   17.

판 사   박해성

서 울 형 사 지 방 법 원
제 3부

판 결

사　　건　　87 노 5599 폭력행위 등 처벌에 관한 법률위반

피 고 인　　권중희 무직
　　　　　　1936. 2. 25. 생
　　　　　　주거　서울 마포구 도화1동 363의 339
항 소 인　　피고인
검　　사　　이문호
원심판결　　서울형사지방법원 1987. 8. 17. 선고, 87고단 2373 판결

주　　문
피고인의 항소를 기각한다.

이　　유
　피고인의 항소이유의 요지는, 피고인은 이 사건 범행 이전에 수차에 걸쳐서 정부당국 등에 백범 김구 살해범으로서 민족의 반역자인 피해자 안두희에 대한 처벌 및 진상규명을 진정하였으나 끝내 외면당하여 부득이 피고인이 직접 위 안두희를 응징하기로 하여 이 사건 범행에 이른 것으로서 이는 민족혼을 일깨우기 위한 행위이므로 사법심사의 대상이 되지 아니하거나 정당행위라고 할 것임에도 불구하고 원심은 이점에 관한 법리를 오해하여 판결에 영향을 미친 위법을 범하였다는 취지이다.

생각건대, 피고인의 이 사건 행위가 비록 피해자에 대한 개인적인 감정에서가 아니고 민족적 공분에서 비롯된 것이라 하더라도 무방비 상태의 피해자를 각목으로 구타하여 상해를 입힌 피고인의 이 사건 행위는 그 수단이나 방법에 있어서 사회상규에 위배되지 않는 정당행위라고는 볼 수 없을 뿐만 아니라 명백히 폭력행위 등 처벌에 관한법률 제3조 제1항, 형법 제257조 제1항에 해당된다 할 것이므로 원심이 피고인을 유죄로 단정한 조치는 정당하고 위 항소논지는 모두 이유 없다.

이에 형사소송법 제364조 제4항에 의하여 피고인의 항소를 기각하기로 하여 주문과 같이 판결한다.

1988. 12. 8.

재 판 장　　판 사　　김대환

판 사　　임호영

판 사　　박형남

41

전북대 총학생회 사건

피고인 김순석, 송병철, 오석헌, 김형철, 양경자, 정도상,
김윤덕, 박동규

금강산댐 규탄 관제행사를 규탄하다가

한승헌 (변호사)

1987년 2월 21일 오전 10시, 전주지방법원 제1호 법정. 내가 고향땅의 법정에서 처음으로 변호인석에 앉아본 날이다.

맡은 사건의 피고인들은 하필이면 나의 대학(전북대) 후배들이었다. 죄명은 집회시위에 관한 법률위반, 공용차량 방화 등. 전북대의 반정부시위와 총장 승용차 방화사건으로 학생회 간부들이 구속되었다는 소식과 함께 현지에 와서 변호를 해달라는 전갈을 보내온 분은 민주헌정연구회 전북본부의 양만화 선생이었다. 서울에서 많은 대학생들을 변호하면서 정작 모교 후배들을 위한 변론도 좀 해주어야 하지 않느냐는 공론도 있었다.

맞는 말이었다. 나는 제백사하고 전주에 갔다. 그리고 우선 전주교도소에 가서 학생들을 접견했다. 총학생회장 김순석, 총학생회 총무부장 송병철, 헌특분쇄투쟁위원장 오석헌, 사범대학 학생회장 김형철, 총학생회 임원이 아닌 학생으로는 양경자, 정도상, 김윤덕, 박동규 등 4명이었다. 정도상 군은 총학 임원은 아니었지만 교지 편집위원장을 맡고 있는 문학지망생이면서 학생운동의 한몫을 다하고 있는 젊은이였다.

구속영장에 적힌 혐의사실은 몇 번에 걸친 반정부 교내집회와 북한의 금강산댐 건설 규탄대회 조작에서 비롯된 총장 승용차 방화사건이었다. 그 무렵 전두환 정권은 갖가지 반공무드 조성에 혈안이 되고 있었다. 우선, 북한의 금강산댐 건설에 관련된 겁주기였다. 즉, 북한이 금강산댐을 만들어 수문을 열면 서울이 물바다가 될 뿐 아니라 심지어 63빌딩도 물에 잠긴다 며, 공포분위기 조성에 열을 올렸다. 신문·방송 등 대중매체는 연달아 '특 집'을 쏟아내며 국민들에게 수몰水沒의 위기의식을 부채질하기에 바빴다. 또한 그 무렵 건국대학교에서 열린 대학생들의 연합집회를 용공으로 몰기 도 하고, 북한 김일성 주석 사망설을 퍼뜨려 반공무드를 고조하기도 했다. 그중에서도 북한의 금강산댐 건설을 반대하는 관제데모는 압권이었다.

바로 그런 비정상 분위기를 타고 전북대에서 황당한 TV쇼가 벌어졌다. 1986년 11월 12일 오후 4시경 교련을 한다고 제일학생회관 앞에 학생들을 모아놓고서 거기에 호우회 회원들을 투입시켜 금강산댐 규탄대회를 하게 하고, 미리 와 있던 KBS와 MBC의 TV카메라가 이 장면을 찍는 것이었다. 교련시간이 난데없이 금강산댐 규탄대회로 돌변한 데 대하여 학생들은 격 분하기 시작했다.

정도상 군은 마침 1987년 총학생회장 선거와 관련된 홍보준비 일을 하 다가 분식집에 가서 점심을 때우고 학교로 들어오던 길에 그 장면을 보고 이상히 여긴 나머지 현장으로 다가갔다. 그리고 겨우 열 명 안팎의 호우회 회원들이 금강산댐 규탄 구호를 외치는데 교련 나온 학생들이 들러리로 이용당한 사실을 알게 되었다. 정군은 그날 아침 낯익은 안기부원이 학군 단 건물에서 나오는 것을 본 생각이 났다. 흥분한 학생들 중에서 "카메라 빼앗아라"는 고함이 터져나왔다.

그 와중에 KBS기자는 교련 교관의 엄호를 받으며 현장을 빠져나갔고, MBC기자는 학생들에게 붙들리고 말았다. 학생들은 화를 못 참고 MBC기 자를 발로 차고 카메라를 빼앗으려고 했지만 그 기자는 겁먹은 표정을 하 고서도 카메라를 빼앗기지 않으려고 팔로 감싸고 있었다. 이러다가 큰 사 고가 나겠다고 생각한 정군은 총학간부들을 불러와야겠다는 생각으로 총 학생회실로 연락을 하려고 학교 정문 수위실로 뛰어갔다. 그런데 뜻밖에 도 김해성이라는 '안기부 독종'이 거기 와 있는 것을 보았다.

"이 새끼야, 넌 여기 왜 왔어?" 정군은 이렇게 막말로 욕을 퍼부었다. 정군은 마침 총학 총무부장이 나타났으므로 그에게 현장을 맡기고 나서, MBC 카메라 기자를 데리고 총학생회의실로 갔다. 거기서 정군은 학생들의 난폭한 언동을 제지하면서 기자를 얼르고 달래어 필름을 받아내는 데 성공했다. 그러나 문제는 거기서 끝나지 않았다. 교문 밖에는 경찰병력이 출동한 가운데 총장 차가 교내로 들어오다가 학생들에게 둘러싸였다. 학생들은 총장에게 교련수업을 빙자해서 학생들을 관제데모에 동원하게 된 경위를 밝히라며 거세게 항의했다. 영문을 모르는 총장은 굳은 표정으로 가만히 앉아 있었는데, 이게 오히려 학생들을 격앙시켰다. "일단 총장님은 보내드리자"는 학생과장의 애원을 밀쳐내며 정군은 말했다. "전국에서 최초로 전북대학교 학생들이 금강산댐 규탄대회를 열었다고 뉴스방송이 나가면 좋을 줄 알았어요? 우리 학생들을 그렇게 만만하게 보면 안됩니다." 총장은 차에서 내려 걸어서 대학본부로 갔고, 총학생회장 김순석 군이 현장에 나타나 일장 연설을 하였는데, 얼마 후 총장승용차가 불타기 시작했다. 이미 어두워진 밤하늘에 불기둥이 솟았다.

　나중에 여러 학생들이 검거되었다. 정군이 경찰에 붙들려 가보니, 이미 꾸며진 조서에는 정군이 총학생회장 김군과 함께 총장차 앞에 있다가 차를 전복시키고 불을 지른 것으로 되어 있었다. 그게 아니라고 주장해도 소용이 없었고, 검찰도 그대로 덮어씌웠다.

　해가 바뀌어 1987년 2월 21일 첫 공판이 열렸다. 법정 안은 학생들로 방청석과 통로가 미어질 지경이었고, 구호와 노랫소리로 법정이 떠나갈 듯 했다. 공판이 시작되자 총학생회장 김순석 군이 피고인석과 방청석을 향하여 인사를 하더니 자못 웅변조로 말했다. "여기는 심판받기 위해서 나온 자리가 아니다. 지금의 법률은 기만적이다." 학생들은 뜨거운 박수로 화답했다. 공소사실에는 1986년 11월 4일 학생의 날 기념행사, 같은 달 13일 전태일 열사 16주기 추도식 등 학생들의 행사가 집시법위반으로 엮혀 있었다. 심리를 끝낸 일 주일 만에 내려진 1심 판결에서 김순석을 제외한 7명의 피고인들은 형 집행유예로 석방되었고, 김순석은 고법 판결로 뒤늦게 석방되었다.

　피고인 중에는 아버지가 현직 경찰관으로 근무하는 데도 시위에 적극 나섰다가 구속된 학생이 있어서 가슴이 더욱 아팠다. 정도상 군은 그때의 수감생활을 통해서 시인이 되고 싶었던 생각을 접고 소설가가 되었다. 그는 출감 후 지금까지 꾸준히 작품활동을 하면서 통일운동의 현장에서 열정을 쏟고 있다. 금강산댐을 이용한 북한의 수공水攻위협이 전두환 정권의 조작쇼였음은 머지 않아서 밝혀졌고, 평화댐 건설용 성금모으기도 하나의 정치쇼였음을 의심하는 사람이 이제는 없다.

TV 들이댄 학내 관제행사에 분노

정도상 (소설가)

종점 없는 싸움

아주 멀리서 겨울이 오고 있었다.

깊어가는 가을의 한복판에서 썰렁한 한기를 느끼며 자취방의 눅눅한 이부자리 위에 누워 있었다. 잠에서 깨어난 지는 오래됐지만 머리 속을 가득 채우고 있는 온갖 상념에 사로잡혀 쉽게 몸을 일으키지 못하고 있었다.

작년 겨울방학의 순간들이 떠올랐다. 깊은 산골의 기도원에서 후배들과 합숙을 하며 보냈던 순간순간들이 아스라이 내 가슴을 적셨다. 그때 함께 했던 후배들은 이제 내 곁에 없다. 병직이는 일찌감치 86년노 봄학기가 시작되자 마자 민주헌법쟁취투쟁위원장이 되어 시위를 주도하다가 교도소로 가버렸고, 광재는 지하신문을 만들다가 국가보안법으로 구속되었다.

총학생회장인 순석이는 봄학기 초부터 수배를 받아 잠행을 계속하고 있었다. 순석이는 정말 눈물겹게 투쟁하고 있었다. 학교 전체를 완벽하게 봉쇄하고 있는 경찰력을 뚫고 아슬아슬하게 싸워나갔다. 교지 편집위원장인 나와 총학생회 총무부장을 비롯한 몇몇의 간부들만 남아 학교를 지키고 있었다. 과연 제대로 교지를 만들 수 있을지도 의문이었다.

끝없는 싸움과 싸움의 나날 속에서 우리는 조금씩 지쳐가고 있었다. 이

싸움에도 종점이 있을까? 승리를 확신하고 있기는 했지만…… 솔직히 얼마나 아득한 믿음인가? 엄청난 탄압과 탄압 속에서 자신의 모든 것을 내던지며 싸우고 있는 후배들과 동료들을 생각하면 회의懷疑를 한다는 게 불경스러울 정도였다. 그러나 자신감은 있었다. 우리의 뒤에는 파쇼정권의 학정에 치를 떨어온 국민들이 버티고 있었다.

사실 전두환 정권은 최후의 발악을 하고 있었다. 북한이 금강산댐을 만들어 서울을 물바다로 만들려고 한다는 악의적인 선전을 일삼더니 마침내는 평화의 댐을 만들겠다고 나섰다. 북한의 금강산댐이 터지면 서울의 63빌딩도 물에 잠긴다는 선전에 속아 국민들은 치를 떨고 있었다. 그리고 건국대학교에서 열린 청년학생들의 연합집회를 반공의 논리로 몰아가더니 기어이 살인적인 탄압을 하고 말았다. 사흘 동안 물 한 모금 제대로 먹지 못하고 건물에 갇혀 있던 학생들한테 언론과 정부는 반공이데올로기를 무기로 삼아 총공세를 펼쳤다.

나는 며칠 전에 보았던 호외를 떠올렸다. 북한의 김일성 주석이 사망했다는 호외였다. 가슴이 철렁 내려앉았다. 분명히 거짓선전에 불과하다고 생각은 했지만 일말의 불안감을 떨쳐버릴 수가 없었다. 전두환 매국 파쇼정권이 김일성 주석의 사망을 기화로 비상계엄을 선포할 가능성마저도 없지 않았기 때문이었다. 만일 그렇다면 지금까지의 투쟁이 한 순간에 물거품으로 돌아갈지도 몰랐다.

문학에 대한 열정과 현실 사이

쏴아아, 소나기 내리는 소리가 들렸다. 겨울을 재촉하는 가을 소나기가 너무 반가워 이부자리를 박차고 일어나 창문을 열었다. 소나기가 아니었다. 창문 옆에는 대숲이 있었는데, 바람이 불면, 댓잎들이 서로 몸을 부비는 소리였다.

시詩라도 한 편 쓰고 싶어지는 아침이었다. 대숲을 가득 채우고 있는 안개가 바람이 불면 이리저리 흩어졌다가 다시 몰려들었다. 안개와 바람과 댓잎들이 서로 몸을 부비는 소리가 절묘하게 어울린 창 밖의 풍경을 하염

없이 바라보다가 문득 최근에 연행되어 대공분실에서 당하고 있을 광재를 생각했다. 광재는 록 그룹에서 노래를 부르던 녀석이었다. 그런 녀석을 문학을 하자며 유혹해 '말뚝이' 라는 동아리를 만들었고 끝내는 운동을 함께 하게 되었다.

습작 노트를 꺼냈다. 작년에 광주 미국문화원 점거농성사건으로 춘천교도소에 수감되어 있는 재규가 만들어준 노트였다. 노트를 펼치니 '문학을 사랑하고 문학을 두려워하자' 라는 글귀가 눈에 띄었다. 시를 버린 지 얼마나 오래 되었던가? 가슴이 저려왔다.

다시 한 쪽을 넘기니 아프리카의 민족시인 세쿠 투레의 말이 적혀 있었다. '진정한 문학을 하기 위해서는 아프리카의 혁명에 참여하지 않으면 안 된다' 는 글이었다. 습작 노트에 적힌 글은 그것이 전부였다. 노트의 나머지 부분은 온전히 백지로 남아 있었다.

백지로 남아 있는 습작 노트……. 지난 봄, 교지 편집실 뒤편에 있는 평화의 숲에서 몇 년 동안 써왔던 습작 노트를 불태워버렸다. 고등학교 2학년 때부터 남몰래 쓴 시들이며, 정신상태의 구석기시대였던 군대시절을 지탱해준 시편들이 한 줌의 재로 사라져버렸다.

습작 노트를 태우며 나의 방황과 갈등과 지독한 회의와 감상感傷을 함께 태웠다.

'잘 가거라. 다시는 돌아오지 말아라.'

그런데 재규가 교도소에 가기 전에 만들어준 백지상태의 습작 노트는 태우지 않았다.

왜 그랬을까?

고등학교 시절, 나를 구원할 수 있는 유일한 것은 사랑이라고 생각했다. 나는 사랑에 도달하는 방법으로 문학을 선택했다. 어찌 보면 유치하기 짝이 없는 선택이었다. 비록 습작 노트를 몽땅 태우긴 했지만 그 선택을 후회하지는 않았다.

그러나 지금은 문학을 포기하고 말았다. 문학이, 시 한 편이 지금의 엄혹한 상황에서 도대체 무엇을 할 수 있단 말인가? 한 편의 시보다는 대자보가 필요한 시절이었다. 문학에 관계된 서적을 읽기보다는 혁명사를, 철학을, 사회구성체에 관계된 서적을 읽기에 바빴다.

내 삶이 혁명과 문학과 사랑으로 채워지기를 간절히 원했다. 물론 스물다섯의 나이를 먹고서야 간신히 혁명에 눈뜨게 되었다.(80년대의 치열했던 투쟁들이 부정당하는 지금에 와서 아무리 생각해봐도 당시의 우리들은 자신의 삶이 혁명적이기를 갈구했다. 아아, 눈물겹던 혁명이여!) 나를 혁명으로 이끌어준 사람은 붉은 표지의 잡지 《실천문학》을 옆구리에 끼고 다니던 재규였다.

재규는 무척이나 감성적인 후배였다. 사랑에 실패하고 지독히도 아파하는 것과 문학에 대한 열정, 그리고 당대의 현실에 대한 고뇌에 찬 사유가 무척이나 매력적이었다. 그러나 무엇보다도 나는 재규의 감성이 좋았다. 재규와 나는 감성感性의 연대를 먼저 느낀 것같았다. 물론 재규는 이미 내 곁을 떠나고 없었다. 재규가, 병직이가, 광재가 그리워 눈물이 날 지경이었다.

혁명과 문학과 사랑은 내 삶의 3대 강령이었다. 그러나 나는 비틀거리고 있었다. 날마다 후배들은 교도소로 줄지어 가고 있는데 나는 저녁 어스름이 몰려오는 대운동장 스탠드에 홀로 앉아 외로워하고 있었다. 내게 고독을 가르친 것은 아득한 유년시절의 삶이었다. 어두운 밤거리에서 껌과 신문을 팔며 지탱했기 때문에 또래의 친구들이 있을 리 없었다.

'금강산댐 규탄대회'를 한다고?

백지뿐인 습작 노트를 덮었다. 낡은 자전거를 타고 부지런히 가야 총학생회실에서 열리는 아침조회에 늦지 않을 것같았다. 나는 대충대충 세수하고 낡은 자전거를 타고 안개에 휩싸인 연화동의 골목을 빠져나왔다.

학교 후문으로 들어서는데 낯익은 안기부원이 학군단 건물에서 나오고 있었다. 대학 본부를 드나드는 김해성보다는 직급이 낮은 안기부원이었다.

'무슨 일일까?'

불길한 예감이 소름 돋듯 뇌리를 감싸고 돌았다. 수배중인 총학생회장 순석이를 잡으려고 수작을 부릴지도 모른다는 생각이 들었다. 나는 자전거를 세워두고 후문 경비실로 들어갔다. 만일 안기부원이 학교 안으로 들어가면 총학생회실로 전화를 걸 작정이었다. 하지만 나를 발견했는지 안기부원은 교문 밖에서 서성거릴 뿐 학교로 들어가지는 않았다.

다시 자전거를 몰고 학생회관으로 갔다. 아침 조회는 간부들이 제대로 나오지 않아 무산되었다. 나는 교지 편집실로 가서 밀린 일들을 처리했다. 오후에는 교지 편집위원들의 학습이 있어서 공부도 해야 했다.

때는 바야흐로 1987년도 총학생회장을 선출하는 선거기간이었다. 공식적으로는 선거운동에 참여할 수 없었지만 비공식적으로는 선전과 홍보를 맡고 있었다. 나는 선거때마다 선전국을 맡아 일하곤 했다.

이런저런 일을 하다보니 점심도 거르고 말았다. 오후 네 시쯤 배가 고파 분식집에서 라면을 먹고 정문으로 들어왔다. 정문을 막 지나는데 교련복을 입은 상대 학생들이 몰려 있었다. 무슨 일인가 싶어 정문 옆에 있는 잔디광장으로 갔다. 그곳에서는 KBS, MBC 기자들이 카메라를 들고 뭔가를 취재하고 있었다. 내 얼굴을 알고 있는 상대 학생들이 대열에서 빠져나왔다. 문득 아침에 만난 안기부원의 얼굴이 떠올랐다.

"무슨 일이야?"

"형. 교련수업을 여기서 한다길래 왔더니 우리 앞에 호우회 애들을 세우고는 금강산댐 규탄대회를 하고 방송국에서 그걸 찍잖아요. 기껏해야 열 명도 안되는 호우회 애들 때문에 교련수업을 받아야 하는 우리가 들러리를 섰단 말예요."

"카메라를 빼앗아!"

취재를 끝내고 가려는 방송국 기자들을 보고 흥분한 학생들이 소리를 질렀다. KBS 기자는 교련 교관의 보호 아래 무사히 빠져나갔고 MBC 기자는 학생들한테 잡히고 말았다. 순식간의 일이었다.

"필름 내놔!"

상대에서 운동을 하고 있는 후배들이 흥분하여 카메라 기자를 발로 찼다. 카메라 기자는 새파랗게 질려 카메라를 감쌌다. 이러다 큰일 나겠다 싶었다.

금강산댐 규탄대회에 참가한 상대 학생들이 흥분하여 이리저리 날뛰기 시작했다. 나는 총학생회실에 간부 학생이 있으면 당장 오라고 할 마음으로 정문 수위실로 뛰어갔다.

'어?'

정문 수위실에는 안기부의 독종 김해성이가 서 있었다. 김해성도 무척 놀란 모양이었다. 김해성은 경찰서 정보과 학원반에서 안기부로 특채된 독종이었다.

"이 새끼야, 넌 여기에 왜 왔어?"

나는 김해성을 향해 욕설을 퍼붓고 나왔다. 교련복을 입은 학생들이 흥분하여 카메라를 빼앗으려고 야단법석이었다. 그때 총학생회 총무부장이 학교로 들어오고 있었다. 나는 카메라 기자를 보호해야 된다는 생각이었다.

"야, 총무부장. 네가 여기를 맡아라. 일단 이 사람을 총학생회실로 데리고 가서 필름을 받고 내보내야겠다."

"알았어요."

나는 카메라 기자를 데리고 총학생회실로 올라갔다. 카메라 기자는 사색이 되어 벌벌 떨고 있었다.

"안심하세요. 커피 한잔 하시겠어요?"

"돼, 됐습니다."

카메라 기자는 카메라를 부둥켜안고 벌벌 떨었다. 나는 조용한 말로 필름을 달라고 하였다. 카메라 기자는 그럴 수는 없다며 고개를 가로저었다.

"개새끼! 죽여버리겠어!"

나를 따라온 상대 학생이 각목을 치켜들었다. 분위기가 험악했다. 학생들이 흥분하면 나도 어쩔 수가 없었다. 그러다 만일 각목으로 치기라도 한다면 정말이지 큰일이었다.

"그러지 말고 필름을 주세요. 필름만 주면 머리카락 한 올 다치지 않고 여기서 나갈 수 있어요. 만일 괜한 고집을 부리면 정말 큰일납니다. 카메라가 박살나는 것은 물론 당신도 보호하기 곤란해요. 날 믿고 어서 필름 주세요."

하는 수 없었는지 울상이 된 기자가 카메라에서 필름을 뽑아주었다. 나는 필름을 교지 편집위원한테 맡기고 기자를 무사히 학교 밖으로 내보냈다.

마침내 분노의 폭풍이

총학생회실을 나와 이세종 광장 앞으로 갔다. 학생들은 이세종 광장에 모여 있었다. 정보에 따르면 교문 밖에는 경찰병력이 출동해 있다는 것이었다.

"총장 찾아!"

누군가가 고함을 질렀다. 아니나 다를까 외출했던 총장이 돌아오고 있었다.

"잡아!"

총장은 어용으로 악명이 높았다. 학생들은 총장을 극도로 싫어했다. 순식간에 '전북 1가 1111'의 번호판을 단 총장의 관용차는 학생들한테 둘러싸이고 말았다. 학생들은 중구난방으로 교련수업을 받아야 할 학생들이 관제데모에 나오게 된 경위를 밝히라고 요구했다. 영문을 모르는 총장은 굳은 얼굴로 가만히 앉아 있기만 했다. 성질 급한 학생들은 총장 차를 발로 차기도 했다. 대학본부에서 학생과 직원들과 학생처장이 내려와 나한테 사태를 수습하라고 했다.

"무슨 말을 하는 겁니까, 지금? 지금 이 사태가 누구 때문에 벌어진 일인데요? 학군단장이 직접 나와 사건의 전말을 밝히고 사과를 하지 않는 이상 학생들의 흥분은 가라앉지 않을 겁니다. 이건 자연발생적인 시위라구요."

"알았어, 알았다구. 하지만 학군단장이 어디 있는지 알아야지. 일단 총장님은 보내드리자고."

학생과장이 사정조로 나왔다. 나는 은근히 화가 났다.

"나한테 말하지 말고 학생들한테 직접 얘기하세요."

나는 뒤로 물러섰다. 학생과장이 내 손을 잡았다.

"우리 그러지 말자."

애원하는 학생과장의 손을 뿌리치고 돌아섰다.

"이번 일의 책임은 분명 학교측에 있어요. 학군단에서 안기부원이 나오는 걸 내 눈으로 똑똑히 보았고, 정문 수위실에 김해성이가 있는 것도 봤다구요. 어떻게 관제데모를 조작해낼 생각을 다 했어요? 그래서 전국에서 최초로 전북대학교 학생들이 금강산댐 규탄대회를 열었다고 뉴스시간에 방송되면 좋을 줄 알았어요? 우리 학우들을 그렇게 만만하게 보면 큰코 다쳐요."

학생과장과 내가 실랑이를 벌이는 사이에 총장이 차에서 내렸다. 총장은 일언반구의 말도 없이 학생과 직원들한테 둘러싸여 대학본부로 걸어가고 말았다. 학생들은 격분해서 총장의 뒤를 따랐다. 총장의 관용차는 다른 장소로 가지 못하게 학생들이 막았다. 총장의 차는 대학본부 앞으로 옮겨졌다.

대학본부 앞에 모인 학생들은 흥분을 가라앉히지 못하고 총장의 직접 해명과 사과를 요구했다. 한번 총장실로 들어간 총장은 코빼기도 비치지 않았다. 그러던 중에 학생들이 총장의 관용차를 뒤집어버렸다. 나는 대학본부 앞의 현관에서 그 모습을 바라보고 있었다.

"야, 도상아. 꼭 그런 식으로 해야 하겠냐?"

학생처장이었다.

"학생들을 저렇게 흥분시킨 원인은 총장님한테 있는 줄 모르고 그런 말을 하시는 겁니까?"

나도 은근히 화가 났다.

"총장님한테 무슨 죄가 있다고 그래?"

"아니, 학교의 최고책임자가 바로 총장 아닙니까? 관제데모를 했는데 총장이 모른다니 말이나 됩니까? 그리고 사실 총장이 나와서 잘못했다, 다시는 이런 일이 없도록 하겠다, 이런 정도로 사과만 하면 간단히 끝날 일을 왜 이렇게 어렵게 만들어요?"

"총장님 정도나 되는 어른이 제자들 앞에서 쉽게 사과를 하면 체면이 뭐가 되겠냐? 네가 나서서 어떻게 수습을 해봐!"

"처장님도 참 답답하십니다. 내가 어떻게 수습을 합니까? 수습은 총장
이 해야지요."

와아!

그때였다. 총학생회장 순석이가 학생들 앞에 나타났다. 학생들은 환호
성을 지르며 순석이를 맞이했다. 순석이는 핸드 마이크를 들고 학교당국
과 반공이데올로기 공세를 펼치는 전두환 정권의 말기증세를 강도 높게
비판했다. 학생들은 순석이의 비판에 아낌없는 갈채를 보냈다. 순석이가
나타나자 학생들은 자발적으로 대열을 지어 앉았고 약식 토론회가 벌어졌
다. 건국대 학생들의 위대한 투쟁을 계승하자는 윤덕이의 주장이 설득력
있게 들렸다.

총장이 대학본부로 들어가 꽁꽁 숨어버린 지 두 시간이 넘게 흘렀다. 그
러자 익히 얼굴을 알고 있는 학생 하나가 뒤집어진 총장의 관용차에서 휘
발유를 꺼내 자동차 안에 뿌리기 시작했다.

"야, 저러다 총장차 태우는 거 아니야? 가서 좀 말려!"

학생처장이 내 등을 떠밀었다. 그러나 이미 총장의 관용차에는 불이 붙
은 뒤였다. 학생과 직원들이 소방호스를 끌고 와 불을 끄려 했다. 그것을
동규가 말렸다.

칠흑같이 어두운 밤하늘 가운데에 거대한 불기둥이 솟았다. 총장의 관
용차는 오래지 않아 잿더미로 변하고 말았다. 학생들은 내일을 약속하고
는 해산했다.

제적, 수배 그리고 투옥

나는 삼례에 있는 성훈이의 자취방으로 갔다. 내 자취방으로 갔다가 무
슨 일이 생길지 몰랐기 때문이었다. 성훈이와 이런저런 이야기를 하고 잠
이 들었다.

다음날 학교에 가니 분위기가 뒤숭숭했다. 전날 약속한 집회는 이루어
지지 않았다. 그날도 삼례로 가서 잠을 잤다. 새벽이었다. 성훈이가 나를
흔들어 깨웠다.

“형, 축하해. 제적당했어.”

“뭐?”

나는 깜짝 놀랐다. 제적을 당하다니 믿을 수가 없었다. 성훈이가 〈동아일보〉를 내밀었다. 사회면에 내가 제적당했다는 5단기사가 나와 있었다. 나뿐만이 아니었다. 윤덕이를 비롯한 많은 학생이 총장의 관용차를 태웠다는 이유로 제적이 된 것이었다.

당장 채비를 차려 학교로 숨어들었다. 제적과 동시에 수배가 떨어져 특별히 조심하지 않으면 곤란했다. 학교에 가자 마자 대학본부의 학생과로 들어가니 학생처장이 있었다.

“아니, 무엇 때문에 내가 제적당해야 하는 겁니까?”

“제적 명단은 우리가 작성한 것이 아니네.”

“그럼, 누가 제적시켰다는 겁니까?”

“뻔히 알면서 왜 그러나?”

그때 안기부의 김해성이가 학생과로 들어왔다. 나는 김해성을 노려보았다. 김해성은 움찔 놀라더니 부리나케 밖으로 나갔다.

“처장님! 이래도 되는 겁니까? 아무리 안기부에서 명단을 보냈다 해도 나는 총장차 근처에도 가지 않았는데 제적이라니 너무하는 거 아니에요?”

“우리도 어쩔 수 없었네.”

학생처장은 발뺌을 했다. 나는 치미는 화를 어쩌지 못하고 담배에 불을 붙여 창가에 섰다.

“아니?”

어느새 백골단이 몰려와 대학본부를 에워싸고 있었다. 김해성이가 연락한 게 분명했다. 나는 총학생회실로 전화를 걸었다. 그러자 즉시 각목으로 무장한 100여 명의 학생들이 대학본부로 몰려왔다.

“대학본부에도 불이 나고 싶지 않으면 당장 백골단을 철수시키세요. 처장님 눈으로도 직접 보셔서 알겠지만 이게 뭡니까?”

“알았네.”

학생들과 백골단이 서로 싸움을 시작할 즈음에 처장이 급히 밖으로 나갔다. 잠시 후 백골단이 철수하기 시작했다. 나는 학생들의 보호를 받으며 무사히 총학생회실로 갔다.

제적소식이 전해지자 학교 전체가 들썩이기 시작했다. 모든 단과대학이 제적철회를 요구하며 무기한 수업거부에 들어갔다. 대학본부 앞에서는 1만여 명이 넘는 학생들이 몰려나와 시위를 했다. 그러나 학교당국은 요지부동이었다.

재판결과는 뻔했지만

우여곡절 끝에 연행되어 전북도경으로 넘어가게 되었다. 전북도경에는 총장의 관용차 사건 때문에 특별수사본부가 설치되어 있었다. 도경에 들어가니 조서를 꾸밀 이유도 없을 지경이었다. 형사들은 이미 자신들의 구미에 맞게 조서를 만들어놓고 있었던 것이다. 나는 총장의 관용차 주변에 가까이 가지도 않았다. 그런데 보닛 앞에 순석이와 함께 서 있다가 차를 뒤집고 불을 질렀다는 것이었다.

어이가 없었다. 내가 아니라고 주장을 해도 아무런 소용이 없었다. 나는 학생처장과 함께 있었다고 알리바이를 주장했지만 받아들여지지 않았다. 그것은 검찰에서도 마찬가지였다. 검사도 나의 알리바이는 아예 외면해버렸다.

교도소로 넘어갔다. 교도소에서 학교선배인 한승헌 변호사를 처음으로 만나게 되었다. 몸매가 작고 인자한 느낌을 주는 어른이셨다. 서울에서 전주까지 변론을 위해 오신다는 말을 듣고 놀랐다.

당시 전주에서 활동하고 있던 인권변호사들은 거의가 정치적인 야심을 갖고 있었다. 그래서 나는 변호사들을 별로 신뢰하지 않고 있었다. 그들은 진정한 의미에서 변론을 하기보다는 피고인이 반성하고 있으니 선처해달라는 투였다. 나는 후배들의 재판을 지켜보면서 정치적인 변호사들의 변론을 한심하다고 느끼고 있던 차였다.

그런데 서울에서 활동하시는 한승헌 변호사가 직접 전주에 와서 우리들의 재판을 변론한다니 가슴이 울렁거렸다. 물론 재판결과는 뻔했다. 판사들도 우리들의 무죄를 인정하지 않았다.

세월이 흘러 금강산댐을 이용한 북한의 수공水攻위협은 안기부와 전두환의 조작으로 판명나고 말았다. 그것에 속아 코흘리개까지 푼돈을 내게 하여 이른바 평화의 댐을 건설한다는 등의 정치쇼를 우리 국민들은 마취 상태에서 지켜보았다.

개인적으로 보면 그때의 짧은 투옥생활이 내 인생을 바꾸어놓았다. 시인이 되고 싶었던 나는 교도소에서 소설가가 되었다. 박종철의 고문살인을 계기로 나는 소설을 쓰기로 작정하였고 출감되자 마자 작품활동을 시작했다. 만약 그때의 투옥경험이 없었다면 지금의 내가 존재하지 않을지도 모르는 일이다.

격동의 한국 현대사와 함께 숱한 고난을 헤치고 지금의 자리에 서 계시는 한승헌 변호사님을 생각하면 절로 고개가 숙여진다. 지금도 이땅의 민주화와 통일을 위해 헌신하고 계시는 한승헌 변호사님의 자랑스러운 활동의 맨 뒤에 서서 나는 오늘도 조국의 하늘을 본다.

전 주 지 방 검 찰 청

(3-5151)

86 형 제 10813, 11248 호	1986 . 12. 15.
수 신 전주지방법원	발 신 전주지방검찰청
	검 사 김성찬

제 목 공소장

아래와 같이 공소를 제기합니다.

피 고 인	① 본　　　적 ② 주　　　거 ③ 직　　　업 ④ 주민등록번호 ⑤ 성　　　명 ⑥ 생 년 월 일	별지와 같음
⑦ 죄　　명	가. 집회 및 시위에 관한 법률위반 나. 공용자동차 방화	
⑧ 적　용 　법　조	각 집회 및 시위에 관한 법률 제3조 제1항 제4호(1, 2, 3, 6) 동 법률 제14조 제1항 (4-8)동 법률 제14조 제3항 (1)형법 제165조, (1, 3, 6, 7, 8) 형법 제37조, 제38조.	
⑨ 신　　병	1986 . 11 . 17 . (3, 5, 4) / 11 . 27 . (1) 　　　　11 . 17 . (2, 6, 7, 8) 구속	
⑩ 변호인		

첨　부 : 1. 구속영장 8통　　　　2. 변호인 선임계　통

3. 피의자 수용증명 8통　　4. 구속기간연장결정서 8통

별지 (피고인 표시)

본적 △△△△△△
주거 전북 부안군 부안읍 향교리 349-2
1. 가,나 학생   김순석
                    1963. 10. 19.생 (23세)
                    △△△△△△-△△△△△△

본적 △△△△△△
주거 전북 부안군 하서면 백련리 1051
2. 가 학생   송병철
                    1963. 3. 25.생 (23세)
                    △△△△△△-△△△△△△

본적 △△△△△△
주거 전주시 효자동3가 36-1
3. 가 학생   오석헌
                    1964. 1. 16.생 (22세)
                    △△△△△△-△△△△△△

본적 △△△△△△
주거 상동
4. 가 학생   김형철
                    1964. 9. 11.생 (20세)
                    △△△△△△-△△△△△△

본적 △△△△△△
주거 상동

5. 가　학생　　　　　양경자
　　　　　　　　　　1966. 9. 11.생 (20세)
　　　　　　　　　　△△△△△△-△△△△△△

본적 △△△△△△
주거 서울 동작구 사당 4동 236-8
6. 가　학생　　　　　정도상
　　　　　　　　　　1960. 1. 3.생 (26세)
　　　　　　　　　　△△△△△△-△△△△△△

본적 △△△△△△
주거 전주시 전북2동 1159-22
7. 가　학생　　　　　김윤덕
　　　　　　　　　　1966. 5. 23.생 (20세)
　　　　　　　　　　△△△△△△-△△△△△△

본적 △△△△△△
주거 상동
　　8. 가　학생　　　박동규
　　　　　　　　　　1961. 7. 12.생 (25세)
　　　　　　　　　　△△△△△△-△△△△△△

공 소 사 실

피고인 김순석은 전북대학교 자연대학 전산통계학과 4학년에 재학중이면서, 동대학교 총학생회장으로 일하는 사람, 피고인 송병철은 위 대학교 인문과학대학 사학과 3학년에 재학중이면서 동 대학교 총학생회 총무부장으로 일하는 사람, 피고인 오석헌은 위 대학교 사범대학 물리교육과 3학년에 재학중이면서 동대학교 헌특분쇄투쟁위원장으로 일하다가 1986. 8. 15. 제적된 사람, 피고인 김형철은 위 대학교 사범대학 지구과학교육과 3학년에 재학중이면서 동 대학교 사범대학 학생회장으로 일하던 사람, 피고인 양경자는 위 대학교 사범대학 국민윤리교육과 3학년에 재학중인 사람, 피고인 정도상은 위 대학교 인문과학대학 독문과 3학년에 재학중인 사람, 피고인 김윤덕은 위 대학교 상과대학 회계학과 2학년에 재학중인 사람, 피고인 박동규는 위 대학교 인문과학대학 철학과 3학년에 재학중인 사람인 바,

1. 피고인 김순석은 당국에 신고하지 아니한 채

1986. 11. 4. 13:00부터 동일 16:30경까지 전북대학교 제1학생회관 앞에서 상피고인 김윤덕, 동 박동규 등 동 대학교 학생 약 150여 명이 모인 가운데 '학생의 날 유인물 및 제문'을 낭독한 후 "독재정권 물러가라" "군부독재 타도하고 미제 축출하여 민족민주정부 수립하자"는 등 구호를 외치고, '임을 위한 행진곡' '5월의 노래' 등을 선창하여 위 김윤덕 등 참가한 학생들로 하여금 따라하게 하고, 제지하는 경찰관에게 돌과 화염병을 던져서 현저히 사회적 불안을 야기할 우려가 있는 집회 및 시위를 주관하고,

2. 피고인 김윤덕, 동 박동규는 공동하여

전항 일시경 같은 장소에서 상피고인 김순석이 주관하는 동 시위가 현저히 사회적 불안을 야기할 우려가 있는 집회 및 시위라는 것을 알면서도 위 김순석이 제창하는 구호와 노래를 따라하고, 제지하는 경찰관을 향하여 돌과 화염병을 던져서 동 집회 및 시위에 참가하고,

3. 피고인 김순석, 동 송병철은 공동하여 당국에 신고하지 아니한 채 1986. 11. 12. 16:30경 전주시 덕진동 1가 664의 14소재 전북대학교 제1학생회관 앞 노상에서, 피고인 송병철이 핸드마이크를 들고 성명불상의 학생 약 200명이 둘러싸고 있는 가운데 때마침 동 대학교 총장 김원섭이 밖에서 일을 마친 다음 전북 1가 1111호 로얄싸롱 승용차를 타고 학교로 들어오는 것을 가로막으면서, 그날 오후 동 대학교 자연대학 2호관 앞 잔디밭에서 열린 호우회 주최 금강산댐 건설저지 규탄대회에 교련수강생 등을 동원하였다는 데 진상을 설명하라고 요구하였으나 위 김원섭이 진상을 보고받은 다음에 설명하겠다고 하면서 대학본부 건물에 있는 총장실로 돌아간 후 나오지 않는다는 이유로, 피고인 송병철이 앞장서서 핸드마이크를 통하여 어용총장 물러가라, 총장은 공개사과하라, 어용언론 물러가라, 교련교육 악용 말라는 등의 구호와 임을 위한 행진곡, 5월의 노래, 농민가 등의 노래를 부르고, 그곳에 둘러싸고 있는 성명불상의 학생 약 200여 명이 따라 부르다가 피고인 송병철이 전시 승용차 위에 올라타고 위와 같은 구호와 노래를 선창하는 가운데 그차를 둘러싸고 있던 성명불상의 학생들이 후창하면서 동 승용차를 밀고 그곳으로부터 약 150미터 가량 떨어진 대학본부 앞에 도착한 다음 대학본부 앞에서 피고인 송병철의 지도 아래 어용총장 물러나라, 총장은 공식 사과하라, 교련교육 악용 말라, 케이.비.에스.는 자폭하라 등의 구호와 위와 같은 노래를 부르면서 총장이 나와서 해명할 것을 요구하였으나 위 김원섭이 나오지 않는다는 이유로 동 시위에 참가한 성명불상의 학생 약 100여 명이 위 대학교 본부 건물 안으로 들어갔으나 2층으로 올

라가는 계단 철제문이 닫혀서 올라갈 수 없게 되자, 다시 동건물 밖으로 나와, 위 승용차를 둘러싸고 한 쪽을 들어올리는 방법으로 동 승용차를 뒤집어 엎고, 그 무렵인 동일 19:30경 피고인 김순석이 그곳에 도착 합세하여 위와 같은 구호를 외치고 노래를 부르는 등 시위를 주도하다가 위 김원섭이 그곳에 나와 관제데모는 있을 수 없는 일이며 공개사과문을 작성하여 붙이겠다고 해명하다가 그곳에 모여 있는 성명불상의 학생 등이 기히 나간 왜곡보도를 정정하라고 요구할 때 그에 대하여 정확한 답변을 피한 채 들어가려 한다는 이유로 총장 잡으라고 외치면서 일제히 본부건물 안으로 들어갔으나 2층으로 통하는 계단이 폐쇄되어서 총장실에 들어갈 수 없게 되자 동 건물의 현관 유리창 26매 시가 금 700,000원 상당, 에리베이터 외문 시가 금 1,000,000원 상당, 숙직실과 안내실의 출입문 시가 금 100,000원 상당, 소화전 1매 시가 금 100,000원 상당을 손괴한 후 다시 동건물 밖으로 나가서, 피고인 김순석이 핸드마이크를 통하여 모여 있는 학생들에게 전시 승용차를 지적하면서 불을 지를까요 지르지 말까요 여러 차례 소리치고, 모여 있는 학생들이 불을 지르자고 고함을 지르자 피고인 김순석이 그렇다면 불을 지르기로 하겠다고 선언한 직후 그곳에 있던 성명불상자가 동 승용차 위에 기름을 뿌린 다음 솜뭉치에 불을 붙여 던짐으로써, 동 승용차 시가 금 12,400,000원 상당을 소훼하는 등 현저히 사회적 불안을 야기시킬 우려가 있는 집회 및 시위를 주관하고,

4. 피고인 김순석은 성명불상자 약 200명과 공동하여
1986. 11. 12. 21:20경 전북대학교 본부 앞에서, 전항과 같이 공용에 공하는 자동차인 전북 1가 1111호 로얄싸롱 승용차 1대 시가 금 12,400,000원에 불을 놓아 이를 소훼하고,

5. 피고인 김형철, 동 양경자, 동 박동규는 상피고인 송병철, 동 김순석이 위 제3항과 같이 주관하는 집회 및 시위가 현저히 사회적 불안을 야기할 우려가 있는 집회 및 시위라는 것을 알면서도 상피고인 정도상, 동 김

윤덕 및 성명 불상자 등 약 200명과 공동하여,

1986. 11. 12. 16:30경 위 대학교 제1학생회관 앞 노상에서, 상피고인 송병철이 동대학교 총장 김원섭에게 위 제3항과 같이 항의하면서 구호와 노래를 선창할 때 이를 따라 후창하고, 상피고인 송병철이 전시 승용차 위에 올라타고 성명불상의 학생 등 약 200명이 동 승용차를 밀고 그곳으로부터 약 150미터 멀어진 동대학교 본부 앞까지 갈 때 함께 밀면서 따라가고, 상피고인 송병철, 동 김순석이 동 대학교 본부 앞에서 총장이 직접 나와 해명할 것을 요구하는 가운데 핸드 마이크로 어용총장 물러가라, 교련 교육 악용 말라, 케이.비.에스.는 자폭하라는 등의 구호와 임을 위한 행진곡, 오월의 노래, 농민가 등의 노래를 선창할 때 이를 따라 후창하는 등 동집회 및 시위에 참가하고,

6. 피고인 정도상은 상피고인 송병철이 위 제3항과 같이 주관하는 집회 및 시위가 현저히 사회적 불안을 야기할 우려가 있는 집회 및 시위라는 것을 알면서도, 상피고인 김형철, 동 양경자, 동 김윤덕, 동 박동규 및 성명불상자 등 약 200명과 공동하여

1986. 11. 12. 16:30경 동일 17:00경까지 위 대학교 제1학생회관 앞 노상에서, 상피고인 송병철이 동대학교 총장 김원섭에게 위 제3항과 같이 항의하면서, 구호와 노래를 선창할 때 이를 따라 후창하는 등 동집회 및 시위에 참가하고,

7. 피고인 김윤덕은 상피고인 송병철, 동 김순석이 위 제3항과 같이 주관하는 집회 및 시위가 현저히 사회적 불안을 야기할 우려가 있는 집회 및 시위라는 것을 알면서도, 상피고인 김형철, 동 양경자, 동 정도상, 동 박동규 및 성명불상자 등 약 200명과 공동하여

1986. 11. 12. 16:30경 위 대학교 제1학생회관 앞 노상에서, 상피고인 송병철이 동대학교 총장 김원섭에게 위 제3항과 같이 항의하면서 구호와 노래를 선창할 때 이를 따라 후창하고, 상피고인 송병철이 전시 승용차 위

에 올라타고 성명불상의 학생 등 약 200명이 동 승용차를 밀고 그곳으로부터 약 150미터 떨어진 동대학교 본부 앞까지 갈 때 함께 밀면서 따라가고, 상피고인 송병철, 동 김순석이 동 대학교 본부 앞에서 총장이 직접 나와 해명할 것을 요구하는 가운데 핸드마이크로 어용총장 물러가라, 교련교육 악용 말라, 케이.비.에스.는 자폭하라는 등의 구호와 임을 위한 행진곡, 오월의 노래, 농민가 등의 노래를 선창할 때 이를 따라 후창하고, 위대학교 총장 김원섭이 동대학교 본부건물 앞에 나와서 시위학생들에게 관제 데모는 있을 수 없는 일이며, 공개사과문을 작성하여 붙이겠다고 하였으나, 그곳에 모여 있는 성명불상의 학생 등 약 200명이 기히 나간 왜곡보도를 정정하라고 요구하자 정확한 답변을 피한 채 들어가려 한다는 이유로 총장 잡으라고 외치면서 일제히 본부 건물 안으로 들어갈 때 따라 들어가서, 피고인이 삽을 휘두르고 성명불상자 등이 각목을 휘두르면서 돌과 재떨이를 집어던져서, 현관 유리창 26매, 시가 금 700,000원 상당, 에리베이터 외문 시가 금 1,000,000원 상당 숙직실과 안내실의 출입문 시가 금 100,000원 상당, 소화전 1매 시가 금 100,000원 상당을 손괴하는 등 동집회 및 시위에 참가하고,

8. 피고인 김순석, 동 오석헌은 공소 외 송병화와 공동하여 당국에 신고하지 아니한 채

1986. 11. 13. 12:00경 위 대학교 학생회관 앞에서 피고인 등과 위 송병화가 핸드마이크를 이용하여 "오늘이 전태일 16주기이니 함께 모여 추도식을 합시다"라고 외치면서 동 대학교 도서관, 법과대학, 상과대학, 인문대학, 사범대학 앞을 돌아다니는 방법으로 성명불상의 학생 약 300명을 모이게 한 다음 위 대학교 제1학생회관에서 전시 성명불상의 학생 약 300명이 지켜보는 가운데 간단한 추도식을 올린 후, 피고인 등과 위 송병화가 "지명총장 물러가라" "강제동원 중지하라" "연행학생 석방하라" 등의 구호를 외쳐서 그곳에 모여든 학생들로 하여금 따라 외치게 하고 동일 21:00경 경찰이 출동하여 해산시키려 하자 화염병 10개 가량과 깨어진 벽돌 등

을 던져서 현저히 사회적 불안을 야기할 우려가 있는 집회 및 시위를 주관
하고,

9. 피고인 박동규는

전항 일시경 같은 장소에서 상피고인 김순석 등이 주관하는 동집회 및
시위가 현저히 사회적 불안을 야기할 우려가 있는 집회 및 시위라는 것을
알면서도, 위 김순석 등이 선창하는 구호와 노래를 따라하고, 진압하는 경
찰관을 향하여 돌과 화염병을 던져서 동 집회 및 시위에 참가하고,

10. 피고인 김순석, 동 오석현은 공소 외 송병화와 공동하여, 당국에 신
고하지 아니한 채

1986. 11. 14. 13:40경부터 동일 20:50경까지 위 대학교 본부 앞에서 성
명불상의 학생 약 500명을 이끌고 위 제8항과 같이 구호와 노래를 선창하
여 그곳에 참가한 성명불상의 학생들로 하여금 따라하게 하고, 진압하는
경찰관을 향하여 돌과 화염병을 던지고, 위 성명불상의 학생들이 위 본부
건물을 향하여 깨진 보도블럭을 던져서 유리창 30매 시가 금 90,000원 상
당, 현관문 유리 1매 시가 금 230,000원 상당을 손괴하는 등 현저히 사회
적 불안을 야기할 우려가 있는 집회 및 시위를 주관하고,

11. 피고인 박동규는

전항 일시경 같은 장소에서 상피고인 김순석 등이 주관하는 집회 및 시
위가 현저히 사회적 불안을 야기할 우려가 있는 집회 및 시위라는 것을 알
면서도 위 김순석 등이 선창하는 구호와 노래를 따라하고 진압하는 경찰
관을 향하여 깨진 보도블럭을 던져서 유리창 30매 시가 금 90,000원 상당,
현관문 유리 1매 시가 금 230,000원 상당을 손괴하는 등 동 집회 및 시위
에 참가하고,

12. 피고인 김순석은, 당국에 신고하지 아니한 채

가. 1986. 11. 17. 13:00경부터 동일 18:00경까지 전북대학교 본부 앞에
서 동 대학교 학생 약 1,500여 명이 모인 가운데, 왜곡보도 시정하라, 연행
학생 석방하라 등의 구호와 임을 위한 행진곡, 5월의 노래, 농민가 등을 선
창하여 그곳에 참가한 학생들로 하여금 따라하게 하고, 제지하는 경찰관
을 향하여 돌과 화염병을 던져서 현저히 사회적 불안을 야기할 우려가 있
는 집회 및 시위를 주관하고,

나. 1986. 11. 18. 13:00경부터 동일 18:30경까지 같은 장소에서 동 대학
교 학생 약 200명이 모인 가운데 전항과 같은 방법으로 현저히 사회적 불
안을 야기할 우려가 있는 집회 및 시위를 주관하고,

13. 피고인 정도상은 당국에 신고하지 아니한 채

1986. 11. 25. 13:00경부터 동일 15:30경까지 전북대학교 중앙도서관
앞에서 동 대학교 학생 약 100여 명이 모인 가운데 "장기집권 저지하자"
"어용총장 물러가라"는 등의 구호와 5월의 노래, 농민가 등의 노래를 선
창하여 그곳에 참가한 위 학생들로 하여금 따라하게 하고, 제지하는 경찰
관을 향하여 돌과 화염병을 던져서 현저히 사회적 불안을 야기할 우려가
있는 집회 및 시위를 주관한 것이다.

전 주 지 방 법 원
형 사 부

판　결

사　　건　　89고합 303
　　　　　　가. 집회 및 시위에 관한 법률위반 (일부)
　　　　　　나. 공용자동차 방화

피 고 인　　1. 가. 나. 김순석 학생　1963. 10. 19. 생
　　　　　　주거　전북 부안읍 향교리 349의 2
　　　　　　본적　△△△△△△
　　　　　　2. 가. 송병철 학생　1963. 3. 25. 생
　　　　　　주거　전북 부안군 하서면 백련리 1051
　　　　　　본적　△△△△△△
　　　　　　3. 가. 김형철 학생　1964. 11. 8. 생
　　　　　　주거 및 본적　△△△△△△△
　　　　　　4. 가. 양경자 학생　1966. 9. 11. 생
　　　　　　주거 및 본적　△△△△△△
　　　　　　5. 가. 정도상 학생　1960. 1. 3. 생
　　　　　　주거　서울 동작구 사당 4동 236의 8
　　　　　　본적　△△△△△△
　　　　　　6. 가. 김윤덕　1966. 5. 23. 생
　　　　　　주거　전주시 진북 2동 1159의 22
　　　　　　본적　△△△△△△

7. 가. 박동규 학생   1951. 7. 12. 생
주거 및 본적   △△△△△△

주   문   피고인 김순석을 징역 1년 6월에, 같은 송병철, 같은 정도
상을 각 징역 1년에, 같은 김형철, 같은 양경자, 같은 김윤
덕, 같은 박동규를 각 징역 8월에 각 처한다.

이 판결 선고 전의 각 구금일수 중 피고인 김순석에 대하여는 100일을,
같은 송병철, 같은 정도상, 같은 김윤덕, 같은 박동규에 대하여는 각 95일
을, 같은 김형철, 같은 양경자에 대하여는 각 110일을 피고인들에 대한 위
각 형에 산입한다. 그러나, 이 판결확정일로부터 피고인 김형철, 같은 양
경자, 같은 김윤덕, 같은 박동규에 대하여는 각 1년간, 같은 정도상에 대
하여는 2년간 위 피고인들에 대한 위 각 형의 집행을 유예한다.

이   유

범죄사실   피고인 김순석은, 전북대학교 자연대학 전산통계학과 4학
년에 재학중이면서, 위 대학교 총학생회장으로 일하는 사람, 같은 송병철
은, 위 대학교 인문과학대학 사학과 3학년에 재학중이면서 위 대학교 총
학생회 총무부장으로 일하는 사람, 같은 김형철은, 위 대학교 사범대학 지
구과학교육과 3학년에 재학중이면서 위 대학교 사범대학 학생회장으로
일하던 사람, 같은 양경자는, 위 대학교 사범대학 국민윤리교육과 3학년
에 재학중인 사람, 같은 정도상은 위 대학교 인문과학대학 독문과 3학년
에 재학중인 사람, 같은 김윤덕은 위 대학교 상과대학 회계학과 2학년에
재학중인 사람, 같은 박동규는 위 대학교 인문과학대학 철학과 3학년에
재학중인 사람인 바,

1. 피고인 김순석은 당국에 신고하지 아니한 채,
1986. 11. 4. 13:00부터 같은 날 16:00경까지 전주시 덕진동 1가 664의
14 소재 전북대학교 제1학생회관 앞에서 상 피고인 김윤덕, 같은 박동규

등 위 대학교 학생 약 150여 명이 모인 가운데 '학생의 날 유인물 및 제문'을 낭독한 후 "독재정권 물러가라", "군부독재 타도하고 미제 축출하여 민족민주정부 수립하자"는 등 구호를 외치고, '임을 위한 행진곡' '5월의 노래' 등을 선창하여 위 김윤덕 등 참가한 학생들로 하여금 따라하게 하고, 제지하는 경찰관에게 돌과 화염병을 던져서 현저히 사회적 불안을 야기할 우려가 있는 집회 및 시위를 주관하고,

2. 피고인 김윤덕, 같은 박동규는 공동하여,

전항 일시경 같은 장소에서 상 피고인 김순석이 주관하는 위 시위가 현저히 사회적 불안을 야기할 우려가 있는 집회 및 시위라는 것을 알면서도 위 김순석이 제창하는 구호와 노래를 따라하고, 제지하는 경찰관을 향하여 돌과 화염병을 던져서 위 집회 및 시위에 참가하고,

3. 피고인 김순석, 같은 송병철은 공동하여, 당국에 신고하지 아니한 채, 1986. 11. 12. 16:30경 위 전북대학교 제1학생회관 앞 노상에서, 같은 송병철이 핸드 마이크를 들고 성명불상의 학생 약 200명이 둘러싸고 있는 가운데 때마침 위 대학교 총장 김원섭이 밖에서 일을 마친 다음 전북 1가 1111호 로얄쌰롱 승용차를 타고 학교로 들어오는 것을 가로막으면서, 그날 오후 위 대학교 자연대학 2호관 앞 잔디밭에서 열린 호우회 주최 금강산댐 건설 지지 규탄대회에 교련수강생 등을 동원하였던 데 진상을 설명하라고 요구하였으나 위 김원섭이 진상을 보고받은 다음에 설명하겠다고 하면서 대학 본부 건물에 있는 총장실로 들어간 후 나오지 않는다는 이유로, 피고인 송병철이 앞장서서 핸드마이크를 통하여 어용총장 물러가라, 총장은 공개사과하라, 어용언론 물러가라, 교련교육 악용 말라는 등의 구호와 임을 위한 행진곡, 5월의 노래, 농민가 등의 노래를 부르고, 그곳에 둘러싸고 있는 성명불상의 학생 약 200여 명이 따라 부르다가 피고인 송병철이 전시 승용차 위에 올라타고 위와 같은 구호와 노래를 선창하는 가운데 그차를 둘러싸고 있던 성명불상의 학생들이 후창하면서 위 승용차를 밀고 그곳으로부터 약

150미터 가량 떨어진 대학본부 앞에 도착한 다음 대학본부 앞에서 피고인 송병철의 지도 아래 어용총장 물러나라, 총장은 공식 사과하라, 교련교육 악용 말라, 케이.비.에스.는 자폭하라 등의 구호와 위와 같은 노래를 부르면서 총장이 나와서 해명할 것을 요구하였으나 위 김원섭이 나오지 않는다는 이유로 위 시위에 참가한 성명불상의 학생 약 100여 명이 위 대학교 본부건물 안으로 들어갔으나 2층으로 올라가는 계단 철제문이 닫혀서 올라갈 수 없게 되자, 다시 위 건물 밖으로 나와, 위 승용차를 둘러싸고 한 쪽을 들어올리는 방법으로 위 승용차를 뒤집어엎고, 그 무렵인 같은 날 19:30경 피고인 김순석이 그곳에 도착 합세하여 위와 같은 구호를 외치고 노래를 부르는 등 시위를 주도하다가 위 김원섭이 그곳에 나와 관제데모는 있을 수 없는 일이며 공개사과문을 작성하여 붙이겠다고 해명하다가 그곳에 모여 있는 성명불상의 학생 등이 기히 나간 왜곡보도를 정정하라고 요구할 때 그에 대하여 정확한 답변을 피한 채 들어가려 한다는 이유로 총장 잡으라고 외치면서 일제히 본부건물 안으로 들어갔으나 2층으로 통하는 계단이 폐쇄되어서 총장실에 들어갈 수 없게 되자 위 건물의 현관 유리창 26매 시가 금 700,000원 상당, 엘리베이터 외문 시가 금 1,000,000원 상당, 숙직실과 안내실의 출입문 시가 금 100,000원 상당, 소화전 1매 시가 금 100,000원 상당을 손괴한 후 다시 위 건물 밖으로 나와서, 피고인 김순석이 핸드마이크를 통하여 모여 있는 학생들에게 전시 승용차를 지적하면서, 불을 지를까요 지르지 말까요 여러 차례 소리치고, 모여 있는 학생들이 불을 지르자고 고함을 지르자 피고인 김순석이 그렇다면 불을 지르기로 하겠다고 선언한 직후 그곳에 있던 성명불상자가 위 승용차 위에 기름을 뿌린 다음 솜뭉치에 불을 붙여 던짐으로써, 위 승용차 시가 금 12,400,000원 상당을 소훼하는 등 현저히 사회적 불안을 야기시킬 우려가 있는 집회 및 시위를 주관하고

4. 피고인 김순석은 성명불상자 약 200명과 공동하여,
1986. 1. 12. 21:20경 위 전북대학교 본부 앞에서, 전항과 같이 공용에 공하는 자동차인 전북 1가 1111호 로얄싸롱 승용차 1대 시가 금

12,400,000원 상당에 불을 놓아 이를 소훼하고,

5. 피고인 김형철, 같은 양경자, 같은 박동규는 상 피고인 송병철, 같은 김순석이 위 제3항과 같이 주관하는 집회 및 시위가 현저히 사회적 불안을 야기할 우려가 있는 집회 및 시위라는 것을 알면서도 상 피고인 정도상, 같은 김윤덕 및 성명불상자 등 약 200명과 공동하여,

1986. 11. 12. 16:30경 위 대학교 제1학생회관 앞 노상에서, 상 피고인 송병철이 위 대학교 총장 김원섭에게 위 제3항과 같이 항의하면서 구호와 노래를 선창할 때 이를 따라 후창하고, 상 피고인 송병철이 전시 승용차 위에 올라타고 성명불상의 학생 등 약 200명이 위 승용차를 밀고 그곳으로부터 약 150미터 떨어진 위 대학교 본부 앞까지 갈 때 함께 밀면서 따라가고, 상 피고인 송병철, 같은 김순석이 위 대학교 본부 앞에서 총장이 직접 나와 해명할 것을 요구하는 가운데 핸드마이크로 어용총장 물러가라, 교련교육 악용말라, 케이.비.에스는 자폭하라는 등의 구호와 임을 위한 행진곡, 오월의 노래, 농민가 등의 노래를 선창할 때 이를 따라 후창하는 등 위 집회 및 시위에 참가하고,

6. 피고인 정도상은 상 피고인 송병철이 위 제3항과 같이 주관하는 집회 및 시위가 현저히 사회적 불안을 야기할 우려가 있는 집회 및 시위라는 것을 알면서도, 상 피고인 김형철, 같은 양경자, 같은 김윤덕, 같은 박동규 및 성명불상자 등 약 200명과 공동하여,

1986. 11. 12. 16:30경부터 같은 날 17:00경까지 위 대학교 제1학생회관 앞 노상에서, 상 피고인 송병철이 위 대학교 총장 김원섭에게 위 제3항과 같이 항의하면서, 구호와 노래를 선창할 때 이를 따라 후창하는 등 위 집회 및 시위에 참가하고,

7. 피고인 김윤덕은 상 피고인 송병철, 같은 김순석이 위 제3항과 같이 주관하는 집회 및 시위가 현저히 사회적 불안을 야기할 우려가 있는 집회

및 시위라는 것을 알면서도, 상 피고인 김형철, 같은 양경자, 같은 정도상,
같은 박동규 및 성명불상자 등 약 200명과 공동하여,

1986. 11. 12. 16:30경 위 대학교 제1학생회관 앞 노상에서 상 피고인
송병철이 위 대학교 총장 김원섭에게 위 제3항과 같이 항의하면서 구호와
노래를 선창할 때 이를 따라 후창하고, 상 피고인 송병철이 전시 승용차
위에 올라타고 성명불상의 학생 등 약 200명이 위 승용차를 밀고 그곳으
로부터 약 150미터 떨어진 위 대학교 본부 앞까지 갈 때 함께 밀면서 따라
가고, 상 피고인 송병철, 같은 김순석이 위 대학교 본부 앞에서 총장이 직
접 나와 해명할 것을 요구하는 가운데 핸드 마이크로 어용총장 물러가라,
교련교육 악용 말라, 케이.비.에스는 자폭하라는 등의 구호와 임을 위한
행진곡, 오월의 노래, 농민가 등의 노래를 선창할 때 이를 따라 후창하고,
위 대학교 총장 김원섭이 위 대학교 본부 건물 앞에 나와서 시위학생들에
게 관제 데모는 있을 수 없는 일이며, 공개 사과문을 작성하여 붙이겠다고
하였으나, 그 곳에 모여 있는 성명불상의 학생 등 약 200명이 기히 나간
왜곡보도를 정정하라고 요구하자 정확한 답변을 피한 채 들어가려 한다는
이유로 총장 잡으라고 외치면서 일제히 본부 건물 안으로 들어갈 때 따라
들어가서, 피고인 김윤덕이 삽(증제3호)을 휘두르고 성명불상자 등이 각목
을 휘두르면서 돌과 재떨이를 집어던져서, 현관 유리창 26매 시가 금
700,000원 상당, 엘리베이터 외문 시가 금 1,000,000원 상당, 숙직실과 안
내실의 출입문 시가 금 100,000원 상당, 소화전 1매 시가 금 100,000원 상
당을 손괴하는 등 위 집회 및 시위에 참가하고,

8. 피고인 김순석은 공소 외 오석현, 같은 송병화와 공동하여, 당국에
신고하지 아니한 채,

1986. 11. 13. 12:00경 위 대학교 학생회관 앞에서 피고인 김순석과 위 오
석현, 송병화가 핸드 마이크를 이용하여 "오늘이 전태일 16주기이니 함께 모
여 추도식을 합시다"라고 외치면서 위 대학교 도서관, 법과대학, 상과대학,
인문대학, 사범대학 앞을 돌아다니는 방법으로 성명불상의 학생 약 300명을

모이게 한 다음 위 대학교 제1학생회관에서 전시 성명불상의 학생 약 300명
이 지켜보는 가운데 간단한 추도식을 올린 후, 위 피고인 및 오석현, 송병화
가 "지명총장 물러가라" "강제동원 중지하라" "연행학생 석방하라" 등의 구
호를 외쳐서 그곳에 모여든 학생들로 하여금 따라 외치게 하고 같은 날 21:00
경 경찰이 출동하여 해산시키려 하자 화염병 10개 가량과 깨어진 벽돌 등을
던져서 현저히 사회적 불안을 야기할 우려가 있는 집회 및 시위를 주관하고,

9. 피고인 박동규는,
　전항 일시경 같은 장소에서 상 피고인 김순석 등이 주관하는 전항의 집
회 및 시위가 현저히 사회적 불안을 야기할 우려가 있는 집회 및 시위라는
것을 알면서도, 위 김순석 등이 선창하는 구호와 노래를 따라하고, 진압하
는 경찰관을 향하여 돌과 화염병을 던져서 위 집회 및 시위에 참가하고,

10. 피고인 김순석은 공소 외 오석현, 같은 송병화와 공동하여, 당국에
신고하지 아니한 채,
　1986. 11. 14. 13:40경부터 같은 날 20:50경까지 위 대학교 본부 앞에서
성명불상의 학생 약 500명을 이끌고 위 제8항과 같이 구호와 노래를 선창
하여 그곳에 참가한 성명불상의 학생들로 하여금 따라하게 하고, 진압하
는 경찰관을 향하여 돌과 화염병을 던지고, 위 성명불상의 학생들이 위 본
부건물을 향하여 깨진 보도블록을 던져서 유리창 30매 시가 금 90,000원
상당, 현관문 유리 1매 시가 금 230,000원 상당을 손괴하는 등 현저히 사
회적 불안을 야기할 우려가 있는 집회 및 시위를 주관하고,

11. 피고인 박동규는,
　전항 일시경 같은 장소에서 상 피고인 김순석 등이 주관하는 전항의 집
회 및 시위가 현저히 사회적 불안을 야기할 우려가 있는 집회 및 시위라는
것을 알면서도 위 김순석 등이 선창하는 구호와 노래를 따라하고 진압하
는 경찰관을 향하여 깨진 보도블록을 던져서 유리창 30매 시가 금 90,000

원 상당, 현관문 유리 1매 시가 금 230,000원 상당을 손괴하는 등 위 집회 및 시위에 참가하고,

12. 피고인 김순석은, 당국에 신고하지 아니한 채,

가. 1986. 11. 17. 13:00경부터 같은 날 18:00경까지 위 전북대학교 본부 앞에서, 위 대학교 학생 약 1,500여 명이 모인 가운데, 왜곡보도 시정하라, 연행학생 석방하라 등의 구호와 임을 위한 행진곡, 5월의 노래, 농민가 등을 선창하여 그곳에 참가한 학생들로 하여금 따라하게 하고, 제지하는 경찰관을 향하여 돌과 화염병을 던져서 현저히 사회적 불안을 야기할 우려가 있는 집회 및 시위를 주관하고,

13. 피고인 정도상은 당국에 신고하지 아니한 채,

1986. 11. 25. 13:00경부터 같은 날 15:30경까지 위 전북대학교 중앙도서관 앞에서 위 대학교 학생 약 100여 명이 모인 가운데 "장기집권 저지하자", "어용총장 물러가라"는 등의 구호와 5월의 노래, 농민가 등의 노래를 선창하여 그곳에 참가한 위 학생들로 하여금 따라하게 하고, 제지하는 경찰관을 향하여 돌과 화염병을 던져서 현저히 사회적 불안을 야기할 우려가 있는 집회 및 시위를 주관한 것이다.

증거의 요지
위 판시 각 사실은,
1. 피고인들 및 오석현의 이 법정에서의 판시 각 사실에 일부 부합하는 각 진술
1. 검사 작성의 피고인들 및 오석현에 대한 각 피의자 신문조서 중 판시 각 사실에 부합하는 각 진술 기재
1. 사법경찰리 작성의 노병구, 정동환, 임동성, 김갑생, 최대웅, 강현근, 문동용, 김기환, 임정기에 대한 각 진술조서 및 사법경찰리 작성의 지광해에 대한 진술조서 사본 중 판시 각 사실에 부합하는 각 진술 기재

　1. 김구배, 형성우, 송규용 작성의 각 진술서 중 판시 각 사실에 부합하는 각 진술 기재

　1. 유승준, 김영학, 김승호, 오문균 공동작성의 각 감정서 중 판시 각 사실에 부합하는 각 기재

　1. 압수된 마스크 1개, 삽 1자루, 유인물 5매(전주지방검찰청 86압 제1139 증 제2 내지 8호)의 각 현존

　등을 종합하면 이를 인정할 수 있으므로 결국 판시 각 사실은 모두 그 증명이 있다.

　법령의 적용

　피고인들의 판시 각 행위 중 피고인 김순석의 판시 제1, 제12의 가, 나의 각 행위와 같은 정도상의 판시 제13행위는 각 집회 및 시위에 관한 법률 제14조 제1항, 제3조 제1항 제4호에, 같은 김순석, 같은 송병철의 판시 제3행위와 같은 김순석의 판시제8, 제10의 각 행위는 각 같은 법률 제14조 제1항, 제3조 제1항제4호, 형법 제30조에, 같은 김윤덕, 같은 박동규의 판시 제2행위, 같은 김형철, 같은 양경자, 같은 박동규의 판시 제5행위, 같은 정도상의 판시 제6행위 및 같은 김윤덕의 판시 제7행위는 각 같은 법률 제14조 제3항, 제3조 제1항 제4호, 형법 제30조에, 같은 박동규의 판시 제9, 제11의 가 행위는 각 같은 법률 제14조 제3항, 제3조 제1항 제4호에, 같은 김순석의 판시 제4행위는 형법 제1654조, 제30조에 각 해당하는 바, 공용자동차방화죄의 소정형 중 유기징역형을, 위 각 집회 및 시위에 관한 법률위반죄의 각 소정형 중 징역형을 각 선택하고, 피고인 김순석의 판시 제1, 제3, 제4, 제8, 제10, 제12의 가, 나의 각 죄, 같은 김윤덕의 판시 제2, 제7의 각 죄, 같은 박동규의 판시 제2, 제5, 제9, 제11의 각 죄, 같은 정도상의 판시 제6, 제13의 각 죄는 각각 형법 제37조 전단의 경합범이므로 같은 법 제38조 제1항 제2호, 제50조에 의하여 같은 김순석에 대하여는 형이 가장 무거운 판시 제4의 죄에 정한 형에, 같은 김윤덕에 대하여는 범정이 무거운 판시 제7의 죄에 정한 형에, 같은 박동규에 대하여는 범정이 무거운 판

시 제5의 죄에 정한 형에, 같은 정도상에 대하여는 형이 무거운 판시 제13의 죄에 정한 형에 각 경합범 가중을 하고, 피고인 김순석은 아직 나이 어리고 전에 처벌받은 일이 없는 점 등 정상에 참작할 사유가 있으므로 형법 제53조, 제55조 제1항 제3호에 의하여 작량감경을 하여 각 그 형기범위내에서 피고인 김순석을 징역 1년 6월에, 같은 송병철, 같은 정도상을 각 징역 1년에, 같은 김형철, 같은 양경자, 같은 김윤덕, 같은 박동규를 각 징역 8월에 각 처하고, 같은 법 제57조에 의하여 이 판결 선고 전의 각 구금일수 중 피고인 김순석에 대하여는 100일을, 같은 송병철, 같은 정도상, 같은 김윤덕, 같은 박동규에 대하여는 각 95일을, 같은 김형철, 같은 양경자에 대하여는 각 110일을 피고인들에 대한 위 각 형에 산입하고, 피고인 김형철, 같은 양경자, 같은 김윤덕, 같은 박동규는 각 전에 처벌받은 일이 없고, 이 사건 집회 및 시위 외에 참가의 정도가 그다지 중하지 아니할 뿐만 아니라, 같은 김윤덕, 같은 박동규는 이 사건 범행 이후 수사기관에 자수한 점 등 각 정상에 참작할 사유가 있고, 같은 정도상은 전에 처벌받은 일이 없고 판시 제6의 집회 및 시위에 참가의 정도가 그다지 중하지 아니하며, 이 사건 범행 후 수사기관에 자수하였을 뿐만 아니라 같은 피고인의 홀어머니가 다시는 이러한 일이 없도록 하겠다며 선도를 다짐하는 점 등 역시 정상에 참작할 사유가 있으므로 각 형법 제62조 제1항에 의하여 이 판결 확정일로부터 피고인 김형철, 같은 양경자, 같은 김윤덕, 같은 박동규에 대하여는 각 1년간, 같은 정도상에 대하여는 2년간 위 피고인들에 대한 위 각 형의 집행을 유예한다.

　이상의 이유로 주문과 같이 판결한다.

1987.　3.　7.

재 판 장　　판 사　위병학

판 사　한상곤

판 사　이성훈

42

6월 민주항쟁 사건

피의자　김명윤, 양순직, 계훈제, 박형규, 김병오, 제정구,
오충일, 이규택, 유시춘, 금영균, 송석찬, 지　선,
진　관

범국민적 반독재 민주항쟁의 승리

한승헌 (변호사)

1987년의 6월민주항쟁은 군사독재 정권의 장기지배를 거부하고 우리 사회를 민주화로 이끈 출발점이었다고 평가된다. 그것은 종래의 운동권인 재야·학생·노동자만이 아닌 비운동권의 각계각층 세력까지 참여한 전 국민적 저항운동이었다는 데서 큰 의미를 찾을 수가 있다.

그해의 6월항쟁이 없었다면 6·29선언도 없었고 직선제 개헌도 실현되지 못했을 것이다. 그야말로 온 국민의 힘으로 쟁취한 대통령직선제가 야권의 분열로 말미암아 '죽 쒀서 개 주는' 꼴이 되고 말았지만, 그래도 6월항쟁이 이 나라의 민주화에 큰 전기가 되었음을 부인할 사람은 없다.

1987년 초에 발생한 '박종철 군 고문치사 사건'은 군사독재의 야만성에 대한 전국민적 분노를 일으키기에 충분했고 민추협이 주도한 '2·7 추도대회'와 '3·3 고문추방 민주화 국민대행진'은 비록 당국의 물리적 대응으로 봉쇄되기는 했지만 국민적 저항의 분위기를 조성하는 계기를 마련하였다.

거기에 전두환 대통령의 이른바 '4·13 호헌조치'로 당시의 헌법절차 (선거인단에 의한 대통령 간선)에 의한 수직적 정부이양 방침이 굳어지면서 김대중 씨의 가택연금 등 억압조치가 강화되자 시민들의 공분은 더욱 확산되었다.

마침내 야당세력과 사회운동세력이 연대한 '민주헌법쟁취국민운동본부'가 발족되어(5월 27일) 전국민적 반독재 · 직선제개헌 운동의 추진기구가 되었다.

이 전국적 조직에는 민주통일민중운동연합(민통련)을 비롯한 25개 사회단체, 종교계, 정당의 대표 및 재야민주인사 등 2천1백96명이 발기인으로 참여하였다.

전두환 씨가 노태우 씨를 '차기' 후보로 지명한 바로 그날(6월 10일) 각계각층의 민주화세력이 연대해서 전국각지에서 범국민적 시민항쟁에 돌입하였으니 이것이 역사적인 6월 민주항쟁의 시동이었다.

서울 대한성공회 대성당에서 강행된 '고문살인 은폐규탄 및 호헌철폐 국민대회'를 시작으로 전국적 시위가 같은 시각에 동시다발로 벌어졌다. 오후 6시를 기하여 거리에는 자동차의 경적소리가 일제히 울리기 시작했고 교회와 사찰에서는 타종이 잇따랐다. 서울에서는 6만 명에 이르는 경찰의 진압작전에 맞서 격렬한 투석전과 최루탄 발사로 해가 저문 뒤까지도 시가전 분위기였다. 전국 22개 지역에서는 40여 만 명이 동시다발적 시위투쟁을 전개하였는가 하면 6월 18일의 '최루탄 추방의 날'에는 전국 16개 지역에서 총 50만여 명의 시민이 시위에 참가하였다.

6월 26일의 전국시위에는 34개 시, 4개 군, 2백70여 개 지역에서 도합 1백40여 만 명의 시민이 군부독재 반대와 호헌철폐를 외치며 시위에 참가하였다. 이날의 항쟁으로 전국에서 모두 3천4백67명의 시민 · 학생이 연행되었다.

법조계에서는 그해 6월 5일 74명의 변호사들이 뜻을 모아 국민운동본부에 참여했는데 필자는 운동본부의 상임공동대표를 맡았다.

변호사들은 6월 10일 오후 5시경 당시 광화문에 있던 변호사회관에 모였다. 시위에 나가기 앞서, 대표인 내가 간단하게 시위참여의 변(辯)을 말하고 곧 거리로 나섰다. 약 30명의 변호사들이 광화문 지하도를 벗어나 조선일보사 앞을 지나갈 때까지도 전혀 경찰의 제지를 받지 않았다. 의외였다. 아마도 넥타이를 맨 정장차림의 신사(?)들이 줄지어 나타난 것을 보고 시위대가 아닌 정부쪽 인사들로 오인한 것이 아닌가 싶었다.

그러나 성공회대성당 입구에 접근했을 때 취재기자들이 얼굴을 알아보고 카메라를 들이대는 바람에 경찰의 때늦은 저지를 받았다. 6월 26일의 시위때는 광화문지하도를 나와 종로쪽으로 행진하다가 비각을 지난 후, 곧 백골단과 부딪쳐 몸싸움을 벌인 끝에 해산을 당했다.

아마 변호사의 집단 가두시위는 그것이 역사상 처음이 아니었을까 싶다.

시위가 끝나자, 나는 서울시내 각 경찰서 유치장에 분산수용된 국민운동본부 간부들의 접견순례를 하느라고 바빴다. 최루탄 냄새가 가시지 않은 서울거리, 전경과 닭장차 사이를 뚫고 투석전의 현장을 달리면서 마치 야전군 장교 같은 기분을 느꼈다.

폭풍이 한고비 지나고 전국민적 항쟁의 성과를 어렴풋이 확인할 무렵, 여기저기서 옥내집회가 열렸다. 나도 서울 향린교회에서 열린 강연에 불려나갔다. 앞서 한 연사들이 좋은 말은 다 했으므로 나는 이삭을 줍는 수밖에 없었다.

"이번 6월항쟁이 성공한 것은 성공회에서 시작했기 때문입니다. 이름만 보아도 명당이었으니까요. 또 한 가지는 종전에는 시국문제에 나서지 않던 여러 분야, 여러 계층의 시민들이 참여했기 때문입니다. 심지어 의사들까지도 들고 나섰는데 그중에서도 치과의사들이 제일 먼저 성명을 냈습니다. 치과의사들이 그렇게 나온 이유는 그들은 날이면 날마다 이를 갈면서 살아온 사람들이기 때문이 아니겠습니까."

연단에서 내려오니 박형규 목사가 "방금 그 치과의사 이야기 내가 좀 써먹읍시다"라고 하기에 이렇게 대답했다. "써먹으시되 출처를 꼭 밝혀주십시오. 제가 저작권 전문가인 것 아시지요?"

호헌철폐 국민대회에서
국민 평화대행진까지

한승헌 (변호사)

1987년 1월, 서울대생 박종철 군이 서울 남영동에 있는 치안본부 대공분실에서 가혹한 고문으로 숨졌다. 고문치사라기보다는 살인사건이라고 해야 할 이 천인공노할 만행은 "탁 하고 책상을 쳤더니 억 하고 쓰러지더라"는 유치한 둘러대기에 의해 더욱 큰 분노를 샀다. 한 의사의 용감하고 양심적인 결단(발언)으로 박군의 고문사망이 밝혀지고 천주교정의구현사제단의 폭로에 의하여 그것이 세상에 알려지자 국민들은 경악했고 전두환 정권에 대한 적개심은 극에 달했다. 한편 전두환은 이른바 '4·13호헌선언'을 발표하여 '체육관 대통령선거'를 고수하며 국민적 요구를 걷어찼다. 바로 이 4·13조치는 많은 국민의 저항을 자초했고 학계, 종교계, 언론계, 법조계 등 각계 재야세력과 야당에서는 연달아 반대성명을 내고 시위를 감행하였다. 그리고 5월 27일, 재야 각계 인사와 통일민주당이 동참하는 '민주헌법쟁취국민운동본부'(약칭 '국본')가 결성되었다. 국본은 4·13조치의 무효, 대통령직선제 개헌 관철, 박종철 군 고문치사 및 광주학살사건의 진상규명을 요구했다. 국본은 사회 각 분야를 대표하는 상임공동대표와 상임집행위원(상집) 및 각 분과위원장이 조직과 활동을 이끌어갔다. 그리고 그 산하에는 경향 각지에서 자진참여한 수많은 민주화운동단체, 직능단체들이 있었다. 험한 일은 주로 상집들의 몫이었다.

그런 상집 중에 여류작가인 유시춘 씨가 들어 있어 주목을 받았다. 유씨는 동생인 유시민 씨가 서울대 재학중에 구속된 바 있어 민주화가족협의회(민가협) 초대 총무를 맡아 고역을 감당하는 등 헌신을 한 전력이 있었다. 당시 집권측은 4·13선언에 뒤이어 6월 10일 노태우를 후계자로 지명하는 전당대회를 갖기로 되어 있었다. 국본측은 이에 정면대결하여 같은 날 전국적인 집회·시위를 벌이기로 하고 그 준비를 진행하고 있었다. 경찰의 미행·감시를 피하여 장소를 바꾸어가며 상집들은 치밀한 계획을 진행시켰고, 그런 자리에 유시춘 씨의 모습은 빠지지 않았다. 유씨는 6월항쟁의 점화지점인 서울 성공회 안에 들어가서 현수막, 피켓, 전단, 성명서 등 대회진행에 필요한 것을 챙기는 한편, 외부와의 신속한 연락 등을 맡기로 자청했다.

6월 8일, 국본은 '고문살인은폐 규탄 및 호헌철폐 국민대회'를 6월 10일 오후 6시를 기하여 전국 20개 지역에서 개최한다고 발표했다. 정부는 이를 폭력에 의한 국가전복을 목적으로 한 것이라고 덮어씌우고, 갑호비상령까지 내리면서 그 저지에 혈안이 되었다. 거사의 날 6월 10일 새벽, 성공회 입구에는 이미 중무장한 경찰이 철통같은 저지선을 펴놓고 있었다.

유씨는 성공회 성당의 박종기 신부 밑에 있는 한 청년과 짜고 쇼를 했다. 그가 성당정문으로 들어가려 하자 예상대로 경찰이 제지를 했다. 유씨는 시나리오대로 읊었다. "왜 내 교회를 내가 못 들어가요? 큰일났네, 나 없으면 새벽예배 못 본단 말이오. 신부님한테 크게 야단맞겠네……"라며 엄살을 부렸다. 그때 안에 들어가 있던 그 청년이 쫓아나와서 "이제 오면 어떻게 해요! 피아노 반주가 없으면 예배 못 보지 않아요?" 하면서 유씨의 손목을 잡아끌고 안으로 들어갔다.

운명의 시각, 6월 10일 오후 6시, 애국가가 울려퍼지는 가운데 하기식이 끝나는 것을 신호 삼아 거리에는 자동차 경적소리가 일제히 울리고, 교회와 사찰에서는 타종이 잇따랐다. 전국의 주요도시에는 시위군중과 경찰 사이에 격렬한 충돌이 일어났고 부상자, 연행자가 엄청나게 늘어났다.

나는 국본 상임공동대표로서 6시가 임박해서 광화문의 변호사회관에서

30여 명의 변호사들과 함께 광화문지하도를 지나 성공회를 향하여 걸어갔다. 그런데 점잖게 보이는 넥타이 복장의 무리여서 의심을 안했는지 아무런 제지를 받지 않고 기적처럼 행진했으나, 성공회 입구에 다다르자 기자들이 알아보고 사진을 찍는 바람에 경찰의 뒤늦은 제지를 받고 대치상태에 들어갔다.

그날 성공회 안에서 그야말로 성공적으로 '……국민대회'를 거행한 국본의 간부들은 경찰에 연행되는 수밖에 없었다. 그들은 장안동에 있는 치안본부 대공분실로 실려가서 갇힌 몸이 되었다. 그중에는 물론 유시춘 씨도 있었다. 나흘 뒤, 6 · 10 구속자들 일부는 강동경찰서로 옮겨졌다. 박형규, 금영균, 오충일, 양순직, 김명윤, 이규택, 송석찬, 김병오, 제정구, 지선, 진관 등 일행(?)은 서울시내 몇 개의 경찰서에 분산수용되었다. 그때 나는 강동서에 갇혀 있는 이들을 접견하러 갔다. 최루탄 냄새가 가시지 않은 서울거리, 전경과 닭장 사이를 뚫고 투석전의 현장을 달리면서 마치 야전군의 장교나 된 것같은 기분이었다. 나는 수감자들에게 밖의 소식을 알려주며 격려했다. 경찰은 세상의 큰 변화를 읽어낸 듯이 전과 달리 우리를 대하는 데 친절하고 뭔가 느슨해져 있었다.

6월 18일 최루탄 추방의 날 시위에 이어 6월 26일에는 다시 전국적으로 '국민평화대행진'이 벌어졌다. 전국 33개 도시에서 1백만 명이 참가한 대규모의 시위였다. 연행당한 사람이 3,467명으로서 6월항쟁 중 가장 거창한 행사였다. 종전시위와는 달리 6월항쟁때는 넥타이부대, 의료계, 교사들, 중산층 일부까지 가세하여 말 그대로 전국민적인 궐기를 기록했다. 이에 집권세력은 이른바 '6 · 29선언'을 내걸고 몇 가지 민주화조치를 약속했다. 구속자들도 기소되지 않고 풀려나왔다. 유시춘 씨는 1973년에 소설가로 문단에 나왔고 《우산 셋이 나란히》 등 창작집을 냈으며, 그후도 변함없이 민주화운동에 참여하다가 1990년부터는 국가인권위원회 상임위원으로 활동한 바도 있다.

민주헌법 쟁취 국민운동본부와 6월항쟁

김병오 (전 국회의원)

국민운동본부의 출범과 투쟁

1987년 6월항쟁이 있기까지의 정국은 숨막히는 긴장의 연속이었다. 신문지상에는 연일 '대회강행', '원천봉쇄'라는 대립적인 두 표현이 굵은 활자로 인쇄되어 표제로 올랐고, 신문만평에는 하나의 레일 위에 마주 달려오는 기관차를 그려서 시국을 상징적으로 묘사했다.

전두환 정권은 정권이 말기에 이르자 독재정권을 연장하기 위해 갖은 수단과 방법을 다 동원하여 민주세력을 말살하기에 혈안이 되었다. 그리하여 수많은 민주인사들이 연행되어 고문을 당하고 구속되거나 수배되었다. 악명 높은 김근태 씨 고문사건이나 권인숙 씨 성고문사건은 그 일부에 지나지 않거니와, 급기야 1987년 1월에 서울대생 고 박종철 군이 치안본부 남영동 대공분실에서 경찰의 모진 고문끝에 숨지는 사건이 세상에 알려지게 되었다.

당시의 정국에서는 많은 의문사들이 있었지만, 책임을 추궁할 구체적인 주범을 확증하지 못함으로써 억울함만 쌓여 있었다. 박종철 군 사건도 처음 경찰에서는 "책상을 '탁' 하고 치니까 '억' 하고 죽었다"라고 발뺌했는데, 박군의 주검을 확인한 용기있는 의사의 증언과 정황이 너무도 명백하여, 독재정권으로서도 부인할 수가 없었던 것이다.

박종철 군 살해사건은 전두환 정권에 숨을 죽이고 있던 국민들에게 더 이상 참을 수 없는 분노를 불러일으켰다. 이에 각계의 민주단체들과 야당은 뜻을 합쳐서 2월 7일 '고 박종철 군 범국민추도대회'를 개최하였으며, 3월 3일에는 49재를 맞아 '범국민 민주화대행진'을 벌였다. 이 행사에는 많은 시민들이 시위에 적극 가담하여 독재정권에 행동으로써 저항하는 모습을 보였다.

이렇게 촉발된 민주화 역량은 최대의 정국현안이던 직선제 개헌운동으로 자연스럽게 이어졌다. 그러나 4월 13일 전두환 대통령이 개헌불가 방침을 발표함으로써 개헌운동은 독재정권과 정면충돌할 수밖에 없게 되었다. 여기에다 공작정치에 의한 신민당의 분열과 통일민주당 창당 방해, 박종철 군 고문치사사건 조작·은폐 폭로, 김대중 씨 가택연금 등이 이어지면서 시국은 일촉즉발의 상황으로 발전하였다.

5월로 접어들면서 학생·교수·종교인·사회단체 등은 성명·농성·단식·삭발·시위 등 다양한 형태의 투쟁을 해나갔는데, 이러한 투쟁을 보다 효과적이고 집중적으로 수행하기 위한 범국민적인 투쟁기구가 모색되었다. 이렇게 조직된 것이 바로 개헌운동과 6월항쟁을 주도한 '민주헌법쟁취 국민운동본부'이다. 국민운동본부에는 민주통일민중운동연합(민통련), 개신교, 카톨릭, 불교, 여성 등 사회 및 종교세력과, 당시의 유일 정통 야당이던 통일민주당 그리고 민추협 등이 함께 참여하여 모든 민주세력을 총망라하였다.

5월 27일 국민운동본부가 발기되면서 반독재 개헌운동은 새로운 양상을 맞았다. 국민운동본부는 민정당에서 노태우 씨를 차기 대통령후보로 지명하기로 한 6월 10일에 맞추어 '박종철 군 고문살인 은폐·조작 규탄 및 민주헌법 쟁취 국민대회'를 열기로 하였다. 분산된 투쟁을 다시 하나의 집중된 형태로 엮어낸 6·10대회는 전국 22개 지역에서 동시에 개최되었는데, 이날 대회에 참가한 인원은 무려 30여 만 명에 달하였다. 실로 전두환 정권하에서의 간단없는 투쟁이 엄청난 힘으로 결집되어 독재정권을 실력으로 위협하는 순간이었다.

한편 이 대회에 참가한 시위대 가운데 700여 명은 명동성당에 들어가 철야농성을 벌이고 15일까지 장기전에 돌입하여 6·10대회를 꺼지지 않는 민주성전으로 승화시키는 촉매역할을 하였다. 6월 10일 이후 명동 일원을 비롯한 전국 주요도시의 중심가에는 연일 시위가 계속되었고, 6. 18. '최루탄 추방대회', 6. 26. '국민평화대행진' 등 대규모 국민대회가 이어지면서 투쟁의 규모와 수위는 날로 높아졌다. 결국 전국 30여 개 시군에서 연인원 500만 명에 달하는 유례 없는 대투쟁을 벌인 끝에 국민들은 군부 정권으로부터 6·29 항복선언을 받아내었다.

변호사들의 집단참여

6월항쟁 당시 민추협의 부간사장(동교동계의 간사장 역할) 겸 상임운영위원을 맡고 있던 나는 국민운동본부 구성논의가 진행되면서 정치권을 대표하여 집행부에 참여하였다. 여기서 나는 상임집행위원 겸 홍보위원장 역할을 맡았다. 국민운동본부 활동의 대강이 마련되면서 조속한 시일 안에 민주헌법 쟁취 국민운동본부를 결성하기로 목표를 세우고, 종로5가 기독교회관에 임시사무소를 마련한 뒤, 나는 여러 동지들과 함께 조직의 결성을 위하여 동분서주하였다.

무엇보다도 범국민적인 단체인만큼 각계가 빠짐없이 참여하는 것이 중요했다. 그리하여 기독교계, 카톨릭계, 불교계, 노동계, 농민계, 언론문화계, 여성계, 정치계, 민통련 등 재야운동계의 각계각층을 총망라하여 조직에 참여시켰다.

그런데 막바지까지 오직 재야 법조계와, 대학교수 등을 중심으로 한 교육계가 조직되지 못했다. 발기 예정일은 5월 27일인데, 5월 20일쯤까지도 중요한 두 부분이 빠진 것이다. 국민운동본부 상임집행위원회 핵심부에서는 나더러 빠진 조직을 시급히 메워달라고 부탁, 위임하였다.

나는 이돈명·한승헌·고영구·조준희 변호사를 찾아가 상의했다. 이리하여 약 30여 명의 변호사들이 무교동 이돈명 변호사 사무실에서 서명을 받아 재야 법조계가 국민운동본부에 가입하게 되었다. 한승헌 변호사를 상임공동대표로, 고영구 변호사를 공동대표로, 이상수 변호사를 인권위원장으로 모시게 되었다.

그때 내가 덕수궁 옆에 있는 한승헌 변호사 사무실을 찾아갔을 때, 선배님은 자진해서 이 어려운 때 국민운동본부에 참여하여 민주화투쟁에 함께 나서겠다고 했다. 이런 사실만 보아도 한승헌 선배님의 군부 독재정권에 대한 강력한 투쟁의지와 그 정의감이 얼마나 강했던가를 알 수 있다.

그후 나는 학계를 대표하는 서울의 여러 대학교수들을 만났다. 당시 서울대학교 복직교수이던 변형윤 교수를 찾아가 의뢰하여 대학교수를 대표하여 서울대 백낙청 교수를 상임공동대표로 모실 수 있었고, 몇몇 교수님을 국민운동본부에 모심으로써 국민운동본부의 조직은 명실공히 완성되었다.

발기대회는 예정대로 1987년 5월 27일에 치렀다. 이 대회를 성사시키기 위해서는 극도의 탄압국면하에서 비밀이 보장되어야 했기 때문에 우리는 마치 일제시대에 독립운동에 임하는 듯한 마음으로 준비하고 행사를 마쳤다. '민주헌법 쟁취 국민운동본부' 가 세상에 알려지자 전두환 정권에서는 이에 대한 정보를 사전에 포착하지 못해 매우 당황했다고 한다.

6월 민주항쟁의 처음과 끝

국민운동본부에서 준비한 첫번째 대규모 투쟁은 1987년 6 · 10대회였다.

나는 6 · 10대회를 준비하기 위해 6월 7일 밤에 대한성공회에 들어갔다. 당시 박종기 주임신부님(1992년 작고) 사택에서 6월 9일 저녁까지 16명의 지도부가 구성되었다. 국민운동본부 상임공동대표인 계훈제, 박형규, 김명윤, 양순직, 제정구, 서경원, 지선 스님과 상임집행위원장인 오충일 목사, 총무위원장 진관 스님, 상임집행위원인 김현수, 한영애, 유시춘, 이규택, 박종기 신부와 그외 금영균 목사와 송석찬 그리고 홍보위원장 자격으로서 내가 참석했고, 대회 프로그램을 짜서 6월 10일 아침 9시 타종을 시발로 대회를 진행시켰다.

본대회는 오후 6시.

성공회 대성당 주변은 이른 아침부터 경찰로 완전포위되어 적막감만 감돌았다. 성당 안에는 나를 비롯한 대회 집행위원들과 신부, 사제들만 남아서 대회 개최시각인 6시를 숨죽여 기다리면서 대회가 어떤 양상으로 거행될 것인가에 대해 의견을 나누었다.

6시가 되었다. 대회방침에 따라 우리는 대성당의 종탑에 설치한 스피커를 통해 애국가를 내보냈고, 종을 42회 타종하였다. 해방 이래 42년간 계속된 독재를 오늘로 종식시켜야겠다는 염원에서였다. 그리고 성당 안에 있던 10여 대의 차에서 경적을 울렸으며, 예정된 순서에 따라 개회선언, 대회사, 결의문 낭독, 대회선언문 낭독, 만세삼창을 했다. 태풍의 중심처럼 믿기지 않는 적막 속에서 불과 몇 사람이 주도한 행사였지만, 우리는 원천봉쇄라는 독재정권의 물리력에 맞서서 대회를 사수하였다는 뿌듯한 희열감으로 충만하였다.

한편 대회가 시작할 무렵, 아스라히 먼 곳에서는 최루탄 소리와 함성소리가 들려왔고, 그속에서 어렴풋하게나마 "독재타도", "호헌철폐"의 구호소리를 들을 수 있었다. 우리는 이 대회가 독재정권에 엄청난 타격을 주는 성공적인 대회가 되고 있다는 확신을 가졌다.

예정된 행사를 마친 뒤, 성공회 신부들과 우리 국민운동본부 관계자들은 박종철 군 영정과 플래카드를 들고 구호를 외치다가 성당입구에서 몸싸움을 빌였다. 실랑이를 거듭하다가 오후 8시 40분쯤에는 몇 명이 행사장을 빠져나갔다. 이들은 곧바로 경찰에 연행되었고, 나머지 사람들은 성당에서 철야농성에 들어갔다.

이날 저녁 TV와 라디오에서는 이 대회에 수십만의 시민이 참여하였고 시위대는 밤늦도록 서울과 주요도시의 중심부를 뒤덮고 있음을 보도하였다. 대회는 대성공이었다. 우리는 철야농성에서 대회를 평가하면서 향후 일정에 대해 논의한 결과, 일단 운동본부에 복귀하여 통일된 지침을 마련해야 한다고 결론을 내렸다. 물론 성공회 성당 앞에는 경찰들이 우리를 체포하기 위해 기다리고 있다는 것을 알고 있었지만.

홀로 농민대표로 참석한 서경원 씨는 6월 11일 아침 청소부를 가장하여 밖으로 나갔고, 지도부 13명은 6월 12일 오전 10시경에 체포되어 장안동 대공분실로 끌려갔다. 우리는 국가전복을 기도한 반국가 단체를 구성하였다는 등의 엄청난 죄목을 뒤집어쓰고 국가보안법 위반 등의 혐의로 구속되었다. 1985년 9월 고대앞 사건, 1985년 11월 서울대 시국대토론회 사건에 이어 세 번째 맞는 시련이었다.

이때 나와 함께 구속된 국민운동본부 인사들은 김명윤 · 양순직 · 계훈제 · 박형규 · 제정구 · 오충일 · 이규택 · 유시춘 · 금영균 · 송석찬 씨와 지선 · 진관 스님 등 13명이었다. 물론 우리는 6 · 10대회로 인해 연행되고 구속된 수많은 시민들 가운데 일부에 지나지 않았다.

우리는 6 · 10대회를 준비하면서 경찰의 불법체포에 불응하고 또 체포될 경우에는 묵비권을 행사할 것을 행동강령으로 선포하였다. 이에, 나는 서울 대공 장안동 분실의 경찰조사와 검찰조사에서 끝까지 묵비권을 행사하여 나의 이름마저도 밝히지 않았다.

당시 나를 담당했던 서울지검 공안부 정아무개 검사는 무려 세 차례나 서울구치소로 찾아와 심문을 했다. 나의 묵비권 행사가 검찰권의 권위를 실추시킨다고 보았는지 상부의 강력한 지시가 있었던 모양이었다. 나는 정검사에게 측은함을 느꼈다. 그래서 역사에 기록이나 남기기 위해 다음과 같은 말을 해주었다.

"전두환 살인폭력 정권은 우리 국민을 대표하는 우리들을 심문할 자격이 없다. 우리의 심판은 오직 국민과 역사만이 할 수 있는 것이다. 전두환 군사독재 정권은 머지 않아 반드시 망할 것이다."

"역사에 기록이라도 남겨달라."

그후 군사독재 정권의 공안당국은 나를 악질 중의 악질로 지목하여 13대 국회의원선거에서는 유일하게 복권을 시켜주지 않아 입후보하지 못하는 보복을 가하기도 했다.

구속 이후에는 한승헌 변호사께서 경찰서로 구치소로 찾아와 우리를 돌

보아주시고 격려해주셨다. 나는 감옥에 있으면서 군부독재 정권에 대한 저항의 표시로 수염을 길렀다. 마치 도인처럼 덥수룩하게 길렀던 수염은 이 무렵 나의 상징이 되었는데, 선배님은 접견실에서 나를 보더니 "김의원은 감옥체질이네" 하고 너털웃음을 지었다. 이때 격려와 함께 정감 어린 위로의 말을 건네던 선배님이 새삼 떠오른다.

6월항쟁의 성과—변질된 항복

6월항쟁으로 군부독재 정권으로부터 항복선언을 받아낸 것은 그 자체만으로도 엄청난 성과였지만, 독재정권을 눌렀다는 자신감은 사회 곳곳에서의 민주화 열기로 승화되어 확산되었다. 7월 이후에는 독재정권에 의해 철저히 억눌렸던 노동자들이 인간회복과 직장민주화를 외치며 들고 일어났다. 울산지역에서 발화한 노동자들의 열기는 삽시간에 전국을 뒤덮었다. 기아 임금과 열악한 작업환경은 일순간 개선되기 시작하였고 사업장마다 노동조합이 결성되었다. 이렇게 6월항쟁은 6·29로만 끝난 것이 아니라 노동계를 비롯한 사회의 각 분야로 확산된 것이다.

이러한 민주화의 열기에 따라 국민운동본부의 활동도 다양해졌고, 조직도 더욱 체계화되었다. 당초 민주헌법 쟁취투쟁이 단기간에 끝나리라고는 생각지 않았기 때문에 국민운동본부는 범국민적인 반독재 저항투쟁의 장기적인 구심점으로서 계획되었지만, 일차적인 목표가 달성되자 활동내용도 변화된 사회조건에 맞추어 달라져야 했다.

지선제 개헌이 국민운동본부의 유일한 목표는 아니었기 때문에 조직을 재정비할 필요도 있었다. 전국 시·도 및 시·군·구에 이르기까지 조직이 확대되었으며, 노동자·농민·문화·종교 등 활동내용에 따라 부문별 공동위원회가 조직되었다. 그리고 활동내용도 노동운동 지원, 수해복구 등 당면현안에 맞추어 다양하게 접목되었고, 대선시기에는 공정선거 감시운동을 주도적으로 담당하였다.

국민운동본부의 활동은 역사적으로 몇 가지 중요한 의의를 남겼다고 평가할 수 있다. 무엇보다도 극악한 탄압국면 속에서 분산되었던 투쟁을 하나로 묶어낸 것은 가장 중요한 성과이다. 즉 군부독재 정권에 대한 강력한 저항감을 함께 가지고 있으면서도 각자의 주의주장을 앞세우면서 공동투쟁을 벌이는 데는 실패하고 있던 반독재운동 역량을 국민운동본부라는 틀을 통해 전국민적인 투쟁으로 고양시킬 수 있었던 것이다.

한편 투쟁에 가담한 계층면에서 볼 때, 이전에는 학생 중심의 고립된 이념적 투쟁이 주류를 이루어 일반시민들이 참여하기 어려웠으나, 국민운동본부에서 '직선제 개헌'이라는 대중적인 슬로건을 내걸고 여기에 정치권이 결합함으로써 폭넓은 계층들이 참여할 수 있는 기회를 제공하였다. 이러한 범국민적인 대중적 투쟁은, 이후 우리 사회에 다양한 형태의 민권운동과 시민운동이 급속히 성장할 수 있는 토양이 되었다. 학생·사회단체·회사원·정당인·상인 등 문자 그대로 범국민적인 투쟁을 수행한 것은 국민운동본부의 커다란 성과라고 할 것이다.

국민운동본부를 중심으로 한 6월항쟁으로 우리는 역사에서 하나의 전기를 마련하였지만, 결국 정치권의 분열로 대통령선거에서 완전한 민주화를 성취하지 못한 것은 커다란 아픔으로 남았다. 그러나 6월항쟁의 경험은 정통성이 없는 어떠한 정권도 결국에는 국민의 준엄한 심판을 받게 된다는 교훈을 다시 확인시켰고, 이후 전세계에 걸쳐 일어난 독재정권에 대한 국민저항 운동을 앞에서 선도하였다는 귀중한 역사적인 의미를 남겼다.

짧았던 승리의 한가운데서

유시춘 (소설가)

87년 6월 14일 01시, 장안동 대공분실

1987년 6월 14일. 자정 넘어 1시가 되도록 출입문은 미동도 하지 않았다. 나는 초조하게 자꾸만 출입문 쪽을 힐끔힐끔 살폈다. 가만히 옆방의 인기척에 귀를 열어보지만 아무 소리도 없었다. 장안동에 소재한 시경의 대공분실.

아, 밖은 도대체 어떻게 돌아가고 있는 것일까. 6 · 10대회의 열기는 단 하루 만에 식어버리고 시위 참가자들만 우리들처럼 이렇게 각 수사기관에 분산되어 조사받고 있는 것일까. 그리고 국민들은 또다시 얌전하게 전두환의 4 · 13호헌조치에 순응하여 체육관 대통령을 받아들이고, 그리고 계속되는 군사정권이란 말인가.

예닐곱 평 남짓한 방에 붙박이 철제 책상과 의자가 각 두 개, 천장 가까이에 바싹 올라가 뚫려 있는 손수건 크기의 창문 하나, 그 아래로 샤워기 딸린 작은 정방형 욕조와 양변기, 왼편 벽쪽으로 목제 더블침대 하나, 24시간 켜져 있는 형광등의 뿌윰한 빛. 도무지 밖을 내다볼 수 없이 완벽하게 밀폐된 방은 지난 1월 박종철 군이 영장도 없이 단순한 참고인으로 끌려가 고문당하다가 살해된 남영동 치안본부 대공분실의 구조와 흡사한 것이었다.

나와 함께 이틀 밤을 새운 두 수사관은 일언반구 없이 나가더니 자정 넘어 한 시가 가깝도록 돌아올 줄 몰랐다.

'그래, 분명 이 건물 안에 함께 있을 거야. 6 · 10대회를 성공회에서 결행한 국민운동본부 공동대표 및 상임집행위원 13명은 틀림없이 나와 함께 이 복도의 어느 방에 있다.'

안절부절하며 방 안을 서성거리는데 갑자기 문이 열렸다. 뚱뚱한 체구의 수사관은 다 끝나서 홀가분하다는 어투로 말했다.

"자, 갑시다."

나는 어이없게도 참으로 바보스럽게 반문했다.

"어디를요?"

그는 매우 일상적인 어조로, 그러나 다소 권태로운 듯이 툭 뱉었다.

"영장이오."

"녜? 그러면 구소옥……이란 말인가요?"

설마하니 아이 둘 딸린 주부를 어쩌고 하는 내 내심의 말을 무심결에 뱉지 않은 게 그나마 다행이었다.

그는 주섬주섬 책상 위를 치우더니 이내 뭔가 꺼내었다.

"가야지요."

그의 말과 동시에 내 손목에 차가운 금속의 서늘한 느낌이 닿았고 쩔꺼덕 하는 수갑의 잠금쇠 닫히는 소리가 났다. 갑자기 손목이 묵직하게 느껴졌다. 그 동안 서울시내 유치장을 숱하게 전전하더니, 아, 드디어 나는 본선진출을 하게 된 것이었다.

이틀간 한 발자국도 내딛지 못하고 갇혀 있던 방을 나섰다. 예상했던 대로 우리들 열세 명은 모두 복도에서 다시 만났다.

"유선생, 어떻게 하지. 애기들 때문에……."

상임집행위원장 중책을 맡고 있어서 서기였던 나와는 내내 한 식구처럼 지냈던 오충일 목사가 근심스러운 얼굴로 내 옆으로 바싹 다가왔다.

"괜찮아요."

나는 좀 전의 경악을 감춘 채 짐짓 쾌활한 척 대답했다. 무엇보다 먼저 반갑기 그지 없었다. 우리는 서로서로 눈인사를 주고받았다.

박형규, 금영균, 오충일, 양순직, 김명윤, 이규택, 송석찬, 김병오, 제정구 그리고 승복 차림의 지선 · 진관 스님.

"어이, 이 신발 말이야. 지난번 출소할 때 신고 나온 법무부 재산인데 돌려주러 가게 됐어."

진관 스님이 검정 고무신 신은 발을 치켜들며 천연덕스럽게 웃었다.

순간, 두 수사관이 양쪽에서 내 팔을 하나씩 잡고 건물 측면의 계단으로 내려갔다. 시동을 켠 포니승용차가 대기하고 있었다. 한밤중의 호송이었던 것이다.

"저어, 하나 물어봐도 될까요?"

차는 강동구로 접어들고 있었다.

"6 · 10대회는 어떻게 됐나요?"

한심한 여자 같으니라고. 당신 남편이나 아이들은 궁금하지 않소? 두 수사관은 그렇게 눈으로 말하고 있는 것같았다. 한밤의 텅 빈 포도 위를 쏜살같이 달려서 차는 강동경찰서 앞마당에 정지했다.

"잘 지내시오. 아까 얘기하신 건 곧 알게 될 거요."

나를 경찰서 유치장에 인계하면서 두 수사관이 한마디씩 했다. 한결 부드러워진 어조였다. 나는 유치장의 맨 가장자리 방으로 들어가 갇혔다. 뒤이어 제정구 선배가 2층 유치장으로 올라가는 게 보였다. 열세 명은 각각 분산수용된 듯했다.

잠이 올 리 만무한 일. 군용 담요 한 장 덩그라니 놓인 방에 나는 무릎을 세우고 새우처럼 등을 구부렸다.

하나님, 예수님, 부처님, 미륵님, 보살님, 저 사라센제국의 알라 할애비님, 부디 이 나라를 굽어살피소서(바라건대, 알라신이시여, 용서하소서. 대저 의를 구하는 자의 간절한 소망에는 인종, 국가를 초월하는 범지구적 보편성이 있사온저!). 이번 기회에 저 피 묻은 권력자를 몰아내지 못하면 젊은이의 희생은 계속될 것이고 우리는 훗날 무슨 낯짝으로 후손들에게 인간의 양심을 증언할 수 있겠습니까. 나는 깨끗한 마음으로 기도했다. 이윽고 날이 새고 잡범들이 수용되어 있는 유치장 안은 시끌시끌해지기 시작했다. 시꺼먼

보리밥에 노란 단무지 몇 쪽이 전부인 식사가 들어오는 참이었다.

느닷없이 내 맞은편 방에서 누군가 커렁커렁하게 소리쳤다.

"아줌마, 집시법이오?"

내 방 앞에다 구속에 적용된 법률을 명기한 패찰을 달아놓은 모양이었다. 나는 말없이 고개만 두어 번 끄덕였다. 순간적으로 와아 하는 수런거림이 일었고 몇몇 사람이 박수를 쳤다. 유치장 안의 전경도 적극 만류하는 기색이 아니었다.

"거, 뉴스 좀 봅시다요."

이구동성으로 몇 사람이 제안하자, 신기하게도 전경은 TV 스위치를 올렸다. 마침, 뉴스시간이었다. 구속된 우리 국민운동본부 간부들의 이름이 열거되고 명동성당 농성사건이 대대적으로 보도되는 게 아닌가.

아, 그때의 기쁨이라니! 연행된 후 처음 접하는 낭보 중의 최고낭보였던 것이다. 가슴이 설레었다. 좀더 자세한 소식이 궁금하기 그지 없었다. 군사독재의 나팔수라 낙인찍힌 바 있는 TV뉴스를 도통 믿을 수 없는 일이었다.

"제선생님, 들으셨지요. 이게 대체 어떻게 돌아가는 일이지요?"

나는 전경의 눈을 피해 제정구 선배를 향해 물었다.

"어떻게 되긴요. 징역문이 활짝 열려 있는 거지, 뭘."

제정구 선배는 백전노장답게 담담하게 말하면서 빙그레 웃고 있었다.

"이렇게 되면 집시법에서 국가내란죄로 바꾸어 기소할지도 모르지."

그렇지. 쫓기는 쥐가 막다른 골목에 다다르면, 이판사판 뒤로 홱 돌아서서 고양이를 물어뜯을지도 모를 일이었다. 우리들이 살인고문을 일삼는 군사독재를 내쫓을 수만 있다면 지옥 맨 밑바닥의 악귀와도 연대할 심정으로 맨 주먹 하나로 사생결단 대들었듯이.

그렇다면 제정구 선배의 예견이 옳을지도 모를 일이었다. 나는 눈앞이 까마득해지는 아찔함을 어쩔 수가 없었다. 비로소 연행당한 이후 철야심문과 호송에 쫓기느라 한번도 간절히 걱정해보지 않았던 두 아이와 남편의 얼굴이 떠올랐다. 만약에 제정구 선배의 말대로라면 대체 얼마나 가족들과 떨어져 있어야 한단 말인가. 그것도 30대 청청한 여자의 몸으로. 나는 초조하게 유치장의 출입구를 노려보았다. 누군가 어서 면회를 와주기를 기다릴 수밖에.

그때, 지옥에서 만난 부처가 바로 한승헌 변호사였다. 접견실로 나갔더니 그 비쩍 마른 부처는 나를 얼른 창문 한쪽으로 몰아붙였다.

"자, 여기 날인하는 척하시고."

그는 변호인 선임계를 꺼내어 손에 든 채 귀엣말로 속삭였다.

"얘기는 좀 있다 하고 얼른 악수부터 해야지."

나는 얼떨결에 한변호사와 악수부터 나누었다.

"왜냐하면, 금방 들어올 거거든. 지금 안하면 악수 못해."

"들어오다뇨? 뭐가요?"

"남편 말이야."

한변호사는 아주 엄숙 진지한 표정에다 턱으로 바깥쪽을 은근히 가리키는 것이었다. 그 와중에도 나는 그의 모양새가 너무 익살맞아서 하마터면 킥 하고 소리내어 웃을 뻔했다. 아니나 다를까, 남편이 옷가지 등의 차입물을 챙겨들고 곧바로 들어섰다. 그들은 이미 구면인 듯 다정스럽게 인사했다. 석방된 뒤에 안 일이지만 우리들이 맨 먼저 여러 경찰서를 전전하다가 악명높은 대공분실로 옮겨갔을 때 한변호사는 우리들의 가족과 함께 열렬히 면회투쟁(?)을 하신 거였다.

"걱정 말아요. 전국적으로 시위가 확산되고 있어요."

한변호사는 좀 전의 익살과는 판이하게 밖의 상황을 정확하게 요약해주었다. 그후에 그는 경찰서와 서대문구치소로 두어 번 더 내게 접견을 왔다.

만약에 위대한 6월항쟁이 없었더라면 우리는 제정구 선배의 예견대로 오랜 세월을 더 갇혀 있었을지 모른다. 그리고 피고인과 변호사와의 관계로 한변호사와 나는 더 돈독한 정을 나누었을 것이다. 그러나 참 행복하게도 들불처럼 반도를 번져나간 반독재의 물결에 떠밀려 우리는 재판도 받기 전에 감옥의 문을 박차고 나올 수밖에 없었다.

이미 정평이 나 있거니와 한승헌 변호사는 풍자와 익살에 매우 뛰어난

분이다. 자신은 눈썹 하나 미동하지 않으면서 시치미 딱 떼고 상대방에게 무궁한 웃음을 유감없이 선사한다. 높은 도덕성과 엄격한 원칙을 생명으로 하는 재야는 자칫 여유와 멋이 고갈되어 경직되기 쉬운 터에, 한변호사가 천부적으로 소유한 듯이 보이는 그 풍자정신은 실로 강팍한 쇠붙이를 잘 맞물려 돌아가게 하는 윤활유와 같은 것이 아닐 수 없다.

그러니 그가 가끔 되뇌이는 말, '웬만하면 변호사는 징역 안 가도 되는데'라는 불평은 오로지 그 자신이 자초한 화일 터이다. 그렇다. 웬만하면 장교가 전투에서 총 맞아 죽는 경우는 드문 게 우리네 상식이다. 그런데도 그는 오랜 세월 감옥살이를 한 것이다. 그것은 아마도 흔치 않은 넉넉한 웃음의 미학을 소유한 자에게 내린 신의 공정한 판결이 아니었을지.

풍자와 해학은 고도의 지적인 활동인바, 인간과 역사에 대한 해박한 지식과 통찰력, 순간적인 기지가 없이는 불가능한 일이다. 그런 의미에서 한승헌 변호사는 이 시대 몇 안되는 탁월한 지성 중의 한 분이다.

하루아침에 관념의 밀실에서 뛰쳐나와 대중의 인기와 상업적 성공이라는 길바닥에 나앉은 그런 지성이 아니다. 그의 풍자정신은 사뭇 품격이 있다. 불의를 타격하는 신랄함과 자유와 평화를 지향하는 철학에 바탕을 둔 뼈대 있는 정신의 한 면모이다.

87년 5월 25일 새벽 5시, 종로

1987년 새해는 박종철 군의 죽음으로 열렸다. 그런 만큼 내가 일하고 있는 민주화실천가족운동협의회(민가협)는 매일매일이 힘겨운 투쟁의 연속이었다. 박종철 군이 고문 살해당했다는 소식에 접하고 맨 먼저 남영동 치안본부 대공분실 앞으로 달려가 데모를 하고 무더기로 구류를 살고 그리고 그 이후의 2·7추도집회, 3·3평화대행진 등의 집회를 꾸리느라 영일이 없는 나날이었다. 그런 중에 일대 반격의 날은 새록새록 다가오고 있었다.

1987년 5월 25일 새벽 5시, 종로 2가 뒤편 인사동의 후미진 골목길. 민가협 총무를 맡고 있던 인재근과 나는 네거리를 오가는 사람들을 하나하나 유심히 살펴가며 서 있었다. 도심은 막 잠에서 깨어나 부시시 기지개를 커려는 참이었다. 나와 인재근뿐만 아니라 민가협 회원 열댓 명 역시 오가는 행인 중에 혹시라도 짭새가 끼여 있지 않나 하고 신경을 곤두세웠다. 만약 그들 중의 하나에게라도 덜미 잡히는 날이면 다 된 죽에 코 빠뜨리는 불상사가 일어날 것이었다. 우리들 중 누구도 우리의 목적지를 알지 못한 상태였다.

"저기, 온다."

인재근이 파고다공원 쪽에서 걸어오는 청년을 보고 내게 속삭였다. 그녀는 재빨리 그에게 다가갔고 곧 손에 하얀 메모지 한 장을 쥐고 왔다.

7시. 향린교회였다. 전령사인 청년은 어느새 보이지 않았다. 우리 일행은 둘씩 셋씩 짝지어 소리나지 않게 그러나 잰걸음으로 을지로 2가의 향린교회쪽으로 이동했다. 무슨 집회가 있을 것인지 누구도 알지 못했지만 담당형사가 쫄랑쫄랑 따라붙는 요시찰 인물인 사람 모두가 한결같이 그들을 떼어내버리고 도둑괭이처럼 한데 모이는 데 성공한 것이었다. 같은 시각에 종로통의 뒷골목에서는 거의 비슷한 풍경이 벌어지고 있었다. 민통련, 민청련, 민추협, 신민당. 카톨릭, 기독교, 불교인권단체, 민교협 등의 인사들은 모두 단체별로 일정한 곳에 모여 집회의 장소와 시각을 알려주는 전령을 기다리다가 즉각 이동하고 있었던 것이었다.

순식간에 향린교회 강당은 200여 명으로 들어찼다.

'민주헌법쟁취 국민운동본부' 는 일사천리로 결성되었다. 일흔 넘은 고령의 정치인부터 스무 살 갓 넘은 운동권의 실무간사에 이르기까지 아무도 이견이 없었다. 결성선언문 낭독과 만세삼창이 끝났을 때 뒤늦게 냄새를 맡고 뒤쫓아온 담당형사들은 닭 쫓던 개 지붕 쳐다보듯 넋을 잃은 채 참석자들을 멍하니 올려다보며 교회의 앞마당을 서성거렸다.

일대결전을 앞두고 실무를 맡아야 할 상임집행위원 30여 명의 얼굴은 붉게 상기될 수밖에 없었다. 우리는 일단 명동 한일관으로 가서 밥부터 먹었다. 사기충천하고 일치단결된 한마음이었다. 전두환이 4·13호헌을 선언하고 6월 10일로 후계자지명대회를 잡아놓고 있었으므로 바로 그 날짜에 대응해 국민대회 일정을 잡은 건 두고두고 생각해도 잘한 일이었다. 시

일이 촉박했으므로 나날이 회의의 연속이었다.

기독교회관 3층의 국민운동본부 사무실은 주로 대외용으로 사용되었고, 실제적으로 대회를 기획하고 실무를 집행하는 일은 수사기관의 감시를 피해 여러 곳을 수시로 옮겨다니며 했다. 광화문의 여성단체연합, 기독교회관 901호 사회선교협의회, 인권위원회, KSCF 등에서 자주 회의를 열었는데 출석률이 사뭇 양호했다.

'독재타도, 호헌철폐'라는 슬로건이 만장일치로 채택되고 행동지침을 개발하는 데도 아이디어가 백출한 결과, 대회시작 시간인 오후 6시의 자동차 경적 울리기, 여성들의 스카프 흔들기, 밤 9시의 소등하기 등 국민들이 손쉽게 참여할 수 있는 방안들이 어렵지 않게 속속 결정되었다.

6월 7일, 압구정동의 한 카페에서 상임집행위원의 마지막 총점검회의가 있었다. 그날, 나는 스스로 대회장인 성공회에 들어가겠노라고 자원했다. 왜냐하면 대회가 원천봉쇄될 것이 자명하긴 했지만 그렇다고 본대회장인 성공회를 소홀히 할 수가 없었기 때문이다. 모두 각계 어른일색인 대회장에 실무를 맡아 뛸 수 있는 젊은 일꾼이 필요했던 것이다. 현수막, 피켓, 전단, 성명서 등 대회진행에 필요한 것들을 챙기는 일뿐만 아니라 국민운동본부와의 신속한 연락이나 기타 돌발사태에 대비해서라도 상임집행위원 두어 사람이 필요하다는 중론에 따라 나는 수단껏 성공회로 진입해보리라고 마음을 굳혔다.

결정하고 나니 맨 먼저 생각나는 것이 담당형사였다. 바로 그날 아침만 하더라도 이미 두 명의 형사가 내 집 앞에서 기다리고 있었던 거였다. 아침 7시 회의시각에 맞추어 일찍 집을 나서는데 그들이 막아섰다.

"나말이에요, 이 원고 급한 게 돼놔서 빨리 가져가야 해요. 차 갖고 오셨어요? 나 광화문 ㄱ출판사까지 좀 데려다주시겠어요? 까짓것 그렇게 의심나면 같이 갔다 오죠, 뭐."

6·10대회를 겨냥한 연금이 나흘 전부터 시작될 줄 미처 예상하지 못했던 나는 마침 들고 있던 서류봉투를 홰홰 내둘러보이면서 한바탕 너스레를 떨어 그들을 떼내고 나온 터였다. 다시 집에 간다는 것은 그대로 꼼짝

없이 갇혀버리는 걸 의미했다. 곰곰 헤아린 끝에 나는 잠실에 사는 친지에게로 향했다. 길거리는 온통 6·10대회를 알리는 전단과 가두방송 차량의 스피커 소리로 어수선했다.

다음날 새벽, 성공회 근처로 접근했다. 중무장한 전경들이 서너 겹씩 에워싸고 있는 성공회는 개미 한 마리 들어갈 틈도 없어 보였다. 새벽 미명의 거리에 서서 나는 골똘하게 방법을 모색했다. 성공회성당의 박종기 신부님 가족들만은 출입이 가능하리라 믿고 그들 중의 한 청년을 불러내는 데 성공했다. 나의 계획을 말했더니 청년은 고개를 끄덕이며 시도해보자고 했다. 청년이 들어가고 난 직후에 나는 숨을 헐떡거리면서 정문으로 돌진했다.

"아줌마! 아줌마, 저리 비켜요."

"왜 이래요? 난 급한데."

"뉴스도 안 보시나. 여긴 출입금지요."

"왜? 무슨 일인데 내가 내 교회엘 못 들어간단 말이야."

"하여간 비켜요."

"큰일났네. 신부님께 크게 혼나게 생겼네. 나 없으면 새벽예배 못 본단 말이에요."

나는 연방 시계를 들여다보면서 종종걸음을 동당거렸다. 그때였다. 조금 전에 들어간 청년이 벽력같이 소리를 지르면서 내게 다가왔다.

"이제 오면 어떻게 해요. 피아노 반주자 없으면 예배 어떻게 하라구."

청년은 거칠게 쪽문을 밀치고 나와서 내 손목을 잡아끌었다. 어안이 벙벙해진 채 전경들이 어, 어, 하고 소리지르는 사이에 내 몸은 날쌘돌이처럼 가볍게 성공회 안으로 들어와 있었다. 청년과 나는 마주 보고 씨익 웃었다. 싱그러운 초여름의 신록냄새가 훅 코 안으로 달려드는 신선한 새벽이었다. 2박 3일을 성공회 안에서 지내는 동안 박종기 신부님과 신도들의 도움이 물심양면으로 너무나 컸다. 그때 교회는 신부님 말대로 '고통받고 신음하는 모든 인간들'의 소유물이었던 것이다.

피아노 건반이라면 도레미밖에 모르는 여자가, 그것도 하나님까지 들먹이며 거짓말을 일삼았으니 이죄를 어찌 할꼬. 어디 그뿐인가. 6월 10일 당일 정오에 우리는 성당의 종루 꼭대기까지 올라간 것이었다. 노태우가 전두환으로부터 권좌를 승계받은 바로 그 시각에 맞추어 성당의 종루로부터 힘찬 종소리가 퍼져나갔다.

"우리는 민주주의를 갈망하는 온 국민의 이름으로 민정당의 대통령후보 지명이 무효임을 선언한다……"

종루 꼭대기의 마이크를 잡은 이는 지선 스님이었다. 아마도 성당의 종루에 올라간 스님과 여자는 그것이 오로지 유일한 경우가 아닐지.

모쪼록 전지전능하신 하나님이 계신다면 우리의 이 순정하되 방자한, 앞뒤 없는 열정을 용서해주시리라 믿는다.

6월항쟁의 서곡은 이렇게 시작되었다. 짧았으되 빛나는 승리의 서주는 독재를 증오하는 온 국민의 순정의 발로로부터 전국에서 한 순간에 이루어진 것이었다.

역사에는 '만약에' 라는 가정법의 문법이 허락되지 않는 줄 알면서도 나는 이따금 6월항쟁 앞에다 '만약에' 를 붙여본다.

우리 국민이 '6·29' 라는 그 당근을 받아먹지 않고 끝까지 군사독재 정권을 벼랑으로 몰아갔더라면, 그리하여 순전히 국민의 힘으로 그들이 항복했더라면 우리 역사는 새로운 경험을 하지 않았을까 하고.

해방 이후 한번도 정의가 승리해본 적이 없는, 이성의 성취가 있어본 적이 없는 현대정치사에 새로운 장이 열리지 않았을는지. 늦여름의 홍수가 산하의 구석구석 산재해 있는 그 모든 썩고 문드러진 오물을 거두어들여 시뻘건 황토강물로 흐르다가 제 스스로 맑아지며 대해大海를 향해 내리닫는 것처럼.

친일과 매국, 매판을 본질로 하는 폭력적 군사정권의 우산 아래 기생하고 발호했던 부패의 무리가 국민의 이름으로 단죄받고 적어도 공직에 앉아 당당하게 살아갈 수는 없는 그런 사회의 모습이 잠시라도 있었을는지.

그러나 역사는 엄혹하고 냉정하다. 아무리 순정하고 집단적인 열정이라 하더라도 치열한 담금질로 단련된 무쇠와 같은 강고함이 없고서는 인간들 스스로 자기들의 제도와 체제를 고치지 못함을 6월항쟁은 교훈으로 남겼다. 그 부분적 승리는 분명 민주세력의 한 구심이었던 대통령과 군사정권의 씨를 움켜쥔 자가 당대표로 동거하는 웃지 못할 정권을 탄생시킨 것이다.

그러나 또 한편 이러하다.

정권은 영고성쇠하나 자유와 평등을 희구하는 인간정신이야말로 불멸하는 것이기에 우리는 영원히 가슴의 작은 등불 하나 완전히 끌 수가 없지 않은가. 그 등불 하나 아직도 찬연히 밝히고 있는 한승헌 변호사께서 목숨 다하는 그날까지 현역으로 뛰면서 당대의 해학과 기지를 잃지 아니하길 기원한다.

'6·29선언' 이끌어낸 국민적 궐기

— 〈한국일보〉와의 대담

한승헌 (변호사)

"온 국민의 힘으로 쟁취한 대통령직선제가 야권의 분열로 '죽 쒀서 누구 준 꼴'이 되었습니다."

1987년 '민주헌법쟁취국민운동본부' 상임공동대표로서 '6월항쟁'의 일익을 담당했던 한승헌韓勝憲(69·전 감사원장) 변호사는 당시의 상황을 설명하며 거듭 아쉬움을 드러냈다. "6월항쟁의 최대과실로 인식된 '6·29선언'은 결국 군사독재 정권이 위기를 모면하기 위해 꺼내 든 구호에 불과했습니다. 이후, 전국민은 김영삼 김대중 씨가 주도하는 대통령선거에 정신을 잃었지요. 당시 군부는 양 김金씨의 후보단일화가 성사되지 않는 쪽에 승부를 걸었고, 결국 그들이 승리한 셈이 됐습니다. '6·29선언' 8개 항 가운데 대통령직선제 개헌 외에 지켜진 것은 하나도 없지 않습니까. 광주민주화운동 진상규명 등 진정한 민주화의 길은 또한번 연기될 수밖에 없었습니다."

— 그렇다고 '6월항쟁'의 의미가 퇴색한 것은 아니지 않습니까.

"물론, 물론입니다. 한국의 민주화에 커다란 전기가 되었음은 아무도 부인할 수 없습니다. 4·19 이후 72년 유신체제에 이르기까지 민주화 운동은 대학생 등 지식인 중심으로 전개됐습니다. 이후 80년을 전후해서 근로자와 종교단체가 가담하고, 교육자 여성단체의 참여가 확대됐지요. 6월 항쟁의 특징은 여기에 중산층 일반시민이 적극적으로 참여함으로써 반정부 시위의 폭이 전국적, 전계층으로 일반화했다는 것입니다."

— 결정적인 기폭제는 '박종철 군 고문치사 사건' 이었지요.

"박정희 정권을 계승한 전두환 군사독재의 상징인 고문수사와 용공조작이 백일하에 드러났지요. 국민의 의분에 전두환 정권의 '4 · 13 호헌조치' 가 기름을 부은 격이 됐습니다. 5월 18일 서울 명동성당에서 열린 '광주의거 7주기 추도미사' 에서 천주교정의구현사제단 김승훈 신부가 박종철 군 고문치사 사건의 조직적인 은폐 · 축소 · 조작을 폭로한 것이 불을 댕긴 격이 됐습니다. 모든 민주화 세력이 모여 5월 27일 '민주헌법쟁취국민운동본부' 를 결성한 것은 필연적이었지요. 국민운동본부는 6 · 10시위를 예고했고, 그 이름을 '박종철 군 고문치사 조작은폐 규탄 및 호헌철폐 국민대회' 로 지었습니다. 지극히 적확한 표현이었습니다. 또 국민대회 전날 연세대에서 열린 대학생들의 출정식에서 이한열 군이 경찰이 쏜 최루탄에 맞아 의식불명 상태에 빠진 사건도 또 다른 기폭제가 됐습니다."

— 예고된 '6 · 10 국민대회' 는 경찰의 대대적인 원천봉쇄에도 불구하고 전국적인 호응을 받았습니다.

"당시 통합 재야단체인 민주통일민중운동연합(민통련)을 비롯한 25개 사회단체, 종교계, 정당대표 등 2,200명 이상이 발기인으로 참여했습니다. 김수환 추기경, 함석헌 신부, 문익환 목사, 막 창당된 통일민주당 김영삼 총재와 연금상태인 김대중 씨 등이 고문으로 추대됐습니다. 대한변호사회소속 변호사 74명이 참여하는 등 변호사와 의사 등 운동권과 거리가 있다고 여겨졌던 단체들도 조직적으로 동참했습니다. 국민운동본부는 하기식 때 애국가 부르기, 자동차 경적 울리기, 교회와 절의 타종, 연행에 응하고 묵비권 행사하기 등 행동요령을 발표했고 시민들이 철저히 호응했습니다. 그날은 전두환 대통령이 총재인 민정당 전당대회에서 전대통령이 노태우 대표위원을 5공의 후계자로 선포하는 날이기도 했습니다. 전국 22개 지역에서 40여 만 명이 참가한 시위는 결찰병력 6만여 명으로 감당하기 어려웠습니다. 서울의 경우, 경찰진압에 밀린 시위대는 명동성당으로 들어갔고 이어 15일까지 농성을 하면서 6월항쟁의 불씨를 보존했습니다. 국민운동본부는 이어 18일을 '최루탄 추방의 날'로 선포하면서 평화적 시위의 흐름을 이어갔습니다."

— 당시 우리는 그것을 진정한 시민혁명이라 불렀습니다.

"변호사들이 단체로 가두시위에 참가한 것은 처음이었습니다. '피고인은 변호사를 잘 만나야 하듯이 변호사도 피고인을 잘 만나야 한다'는 말이 있습니다. 친구들이나 친구의 친구들의 변호를 많이 맡다보니 어느새 인권변호사가 돼 있었습니다만 가두시위는 처음이었습니다. 6·10국민대회 전날 지도부의 방침에 따라 가택연금을 피해 밖에서 지내고 곧바로 집결지인 성공회 성당으로 갔습니다. 입구에서 소위 백골단이라는 진압경찰의 제지를 받았지요. 하지만 그들도 시민들을 심하게 다루지 못했습니다. 이미 대세가 기운 것으로 보였습니다. 우리는 그날 밤새 경찰서구치소를 찾아다니며 '변호사 업무'를 수행했습니다. 신분과 계층에 관계 없이 모든 시민들이 하나의 목표를 향해 일체감을 갖는 것, 그것이 진정한 시민혁명의 원동력입니다. 시민혁명에는 감동과 눈물이 필요합니다."

— 26일의 '평화대행진'은 그 시행 여부를 놓고 내부적으로 논란이 있었습니다만.
"국민운동본부 지도부에서 '6·10 국민대회'의 성과를 평가하면서 제2의 국민대회 개최 여부를 논의했습니다. 그 자리에서 통일민주당 인사 등 정치권을 중심으로 신중론이 많았습니다. 그들은 24일로 예정된 전대통령과 김영삼 통일민주당총재의 회동에 기대를 거는 눈치였지요. 통일민주당은 '충정은 이해하나 시위는 자제해달라'는 성명을 내기도 했습니다. 하지만 재야인사들은 대부분 회동의 결과가 뻔할 것으로 예상하고 있었습니다. 23일 국민운동본부는 '6·26 평화대행진' 강행의지를 발표했습니다.

전대통령과 김총재의 24일 회동은 예상했던 대로 별다른 합의를 발표하지 못했습니다. 정치권은 '4·13 호헌조치 철회'를 근간으로 하는 소극적이고 점진적인 개헌논의쪽으로 대회국면을 끌고 가려는 의도를 갖고 있었습니다. 이 때문에 '6·29선언'이 발표되자 마자 정치권은 국민운동본부 그룹에서 자연스럽게 빠져나갔습니다. 6월항쟁의 성과에도 불구하고 이후 7월과 8월 이른바 노동자 대투쟁이 이어졌지만 제대로 과실을 맺지 못하는 한 원인이 됐습니다."

한변호사는 6월항쟁의 근본적인 원인에 대해 "독재권력이 너무 강해 법치가 이뤄지지 않았기 때문"이라고 정리했다. 그는 "국민운동본부의 고문으로 추대됐던 두 사람이 이후 문민정부와 국민의 정부를 맡아 독재권력을 소멸시키는 성과를 거두었다"면서도 "아직도 법치가 확립되지 않고 있다는 점에서 6월항쟁은 미완성이다"고 말했다. 한변호사는 특히 최근 들어 법치가 확립되지 않은 민주주의의 취약점이 모든 방면에서 드러나고 있다고 지적하면서 "자유권적 기본권을 획득하는 데는 성공했으나 사회권적 기본권을 확보하는 데는 실패했고, 그 실패는 점점 더 심각해지고 있다"고 말했다.

-〈한국일보〉 2003. 12. 26.

그 뜨겁고 아름다운 6월의 거리

12 · 12 군사반란과 광주학살 공범들 간의 권력세습을 자축하는 '축제'가 벌어지고 있던 바로 그 시간 6월의 거리에서는 또 하나의 '축제'가 진행되고 있었다.

"민정당(민주정의당)은 민족에게 정을 주는 당이지만 통민당(통일민주당)은 고통을 주는 당입니다."

6월 10일 오전 11시 15분 민정당 대통령후보 지명대회가 열리고 있는 서울시 송파구 잠실체육관. 7천3백78명의 대의원이 참여한 투표가 단 7분 만에 끝나고 개표가 진행되는 동안 코미디언 김병조 씨가 무대에 나와 청중을 웃기고 있었다. 이어 임성훈 씨의 사회로 흥겨운 단합대회가 시작됐다. 조영남, 조용필, 정수라 등 인기가수들이 1시간 30분 동안 반라의 치어리더들과 어울려 노태우 후보의 애창곡 '베사베무초' 등을 열창했다.

12시 30분 채문식 전당대회 의장이 투표결과를 발표한 뒤 노태우 대표가 민정당 대통령후보로 선출됐음을 선언했다. 전두환 대통령이 노태우 후보의 손을 잡고 연단 앞쪽으로 걸어나가 번쩍 치켜들었다. 대의원들이 자리에서 일어나 두 사람의 대형사진을 흔들며 환호했다. 이때 천장에 매달려 있던 대형 바구니가 터지면서 오색테이프와 꽃가루가 뿌려졌다. 그것은 12·12 군사반란과 광주학살 공범들간의 권력세습을 자축하는 한 판의 '축제' 였다. 그러나 바로 그 시간 체육관 밖에서는 또 하나의 '축제' 가 진행되고 있었다.

40년 독재정치를 청산하고 희망찬 민주국가를

뎅그렁. 뎅그렁. 뎅그렁…….

서울시청 건물에 걸린 대형시계의 숫자가 12:00로 변하는 순간, 도로 건너편 성공회 대성당 종탑에서 종소리가 울려퍼지기 시작했다. 잠시 후 종탑 꼭대기에 잿빛 가사를 걸친 스님과 연한 보라색 블라우스에 쉬어링 치마를 입은 30대 중반의 여성이 나타났다. 스님이 마이크를 잡고 성명서를 낭독했다.

"우리는 민주주의를 갈망하는 온 국민의 이름으로 민정당의 대통령후보 지명이 무효임을 선언한다……."

스피커의 성능이 좋아 스님의 목소리는 시청 앞 광장까지 쩌렁쩌렁 울렸다. 아마도 성당 종루에 올라간 최초의 스님과 여자로 기록될 두 주인공은 지선 스님과 소설가 유시춘 씨, 국민운동본부 지도부를 대표하여 종탑에 올라간 그들은 오후 6시부터 시작될 6·10 국민대회의 성공을 예감했다.

한승헌 변호사는 6월항쟁 이후 강연회나 집회에서 "6월항쟁이 성공한 것은 대회를 성공회에서 시작했기 때문" 이라고 풀이해 청중들의 웃음을 자아낸 적이 있다. 우연하게도 60~70년대 재야인사들이 시국강연회 장소로 자주 이용했던 곳도 명동에 있는 대성大成빌딩이었다. 역사성에 근거한 그의 풍수설(?)에 정당성을 부여하기라도 하듯 종탑 위로 비둘기들이 힘차게 날아올랐다.

이에 앞서 오전 10시 무교동 평창빌딩 민추협 사무실에서는 민주당과 민추협이 공동 주최하는 규탄대회가 열렸다. 김영삼 총재는 대회사를 통해 전두환 정권에게 경고의 메시지를 보냈다.

"지금 이 시간 민정당은 4천만 국민의 뜻을 무시한 채 역사 속의 치욕스럽고 부끄러운 '돌아올 수 없는 다리'를 건너고 있습니다. 4·13 조치의 지속과 일방적인 정치일정 강행은 이 정권의 비극이고 불행입니다.”

같은 시간 기독교회관 312호에서도 국민운동본부가 주최하는 규탄대회가 열렸다. 이 자리에서 '4·13호헌조치의 무효화를 전국민의 이름으로 선언한다' 라는 제목의 선언문이 낭독되었다. 마치 기미년의 독립선언문을 연상케 하는 이 명문의 선언문은 이렇게 시작된다

“오늘 우리는 전세계 이목이 주시하는 가운데 40년 독재정치를 청산하고 희망찬 민주국가를 건설하기 위한 거보를 전국민과 함께 내딛는다. 국가의 미래요 소망인 꽃다운 젊은이를 야만적인 고문으로 죽여놓고 그것도 모자라서 뻔뻔스럽게 국민을 속이려 했던 현정권에게 국민의 분노가 무엇인지를 분명히 보여주고 국민적 여망인 개헌을 일방적으로 파기한 4·13 폭거를 철회시키기 위한 민주장정을 시작한다……세계의 양심과 이성이 우리를 격리하고 민주제단에 피 뿌린 민주영령들이 우리를 향도하며, 민주화의 의지로 사기충천한 온 국민의 민주화 결의가 큰 강줄기를 형성하니 무엇이 두려운가. 자! 이제 우리의 자리를 박차고 일어나 찬연한 민주 새벽의 그날을 앞당기자.”

그러나 '돌아올 수 없는 다리'를 건너가버린 정권을 굴복시키기 위해 출발한 '민주장정'의 앞길에는 경찰의 원천봉쇄라는 장애물이 기다리고 있었다. 경찰은 이미 며칠 전부터 6·10대회를 불법집회로 규정하고 경찰 병력을 총동원하여 이를 원천봉쇄한다는 방침을 세워놓았던 것이다. 이에 따라 6월 7일부터 주요 대도시에서 검문검색이 강화되었으며, 인쇄소 등에 대한 경찰의 경계와 수색도 심해졌다. 또한 전국 경찰에 갑호 비상을 발령하는 한편 버스·택시회사에 경음기를 떼어내고 교대시간도 바꾸도록 종용하였다. 심지어 행인들의 애국가 합창을 막기 위해 오후 6시에 시행하던 애국가 옥외방송도 금지시켰다. 그리고 대회 전날인 9일부터는 민주인사에 대한 가택연금을 실시했으며 전국 1백10개 대학을 전격 수색하여 시위용품을 압수하기도 했다.

행동요강 '전국민은 비폭력으로 저항한다'

6·10국민대회가 맨 처음 결정된 것은 5월 23일이다. 이날 NCC인권위원회 사무실에 모인 재야인사들은 6월 10일 오후 6시에 대규모 규탄대회를 개최키로 합의한 바 있다. 그러다가 국민운동본부가 출범하면서 이 대회의 명칭은 정식으로 '박종철 군 고문살인 은폐규탄 및 호헌철폐 국민대회'로 확정됐다. 이돈명 변호사의 증언.

"박형규 목사가 지나가는 말로 '대회를 민정당 대통령후보 지명대회가 열리는 6월 10일에 하면 어떨까' 하고 말했다. 누군가 '그것 괜찮겠는데'라고 호응했고. 나중에 정말 그렇게 결정됐다. 그러나 당시만 하더라도 그렇게 큰 성과를 얻으리라고는 확신하지 못했다. 그때는 지금처럼 민주노총이나 한총련 같은 대중적 조직도 없었기 때문에 얼마나 많은 사람이 참여할지 아무도 가늠할 수 없었다."

대회를 6월 10일에 개최하자는 데에는 별 이의가 없었다. 문제는 시간이었다. 성유보 씨의 증언.

"민추협은 10시에 하자고 주장했다. 민정당의 축제에 재를 뿌리자는 것이었다. 당장 다음과 같은 반론이 나왔다. '그것은 상징적 효과는 클지 모르지만 외신을 의식한 언론플레이에 지나지 않는다. 가능한 한 모든 시민들이 참여할 수 있게 하는 것이 중요하다. 아침부터 시위를 하면 출근길에 교통이 막힐 것이고 시민들은 참여도 하기 전에 짜증부터 낼 것이다. 누구나 쉽게 참여할 수 있는 퇴근시간에 맞추는 것이 좋다' 진통이 있었지만 결국 대회시간은 오후 6시로 결정이 났다."

6·10국민대회 준비는 국민운동본부 공동대표와 상집위원들의 비공개회의를 통해 착착 진행됐다. 대대적인 범국민운동이 일어나지 않으면 군부독재의 연장을 허용할 수밖에 없다는 위기감 때문에 회의 분위기는 항상 진지했다. 국민운동본부 출범과정에서 산파역할을 맡았던 젊은 실무자들이 이번에도 기획작업을 담당했다. 그들은 2·7시위나 3·3시위 때와 마찬가지로 6·10국민대회도 평화적으로 치른다는 원칙을 분명히 했다. 누구나 참여할 수 있는 다양한 전술과 방법도 채택했다. 6월 5일 발표된

국민대회 행동요강에는 이들의 이러한 고민이 잘 드러나 있다.

1. 10시 이후 각 부문별·종파별로 국민대회를 개최한 후, 오후 6시를 기하여 성공회대성당에 집결하여 국민운동본부가 주관하는 국민대회를 개최한다.

2. (1)오후 6시 국기하강식을 기하여 전국민은 있는 자리에서 애국가를 제창한다. (2)애국가가 끝난 후 자동차는 경적을 울린다. (3)전국 사찰·성당·교회는 타종을 한다 (4)국민들은 형편에 따라 만세삼창(민주헌법 쟁취 만세/민주주의 만세/대한민국 만세)을 하거나 제자리에서 1분간 묵념을 하며 민주쟁취의 결의를 다진다. (5)국민대회는 우천시에도 진행한다.

3. 경찰이 폭력으로 대회진행을 막는 경우, (1)전국민은 비폭력으로 이에 저항한다. (2)연행을 거부한다. (3)연행되면 일체의 묵비권을 행사한다.

4. 전국민은 오후 9시부터 9시 10분까지 10분간 소등을 하고 KBS·MBC뉴스 시청을 거부함으로써 국민적 합의를 깬 민정당의 6·10전당대회에 항의한다. 민주쟁취의 의지를 표시할 수 있는 기도·묵상·독경 등의 행동을 한다.

5. 대회가 혹시라도 경찰의 폭력에 의해 무산되는 경우, 부문별 단체별로 교회·성당·사찰·기타 편리한 장소에서 다음날 아침 6시까지 단식농성한다.

6. 8~9일 양일간 전국민은 6·10국민대회 참여를 권유하고 상호격려하는 '전국민 전화걸기 운동'을 전개해주기 바란다.

7. 또 한번 부탁하거니와 6·10국민대회는 철저하게 평화적으로 참여해주시기를 바라며 폭력을 사용하거나 기물손괴 등을 자행하는 사람은 국민대회를 오도하려는 외부세력으로 규정한다.

8. 하오 6시부터 성공회대성당에서 진행될 국민대회 식순은 추후 발표한다.

9. 각 도시 등 지방에서도 위와 같은 행동요강으로 국민대회를 진행하되 시간과 장소는 지역의 편의에 따라 할 것이며 각계각층이 총망라하여 준비위원회를 구성하여 국민대회를 가져주기 바란다.

"뉴스도 안 보시나. 여긴 출입금지요"

거리시위는 이미 오후 4시 30분 경부터 시작됐다. 그러나 정작 국민대

회 장소인 성공회대성당은 적막에 싸여 있었다. 경찰이 광화문 네거리에서 덕수궁까지 성당 주변을 철저히 통제하고 있었기 때문이다. 성당에는 20여 명의 국민운동본부 간부들이 연금을 피해 대회 3일 전부터 미리 들어와 있었다. 우선 그들이 경찰의 철통 같은 봉쇄망을 뚫고 들어온 무용담을 들어보자.

오충일 목사는 집을 나와 동가숙서가식하다 대회 3일 전에 성공회대성당에 들어왔다. 그는 '이번 대회가 실패하면 지도부는 국가전복죄로 감옥에 갈 것이고 군사독재의 장기화는 공고해질 것이다' 라는 위기감을 안고 있었다. 그나마 성공회대성당 주임신부인 박종기 신부의 사택에서 지선 스님 등과 대회를 준비하며 3일 동안 어울릴 수 있었던 것이 유일한 위안이었다. 신부와 목사와 스님의 3일간의 만남. 그것은 각계각층을 대표하는 국민운동본부 지도부의 한 단면이기도 했다.

유시춘 씨의 진입작전은 압권이었다. 그녀가 성당에 들어가기로 결심한 것은 6월 7일. 압구정동의 '블랙 앤 화이트' 라는 한 카페에서 열린 국민운동본부 상집회의에서였다. 이해찬, 황인성, 인재근, 이미경, 김학민 등이 참석한 이 회의는 6 · 10국민대회를 점검하는 마지막 회의였다.

대회장에 들어가서 어른들을 도와 실무를 진행할 젊은 일꾼이 필요하다는 말을 듣고 그녀는 흔쾌히 자원했다. 유시춘 씨의 증언.

"다음날 새벽 성공회 근처로 접근했다. 중무장한 전경들이 에워싸고 있어 개미 한 마리 들어갈 틈도 안 보였다. 새벽 거리에 서서 나는 골똘하게 방법을 모색했다.

박종기 신부님의 가족들만 출입이 가능하다는 말을 들은 적이 있어 그들 중의 한 청년을 전화로 불러냈다. 나의 계획을 말했더니 청년은 고개를 끄덕이며 시도해보자고 했다.

청년이 들어가고 난 직후 유시춘 씨는 숨을 헐떡이며 정문으로 돌진했다.

"아줌마, 아줌마! 저리 비켜요."

"왜 이래요? 난 급한데."

"이 아줌마가 뉴스도 안 보시나. 여긴 출입금지요."

"무슨 일인데 그래요. 지금 새벽예배 피아노 반주하러 들어가야 돼요. 이거 신부님께 혼나게 생겼네."

유시춘 씨는 연방 시계를 들여다보면서 발을 동동 굴렀다. 그때였다. 조금 전에 들어갔던 청년이 거칠게 쪽문을 열고 나오면서 그녀에게 버럭 소리를 질렀다.

"아니, 이제 오면 어떻게 해요. 피아노 반주자가 없어서 예배도 시작하지 못하고 있잖아요."

청년은 그녀의 손목을 잡아끌었다. 어안이 벙벙해진 전경들이 "어, 어" 하는 사이에 그녀는 재빠르게 쪽문 안으로 들어갔다. 성당 안으로 무사히 들어간 그녀는 청년과 마주 보고 씨익 웃었다. 사실 유시춘 씨는 피아노라면 도레미밖에 칠 줄 몰랐다.

빈민대표 제정구 씨와 농민대표 서경원 씨는 6월 10일 아침에. 그것도 정문으로 당당하게 들어왔다. 성공회 신부들이 봉고차에 그들을 태운 채 성당 사람들이라며 정문으로 돌진해 들어온 것이다 '여장부' 한영애 씨는 치마를 입은 몸으로 조선일보 쪽 주택가 담장을 타넘고 들어와 미리 와 있던 사람들의 탄성을 자아내게 만들었다. 그렇게 들어온 사람들이 약 20여 명에 이르렀다. 오충일, 박형규, 계훈제, 금영균, 양순직, 김명윤, 지선, 진관, 제정구, 서경원, 김병오, 한영애, 이규택, 김현수, 송석찬, 유시춘 등이 바로 그들이다.

마침내 오후 6시 정각. 종탑에 설치된 스피커에서 애국가가 울려퍼지기 시작했다. 애국가와 함께 종이 42번 울렸다. 해방 후 42년 동안 지속된 군부독재를 종식하고 새로운 민주사회를 건설하자는 의미가 담겨 있는 종소리였다. 성당 구내에 있던 서너 대의 자동차가 경적을 울렸다. 담장 밖 거리에서 자동차들이 토해내는 경적소리와 최루탄 터지는 소리가 담장 안으로 어렴풋이 들려왔다. 국민운동본부 간부 20여 명과 성공회 신부·수녀 50여 명 등 70여 명은 곧 오충일 목사의 사회로 6·10국민대회를 시작했다.

87년 6월 10일 오후6시

대회가 시작되기 약 30분 전이었다. 성공회대성당 입구에 있는 태평로 파출소 앞에 정장을 말쑥하게 차려입은 27명의 신사들이 나타났다 완전무장한 전경들이 골목마다 지키고 서 있었지만 그들은 이곳에 올 때까지 아무런 제지를 받지 않았다. 그들은 한승헌, 홍성우, 황인철, 강신옥, 고영구, 조영래, 이상수, 박원순 등 국민운동본부에 참여한 변호사들이었다. 한승헌 변호사의 증언.

"경찰은 양복을 입은 우리가 설마 시위대는 아닐 거라고 보았는지 그대로 통과시켜주었다. 그런데 인권변호사로 얼굴이 널리 알려져 있던 홍성우, 황인철 변호사 등을 경찰이 알아보는 바람에 곧 정체가 드러나고 말았다."

성당 안으로 들어가려는 변호사들과 이를 막으려는 경찰 간에 몸싸움이 벌어졌다. 주변에 있던 박용길 민가협의장 등 구속자 가족들도 합세했다. 바로 그때 성공회에서 애국가가 울려퍼졌다. 사람들은 몸싸움을 멈추고 애국가를 합창했다. 주변에 모여 있던 시민들과 건물 위에서 내려다보던 회사원들도 함께 애국가를 불렀다. 지나가던 버스, 택시, 자가용 등은 경적을 울렸고 승객들도 박수를 치거나 손가락으로 브이자를 그리며 시위대에 호응했다. 박용길 의장이 연도에 서서 초록색 스카프를 흔들며 경적시위를 유도했다.

바로 그 시간 태평로에 늘어서서 경적시위를 하던 택시기사들 중에는 이재석 씨(43)도 끼어 있었다. 오후일을 전폐하고 동료들과 함께 이곳으로 택시를 몰고 나온 것이다. 이재석 씨의 증언.

"오후 4시경 인공폭포 앞으로 초록색 포니 택시 다섯 대가 모였다. 우리는 제2한강교-동교동 로터리-신촌 로터리-아현고가도로-서소문을 거쳐 시청 앞에 이를 때까지 비상등을 켜고 정적을 울리며 행진했다. 옆좌석에 동승한 동료들은 차창 밖으로 상체를 내민 채 구호를 외쳤다. 서소문 빌딩 숲에 이르러서는 속도를 시속 5km로 줄였다. 연도의 시민들이 우리를 향해 박수갈채를 보내주었다."

시청 앞에는 전경이 깔려 있었다. 비상등을 켠 채 천천히 행진하는 택시기사들의 차량시위를 그들이 방치할 리 없었다. 그렇다고 생계가 걸려 있는데 잡힐 수는 없는 일. 소공로 쪽으로 재빨리 피한 이재석 씨 일행은 거기서 도로를 막고 시위를 벌었다. 그런데 명동 쪽에서부터 경찰에 밀린 시위대가 미도파 골목으로 한꺼번에 나오는 것이 보였다. 플라자호텔 뒤로 방향을 틀어 차를 세워놓고 주변의 다방으로 피신했다가 시위대에 합류했다.

한편 민가협 회원인 김재훈 씨는 경찰차를 타고 시내의 시위상황을 둘러보고 있었다. 그가 경찰차를 타게 된 데는 사연이 있다. 김재훈 씨의 증언.

"6월 10일을 앞두고 연금당할 것을 우려한 아내는 일 주일 전부터 아예 집에 들어오지 않고 전국의 대학가를 돌며 학생들에게 총궐기를 호소했다. 은평경찰서 형사들이 아내가 집에 있다고 상부에 보고했다면서 나에게 아내가 있는 곳까지 동행해달라고 요청했다. 민가협과 여성단체가 동방플라자 앞에서 시위를 한다는 사실을 알고 있던 나는 일부러 그들을 기독교 집결지인 광교 쪽으로 데려갔다."

광교에 도착하니 시위대가 있어야 할 곳을 사복경찰이 차지하고 있었다. 시위가 시작되자 경찰이 최루탄을 마구 쏘아댔다. 눈물 범벅이 된 형사들이 못 견디겠던지 차를 타고 시내를 돌며 찾아보자고 했다. 덕분에 시내 전체의 상황을 목격할 수 있었다. 그는 신세계와 미도파백화점 사이에서 경찰 40여 명이 무장해제당하는 것을 보았다.

쫓기는 학생 숨겨준 남대문시장 상인들

거리시위는 이미 오후 6시가 되기 훨씬 이전부터 진행되고 있었다. 오후 1시경 "파쇼하의 개헌반대 혁명으로 제헌의회"를 외치는 일단의 학생들이 신세계백화점 앞 도로를 한동안 점거했으며 이들은 3시 30분경 국도국장 앞으로 이동하여 경찰과 격렬한 전투를 벌였다.

오후 4시 45분경 이문역에서 6백여 명의 외국어대와 경희대 학생들이 의정부발 인천행 K295호 전동열차를 강제로 세운 뒤 모두 올라타고 시내로 진출하기도 했다. 이들은 남영역에서 내려 서울역 쪽으로 진출하려다 경찰이 막자 철로변의 자갈을 집어들고 격렬한 투석전을 전개했다. 열차를 세운 주인공은 외국어대 학생 함칠성 군(88년 총학생회장에 당선)이었다.

바로 그 시간 을지로2가 로터리에서 5백여 명의 학생들이 차도로 뛰어들어 대열을 형성한 뒤 노래를 불렀다. '우리의 소원은 통일'에서 '통일'이란 가사를 '민주'로 바꾼 노래였다.

"호헌철폐 독재타도!"
"호헌철폐 독재타도!"

구호소리가 도심을 울렸다. 롯데쇼핑센터 앞에 모여 있던 군중들이 태극기를 흔들거나 박수를 치며 호응했다. 5시 10분 경 경찰이 사과탄을 마구 던지며 해산작전에 돌입했다. 시위대는 30~50명 단위로 흩어져 경찰과 10여 차례 밀고 당기는 공방전을 계속했다. 일부는 미문화원 뒷길과 시청 뒷길을 통해 성공회로 접근하려다 경찰의 최루탄 세례를 받고 대치상태에 들어갔다.

한편 남대문시장 골목에 모여 있던 학생 일부가 서울시경 건너편으로 몰리면서 시위대는 1천여 명으로 불어났다. 시위대는 "호헌책동 분쇄하고 민주개헌 쟁취하자"는 등의 구호를 외치며 지나가는 시내버스 안으로 유인물을 던져넣었다. 경찰의 최루탄 발사로 시위대는 신세계백화점, 퇴계로2가 등지로 흩어졌다가 남대문시장을 중심으로 숨바꼭질 시위를 벌였다. 남대문시장은 철시상태였으나 상인들은 쫓기는 학생들을 셔터를 열어 숨겨주기도 하고 함께 몰려나가 시위를 벌이기도 했다. 또 일부 상인들은 최루탄을 쏘는 경찰에게 "쏘지 마. 쏘지 마"를 합창하기도 했다.

시내 곳곳에서는 동시다발로 시위가 벌어졌다. 국민운동본부의 지침에 따라 일정한 장소에 모인 각 단체 회원들은 주변의 시민과 학생들을 규합해 조직적인 시위를 전개했다. 민주당과 민추협은 롯데호텔 앞에 모였다. 김동영 부총재 등 20여 명의 의원과 2백여 명의 당원들이 5시 20분경부터 시위를 벌이다 6시 30분 약식집회를 가졌다.

민가협과 여성단체연합은 동방플라자 앞에 집결했다. 이우정, 이태영 등 2백여 명의 시민들이 오후 5시경 "가자, 성공회로!"를 외치며 전진하다 경찰의 제지를 받았다. 특히 민가협 소속 어머니들은 경찰이 최루탄을 쏘아대도 흩어지지 않고 길바닥에 주저앉아 구호를 외쳤다.

문인들은 조흥은행 본점 앞에서 시위를 시작했으나 경찰의 공격을 받고 곧 대열이 무너졌다. 국민운동본부 홍보국장이었던 이영진 씨의 증언.

"문인들은 아무래도 전투력이 약해 싸움을 잘하지 못하는 편이었다. 그 대신에 주로 여기저기 돌아다니며 학생들을 응원했다. 그러나 역사의 현장을 지켜보아야 한다는 의무감이 강해 자리를 뜨는 사람은 없었다. 문인들은 시위를 할 때 머리가 흰 김규동 선생을 맨 앞줄에 세우곤 했는데 경찰이 함부로 공격하지 못하게 하기 위한 일종의 노인계(?)였다. 송영 씨는 나이가 많지 않았지만 머리가 희다는 이유만으로 앞줄에 자주 서야 했다."

시위에 자주 참가한 문인은 조태일, 김규동, 박태순, 송기원, 이시영, 김명식, 송영, 현기영, 김정환, 이창동, 이재현, 고광헌, 현준만, 김남일, 이승철, 박구홍, 공지영, 김인숙 등. 박범신, 조해일, 김홍신 등 대중작가들도 거리에 나왔다. 6월항쟁 이후 이때의 경험을 바탕으로 씌어진 문학작품으로는 박태순의 '밤길의 사람들'과 송영의 '울어라 조국아'가 있다.

무장해제된 전경과 시민들이 함께 "민주주의 만세!"

오후 9시 아파트 지역에서는 소등투쟁과 TV뉴스 *끄기*운동이 전개됐다. 그것은 군사독재에 대한 국민들의 소리없는 저항이었다. 밤이 되자 시위는 시가전을 방불케 할 정도로 더욱 격렬해졌다. 오후 8시경 일부 시위대가 퇴계로2가 파출소를 점거했다. 이 과정에서 파출소를 지키던 전경 20여 명이 무장해제당한 후 풀려나기도 했다. 이어 충무로5가 파출소도 시위대에게 점거되었다. 한 학생이 파출소 벽에 걸려 있던 전두환 대통령의 초상화를 떼어내 발길질로 깨버리자 박수와 환호가 터졌다. 신세계와 퇴계로 일대가 소강상태에 접어들 무렵인 오후 10시. 이번에는 종로2가로 2

천여 명의 학생들이 몰려들어 경찰과 숨바꼭질 시위를 했다. 민정당 대통령후보 지명대회 축하리셉션이 열리고 있던 힐튼호텔 부근에서도 시위가 전개되어 참석자들이 재채기를 하고 눈물을 흘리기도 했다. 이재석 씨의 증언.

"시위대는 이곳에서 고립된 전경 1개 분대를 무장해제시켰다. 시위대와 전경이 '민주주의 만세'를 외치고 '우리의 소원은 민주'를 부르며 감격의 눈물을 흘렸다. 특히 회현고가도로 아래의 거리는 완전한 해방구였다. 불현듯 필리핀이 생각났다."

6·10국민대회는 서울, 부산, 대구, 광주, 인천, 대전 등 주요 대도시를 비롯하여 전국 22개 지역에서 24만여 명이 참여하는 대규모 가두시위로 발전하였다. 경찰의 강경진압으로 시위가 점차 격화되면서 시청 한 곳. 파출소 열다섯 곳, 민정당 지구당사 두 곳 등이 파손되었다. 경찰은 전국에서 3천8백31명의 시위자를 연행했다고 발표했다.

국민운동본부 실무자들은 이날 종로5가 안집에서 평가회를 가졌다. 이 자리에서 시위규모나 양태가 2·7대회나 3·3대회를 훨씬 뛰어넘는 성공적인 대회임을 확인했다. 그러나 이날 점화된 불꽃이 바로 전국에서 2주일 이상 타오르는 독재타도의 화염으로 변화할 것이라고는 아무도 예상치 못했다.

바로 그 시간 명동성당에서는 8백여 명의 학생과 시민들이 농성투쟁을 시작하고 있었다.

—월간 《말》 (1996. 6.)

6월 민주항쟁의 진실

유시춘 (소설가)

6월 10일 정오.

서울 잠실체육관에서는 호화찬란한 축제가 벌어지고 있었다. 민정당 대의원 등 1만여 명이 모인 가운데 당대의 내로라하는 인기가수들과 치어리더들의 노래와 춤이 무르익는 중이었다.

7분 만에 일사천리로 진행된 투표결과 노태우 대표가 민정당 대통령후보로 선출되었다. 이를 알리는 방송을 신호탄으로 천장에 매달린 초대형 바구니가 떨어지면서 오색빛 나는 꽃가루가 흩뿌려지고 있었다. 이에 맞추어 요란한 음악 속에 전두환과 노태우가 손을 치켜들고 연단으로 나섰다. 12·12 군사반란의 주역이며 5·18민중항쟁을 국군의 총검으로 학살한 피 묻은 손을 맞잡고 두 사람은 환호했다.

이제 누가 봐도 그들간의 권력의 안정적인 세습은 시대의 대세로 보였다. 아무도 이를 막을 수 없었다.

같은 시각, 서울시청 맞은편 성공회 대성당의 종루에서는 웅장한 종소리가 도심을 울리고 있었다. 종은 마흔두 번 울렸다. 분단과 독재의 세월을 의미했다. 타종이 끝나자 성능 좋은 마이크를 타고 결연한 목소리로 짧은 성명이 흘러나왔다.

"국민여러분, 우리는 민주주의를 사랑하는 온 국민의 이름으로 지금 이 시각 진행되고 있는 민정당 대통령후보 지명대회가 무효임을 선언합니다.

이 반민주적이고 반역사적인 사기극을 즉각 중단할 것을 주권자인 국민의 이름으로 엄중히 경고하는 바입니다."

수사기관의 가택연금과 미행을 기상천외한 요령으로 따돌린 뒤 철통 같은 경비망을 뚫고 대회장인 성공회 대성당에 진입해 집회를 주도하고 있는 국본 집행부의 목소리는 쩌렁쩌렁 광화문과 시청 일대에 울려퍼졌다.

상임집행위원 두 사람은 타종을 마치고 종루 위에서 잠시 하늘을 올려다보았다.

빛나는 초여름이었다. 대성당 주변 신록들은 쥐어짜면 금방 초록물이 뚝뚝 흐를 듯이 푸르렀고 태양은 개선장군마냥 위풍당당하게 창공을 제압하고 있었다. 종탑 위로 비둘기떼가 날갯소리를 내며 힘차게 비상했다.

사흘 전부터 시작된 경찰의 삼엄한 원천봉쇄 조치로 인해 대회장인 성공회 대성당으로 들어오지 못한 대부분의 국본 집행부 역시 본부 사무실인 기독교회관 마이크를 통해 국민에게 드리는 선언문을 낭독했다. 1919년 3월 조선독립의 의지를 세계만방에 고한 기미독립선언문을 연상케 하는 대목이 많았다.

"오늘 우리는 전세계 이목이 주시하는 가운데 40년 독재를 청산하고 희망찬 민주국가를 건설하기 위한 거보를 전국민과 함께 내딛는다. 국가의 미래요 소망인 꽃다운 젊은이를 야만적 고문으로 죽여놓고 그것도 모자라 뻔뻔스럽게 국민을 속이려 했던 현정권에게 국민의 분노가 무엇인지 분명히 보여주고 국민적 여망인 개헌을 일방적으로 파기한 4·13폭거를 철회시키기 위한 민주장정을 시작한다…… 세계의 양심과 이성이 우리를 격려하고 민주제단에 피뿌린 영령들이 우리를 향도하며 민주화 의지로 사기충천한 온 국민의 결의가 큰 강줄기를 형성하니 무엇이 두려운가. 자! 이제 자리를 박차고 일어나 찬연한 민주 새벽의 그날을 앞당기자…."

그러나 이 하늘을 찌를 듯한 기개와 결의를 기다리는 것은 전국 주요 대도시를 장악한 경찰병력이었다. 경찰은 전국의 110개 대학가를 수색하여 플래카드와 확성기 등 시위용품을 압수해갔으며 검문검색을 강화하면서 수시로 젊은이의 가방을 털어보는가 하면 여러 인쇄소 골목마다 수색을 이 잡듯이 행하고 있었다. 택시와 버스회사 업주들은 경찰의 요구대로 경음기를 떼어내지 않을 수 없었다.

이 막강한 물리력에 맞서는 것은 오직 비무장 비폭력의 맨 몸일 뿐이었다. 국본은 국민행동강령을 전국 지역본부를 통해 국민들에게 전했다. 철저한 비폭력 평화주의 원칙하에 할 수 있는 모든 방법을 고안한 결과, 몇 가지 수칙을 정했다.

오후 6시 국기하강식을 시작으로 각자 있는 자리에서 애국가 제창, 애국가가 끝난 후의 1분간 차량경적 울리기, 교회 사찰 성당의 일제 타종, 밤 9시 뉴스 시청거부의 의미로 10분간 소등하기, 여성들은 평화와 화해의 상징인 보라색 수건 흔들기 등이 그것이었다.

이윽고 오후 6시가 되었다.

모든 관공서는 시민참여를 막기 위해 매일 시행하던 국기하강식을 생략했다. 서울 도심을 통과하는 지하철은 시청, 광화문, 종로 일대의 역을 정차하지 않고 내리 달렸다. 오후 여섯시라 하지만 해는 아직 중천에 있었다. 정부는 88올림픽의 성공적 개최를 위해 미리 연습조로 국민들에게 매우 낯선 섬머타임제(낮이 긴 계절에 한 시간 먼저 일과를 시작해 업무를 한 시간 먼저 끝내고 남은 시간을 여가활동에 쓰는 일광절약시간제)를 시행하고 있는 중이었다. 도심의 사무실에서 퇴근한 젊은 사무직 노동자들은 모두 거리로 나설 수밖에 없었다.

지하철이 정차하지 않았고 버스는 도심진입을 할 수 없었기 때문에 오히려 그들은 자연적으로 대부분 퇴근시간 후에 사무실이나 거리에 있어야 했다. 이렇게 해서 이들은 학생들과 함께 이후 전개되는 6월 민주항쟁의 중심세력이 된다.

정각 6시, 서울 도심은 온통 애국가 소리에 파묻혔다. 사방에서 자동차 경적이 울렸고 서울역과 남대문 쪽에 집결해 있던 여성들이 보라색 스카프를 흔들며 차도로 뛰어들며 차량들의 경적을 유도했다. 누가 먼저라 할 것도 없이 눈물이 절로 나는 실로 감격적인 순간이었다.

맨 먼저 "호헌철폐 독재타도"를 외치며 차도로 나온 것은 학생들이었다. 그러나 시간이 흐르면서 인근 사무실 안에서 이를 지켜보던 사무직들이 자연스럽게 학생들과 합류하기 시작하자 인파는 걷잡을 수 없이 불어나고 있었다.

지하철 1호선 이문역에서는 근처 외국어대와 경희대 학생들 1천여 명이 의정부발 인천행 전동차를 강제로 세운 뒤 올라타고 시내까지 진출을 시도했다. 전동차가 시청역과 서울역을 정차하지 않고 남영역에 서자 그들은 전동차에서 내려 일제히 철로변의 자갈을 들고 서울역으로 진출, 경찰과 격렬한 투석전을 벌였다. 서울역을 비롯해 남대문시장 일대와 을지로, 종로 등지에서 경찰과의 치열한 공방이 계속되자 가게 상인들은 쫓기는 학생들을 셔터를 올린 후 숨겨주고 물을 제공하기 시작했다.

3시간의 공방은 적군과 아군의 시가전처럼 치열했다. 국본도 예측하지 못한 사태가 곳곳에서 벌어진 것이었다. 밤 9시가 되자 아파트 여러 곳에서 불이 꺼지고 서울도심의 공방은 더 격렬해졌다.

퇴계로, 충무로 파출소 등이 시위대에 섬거되면서 파출소 벽에 실려 있던 전두환의 초상화가 바닥에 박살나기도 했다. 회현동 고가도로 아래서는 인근 남대문시장의 상인들이 중심을 이루었다. 이들은 무장해제당한 전경과 함께 "민주주의 만세"를 합창하기도 했다.

서울과 비슷한 상황이 22개 도시에서 동시에 벌어지고 있었다. 이날 경찰은 시위참여자 24만 명 가운데 3,831명을 연행했다고 축소 발표했다.

이 사태는 대회 주최측인 국본과 마찬가지로 민정당 사람들도 전혀 예상하지 못한 것이었다. '민중의 지팡이'가 아닌 폭력정권의 충실한 하수인으로 전락한 경찰이 건재하는 한 전두환 세력은 그들의 안전이 영원할 것이라 굳세게 믿고 있었기 때문이다.

차기 대통령을 미리 축하하는 연회를 서울역 건너편 남산 초입의 호화로운 힐튼호텔에서 거행하고 있던 민정당 사람들은 영롱한 빛을 반사하는 샹들리에 불빛 아래 발바닥을 간질이는 부드러운 양탄자 위에서 달콤한 샴페인에 취해 있다가 모두 순식간에 최루가스를 마셔야 했다. 서울을 뒤덮은 최루탄 가스는 공평하게 힐튼호텔 안으로도 스며들었다.

국본 집행부 또한 대회가 예상 밖의 성공을 거두기는 했지만 이날이 2주 이상 격화될 현대 정치사의 분수령이 되리라고는 아무도 예측하지 못했다. 이 조짐은 아무도, 심지어 이날 밤늦게 명동성당으로 모여들고 있는 사람들 스스로도 눈치채지 못한 가운데 진행되고 있었다. 성공회에서 대회를 강행한 이후 거리로 진출하다가 곧바로 체포되어 전쟁터를 연상케 하는 시가지를 지나 경찰서로 연행돼가고 있던 경찰승합차 안의 제정구 등 국본 집행부는 앞으로 살게 될 징역이 몇 년이 될지 헤아려보고 있었다.

한승헌변호사 변론사건실록 ④

2006년 11월 25일 초판 1쇄 발행

엮은이   한승헌변호사변론사건실록간행위원회
펴낸이   윤형두
펴낸데   범우사

등록   1966. 8. 3. 제 406—2004—000012호
주소   (413-756)경기도 파주시 교하읍 문발리 출판단지 525-2
전화   031-955-6900~4
팩스   031-955-6905
홈페이지   http://www.bumwoosa.co.kr
이메일   bumwoosa@chol.com

편집   윤아트
교정   김정숙

ISBN 89-08-04390-X
      89-08-04386-1 (세트)

*값은 뒤표지에 있습니다.

범우문화문고

▶계속 펴냅니다

# 범우 윤형두 문집

1 넓고 넓은 바닷가에
신국판/양장본/416쪽(화보72쪽)/12,000원
부드럽고 슬픔을 스스로 체념하는 듯한 글 속에 결코 한치도 부정적 현실과는 타협하지 않는 그의 수필은 그만큼 우리들의 삶에 위안을 주고 영양소가 되어 준다.
―김우종(문학평론가)

2 책의 길 나의 길
신국판/양장본/438쪽(화보96쪽)/12,000원
책을 만들고 팔고 사들이면서 겪는 체험 등을 글로써 발표한 것들을 한데 모아놓았으니 어찌 재미가 없겠는가!
―이상보(국민대명예교수)

3 아버지의 산 어머니의 바다
신국판/296쪽/12,000원
언제나 최선의 전심전력을 쏟아내는 생활의 편린에 관한 진솔한 고백과 거짓 없는 각서가 그의 모든 문맥이라 할 때, 흔히는 신통력있는 황홀한 법맥(法脈)으로 발돋움하기에 넉넉하다.
―임중빈(문학평론가)

4 한국출판의 허와 실
신국판/양장본/360쪽/12,000원
한국 출판이 강구해야 할 해결책을 미래지향적인 관점에서 모색해 본 출판인 윤형두 문집! 출판산업이 처한 시대적 상황을 깊이 통찰하여 한국출판의 위상을 제고시켜 나갈 역사적 안목을 제시하고 있다.

5 山사랑 책사랑 나라사랑
신국판/양장본/472쪽/12,000원
출판인 윤형두에게 산은 '태고의 침묵을 맛보기 위한 장소다. 실뿌리도 잠든 정원의 산에서 원시의 침묵을 보고 듣는다. 인생의 덧없음에 대해, 민족의 영원성에 대해 그리고 사랑의 가변성에 대해 그는 산에 묻고 대답하고 있다.
―월간《산》

6 한 출판인의 中國 나들이
신국판/양장본/376쪽/12,000원
평범한 가운데서 행해온 저자의 위대성은 '범우사' 설립에 의해 그 정신이 온 국민에 전해졌으며, 또한 그 이념을 실천하기 위해서 오늘도 중국으로 떠난다. 개개인의 노력과 집념이 결국은 역사를 이끌고, 그 역사 속에서 우뚝 서는 주인공이 될 것임을 믿어 의심치 않으며, 동시에 그러한 역할과 공헌은 한국출판사상에 정확히 기록할 것으로 확신한다.
―김승일(국민대 한국학연구소 소장)

7 한 출판인의 日本 나들이
신국판/양장본/294쪽/12,000원
그 동안 몇 차례 일본을 드나들며 잡기장에 적어두었던 글들을 엮어 보았다. 이 글들은 〈일본여행기〉라거나 〈역사탐방〉이거나 유독심도 있는 일본해부나 분석 같은 글은 아니다. 일본을 오가며 오랜 습관에 젖어 메모해 둔것을 엮은 부산물이다. 알곡이라기보다는 이삭이라 할 수 있다
―저자의 말 중에서

8 지나온 세월속의 편린들
신국판/양장본/402쪽/12,000원
40년 동안 한 우물만 파온 한 출판인의 진솔한 삶의 모자이크식 자화상! 출판 경영인으로 살아왔지만 《수필문학》으로 한국 문단에 등단하여 문집을 낸 것만도 여덟번째. 이 책은 저자가 살아온 과정에 대한 진실의 기록이요 아름다운 추억이며 고해성사 때 사제에게 털어놓는 것과 같은 고백의 모음이다.

▶계속 펴냅니다

# 범우신문 · 방송 관련도서

1 언론학 원론 한국언론학회
2 커뮤니케이션과 설득 베티·카시오포 / 리대콩(외)
3 기사 취재에서 작성까지 김숙현
4 한국 방송사 이범경
5 섹스·젠더·미디어 김선남(외)
6 통합적 마케팅 커뮤니케이션 D.슐츠/문영숙(외)
7 교양 언론학 강좌 최창섭(외)
8 현대신문방송 보도론 팽원순
9 매스미디어와 여성 김선남
10 현대 매스커뮤니케이션의 제문제 이강수
11 매스미디어와 문화발전 원우현
12 방송 저널리즘 신현응
13 문화간 커뮤니케이션의 이해 최윤희·김숙현
14 여론 선전론 이상철
15 비교 텔레컴론 질 힐/금동호
16 커뮤니케이션 사회학 이정춘

▶계속 펴냅니다

범우 아믹총서

1 애니메이션 영화사 – 기원 전에서부터 현대까지

황선길

4×6배판/370면/15,000원

영화 역사가들은 애니메이션 기원을 서양에서만 찾고 있지만, 이 책은 400여 컷의 도판과 함께 국내외 주요 작가와 작품들을 소개, 우리나라에서 그 기원을 찾는다. 이 책은 기원전 1만~5천 년경의 것으로 추정되는 동굴벽화에서부터 오늘에 이르기까지 애니메이션 역사를 각 나라별로 총망라하여 보여주고 있다.

2 애니메이션 시나리오 – 발상에서 스토리보드까지

황선길

부천 애니페스티발 교수상 작품 (2000년)

4×6배판/214면/10,000원

남녀노소를 불문하고 향유할 수 있는 문화로 자리잡은 애니메이션은 이제 국내 창작물도 수적, 질적으로 증가하면서 과거 하청작업의 틀에서 벗어나고 있다. 이 책은 이러한 시점에서 국내 애니메이션의 기획 · 제작에 몸 담아 온 저자가 그 동안의 경험을 살려서 애 니메이션의 바탕이 되는 시나리오 작업에 대해서 소개하고 있다.

3 문법파괴 영상번역

황선길

4×6배판/236면/10,000원

영상(실사 · 애니메이션 · 다큐멘터리) 번역에 대한 체계화를 시도한 이 책은, 외국어를 우리말로 옮기는 의미 해석작업이 아니라 우리말로옮겨 놓은 대사를 더빙 언어로 다듬는 작업방법을 다루고 있다. 이 책은 실사 영화, 애니메이션, 다큐멘터리 등에도 폭넓게 적용된다.

4 서사만화 개론

김용락 · 김미림 지음

신국판/396면/13,000원

국내에 애니메이션과 만화가 대중문화로 각광받으며, 이와 관련한 책들도 쏟아져 나오고 있다. 그러나 출판만화이론 분야는 연구가 척박하다. 이 책은 만화분야에 종사하는 사람, 종사할 사람, 또 만화에 관심 있는 많은 일반인들에게 출판만화에 대한 안목을 깊게 해 줄 것이다.

5 일러스트레이션의 전통과 문화

요시다 신이치 지음/이민정 옮김/윤재준 감수

4×6배판/248면/15,000원

일본 최초의 출판인 전문 양성기관인 일본 에디터 스쿨 출판부가 이 책의 출판원(元)이다. 이 책에서는 언제부터 어떻게 그림책이라는 것이 만들어지게 되었으며, 모든 것이 수공업으로 이루어지던 활자 매체에 그림과 삽화가 도입된 기원에서부터 제작 공정, 발전 과정 등이 그 시대의 그림 · 삽화와 함께 서술되어 있다.

6 디지털 애니메이션

김의진 (외)

4×6배판/248면/25,000원

3차원 디지털 애니메이션 제작에 필요한 각 요소들과 영상 연출에 대한 기본원리 및 제작법을 예제로 들어 설명했으며, 부록으로 CD가 포함되어 있다.

7 세계 애니메이션 작가와 작품

존 할라스 지음/황선길 · 박현금 옮김

4×6배판/142면/15,000원

애니메이션계에서 저명한 존 할라스의 저서로 매체 발전 뒤에 있었던 중요한 인물들을 찾아 보여준다. 또한 폭넓고 다양한 문화에 대한 여러가지 해석으로 예술인들의 모든 특성을 보여주고 있다.

8 광고 디자인 기호학

박영원 지음

4×6배판/364면/25,000원

홍익대학교 교수로 있는 저자의 광고 디자인 기호학에 대한 결정판!광고 커뮤니케이션 디자인에 유용한 기호학 이론과 광고 디자인에서의 기호학적 접근을 이해하기 쉽게 다루었다.

▶계속 펴냅니다

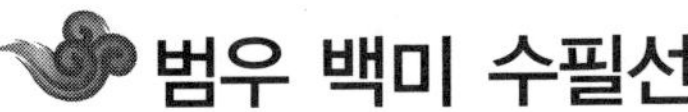

범우 백미 수필선

1 무소유 법정 지음

4×6변형판 / 160면 / 6,000원

발간 후 25년간 수많은 독자로부터 사랑받아온 법정 스님의 에세이집. 발간 25주년을 맞이하여 문장을 다듬어 양장본으로 새롭게 펴냈다. 세계와 삶에 대한 세련된 지적 통찰! 법정의 에세이 정신은 심산유곡의 불심, 고색창연한 불교신앙을 오늘의 이 현실, 끊임없이 사랑과 증오의 사상으로 갈등을 일으키는 이 세계로 이끌어내온 것이다.
—김우종(문학평론가)

2 무서록 이태준 지음

4×6변형판 / 168면 / 6,000면

참먹 향기가 가득 풍겨나는, 풍부한 자기 미美의 향취! 월북작가로서 수필집 〈무서록〉은 수필의 매력을 한껏 보여주는 수필문학의 정수라 할 수 있다.

3 근원수필 김용준 지음

4×6변형판 / 176면 / 6,000원

일제 하 민족문학의 파수꾼으로 상허·지용과 함께 굳건한 우리의민족정신을 지켜온 근원 김용준의 수필 모음!

4 명정 40년 변영로 지음

4×6변형판 / 168면 / 6,000면

술에 취한 민족시인 수주 변영로 자신의 육체 어록이자 주흥의 연장이라 할 수 있으며 적나라한 마음의 만화경(萬華鏡)이다.

5 문주반생기 양주동 지음

4×6변형판 / 168면 / 6,000면

무애 양주동의 광활한 시야와 기발한 발상에서 만나게 되는 용어의 풍성함, 인문의 해박함—그의 국보적 수필세계를 보여준다.

6 청춘을 불사르고 김일엽 지음

4×6변형판 / 168면 / 6,000면

수덕사의 노을에 비친 연꽃의 미소! 저자의 자전적인 성격의 산문으로 선맥의 향훈을 줄기차게 뿜어내는 철리의 묘미를 만날 수 있다.

7 목마른 계절 전혜린 지음

4×6변형판 / 168면 / 6,000면

철새처럼 한 계절을 앓다가 32세로 젊음을 포기한 작가의 지적 방랑과 관념의 고뇌—서구에의 향수와 비범성이 나타나 있다.

8 딸깍발이 이희승 지음

4×6변형판 / 168면 / 6,000면

담박한 문인화文人畵의 풍미! 소탈하며 예리한 성격과 언행이 반영된 글 속에서 저자의 정情과 아雅를 느끼게 한다.

9 신록예찬 이양하 지음

4×6변형판 / 168면 / 6,000면

생명의 입김을 오래도록 발산하는 수필 세계—마음의 향기와 독백의 여운이 감싸고 돌며 독자를 기쁘게 한다.

▶계속 펴냅니다

범우 출판·인쇄 관련도서

문자의 생성과 출판의 이해 증진은 물론 인쇄 기술, 한국 서지학 등을 상세히 안내함!

1 한국전적인쇄사 천혜봉
2 출판학 원론 범우편집부
3 눈으로 보는 책의 역사 윤형두(외)
4 세계의 문자 세계문자연구회 / 김승일
5 21세기를 겨냥한 저작권 해설 전문영
6 한국 금속활자본 천혜봉
7 독서와 출판문화론 이정춘·이종국
8 국제출판 개발론 미노와 시게오 / 안춘근
9 불조직지심체요절 백운선사 / 박문열
10 조선후기의 활자와 책 윤병태
11 출판물 유통론 윤형두
12 출판물 판매기술 윤형두
13 '83~99' 출판학 연구 한국출판학회
14 한국 서지학 원론 안춘근
15 한국서지의 전개과정 안춘근
16 인쇄 커뮤니케이션 입문 오경호
17 한국 목활자본 천혜봉
18 잡지 출판론 안춘근
19 독서의 기술 모티머 J·애들러(외) / 민병덕
20 한국 수필평론 이정림
21 문법파괴 영상번역 황선길
22 한국의 딱지본 김호근·민병삼(외)
23 일러스트레이션의 전통과 문화 요이다 싱이치 / 이민정·윤재준(감수)
24 한자 디자인 한편집센터

▶계속 펴냅니다